KB201058

마오쩌둥과
포스트 마오쩌둥의
당대중국

초판 1쇄 인쇄 2019년 11월 22일
초판 1쇄 발행 2019년 11월 26일
옮 긴 이 김승일·윤선미·박춘매
발 행 인 김지암(金志岩)
출 판 사 구포출판사
출판등록 제2019-000090호

잘못된 책은 바꿔드립니다.
가격은 표지 뒷면에 있습니다.

lSBN 979-11-967586-9-1 (03150)

판매 및 공급처 구포출판사

주소: 서울 중구 퇴계로 54길 5 **Tel:** 02-2268-9410   **Fax:** 0502-989-9415
블로그: https://blog.naver.com/jojojo4

이 책은 구포출판사가 중국인민대학출판사와의 독점계약으로 본사의 서면 허락 없이는 어떠한 형태나
수단으로도 이 책의 내용을 이용하지 못합니다.

※ 이 도서의 국립중앙도서관 출판시 도서목록(CIP)은 서지정보유통지원시스템 홈페이지(http://seoji.nl.go.kr)와 국가자료공동목록시스템에서
   이용하실 수 있습니다.

마오쩌둥과 포스트 마오쩌둥의 당대 중국

리쥔루(李君如) 지음 | 김승일 · 윤선미 · 박춘매 옮김

구포 출판사
九 鮑 出 版 社

经典中国国际出版工程
China Classics International

CONTENTS

제2장 당대 세계의 시대적 주제와 중국발전의 역사적 기회

제3장 당대 중국의 기본 국정과 발전노선

CONTENTS

제7장 민주정치론

제8장 정신문명론

제9장 정수론

총 서문

리쥔루(李君如)

마오쩌동 동지 탄생 120주년을 기념하여 푸젠(福建) 인문출판사에서 나에게 다시 『마오쩌동과 근대중국(毛澤東與近代中國)』, 『마오쩌동과 당대 중국(毛澤東與當代中國)』, 『마오쩌동과 포스트 마오쩌뚱의 당대 중국(毛澤東與毛澤東后的當代中國)』으로 이루어진 "마오쩌동 연구 시리즈 3부작"의 재출판 희망을 전해와 고민 끝에 출판에 응하게 되었다.

재출판 요청을 받고서 잠시 머뭇거렸던 이유는 이 세 권이 이미 1980년대 말에 쓰기 시작하여 90년대 초와 중반에 출판했던 책(어떤 책은 이미 재판을 발행하였고, 또 여러 번의 인쇄를 거쳤다.)으로 다시 재출판을 하게 되면, 역사적 본모습을 유지해야 할지 아니면 새로운 인식에 맞춰서 수정을 해야 할지, 또 이미 사회적으로 영향력을 가지고 있는 저서를 수정하는 것이 합당한 지의 문제 때문이었다. 많은 분들의 의견을 듣고서 일정 부분의 수정이 필요하다고 판단하여(역사를 존중하여 관점에 대한 수정은 주석을 달아 설명), 결국에 다시 출판하는데 동의하게 되었다.

수정이 필요하다고 판단한 까닭 중의 하나는 원래 세 권의 저작은 연이어 쓰였지만, 『마오쩌동과 당대 중국』은 『마오쩌동과 근대중국』보다 먼저 쓰였고, 또 3부작 시리즈로서의 총 서문이 없었기 때문이다. 그래서 이번 수정판에서는 시리즈로써의 총평 서문을 추가하게 된 것이다. 이것이 이 총 서문을 쓰게 된 이유이다.

　본인은 왜 이다지도 이 '총 서문'을 중요하게 생각했을까? 그 이유는 바로 『마오쩌동과 근대중국』에서부터 『마오쩌동과 당대 중국』, 그리고 『마오쩌동과 포스트 마오쩌동의 당대 중국』에 이르기까지 시종일관 "마르크스주의의 중국화"라는 이 주선율이 관철되고 있기 때문이었다. 그러나 원래 이 세 권의 책이 각각 쓰여 진 것이었기 때문에 『마오쩌동과 근대중국』에서 이 사상을 어떻게 제기하게 되었는지, 이 사상이 중국공산당의 혁신적 실천과 혁신적 이론에 어떤 의미를 가지고 있는지를 설명할 수가 없었다. 그래서 이러한 점을 보충해야 할 필요가 있었던 것이다. 이와 동시에 우리는 또한 중국공산당의 역사와 이론을 연구함에 있어서 기초에서부터 시작해야 할 필요가 있기 때문에 "마르크스주의의 중국화"라는 이 명제의 제기와 발전과 관계된 일련의 기본 문제에 대해 심도 있는 사고와 연구가 필요하다고 생각했기 때문이었다.

1. "마르크스주의의 중국화"에 대한 제기

　"마르크스주의의 중국화"라는 이 명제는 마오쩌동이 중국의 혁명 실천에서 쌓아온 풍부한 경험을 진지하게 종합하면서 깊이 있는 철학, 그리고 이론을 바탕으로 해서 제기한 것이다. 개혁개방의 새로운 실천을 기초로 하여, 21세기 초에 우리는 이 명제를 중국공산당의 이론적 혁신과 이론적 무장을 중심 임무로 다시 제기하게 되었다.

9

1) "마르크스주의의 중국화" 라는 명제의 제기

"마르크스주의의 중국화"라는 이 명제는 마오쩌동이 항일전쟁 조기에 제기했던 명제이다.

1938년 10월 중국공산당의 제6대 중국공산당 확대 전체회의에서 마오쩌동은 「새로운 단계를 논함(論新階段)」이라는 제목의 장편의 보고서를 썼다. 이 유명한 보고서의 7번째 부분인 「민족 전쟁에서의 중국공산당의 위치」에서 그는 중국공산당이 북벌전쟁과 토지개혁 전쟁에서 두 차례의 승리와 두 차례의 실패라는 역사적 경험과 항일전쟁 초기 통일전선 문제에서 출현한 우경화와 실수를 경계로 삼아 "추상적인 마르크스주의란 없으며, 단지 구체적인 마르크스주의가 있을 뿐이다. 이른바 구체적인 마르크스주의라고 하는 것은 바로 민족적 형식의 마르크스주의를 통해, 바로 마르크스주의를 중국의 구체적 환경의 구체적 전투에 적용시키는 것이지 추상적으로 응용하는 것이 아니다. 위대한 중화민족의 일부분으로서, 이 민족과 피와 살로 연결되어 있는 공산당원으로서 중국적 특징을 벗어나 마르크스주의를 이야기하는 것은 단지 추상적이고 공허한 마르크스주의일 뿐이다. 그러므로 마르크스주의의 중국화는 그 모든 표현 속에 중국적 특징을 가지고 있어야 한다. 다시 말해서 중국적 특징에 따라 그것을 응용함으로써 당 전체가 절박하게 이해하고 절실하게 해결해야 할 문제가 되게 하는 것이다."라고 심도 있게 지적하였다. 여기서 마오쩌동은 처음으로 중앙 전체위원회에서 "마르크스주의의 중국화" 임무를 제기하면서 당 전체

---

1) 마오쩌동, 「새로운 단계를 논함(論新階段)」 (1938년 10월), 『건당 이래 중요문헌 선편(建黨以來重要文獻選編)』 제15권, 2011, 중앙문헌출판사, 651쪽.

가 "절박하게 이해하고 절실하게 해결해야 할 문제"라고 강조하였다.

　중국혁명과 건설의 위대한 실천 속에서 만들어진 마오쩌동 사상은 바로 마르크스주의의 중국화를 이루는 첫 번째 성과인 것이다. 류샤오치가 중국공산당 제7차 전당대회 보고서에서 마오쩌동 사상이 당의 지도적 사상이라고 언급할 때, 마오쩌동은 "마르크스주의의 중국화라는 거대한 작업을 성공적으로 진행시켰다."라고 분명하게 말하기도 했다.

2) "마르크스주의의 중국화" 사상의 형성

　마오쩌동이 항일전쟁 초기에 "마르크스주의의 중국화"라는 이 명제를 제기했던 이유는, 중국혁명의 실천이 우리에게 마르크스주의가 중국의 문제를 해결하기 가장 좋은 이론적 무기이기는 하지만, 그러나 마르크스주의가 오직 중국혁명의 구체적 실천과 결합되어질 때에만 비로소 중국혁명의 면모를 일신시켜줄 수 있음을 말해주고 있기 때문이다.

　중국혁명의 실재 진전 과정에서 고찰해 보면, 마오쩌동의 "마르크스주의의 중국화" 사상의 형성과 이 명제의 제기 과정은 크게 세 단계의 발전과정으로 나눌 수 있다.

　첫 번째는 "중국과 세계의 개조"를 임무로 하여 마르크스주의를 배우고 수용하는 단계이다. 근대에 이르러 낙후된 중국이 열강들에게 유린당하게 되는 비참한 운명은 수많은 뜻있는 지식인이나 어진 사람들의 구망(救亡)과 생존을 위한 애국적 열정을 불러일으켰다. 그러나 린저쉬(林則徐), 웨이위안(魏源)이 내세웠던 "오랑캐(서구 열강)의 빼어난 기술을 배워 오랑캐를 제압하자!(師夷之長技而制夷)"는 주장에서부터 홍시우췐(洪秀全)이 이끌었던 기세등등했던 태평천국 운동에 이르기까지, 그리고 또 캉유웨이(康有爲)와 량치차오(梁啓超)가 추친 했던 무술변법(戊戌變法)에 이르기까지 모두 성공을 거두지 못했다. 손중산(孫中山)이 이끌었던 신해혁명으로 2천여 년 동안 중국을 통치해온 전제군주제가 막을 내리게 되긴 했지만, 1840년 아편전쟁 이후에 점진적으로 형성되어온 반식민지·반봉건의 사회적 성격을 크게 변화시키지는 못한 채 혁명의 성과는 결국 북양군벌(北洋軍閥)의 수중에 넘어가고 말았으며, 국가와 인민들은 여전히 도탄에 빠져 있었다. 마오쩌동은 청년시절에 "중국과 세계 개조"라는 원대한 포부를 가지고 있었다. 구망과 생존을 위해 그는 동시대의 많은 애국청년들과 마찬가지로 '5·4신문화운동'에서 "공자의 학설을 타도하자(打倒孔家店)"[2]를 외치면서 중국이 봉건적 문화의 울타리를 부수고 나와 드넓은 세계적 시야로 구국(救國)과 구민(救民)의 진리를 찾기를 바랐다. '5·4신문화운동' 또한 부족했다고 말해야 할 것이다. 훗날 마오쩌동이 「당팔고를 반대한다(反對黨八股)」라는 글에서 말했던 것처럼 중국 전통문화에 대한 역사유물주의의 비판정신의 결여라는 문제, 즉 "이른바 나쁜 것은 절대적으로 나쁜 것"이라는 식의 형식주의 문제가 남아 있었던 것이다. 그러나 '5·4신문화운동' 과정에서 세계의 여러 사조들이 밀물처럼 중국으로 쏟아져 들어오면서 마오쩌동의 사상적 인식에도 변화가 일어나게 되어 한 차례 한 차례의 도약을 실현시켜 주었다고 할 수 있다. 철학 사상적 측면에서 보면 '무아론(無我論)'에서 '유아론(唯我論)', 그 중에서도 특히 "정신적 개인주의"로, 다시 "포퓰리즘(Populism)"으로, 또 다

---

2) 실제적인 뜻은 공자의 학설을 통치에 악용한 중국의 역대 왕조를 비판한 것.

시 '유물사관(唯物史觀)'으로의 변화를 과정을 보였다. 정치사상에 있어서는 전통적인 애국주의에서 민주주의, 특히 무정부주의로, 다시 공산주의로의 변화 과정을 겪었다. 마오쩌둥이 경험했던 일련의 사상적 변화들은 서재 속에서 일어난 것이 아니라, 그가 직접 몸으로 체험했던 실천을 통해서 일어난 것들이었다. 즉 참여하고 또 이끌기도 했던 사상 계몽운동과 구장운동(驅張運動),[3] 후난(湖南)자치운동 등 일련의 민주주의 실천들이 실패한 후에 일어난 것이었다. 그래서 그의 사상적 변화는 다른 사람들보다 더욱 절박한 것이었다.[4] 마오쩌둥이 결국에는 마르크스주의를 수용 또는 선택하였음은 그가 마르크스주의를 중국과 세계 개조의 사상적 무기로 삼기 시작했음을 보여주는 것이다. 그리고 이것이 바로 그가 훗날 "마르크스주의의 중국화"를 형성시키고 내세우게 된 역사적 출발점이기도 했다.

두 번째는 "교조주의를 반대"하는 가운데 마르크스주의의 '교과서'와 중국의 실제상황을 결합시켜나가야 한다는 원칙을 주장했던 단계이다. 마오쩌둥은 당시의 일부 선진적인 지식인들과 마르크스주의를 수용했을 뿐만 아니라 마르크스주의와 중국의 노동자운동을 결합시켜 중국공산당을 창당했던 이유는 그들이 실천을 통해 마르크스주의가 사회발전의 객관적 규율을 반영하고 있을 뿐만 아니라, 억압받고 착취당하는 많은 노동 인민들의 이익을 대변하고 있음을 인식하게 되었으며, 또한 마르크스주의만이 중국사회의 주요 모순, 즉 제국주의

---

3) 5·4운동 당시 후난(湖南)의 군벌이었던 장징야오(張敬堯)를 몰아내기 위한 운동.
4) 마오쩌둥은 "러시아식 계통의 여러 방법들은 모두 새로운 발명의 길로 통하지 못했기 때문에 오직 이 방법만이 다른 개조방법들과 비교하여 그 가능성이 크다."고 했다. 마오쩌둥의 「신민학회 장사 회원대회에서의 발언(在新民學會長沙會員大會上的發言)」 (1921년 1월 1일, 2일) 참고. 『마오쩌둥 문집(毛澤東文集)』 제1권, 1993, 인민출판사, 1~3쪽.

와 봉건주의를 반대하는 사상적 무기가 될 수 있다고 인식하게 되었기 때문이었다. 그러나 실천은 마오쩌둥과 중국의 공산당원들에게 서구사회에서 생겨나 무산계급과 자산계급의 모순 해결이라는 주요한 임무로 삼는 마르크스주의가 중국의 사회 환경에 운용되기 위해서는 또한 반드시 중국의 실재에 근거하여 중국의 문제를 충분히 해결할 수 있는 정확한 전략사상과 방침·정책을 내세워야 한다는 사실을 알려주었다. 이를 위해 마오쩌둥은 마르크스주의의 단계별 분석방법을 운용하여 중국사회의 현 단계의 상황을 전면적이고 체계적으로 분석하여, 무산계급의 영도 하에서 농민계급과 도시소자산계급과 민족자산계급과의 단결을 확대해 나가면서, 제국주의와 봉건주의, 그리고 이와 연계된 매판자본주의의 전략적 책략과 사상을 반대하는 단계, 혁명 실패 후 그 시기를 놓치지 않고서 "총부리에서 정권이 나온다(槍桿子里出政權)"는 사상을 제기함과 함께 추수 봉기군을 이끌고서 농촌이 도시를 포위하고 마침내는 전국의 정권을 쟁취하는 독특한 혁명방법을 제시했던 단계, 농촌 혁명근거지 건설과정에서 심도 있고 세밀한 조사와 연구를 통해 농촌의 토지문제, 홍색정권 건립문제, 인민의 군대 건설과 당 건설 등 일련의 새로운 문제 등을 해결해 나가는 단계로 구분하였다.

이를 기초로 하여 마오쩌둥은 1930년대 당의 사업지도 과정에서 출현하게 된 주관주의 경향을 겨냥하여 "교조주의를 반대 한다", "마르크스주의의 교과서와 중국의 실제상황을 결합시켜 나가야 한다", "조사를 하지 않으면 발언권도 없다", "중국혁명 투쟁의 승리는 중국인 동지들이 중국의 상황을 이해하는 것에 의지해야 한다", "투쟁 속에서 새로운 국면을 창출해나간다는 사상적 노선을 형성해 나가야 한다"는 등의 일련의 중요한 사상들을 제기하였다. 마오쩌동은 마르크스주의의 유물주의 사상을 어떻게 처리할 것이냐에 관한 주장들은 "마르크스주의의 중국화"를 이룰 수 있는 사상 형성의 중요한 연결 고리들이었다.[5]

세 번째는 역사적 경험과 철학 사상적 종합 속에서 "마르크스주의의 중국화"라는 과학 명제를 제기했던 단계이다. 대장정(大長征)과 쭌이(遵義)회의의 생사 고난을 거치면서 마오쩌동은 홍군(紅軍)이 싼시(陝西) 북부지역에 도착한 후, 한편으로는 북벌전쟁과 토지개혁 전쟁의 두 차례 승리와 두 차례 실패의 경험과 교훈을 총괄하면서 「중국혁명전쟁의 전략문제(中國革命戰爭的戰略問題)」와 『실천론』, 『모순론』 등의 글을 써서 홍군의 전투 지휘관을 대상으로 당의 역사적 경험과 마르크스주의 철학사상 교육에 착수하였다. 다른 한편으로는 중국 내외 정세의 변화, 특히 중국내 민족적 모순이 계급적 모순을 대신하여 사회의 주요한 모순으로 대두된 새로운 특징에 대해 분석하고 항일 민족통일전선이라는 정치적 전략 전선을 제정하는 한편 제1차 국공합작의 경험과 교훈을 본보기로 하여 공산당이 통일전선에서 독립과 자주의 원칙을 견지해 나갈 것을 주장하였다. 당시 마오쩌동이 이러한 마르크스주의에 대한 혁신적 작업들을 진행하고 있을 때, 1937년 11월 왕밍(王明)이 코민테른 집행위원회 주석단 위원이라는 지도자의 신분으로 귀국하여 중국공산당 정치국의 12월 회의에서 코민테른이 제기한 "모두가 통일 전선에 복종한다", "모두가 통일전선을 거쳐야 한다."

---

5) 마오쩌동, 「교조주의를 반대 한다」 (1930년 5월), 『마오쩌동 선집』 제1권, 1991, 인민출판사, 109~118 쪽.

는 지시를 전달하면서 당은 통일전선에서 독립과 자주의 원칙을 유지해 나가야 한다는 마오쩌둥의 주장을 비판하였다. 1938년 중국공산당 중앙위원회에서는 런삐스(任弼時)를 소련으로 파견하여 코민테른에 사업보고를 하였다. 당시 코민테른 사업을 주관하고 있던 디미트로프는 중국의 실제 상황을 이해하고 난 후 코민테른 주재 중국공산당 대표 왕쟈상(王稼祥)을 귀국시켜 중국공산당은 "영도기관에서 마오쩌둥의 영도 하에서 해결"하도록 지시하였다. 이처럼 중요한 지시에 근거하여 중국공산당은 6차 6중 전회 확대회의를 개최하게 되었다.**6** 『마오쩌동 선집』 제2권, 534쪽에서는 마오쩌둥이 당시 회의에서 「새로운 단계를 논함」이라는 중요한 보고를 하면서 "당이 학습을 강화하고 이론과 공부자(孔夫子)에서부터 손중산에 이르는 시기까지의 역사와 중국혁명의 풍부한 경험에 대한 연구도 포함하는 역사와 현실을 연구해야 한다"고 강조하면서 "마르크스주의의 중국화"라는 이론 임무를 제기하게 되었다. "마르크스주의의 중국화"의 제기는 중국공산당의 이론적 혁신의 중요한 성과이며, 또한 당 전체가 주관주의, 특히 교조주의를 반대하는 데 중요한 사상적 무기로 제공되었다. 1942년 옌안정풍(延安整風), 1945년 승리 후 개최된 중국공산당 제7차 대회는 바로 마르크스주의 중국화의 사상적 지도하에서 일궈낸 성공적 사건들이다. 이와 같이 마오쩌동 사상은 바로 마르크스주의의 중국화의 첫 번째 성과물인 것이다. 『마오쩌동과 당대 중국』을 연구함에 있어서, 마오쩌동이 중국공산당의 실천과 이론에 대한 혁신을 추진했던 이유가 이처럼 찬란한 성과를 거두게 되었던 까닭, 중국공산당과 중국인민들을 이끌고

---

6) 『마오쩌둥 전기(1893~1949)』 하권, 2004, 중앙문헌출판사 501~521쪽.

서 중국혁명을 승리로 이끌었던 까닭들이 모두 마르크스주의의 중국화에 있었던 것이다.

3) "마르크스주의 중국화" 이론의 재차 제기

그러나 신 중국 건립 이후 우리는 "마르크스주의의 중국화"라는 이 용어를 공개적으로 거의 사용하지 않았다. 일반적으로 "마르크스주의와 중국의 실제와의 상호 결합"이란 표현을 사용했을 뿐이었다.

신 중국 건립 직전에 국제공산주의 운동에는 매우 중요한 사건이 발생하게 되는데, 연구자들은 이것과 관계가 있음에 주의하게 되었다. 1948년 6월 공산당 정보국에서는 결의를 통하여 유고슬라비아 공산당의 이른바 민족주의, 반 소련 친 자본주의 경향이 바로 그것이다. 당시 중국공산당은 정권 쟁취를 준비하고 있었기 때문에, 공산당 정보국의 결의를 매우 중시하여 특별히 이 결의를 학습하고 관철시키기로 결정하였고, 또한 논평을 발표하였으며, 이러한 문건들과 평론을 중국공산당 중앙 당교(黨校: 공산당 간부학교)의 학습 문헌으로 편입시켰다. "마르크스주의의 중국화"의 제기가 민족주의 경향으로 오해되어질 것을 고려하여 이후에 당 중앙에서는 "마르크스주의의 중국화"를 공개적으로 제창하지 않았던 것이다. 이후 『마오쩌동 선집』이 출판 될 때 「민족 전쟁에서의 중국공산당의 지위」라는 글에서 "마르크스주의의 중국화"를 "중국에서의 마르크스주의의 구체화"라는 표현으로 바꾸었다.[7] 그렇다 하더라도 이후에 중·소 논쟁 때 소련공산당은 여전히 중국공산당이 역사적으로 "마르크스주의의 중국화"라는 이 표현을 사용했었던 것에 대해 질책하였다. 1960년 11월 초 류사오치는 중국공산당 대표단을 인솔하여 모스크바에서 열린 전 세계 81개국의 공산당과 노동당 대표회의에 참석하였다. 소련공산당 중앙은 중국공산당 대표단에게 중국공산당 중앙에 보내는 장편의 「답변서」를 전달하여 중국공산당에 대해 일련의 비판을 가했다. 그 중의 하나가 바로 "마르크스주의는 국제주의(internationalism, 인터내셔널리즘)로, 그것은 모든 국가에 똑같이 적용되고 수용되어야 한다. 그러나 중국공산당 동지들과 중국의 신문 잡지들은 '중국화 된 마르크스주의'라는 개념을 광범위하게 사용하고 있다. 예를 들어, 류사오치 동지는 중국공산당 제7차 대회의 보고서에서 '마르크스주의의 중국화'에 대해 언급하면서, 마오쩌동 동지가 '마르크스주의의 중국화라는 거대한 작업을 성공적으로 진행시켰다.'라고 했다."고 지적했다.

그래서 마오쩌동은 1961년 1월에 열린 중국공산당 제8대 9중 전회에서 이에 대회 응답하였다. 그는 유머러스하게 "'마르크스주의의 중국화'는 아마도 당신(류사오치)의 전유권이 아닐 것이다. 내 생각에는 나도 이야기 한 적이 있고, 문자로도 쓰여 있으며, 내 기억에도 있는 것 같다. 또 '6중 전회에서 마르크스주의의 중국화라고도 썼던 것 같다. 내가 제기한 적이 있는 것으로 기억한다. 그러므로 이에 대한 저

---

7) 『마오쩌동 선집』(인민출판사, 1991) 제2권, 534쪽에서 마오쩌동은 중국음악협회의 관계자와의 대담에서 예술적으로 서양의 좋은 것들을 배워야 하지만, 그러나 "마땅히 하면 할수록 중국화 되어야지 서구화 되어서는 안 된다." 고 말했다. 마오쩌동, 「음악 관계자와의 담화」(1956년 8월 24일) 참고.『마오쩌동 문집』제7권, 1999, 인민출판사, 82쪽.

작권 문제가 발생하게 된 것이다. 이른바 마르크스주의의 중국화는 바로 마르크스주의의 보편적 진리를 중국혁명의 구체적인 실천과 통일시키는 것으로, 하나는 보편적인 것이고, 하나는 구체적인 것, 이 둘의 통일을 중국화라고 부르는 것이다."라고 말했다.

실천은 마오쩌둥이 제기했던 "마르크스주의의 중국화"의 임무가 정확한 것이었음을 증명해 주었다. 『마오쩌둥과 당대 중국』을 연구함에 있어서 우리는 사회주의 혁명과 건설에서 여러 어려움들을 극복하고서 사회주의 기초제도들을 확립하고, 독립적인 공업체계와 완전한 국민경제 체계를 확립시킬 수 있었던 것이 바로 여전히 "마르크스주의의 중국화"에 의지하고 있기 때문이다. 우리는 '대약진'과 '인민공사운동' 과정에서의 실수, 심지어는 10년이라는 기나긴 기간 동안 지속되었던 '문화대혁명'과 같은 심각한 실수가 발생하게 된 것도, 바로 "마르크스주의의 중국화"를 벗어났기 때문이었다.

그러므로 개혁개방 이후 즉 『포스트 마오쩌둥의 당대 중국』에서 덩샤오핑은 진지하게 중국과 세계 사회주의운동의 역사적 경험에 대한 종합을 기초로 하여 마오쩌둥이 제기했던 "마르크스주의의 중국화" 사상을 계승 발전시켜 나가면서, "자신의 길을 걸어가면서 중국적 특색의 사회주의를 건설하자"라는 이 과학적 명제를 제기하였고, 또한 사회주의의 참신한 실천을 통해 "마르크스주의의 중국화"가 정확한 것이었음을 검증하였다. 덩샤오핑이 창립하고 장쩌민이 21세기로 접어들 때까지 추진했고, 후진타오가 21세기라는 새로운 역사적 기점에서 출발하여 지속적으로 견지하고 발전시켜 온 중국적 특색의 사회주의는 바로 마오쩌둥 사상 이후의 마르크스주의의 중국화의 또 하나의 성과라고 할 수 있다. 혹자는 마르크스주의의 중국화의 최신 성과라고까지 말하기도 한다.

짚고 넘어가야 할 것은 21세기로 접어들면서 중국공산당은 "실천을 진리를 검증하는 기준"으로 삼아 다시금 "마르크스주의의 중국화"와 "중국화 된 마르크스주의"라는 표현법을 사용하게 되었다는 점이다. 2001년 7월 1일 장쩌민은 중국공산당 창당 80주년을 축하하는 중요한 연설에서 처음으로 "중국화 된 마르크스주의"라는 표현을 사용하여 마오쩌동 사상과 덩샤오핑 이론이 마르크스주의 발전사에서 차지하는 위치를 설명하였다. 같은 해 9월 26일 중국공산당 중앙은 「당의 기풍 확립 강화와 개선에 관한 결정」에서 "마르크스주의의 중국화를 계속적으로 추진해 나가야 할 필요성"을 명확하게 제시하였다. 중국공산당 16대 당 대회 이후 "마르크스주의의 중국화"는 중국공산당이 자주 사용하는 표현이 되었다. 2003년 6월 22일 중국공산당 중앙은 "삼개대표(三個代表)"의 중요 사상 학습에 관한 통지에서 이 중요 사상이 "마르크스주의 중국화의 최신 성과"라고 강조하였다. 후진타오는 2003년 7월 중국공산당 중앙정치국 집체 학습 때의 중요 연설에서, 그리고 같은 해 12월의 마오쩌동 탄생 110주년 기념식에서의 중요한 연설에서, 또 2005년 1월 신시기 공산당원의 선진성 유지를 위한 특별 보고회에서의 중요 연설, 2006년 8월『장쩌민 문선』학습 보고회에서의 중요 연설과 같은 해 10월의 중국공산당 16대 6중 전회에서의 연설과 기타 일련의 활동에서 했던 중요 연설에서 수차례 "마르크스주의의 중국화"라는 이 표현을 사용하였다. 2006년 5월 31일 후진타오는 전국 간부 학습 연수 교재 편찬을 위한 서문에서 "간부교육 연수사업은 반드시 마르크스 레닌주의, 마오쩌동 사상, 덩샤오핑 이론, 그리고 '삼개대표'의 중요 사상을 지도사상으로 견지해 나가면서 '과학적 발전관'을 전면적으로 관철시키고 실현시켜 나가야 하며, '마르크스주의의 중국화'의 최신 성과들을 핵심으로 하는 내용을 학습하고 전파해 나가야 한다. 많은 간부들이 당대 중국의 마르크스주의 이론 발전성과의 과학적 의미와 정신적 실체를 정확하게 파악할 수 있도록 인도해 나가야 하며, 또한 이것으로 두뇌를 무장시키고 실천을 지도해 나가며 사업을 추진해 나가야 한다."고 분명하게 제기하였다.

특히 2007년 개최된 중국공산당 제17대 전당대회에서는 1945년 중국공산당 제7대 전당 대회 이후 다시 한 번 "마르크스주의의 중국화"를 전당 대회 보고서에 삽입함으로써 "중국적 특색의 사회주의 이론 체계를 깊이 학습하고 관철시켜 나가며, '마르크스주의의 중국화'의 최신 성과로 당을 무장시켜나가도록 힘써야 한다."고 제기했다.

이상에서 언급했듯이, 우리는 중국공산당의 이론 혁신과정에는 분명한 주선율이 관통하고 있으며, 그것이 바로 "마르크스주의의 중국화"라는 것을 분명하게 느낄 수 있는 것이다.

2. "마르크스주의 중국화"의 과학적 의미

역사에 대한 회고는 "마르크스주의의 중국화"가 완전히 새로운 명제임을 우리에게 말해준다. 이 명제의 제기는 중국에 있어서는 하나의 이론적 혁신일 뿐만 아니라 마르크스주의 발전사에 있어서도 하나의 이론적 혁신이다. 그러므로 우리는 마땅히 "마르크스주의의 중국화" 과정에 대한 연구를 통해 이 명제의 과학적 의미를 더욱 깊이 있게 연구해나가야 할 것이다.

1) "마르크스주의 중국화"의 기본원칙과 이론적 요구

무엇이 마오쩌동과 중국공산당이 말한 "마르크스주의의 중국화"인가? 이 문제는 당시 옌안에서도 사람들의 많은 관심을 불러일으켰다. 사실 당시 마오쩌동이 제기한 "마르크스주의의 중국화"라는 이 명제 이전에 이미 유명한 마르크스주의 철학가 아이스치(艾思奇)가 1938년 4월에 "지금은 철학 연구의 중국화, 현대화 운동이 필요하다."[8]라고 제기한 바 있다. 1940년 2월 그는 예칭(葉靑)이 "마르크스주의 중국화"라는 이름으로 "중국적 특수성"을 고취하면서 복고주의로 마르크스주의를 부정하는 잘못된 견해에 대해 깊이 있는 분석과 비판을 가했다.[9]

마오쩌동의 『실천론』, 『모순론』에서 설명하고 있는 "변증법적 유물주의 인식론", 특히 그가 「교조주의를 반대 한다」를 시작으로 옌안시기에 반복적으로 강조하고 있는, 마르크스주의에 대한 학습과 연구의 일련의 논술들에 근거해 볼 때, "마르크스주의의 중국화"라는 이 명제는 중국이 "어떻게 마르크스주의를 견지해 나가고 발전시켜 나가야 할 것인가?"라는 근본적 이론 문제에 대한 해답이라고 나는 생각한다. 그러므로 그것은 먼저 마르크스주의 이론 작업의 원칙이며, 동시에 또한 마르크스주의의 당의 이론 작업에 대한 요구이기도 한 것이다.

여기서는 "마르크스주의의 중국화"와 "중국화 된 마르크스주의" 이 두 개념을 반드시 구분해야 한다. 전자는 중국의 마르크스주의 이론 작업자가 이론 작업 중에 반드시 견지해야 할 원칙이자 요구이고, 후

---

8) 아이스치, 「철학의 현황과 임무(哲學的現狀與任務)」, 『아이스치 전서(艾思奇全書)』 제2권, 2006, 인민출판사, 491쪽.
9) 아이스치, 「중국의 특수성을 논함(論中國的特殊性)」, 『아이스치 전서』 제2권, 2006, 인민출판사, 772~779쪽.

22 마오쩌동과 포스트 마오쩌동의 당대 중국

자는 마르크스주의 중국화 과정에서 얻어진 이론적 성과를 말하는 것이다.

　중국의 마르크스주의 이론 작업자들은 이론 작업 과정에서 반드시 견지해야 할 원칙이자 요구 사항에는 하나의 기본원칙과 세 가지 이론적 요구 사항이 포함되어 있다.

　하나의 기본원칙은 바로 "마르크스주의와 중국적 현실과의 결합"이다. 즉 "마르크스주의의 보편적 진리와 중국혁명의 구체적 실천의 상호 결합"을 말하는 것이다. 즉 마르크스주의를 추상적이고 교조주의적으로 다루어서는 안 된다는 것이다. 마오쩌둥은 「새로운 단계를 논함」(1938년)의 7번째 부분인 「민족전쟁 중의 중국공산당의 지위」에서 이 문제를 명확하게 제기한 후, 『『공산당인』 발간사(『共産黨人』 發刊詞)』(1939년)에서는 더 나아가 이 문제에 대한 중국공산당의 인식과정과 당의 성숙 정도에 대한 영향을 체계적으로 논술하였다. 짚고 넘어가야 할 것은 「민족전쟁 중의 중국공산당의 지위」 글에서 당은 마땅히 학습에 심혈을 기울여 이론 연구, 역사 연구, 현실 연구라는 이 세 가지 방면의 학습을 통해 "마르크스주의의 중국화"를 실현시켜 나가야 한다고 강조하고 있다는 점이다. 「우리의 학습을 개조하자(改造我們的學習)」(1941년)라는 유명한 정풍(整風)운동 문헌에서 마오쩌둥은 "이론을 실제와 연계시키는 실사구시적 원칙"을 설명하면서, 이론과 실천을 상호 결합시키기 위해서는 반드시 이론과 역사, 이론과 현실을 결합시켜야 한다고 지적하였다. 즉 이론과 결합되는 '실제'는 '역사적 경험'과 '현실 상황'이라는 두 가지 측면이 포함된다는 것이다. 여기서 '현실상황'에 대한 연구가 가장 중요함은 의심의 여지가 없다. 현실문제를 연구하지 않고 현실문제를 해결하지 않고서는 이론과 실제의 연계를 거론할 수도 없으며, 실사구시를 추구해 나갈 수도 없는 것이니, 이른 바 "마르크스주의의 중국화"는 말할 필요도 없는 것이다. 이와 동시에 '역사적 경험' 또한 매우 중요한 한 측면이다. 마오쩌둥은 마르크스주의를 운용하여 현실문제를 연구하는 동시에 각별히 더 광범위하고 더 심도 있는 역사적 경험과의 연계를 통해 현실의 운동법칙을 연구하고자 했다. 여기서 말하고 있는 '역사적 경험'에는 중국의 역사뿐만 아니라 외국의 역사도 포함되며, 중국의 현대사뿐만 아니라 중국의 고대사도 포함된다. 사실상 마르크스주의를 활용하여 고금과 동서의 역사적 경험에 대한 연구를 기초로 현실을 인식하고 현실 문제를 해결하고자 했던 것이다. 마르크스주의의 중국화 과정은 험난한 이론 연구의 과정이자 이론과 역사적 경험과 현실상황이라는 객관적인 실제가 상호 결합되는 매우 복잡한 과정인 것이다.

세 가지의 이론적 요구사항은 바로 다음과 같다. 첫째, 마르크스주의를 운용하여 중국의 문제를 연구하고 해결해야 한다는 것이다. 여기에는 마르크스주의를 운용하여 중국의 역사적 경험을 연구하고 종합하며, 중국적 현실의 사회적 모순운동의 규칙에 대해 연구하고 종합하는 것이 포함된다. 둘째, 중국의 혁명과 건설을 실천하는 속에서 얻은 풍부한 경험을 종합하고 또한 외국의 경험과의 심도 있는 비교를 통해 그것을 이론으로 승화시켜 마르크스주의의 이론체계를 더욱 충실하게 해야 한다는 것이다. 이는 곧 마오쩌둥이 말했던 "중국의 혁명의 풍부한 경험을 실제적으로 마르크스주의화 해 나가야 한다."는 것이다. 셋째, 중국 국민들이 좋아하는 민족적 언어로 표현된 마르크스주의를 포함한 민족적 형식을 통하여 내용적으로 마르크스주의를 중국화해 나가야 할 뿐만 아니라, 형식적으로도 "마르크스주의의 중국화"를 실현시켜 나가야 한다는 것이다.

이 세 가지 이론적 요구사항을 기본원칙과 통일시켜 나감에 있어서 우리는 다음의 두 가지 점에 주의해야 한다.

첫째, 마르크스주의의 중국화 과정은 마르크스주의와 중국의 실천 사이의 쌍방향적 상호작용 과정이라는 점이다. 이 과정은 이론으로 실천을 지도하는 과정이기도 하면서 또한 실천적 경험을 이론으로 승화시키는 과정이기도 하다. 실질적으로는 보면, 마르크스주의는 중국의 실제 상황에 직면하여 중국의 실천과정에서 제기된 문제에 대해 대답하고 해결해 나가는 과정이며, 또한 실천과정에서 마르크스주의의 이론을 견지해나가고 발전시켜나가는 과정이기도 하다. 여기에서 이론은 중국의 현실과 직면하여 중국의 실천을 지도해 나가는 것이어야 한다. 동시에 철저한 실천으로 실천을 벗어나지 못하게 함으로써 실천과정에서 제기된 문제들에 대답하고 문제들을 해결해 나가야 한다는 것이다. 또한 실천과정에 대담하게 이론을 개괄해나가고 혁신시켜 나가야 한다는 것이다.

둘째, "마르크스주의의 중국화" 과정은 마르크스주의의 지도하에서의 역사적 경험에 대한 종합과 현실적 모순에 대한 연구 간의 쌍방향적 상호작용 과정이라는 것이다. 현실적 모순을 연구하지 않으면서 실사구시를 추구할 수 없으며, 역사적 경험을 연구하지 않고서는 실사구시를 추구해 나갈 수 없는 것이다. 현실의 모순에 대한 연구와 고금동서의 역사적 경험에 대한 연구를 결합시켜야만 비로소 사물의 내재된 모순운동의 규칙을 인식하고 밝혀낼 수 있으며, 이로써 마르크스주의의 이론적 혁신을 추진해 나갈 수 있으며, "마르크스주의의 중국화"를 실현할 수 있는 것이다.

2) "마르크스주의 중국화"와 '이단' 문제

"마르크스주의의 중국화"의 과학적 의미에 대한 사고 과정에는 매우 중요한 관점이 하나 있는데, 그것이 바로 "마르크스주의의 중국화" 과정에서의 이른바 '이단(異端)' 문제를 정확하게 다루어야 한다는 것이다. 이 문제를 제기한 것은 "마르크스주의의 중국화" 과정에서 많은 혁신적 이론 관점들이 모두 '이단'으로 취급되었기 때문이다. 이러한 상황은 사상사적으로는 모종의 보편성을 가지고 있다. "마르크스주의의 중국화" 과정은 사상해방·실사구시의 과정에서 실천적 탐색과 실천적 혁신, 이론적 탐색과 이론적 혁신을 진행해나가는 과정이며, 실천과정에서 얻어진 새로운 경험과 새로운 관점들 역시 실천을 바탕으로 재인식하고 실천을 잣대로 하여 객관적으로 검증해나가는 과정인 것이다. 이러한 탐색과 혁신과정에서는 일련의 신구 관점 간에 차이나 대립, 충돌이 있기 마련이어서 새로운 경험이나 새로운 관점은 정통의 이론에 대한 '이단'으로 받아들여지기도 하는 것을 피할 수가 없다. 예를 들어, 마오쩌동의 농촌으로 도시를 포위하여 마침내는 전국의 승리를 쟁취한다는 주장이나, 중국혁명의 주력군이 농민이라는 사상, 또 덩샤오핑의 경제건설을 중심으로 사회주의를 건설하자는 주장이나, 사회주의에서도 시장경제를 시행할 수 있다는 사상, 장쩌민의 공산당은 '삼개대표'를 견지해 나가야 한다는 주장과 새로운 사회계층의 우수한 인재도 입당할 수 있다는 사상 등은 모두 정통 이론에 의해 마르크스주의의 '이단'으로 치부되었던 적이 있었다. 덩샤오핑은 중국공산당 제12대 3중 전회에서 통과시켰던 「경제체제 개혁에 관한 결정(關于經濟體制改革的決定)」에 대해 이야기 할 때, "이번 경제개혁 문건이 좋은 점은 바로 무엇이 사회주의인가에 대해 해석하고 있다는 점이다. 일부는 우리 선조들이 말한 적이 없는 새로운 말이다. 내가 보기엔 분명히 해야 한다. 과거 우리는 이러한 문건을 작성할 수 없었다. 몇 년 동안의 실천이 없었다면 이러한 문건을 써낼 수가 없었다. 써냈다 하더라도 '이단'으로 여겨져서 통과되기 어려웠을 것이다."[10]라고 했다. 이것은 마르크스주의 발전사에서 출현했었고, 인류의 문명발전사에서도 발생했었다. 그러므로 그것은 당신이 원하고 원하지 않는 문제가 아니며, 실천과 이론의 탐색과 혁신과정 속에서 완전히 피할 수는 없는 문제이다. 그러므로 이론의 혁신과정에서, "마르크스주의의 중국화" 과정에서는 반드시 사상을 해방시키고 이른바 '이단' 문제를 정확하게 다루어야 하는 것이다.

'이단'을 정확하게 다룬다는 말은 바로 새로운 관점을 정확하게 다룬다는 말이다. 문제는 새로운 관점이라고 모두가 정확한 것은 아니라는 점이다. 중국공산당은 '문화대혁명' 시기에 "무산계급 독재 하에서의 혁명 지속 이론"을 제기하면서, 이 이론이 마르크스주의를 새로운 단계로 발전시켰다고 했었다. 실천을 통해서 이 이론은 완전히 잘못된 것임이 증명되었다. 바로 이 때문에 '이단'을 정확하게 인식하고 새로운 관점을 정확하게 인식해야 하는 문제가 있는 것이다. 우리는 "실천을 진리를 검증하는 유일한 기준"으로 삼아서 사람들이 제기하는 여러 새로운 관점들을 보고서 도대체 어느 것이 객관적 규칙에 부합하고 실천과정에서 효율적이고 정확한 것인지를 분별해야 할 것이다. 물론 이 또한 하루아침에 검증할 수 있는 것은 아니다. 오랜 시간 동안

---

10) 덩샤오핑, 「중앙 고문 위원회 제 3차 전체회의에서의 연설(在中央顧問委員會第三次全體會上的講話)」 (1984년 10월 22일), 『덩샤오핑 문선』 제3권, 1993, 인민출판사, 91쪽.

의 실천과 관찰, 오랜 기간 동안의 검증을 거쳐야만 비로소 그 진위 여부를 인식해 낼 수 있는 것이다.

3. "마르크스주의 중국화"와 민족주의·다원화

"마르크스주의의 중국화" 문제가 제기된 후, 많은 잘못된 해석이 존재했었기 때문에 반드시 그 중에서 비교적 영향력이 컸던 문제에 대해 연구와 토론을 진행해 보아야 할 필요가 있다.

1) "마르크스주의의 중국화"와 민족주의

이 문제를 제기한 것은 바로 앞에서 소개했던 것처럼 중국공산당은 상당히 오랜 기간 동안 "마르크스주의의 중국화"라는 표현을 사용하지 않았다. 그 이유는 소련공산당에서 중국공산당이 민족주의 경향을 가지고 있다고 생각하는 오해를 피하기 위해서였다.

먼저 지적하고 넘어가야 할 것은 민족주의는 다의어(多義語)라는 점이다. 때때로 사람들은 민족주의를 애국주의와 동일시하기도 한다. 또 사람들은 때로는 민족주의를 민족적 이익을 중심으로 하여 협의적으로 자기 민족의 이익만을 보호하려고 하며, 국제적 책임을 지지 않으려고 하고, 심지어는 다른 민족의 이익을 침범하기까지 하는 사조로 여기기도 한다. 후자에 대해 우리는 "협의의 민족주의"라고 부르기도 한다. 이러한 복잡한 상황으로 인해 오해를 피하기 위해 중국공산당은 좋은 의미로서의 '민족주의'라는 용어를 사용하고 있다. 당시 중국공산당 정보국에서는 유고슬라비아의 민족주의를 비판하기도 했다. 또 다른 하나의 상황은 바로 우리가 공산주의 운동에서 종종 소련과 의견을 달리했다는 점이다. 그들은 서로 다른 민족주의를 정확하게 구분하지 못했음은 분명하다. 그러나 중국공산당이 제기한 "마르크스주의의 중국화"가 강조하고 있는 것은 중국공산당이 중국적 현실에서 출발하여 독립적이고 자주적으로 중대한 문제를 해결함으로써 중화민족의 독립과 해방과 발전을 실현시켜 나가야 한다는 것이다. 마오쩌둥은 혁명을 이끌던 시절에 항상 우리의 애국주의와 무산계급의 국제주의를 통일시켜야 한다고 강조했던 것도 바로 이러한 의미였다. 우리가 국제주의를 강조할 때 소련공산당은 이견을 내세우지 않았다. 우리가 애국주의를 부각시키게 되면 그들은 항상 우리를 그러한 협의의 민족주의라고 생각했다. 우리는 사람들이 우리가 이러한 민족주의라고 의심한다고 해서 애국주의의 기치를 포기할 수는 없다. 또 우리가 애국주의를 강조하기 때문에 그런 협의의 민족주의를 용인해서도 안 된다. 이것은 우리가 "마르크스주의의 중국화"를 견지해 나감에 있어서 반드시 주의하고 기억해야 할 내용이다.

동시에 우리는 애국주의 또한 역사적 범주임을 인식해야 한다. 마오쩌둥은 "애국주의의 구체적 내용은 어떤 역사적 조건에서 결정된 것이냐를 보아야 한다. 일본 침략자들과 히틀러의 '애국주의'도 있고, 우리의 애국주의도 있다.""고 말한 바 있다. 우리가 제창하는 애국주의도 마찬가지로 민족 존망의 위기에서는 구망이 애국주의의 주제가 된다. 오늘날에는 애국주의의 주제가 중국적 특색의 사회주의 사업을 발전시켜 나가는 과정 속에서 중화민족의 위대한 중흥을 실현시키는

---

11) 마오쩌둥, 「민족 전쟁에서의 중국공산당의 위치」 (1938년 10월), 『마오쩌둥 선집』 제2권, 1991, 인민출판사, 520쪽.

것이다. 그러므로 우리가 말하는 마르크스주의의 중국화는 우리 민족의 어깨에 걸린 역사적 사명과도 긴밀하게 연결되어 있는 것이다.

2) "마르크스주의 중국화"와 다원화

이 문제는 덩샤오핑이 제기한 "중국적 특색의 사회주의"라는 이 과학 명제와 한 바탕 논쟁을 불러일으키기도 했다.

오랫동안 우리는 소련식의 사회주의가 표준적 사회주의라고 여겨왔다. 소련식 사회주의의 폐단이 나날이 폭로되는 과정에서 사람들은 사회주의가 단 하나의 소련식 모델만 있는 것인가를 포함하여 "무엇이 사회주의이며, 어떻게 사회주의를 건설해 나가야 하는가?"에 대해 새롭게 사고하게 되었다. 덩샤오핑이 "우리 자신의 길을 걸어가야 하며, 중국적 특색의 사회주의를 건설해야 한다."고 제기한 것은 이 문제에 대한 사회주의 발전사에 있어서의 중대한 돌파구였다. 1983년 유고슬라비아의 카브타트(Cavtat)에서 열린 세계 사회주의 원탁회의에서 중국 대표단은 "중국적 특색의 사회주의 건설"이라는 내용의 발표를 하게 되면서 많은 전문가들의 관심을 불러일으켰다. 그러나 이와 동시에 또한 소련의 비판을 받았는데, 소련은 이것이 "사회주의의 다원화"라고 질책했다. 그러나 심사숙고를 거친 후 갈수록 많은 사람들이 이 문제의 중요성에 대해 인식하게 되었다. 1985년 열린 세계 사회주의 원탁회의에서는 일부 전문가들이 "모든 국가들은 자신들만의 특정한 방식으로 사회주의를 발전시켜나갈 권리가 있다." "마르크스주의는 결코 어느 한 사람의 사유 재산이 아니기 때문에 높거나 낮은 이율에 따라서 고리대를 하거나 세를 놓을 수가 없는 것이다. 또한 그것을 봉쇄하거나 기타 다른 관념이나 사상을 배척해서도 안 된다. 만약 이러한 전제 조건들이 실현되지 않는다면 사회주의는 그 자체의 위험에 빠지게 될 것이다." "많은 민족과 다양한 문화들이 존재하기 때문에 다원적인 사회주의가 존재하게 될 것이다. 이러한 의미에서 세계역사의 발전과 정은 여전히 부단하게 앞을 향해 발전해 나가고 있다. 그러나 그것은 이 단일성과 일원적 모델에서 벗어나고 있는 것임이 또한 분명하다."라고 지적하였다. 이러한 국가들의 이론가들은 "중국적 특색의 사회주의"를 지지하면서 소련공산당의 "사회주의 다원화"에 대한 질책을 비판하는 과정에서 중국 대표단의 "중국적 특색"의 문제를 "다원적 사회주의"로 개괄하였지만, 중국공산당의 입장과 관점을 정확하게 반영시키지는 못했다. 이처럼 사회주의 모델의 다양성을 "사회주의의 다원화"로 귀결시켜버리는 것은 잘못하면 과학적 사회주의의 기본원칙을 부정하는 것이 되어버릴 수 있다. 지난 세기 80년대 동유럽과 소련이 우여곡절을 겪으며 추진했던 새로운 개혁의 실패가 바로 그 심각한 교훈이다.

우리는 덩샤오핑이 제기한 "중국적 특색의 사회주의"가 중국공산당이 마르크스주의를 중국화 하는 과정에서 거둔 매우 중요한 성과임을 모두 잘 알고 있다. 그렇기 때문에 이 사회주의가 '다원화' 될 수 있느냐 없느냐의 논쟁은 사실상 마르크스주의가 '다원화' 될 수 있느냐의 문제인 것이다. '차원'의 문제는 매우 복잡하며, 마르크스주의의 본체 문제에까지 관련이 된다. 자칫 잘못할 경우 근본적으로 마르크스주의의 기본 원리에 크나큰 흠집을 남기게 될 수도 있다. 우리가 "마르크스주의의 중국화"를 강조하는 것은 결코 "마르크스주의의 다원화"로 나아가려고 하는 것이지만, 더 나아가서 마르크스주의를 부정하고자 하는 것은 아니다. 이 또한 우리가 마땅히 주의해야 할 것이다.

4. "마르크스주의 중국화"의 두 차례 비약과 양대 성과

  "마르크스주의 중국화"의 기본적 요구 조건들이 마르크스주의와 중국의 실천과의 상호 결합임을 잘 알고 있다. 그렇다면 무엇이 마르크스주의와 중국의 실천과의 상호 결합인가? 이른바 '상호결합'이란 말은 서재에 앉아서 개념과 개념 간의 연관성, 범주와 범주 간의 변화를 연구하는 것이 아니라, 마르크스주의자들이 실제 상황에서 출발하여 실천과정에서 제기된 문제에 대해 대답하고 문제를 해결해 나가는 것을 말한다. 그러므로 "마르크스주의 중국화"의 성과는 바로 중국의 마르크스주의자들이 중국의 중대 과제들에 대해 대답하고 해결하는 이론적 성과인 것이다.

  중국공산당은 건당 이래 근대중국의 양대 역사적 과제에 대해 대답하고 문제를 해결해야 했다. 그 첫째는 민족의 독립과 인민의 해방을 이룩하는 것이고, 두 번째는 국가의 번영과 부강, 그리고 인민 공동의 부를 실현시키는 것이었다. 간단히 말해서 첫째는 구망(救亡)이고, 둘째는 발전이다. 이 양대 역사적 과제에서 첫 번째 과제를 해결해야만 두 번째 과제 해결을 위한 조건이 만들어진다. 마오쩌동이 "마르크스주의의 중국화"라는 임무를 제기한 것은 바로 우리들이 중국적 특수성에 근거하여 우리의 실천으로 근대중국의 이 양대 역사적 과제에 대해 응답하고 해결할 것을 요구한 것이다. 그러므로 혁명과 사회주의 건설과 개혁을 이끄는 과정에서 중국공산당은 두 차례의 '결합'을 통해 두 차례의 역사적인 이론의 비약을 실현시켰다.

  중화민족 앞에 놓인 첫 번째 역사적 과제 해결을 위하여 중국공산당은 마르크스주의와 중국적 실천의 첫 번째 '결합'을 진행하여 첫 번째 이론의 비약을 실현함으로써 신민주주의 이론을 만들어 냈다. 신민주주의 이론의 주요 창시자는 바로 마오쩌둥이다. 그는 반식민지·반봉건사회라는 기본적인 상황에서 출발하여 중국적 특색의 혁명의 길을 찾아내고 신민주주의에서 사회주의로 전환해야 하는 역사적 필연성을 제시하였다.

중화민족이 직면한 두 번째 역사적 과제 해결을 위하여 중국공산당은 다시 마르크스주의와 중국적 실천의 두 번째 '결합'을 시도하여 두 번째 이론의 비약을 시작함으로써 "중국적 특색의 사회주의" 이론을 만들어 냈다. "중국적 특색의 사회주의" 이론에 대한 탐색은 1956년 마오쩌둥이 소련을 본보기로 하여 중국의 실제 상황에서 출발하여 사회주의의 길에 대한 탐색을 시작하였다. 그러나 이후에 지도 사상적 착오로 인해 성공을 거두지는 못하였지만, 우리에게 많은 고귀한 사상적 유산을 남겨주었다. 이 이론의 주요 창시자는 덩샤오핑이다. 그는 마오쩌둥이 이루지 못한 사업과 그 사상적 재산들을 이어 받아 중국과 세계 사회주의 운동의 역사적 경험, 그리고 중국의 개혁개방이라는 새로운 경험을 종합하여 전체 당원과 인민들을 이끌고서 '중국 특색의 사회주의'라는 새로운 길을 개척함으로써 '중국 특색의 사회주의' 이론을 만들어 내게 되었다. 근대중국 이론의 비약이 실천과정을 통해 더욱 심회되어 감에 따라 장쩌민을 대표로 하는 중국공산당은 새로운 세기의 세계와 중국의 변화와 발전에 직면하여 중국공산당과 국가사업에 대해 새로운 요구조건을 제시하면서 '삼개대표'라는 중요한 사상을 제기함으로써 '중국 특색의 사회주의' 이론을 견지해 나가고 풍족하게 하고 발전시켜 나감에 새로운 공헌을 하였다. 중공 제16대 전당 대회 이후 후진타오를 총서기로 하는 중국공산당 중앙은 새로운 세기, 새로운 단계, 새로운 실제 상황에서 출발하여 과학적 발전 관 등의 중대 전략사상을 제기함으로써 '중국 특색의 사회주의'를 더욱더 견지하고 풍부하게 하고 발전시켜 나가게 되었다.

이 이론의 비약이 비록 아직 완결되지는 않았지만, 덩샤오핑 이론의 설립에서부터 '삼개대표'라는 중요 사상의 형성, 그리고 중국공산당 16대 전당 대회 이후의 '과학발전관' 등의 일련의 중대 전략사상의 제기는 처음부터 끝까지 '중국 특색의 사회주의'라는 공통의 주제로 관철되어 있다. 이것은 당대 중국공산당원 전체 이론과 전체 실천의 주제이기도 하다. 또한 이 주제를 둘러싸고서 만들어진 이론적 관점은 이미 과학적 체계를 형성하고 있다. 그렇기 때문에 후진타오는 중국공산당 제17대, 18대 전당 대회 보고에서 "'중국 특색의 사회주의' 이론체계는 바로 '덩샤오핑 이론'과 '삼개대표' 사상, 그리고 '과학발전관' 등의 중대 전략사상을 포함하는 과학적 이론체계이다."라고 분명하게 말했다. 또한 이 이론체계는 바로 "마르크스주의 중국화의 최신 성과"라고 밝혔다.

앞에서 마르크스주의 중국화의 최신 성과를 연구하는 과정에는 보충 설명해야 할 문제가 하나 더 있다. 그것은 바로 마오쩌둥 사상과 '중국 특색의 사회주의' 이론체계의 관계를 어떻게 인식할 것이냐 하는 문제이다. 이것은 중국공산당 제17대 전당 대회 이후 중국공산당사 연구자들과 이론가들 사이에 가장 많이 논쟁이 되고 있는 문제이기도 하다. 이 문제에는 통일된 인식이 없으면 '중국 특색의 사회주의'라는 이 근본 방향을 견지해 나가는데 영향을 미치게 될 것이다.

중국공산당 제17대 전당 대회 이후 이 문제에는 두 가지 서로 다른 견해가 나타났다. 하나는 마오쩌둥 사상과 '중국 특색의 사회주의' 이론체계는 "마르크스주의 중국화"의 양대 이론 성과라고 보는 견해이다. 그 이유는 두 가지이다. 첫째는 '중국 특색의 사회주의' 이론체계가 '덩샤오핑 이론'과 '삼개대표'의 사상, '과학적 발전관'으로 구성되어 있을 뿐 마오쩌둥의 사상은 포함되어 있지 않다는 것이다. 둘째는 제17대 전당대회 보고서에서는 '중국 특색의 사회주의' 이론체계는 마르크스주의와 마오쩌둥 사상을 견지하고 발전시켜나가는 것이라고 분명하게 지적하고 있다는 것이다.

다른 견해는 '중국 특색의 사회주의' 이론체계에 마오쩌둥의 사회주의 건설에 관한 중요 사상이 포함되어 있다고 보는 것이다. 그래서 마오쩌둥 사상은 마르크스주의와 중국의 혁명 실천과의 상호 결합과정에서 형성된 이론적 성과를 포함할 뿐만 아니라, 마르크스주의와 중국 사회주의 건설 실천이 상호 결합되는 과정에서 형성된 이론적 성과를 포함하기 때문에, 마오쩌둥의 사회주의 건설에 관한 중요 사상역시도 '중국 특색의 사회주의' 이론체계를 구성하는 중요한 부분이라는 것이다. 이러한 두 가지 견해는 분명 각각 나름대로 일리가 있는 것이어서 이에 대한 연구가 진행되어야 할 것이다. 중국공산당 제18대 전당 대회 보고서에서는 이 문제를 적절하게 해결하였다. 18대 전당대회 보고서에서는 "네 가지 성공"을 두 단계의 역사시기로 구분하여 이 문제에 대해 전면적으로 논술하고 있다. "네 가지 성공"은 바로 마오쩌둥이 "중국 역사상 가장 인상 깊고, 가장 위대한 사회 변혁을 성공적으로 실현시켰다"는 점과 동시에 마오쩌둥이 "새로운 역사시기를 위해 '중국 특색의 사회주의' 창조를 위해 소중한 경험과 이론적 준비, 물질적 기초를 제공해주었다"는 것, 덩샤오핑이 "성공적으로 '중국 특색의 사회주의'를 시작했다"는 것, 장쩌민이 "'중국 특색의 사회주의'

를 성공적으로 21세기를 향해 밀고 나아갔다"는 것, 후진타오가 "새로운 역사적 기점에서 '중국 특색의 사회주의'를 성공적으로 견지해 나가고 발전시켰다."는 것 등 이 네 가지를 말한다. 여기서는 마오쩌동의 '중국 특색의 사회주의'에 대한 공헌을 언급하고 있을 뿐만 아니라, 또한 '중국 특색의 사회주의'의 창시자가 덩샤오핑이라고 언급하고 있다. 다시 말해서 '중국 특색의 사회주의'의 창시 시한을 두 역사 단계로 나누고 있는 것이다. 이 문제에 있어서 우리는 마오쩌동이 오늘날의 '중국 특색의 사회주의'를 위해 노력한 공헌을 인정하는 한편, '중국 특색의 사회주의'가 중국공산당 제11대 3중 전회에서 덩샤오핑의 영도 하에 창시되었다는 점을 분명하게 해야 한다. 우리는 사상 인식을 제18대 전당대회의 보고서에서 보여주고 있는 과학적 판단으로 통일시켜야 한다는 말이다.

그렇다면 마오쩌동이 '중국 특색의 사회주의' 창시에 소중한 경험과 이론적 준비, 물질적 기초를 제공했다고 한다면 왜 '중국 특색의 사회주의'의 창시자가 마오쩌동이 될 수 없는 것일까? 그 주요한 이유로는 마오쩌동은 탐색과정에서 "심각한 우여곡절들을 거쳤기 때문"이다. 특히 그의 말년에 그 자신의 탐색 초기의 지도사상과는 완전히 위배되는 "무산계급 독재 속에서의 혁명 계속 이론"을 제기하여 임종 직전까지도 이 이론을 견지했다는 점에서 우리는 마오쩌동의 고귀한 사상적 유산에 대해 잘못을 바로잡고 나서 계승해야 하기 때문이다. 그렇다고 해서 우리는 마오쩌동이 말년에 범한 심각한 착오 때문에 그가 오늘날의 '중국 특색의 사회주의' 창조를 위해 쏟았던 공헌을 부정해서는 안 될 것이다. 동시에 또한 마오쩌동이 그의 일생 가장 마지막 단계까지 견지했던 것이 '중국 특색의 사회주의'가 아니었다는 점을 알아야 할 것이다. '중국 특색의 사회주의'는 중국공산당 제11대 3중 전회 이후에 잘못을 바로잡고 나서 개혁개방을 기초로 하여 창조된 완전히 새로운 업적이기 때문에, 우리가 이 문제를 토론함에 있어서 이 실제 역사과정을 벗어나서는 안 될 것이다. 이 또한 우리가 반드시 주의해야 할 점이다.

다시 말해서 마르크스주의와 마오쩌둥 사상, 그리고 '중국 특색의 사회주의' 이론체계, 이들 간의 관계는 중대하고도 민감한 문제이기 때문에, 우리는 반드시 다음의 두 구절을 명심해야 할 것이다. 첫째는 마르크스 레닌주의, 마오쩌둥 사상은 버려서는 안 되는 것으로, 이것을 버리게 되면 당의 근본적인 존립을 잃어버리는 것이 될 것이라는 점이다. 둘째는 당대 중국에서 '중국 특색의 사회주의' 이론체계를 견지해 나가는 것은 바로 마르크스 레닌주의와 마오쩌둥 사상을 진정으로 견지해나가는 것이라는 점이다.

그러므로 『마오쩌둥과 근대중국』, 『마오쩌둥과 당대 중국』, 『마오쩌둥과 포스트 마오쩌둥의 당대 중국』이 삼부작을 관철하고 있는 사상 이론적 주선율은 "마르크스주의의 중국화"인 것 이다. 우리가 마오쩌둥과 중국의 혁명과 사회주의 건설과 개혁의 역사를 연구는 것은 "마르크스주의의 중국화"라는 이 중국공산당의 사상 이론 건설의 주선율을 더욱 잘 이해하고 견지해 나가기 위해서이다.

머리말
80-90년대 "중국의 신화와 현실"

 1976년 마오쩌동이 서거한 후 덩샤오핑(鄧小平)이 중국 지도자 중의 한사람이 되었다. 그는 일련의 개혁을 시작하였다. 이런 개혁은 사회의 거의 모든 영역에 침투되었다. 농업·공업·교육 심지어 당의 지도적 지위에 대해서까지 진행된 개혁을 두고 분석가들은 '제2차 혁명'이라고 묘사하였다. 이런 개혁으로 인해 중국은 세계경제에서 유력한 경쟁자로 부상할 수 있게 될 것이며, 1949년 이후의 그 어느 때보다도 더 많은 중국인들에게 더 큰 번영을 가져다줄 것이다.

— [미국] 크라소(克拉索)

제1절

지도자의 교체 풍운 : 마오쩌동에서 덩샤오핑으로

미국의 『US 뉴스 앤 월드 리포트(U.S. News & World Report)』지의 모티머 쥬커먼(Mortimer Zuekerman) 편집장이 1989년 초여름 중국에서 정치풍파가 있은 뒤 중국을 방문하여 장쩌민(江澤民) 총서기와 츠하오텐(遲浩田) 총참모장·타오스쥐(陶駟駒) 공안부 부부장의 열정적인 접견을 받았다. 귀국 후인 1990년 3월 12일 그는 중국 방문에서 느낀 것에 대해 쓴 사설을 발표하였다. 「중국의 신화와 현실」이라고 단 그 글의 제목이 매우 재미있었다. 모티머 쥬커먼이 '신화'라고 한 것은 "온통 회색뿐으로 색채가 단조로워 두려움을 주던 중국이 다채로운 세계로 변해 있는 것"을 두고 한 말이었다. 그는 이렇게 말했다. "수억 명의 중국인 생활이 좋아졌다. 고작 세계 7%를 차지하는 경작지로 세계 22%의 인구를 먹여 살리고 있었다. 그것은 기적이었다." "단조로운 도시생활을 깨뜨리는 면에서도 마찬가지로 큰 변화가 일어났다. 텔레비전·세탁기·냉장고·자전거·재봉틀의 수량은 10~30배나 늘어났다. 믿을 수 없는 것은 10억 인민의 평균 소득이 배로 늘어났다는 사실이다.

사람들 가운데서는 희망과 개방의식이 생겨났다. 그가 말하는 '현실'은 중국에서 발생한 기적이 미국과 국제사회가 피할 수 없는 객관적 현실임을 가리키며, 또 중국도 발전 과정에서 인플레이션과 학생운동 등 어려움을 겪었음을 가리킨다. 모티머 쥬커먼의 관찰은 객관적이고 진실한 것으로서 정확하다고 할 수 있다.

　그 이전에 일부 국제 저명인사와 저명한 연구기관이 80~90년대 중국의 거대한 변화에 대해 생동적인 보도와 진지한 연구를 진행한 바 있다. 예를 들면 영국 런던연구소가 1986년 5월 발표한 연구보고서에서 이렇게 서술하였다. "마오쩌동이 서거한 뒤의 10년 동안 중국은 사회·정치·경제개혁을 거쳐 큰 변화를 가져왔다.⋯ 중국의 변화는 확실히 거대하다.⋯ 중국의 개혁은 덩샤오핑의 안목과 정치적 민감성과 밀접한 관계가 있다. 그의 실무정신과 변혁을 추구하려는 결심을 보면 그가 이미 82세의 고령이라는 사실이 믿기지 않을 정도였다. 그렇지만 그를 포함해서 다른 지도자들 모두는 중국에서 자본주의 민주사회를 건설할 의향이 없었으며, '중국 특색의 사회주의'를 건설할 계획을 가지고 있었다." 프랑스의 슈미트(施密特)는 1993년 11월 26일『타임(Time)』위클리 신문에 발표된 글에서 이렇게 썼다. "유럽이 어떤 길을 가야 할지 잘 모르고 있을 때, 심지어 계속 앞으로 발전해 나아가야 할지 어떨지 모르고 있을 때, 머나먼 동방에서 빠른 속도로 발전하고 있는 활력이 이미 세계를 바꾸고 있었다. 그 활력은 특히 일본과 중국에 존재하고 있었다." 12억 인구를 소유한 중국 내부에서 일어난 변화가 더욱 중대한 의미를 갖는다. 베이징(北京)이 중·소 대전의 악몽을 떨쳐버리고 덩샤오핑이 경제 개방과 시장 지향의 신념을 제기함으로써 중국경제가 두 자릿수의 실제 성장률을 보이게 되었다. 중국사회 총생산액이 곧 일본을 추월할 것이며, 더욱이 미국과 유럽연합까지도 추월할 것이다. 중국 국민경제가 아주 빠른 속도로 세계의 선두로 뛰어오를 것으로 보인다.

　닉슨(리처드 닉슨, Richard Nixo)과 키신저(헨리 키신저, Henry Alfre

d Kissinger), 그리고 또 브레즈네프(Brezhnev)는 중국이 언제든 세계 대국이 될 수 있으리라는 것을 알고 있었다. 현재 클린턴(빌 클린턴, Bill Clinton), 그리고 콜(Kohl)도 이점을 발견하였다.

21세기 초에 세계는 미국·유럽연합·중국·일본·러시아 등이 5각 구도를 이루었다. 이들 논설은 모두 한 가지 기본 사실에 대해 언급하고 있다. 즉 중국이 80-90년대에 경제적인 비약과 사회발전을 이룰 수 있었던 원인은 마오쩌둥 후의 당대 중국이 마오쩌둥의 지도아래 나라의 주인이 된 중국인민이 덩샤오핑을 지도자로 선택한 것으로 곧 그들을 치부의 길로 이끌 수 있는 인솔자로써 그를 선택했다는 것이다.

'당대 중국'은 1956년 중국 사회주의 제도의 수립을 시점으로 한다. 그때부터 시작하여 중국이 해결해야 할 주요 모순은 계급모순이 아니라, 인민대중의 날로 늘어나는 물질문화에 대한 수요와 낙후한 사회 생산 간의 모순이었다. 중국공산당이 직면한 주요 임무는 전국 여러 민족 인민들을 이끌어 낙후한 경제문화 여건 속에서 사회주의를 건설하는 것이었다. 마오쩌둥은 항상 사회 주요 모순의 변화에 근거하여 사회발전 단계를 구분하고 당 사업의 중점을 결정하곤 하였다. 마오쩌둥 사상으로 양성된 중국공산주의자들이 중국공산당이 이끄는 혁명과 건설 사업에 대해 연구함에 있어서 오로지 마오쩌둥이 제공한 이런 모순분석의 철학적 방법론을 적용해야만 했다.

1956년부터 1976년까지 20년간 당대 중국은 마오쩌둥을 핵심으로 하는 당 중앙 1세대 지도집단의 인솔아래 사회주의 건설의 힘겨운 탐색을 시작하였다. 이를 위해 마오쩌둥은 후반의 생애 동안 모든 심혈을 기울였으며, '문화대혁명'과 같은 심각한 실수를 포함한 성공과 실수로 점철된 무거운 역사유산, 즉 미완의 사회주의 건설 사업이라는 과업을 남겨놓았다.

1976년 마오쩌둥이 서거한 후부터 오늘날까지를 '마오쩌둥 후의 당대 중국'이라고 부를 수 있다. 그 새로운 역사시기에 들어선 후 중국은 피할 수 없는 문제에 맞닥뜨렸다. 즉 마오쩌둥 후 당대 중국에서 사회주의 건설의 웅대한 대업을 누가 이끌어 가느냐? 마오쩌둥이 남겨놓은 역사유산을 누가 정리하고 계승할 것이냐? 하는 등의 문제였다. '계승자' 즉 '후계자'. 후계자 문제는 오래 전 마오쩌둥이 살아 있을 때부터 지도자와 당과 인민대중 앞에 놓여 있던 주목받는 문제였다.

중공 제7차 전국대표대회에서 류사오치(劉少奇)가 당 중앙 부주석에 선출되어 마오쩌둥의 한쪽 팔로 정해진 뒤를 이어 제8차 당 대회에서 류사오치가 당 중앙 제1부주석에 당선되었고, 또 전국인민대표대회에서 중공중앙의 제안에 따라 류사오치가 국가 주석에 선거되면서 당 내외에서는 류사오치를 마오쩌둥의 후계자로 간주하기 시작하였다.

1961년 9월 마오쩌둥은 몽고메리의 '후계자'와 관련한 질문에서 "류사 오치가 후계자"라고 분명하게 대답하였다. 그런데 '문화대혁명'이 시작되기 전 마오쩌둥은 그의 후계자 문제에 대해 다시 생각하게 되었다. 그는 중앙에 수정주의가 나타났다고 의심하면서 류사오치를 자본주의 길을 걷는 집권파라고 의심하기 시작하였다. 수천 년의 중국 왕조 교체 역사에서 왕위의 계승문제를 두고 얼마나 많은 개국 명군들이 고민하였고, 피비린내 나는 궁정투쟁을 연출하였던가? 중국공산당이 수립한 것은 봉건왕조가 아니라 인민공화국이었다. 그러나 인민공화국의 민주와 법제가 완벽하지 못했던 시대에 인민공화국이 외부의 다중 압력에 직면한 상황에서 중국공산당은 어떻게 당의 우량한 전통과 바른 지도를 대대로 이어갈 수 있을까, 어떤 방법으로 그런 지도자 교체가 순조롭게 실현되도록 보장할까? 이는 아주 준엄한 시련이고 중요한 과제였다. 최초의 사회주의국가인 소련도 이 문제를 잘 해결하지 못했다는 사실이 마오쩌동을 더욱 초조하게 하였다. 그는 수천 수백만 무산계급 혁명사업의 후계자를 양성해야 한다는 당과 국가의 전도와 운명에 관련된 중대한 과제를 제기하였고, 또 그 문제에 대하여 많은 사고를 하였다. 그러나 그는 그 문제를 제기하고 해결할 때 당과 국가 정치생활 중의 집단 영도 원칙과 민주집중제를 철저하게 견지하지 못하였다. 결국 '문화대혁명'이 일어났으며, 류사오치에 대해 잘못된 비판과 투쟁을 진행하기에까지 이른 것이다. 1966년 8월 중공 제8차 11중 전회에서는 마오쩌동의 의지에 따라 당 중앙 지도기구에 대한 잘못된 개편을 진행하고, 류사오치는 서열 2위에서 8위로 물러나게 되었다. 실제상에서는 그의 후계자적 지위를 폐지시킨 것이다. 야심가이며 음모가인 린뱌오(林彪)가 서열 6위에서 2위로 상승해 마오쩌동의 후계자가 되었다. 1969년 4월 열린 중국공산당 제9차 전국대표대회에서 이례적으로 린뱌오의 '후계자' 문제를 당 규약의 총칙에 써넣었다. 당의 무산계급 선봉대 특성에 전혀 어울리지 않는 이런 일은 심각한 후과를 초래하였다. 린뱌오·장칭(江靑) 2대 반혁명집단은 후계자의 권위를 쟁탈하기 위해 서로 음모술수를 쓰고, 권리를 다투면서 당의 형상과 기풍을 문란시켰다. 당과 인민은 당과 국가의 최고 권력을 찬탈하려는 그들의 음모를 폭로하고자 치열한 투쟁을 벌였다.

　-1970년부터 1971년 사이에 린뱌오 반혁명집단이 최고 권력을 찬탈하고자 음모술수를 쓰고 반혁명 무장정변을 책동하는 엄중한 사건이 발생하였다. 마오쩌동·저우언라이(周恩來)는 그 반란을 지혜롭게 평정하였다.

-1974년 장칭 반혁명집단은 "린뱌오를 비판하고 공자를 비판하자"는 명분으로 그 모순을 저우언라이에게 돌렸다. 마오쩌둥은 기회를 틈타 권력을 찬탈하려는 장칭 등 이들의 의도를 발견하고 그들을 엄히 비판하였으며, 그들을 '4인방'이라고 선포하고 장칭이 당 중앙 주석의 지위를 노리고, '지도부 구성'을 조종하고자 하는 야심을 갖고 있다고 지적하였다. 1975년 저우언라이가 병이 위중해지자 마오쩌둥은 덩샤오핑이 중앙의 일상 업무를 주관하는 것을 지지하였다.

 -1975년 11월 장칭 반혁명집단의 모함으로 마오쩌둥은 이른바 "덩샤오핑을 비판하고 우경 번안 풍조를 반격하는" 운동을 일으켰다. 1976년 1월 저우언라이가 서거하였다. 그리고 4월에 전국적 범위에서 '천안문사건'을 대표로 하여 저우 총리를 추모하고 '4인방'에 반대하는 거센 항의활동이 일어났으며 덩샤오핑을 대표로 하는 당의 정확한 지도를 옹호하였다.

 -1976년 9월 마오쩌둥이 서거한 후 장칭 반혁명집단은 당과 국가의 최고 지도권을 찬탈하려는 음모활동을 서둘렀다. 10월 상순 중앙정치국은 당과 인민의 의지를 이행하여 장칭 반혁명집단을 단호히 무너뜨리고 10년 '문화대혁명'의 재난을 끝냈다.

 마오쩌둥이 서거하고 장칭 반혁명집단이 무너진 뒤 화궈펑(華國鋒)이 첫 번째 후계자가 되었다.

 화궈펑은 1976년 '덩샤오핑 비판' 운동 때 마오쩌둥의 제의에 따라 중공중앙 제1부주석 겸 국무원 총리직을 맡았다. 그는 장칭 반혁명집단을 무너뜨리는 투쟁에서 공로가 있다고 할 수 있으며, 그 후에도 유익한 일을 하였다. 장칭 반혁명집단을 무너뜨린 그날 밤에 열린 중공중앙정치국 회의에서 화궈펑을 중공중앙 주석, 중앙군사위원회 주석에 임명한다는 결정이 통과되었다. 그 결정은 훗날 1977년 7월 중공 10기 3중 전회에서 추인되었으며, 화궈펑이 마오쩌동의 직무를 정식으로 이어받았다. 그러나 실천을 거치면서 화궈펑은 그때 당시 국내의 복잡한 모순을 해결하는 어려운 임무를 감당할 수 없다는 사실이 아주 신속하게 증명되었다. 1980년 11월 10일부터 12월 5일까지 중앙정치국은 잇따라 9차례 회의를 열고 제11차 6중 전회에 인사변경 방안을 제출하는 것에 대해 토론하였다. 12월 5일 정치국은 만장일치로 통과한 회의 통보를 통해 9차례 회의의 주요한 내용을 소개하였다. 정치국 위원들은 발언을 통해 다음과 같이 지적하였다. 즉 "화궈펑 동지가 '4인방'을 무너뜨리는 사건에서 공로가 있는 것은 인정해야 하지만, 그 사건에 대해서는 역사적으로 분석해야 하며 공로를 한 사람에게만 돌려서는 안 된다."는 것이었다.

"화궈펑 동지는 '두 가지 무릇' 주장을 제기하고 오래 동안 마르크스주의에 어긋나는 그릇된 관점을 유지하였다. '두 가지 무릇' 주장을 제기한 것은 실제로 마오쩌동 동지가 만년에 내놓은 일련의 '좌'적인 관점을 계속 그대로 옮겨오려는 것이었다. 3중 전회 이후 그의 사상에 일부 변화가 일긴 하였으나 일부 원칙적 문제에 대한 입장에는 여전히 근본적으로 바뀐 것이 없었다.

"화궈펑 동지는 '11차 당 대회' 전과 후에 제기된 일련의 정치 구호는 '문화대혁명' 시기의 구호였다. 이는 일정한 역사적 배경이 존재하기도 하지만 화궈펑 동지에게 떨쳐버릴 수 없는 개인적인 책임이 있다. '4인방' 관련 일부 문제를 제외하고 그는 '문화대혁명'의 잘못을 바로잡는 것에 대한 창조적 의견은 한 번도 자발적으로 제기한 적이 없었다. 당내 많은 오랜 세대 간부들을 해방시키고 역사적으로 빚어진 억울한 사건들을 바로잡는 것에 대한 그의 태도와 중앙 지도부의 일부 동지들에 대한 그의 태도는 분명 당내 대다수 동지들의 바람에 어긋나는 것이었다. 화궈펑에 대한 비판여론은 다음과 같았다.

"화궈펑 동지는 새로운 개인 숭배주의를 조성하고 받아들이는 데 열중하였다. 영명한 수령으로 불리기를 원하였고 자신의 초상화를 마오쩌둥 동지의 초상화와 나란히 걸어두고 상식을 벗어난 다양한 칭송을 받으면서 스스로 흡족해하였다. 그런 상황은 심지어 올해 들어 얼마 전까지 계속되었다. 이는 당과 인민과 개인의 관계를 뒤집어 놓은 것이므로 엄중한 사상문제이며 당성문제이다."

"1977~1978 2년간 화궈펑 동지는 경제문제에서 일부 '좌'적인 구호를 제기하였다. 2년간 경제업무에서 급진적인 조치로 인해 국민경제가 심각한 손실과 어려움을 겪었다. 이는 주로 경험이 부족한 데서 나온 것으로 화궈펑 동지 한 사람에게만 책임이 있는 것은 아니지만, 그에게 중요한 책임이 있는 것만은 확실하다."

"화궈펑 동지는 지난 4년간 일련의 유익한 일을 하였으나 중앙 주석으로서 갖추어야 할 정치적 능력과 조직적 능력이 부족한 것은 분명하다. 그가 군사위원회 주석으로서 자격이 없음은 모두가 알고 있다."

이상의 상황에 비추어 중앙정치국은 화궈펑 동지가 계속 현직을 맡는 것은 타당치 못하다고 판단하였다. 중앙정치국회의에서는 화궈펑의 문제뿐 아니라 마오쩌둥 동지가 서거한 뒤 덩샤오핑이 당 중앙 주석 직을 잇는 문제에 대해서도 소개하였다. 많은 동지들이 덩샤오핑 동지가 중앙 주석과 군사위원회 주석을 맡을 것을 제안하였으며 이는 모든 사람들의 바람이었다. 그러나 덩샤오핑 동지는 그것은 적절하지 않다고 주장하였다. 3중 전회 이후 중앙은 줄곧 젊고 능력이 있으며 정확한 정치방향을 견지할 수 있는 동지가 지도자 지위에 오를 수 있도록 하려고 진력해왔다. 그는 60여 세 되는 동지들 가운데서 후야오방(胡耀邦) 동지가 당 중앙의 주석 직을 맡는 것이 적절하다고 주장하였다. 군사위원회 주석 직은 당분간 적임자가 없으므로 그가 잠시 맡아 젊은 동지를 새로 양성하여 교체하는 것이 좋을 것 같다고 주장하였다. 물론 이런 문제에 대한 결정은 6중 전회에서만 내릴 수 있었다.

중앙정치국은 덩샤오핑 동지의 의견에 만장일치로 찬성하였다. 실제로 1978년 말의 중공 11차 3중 전회 때부터 중국공산당은 이미 실천 과정에서 덩샤오핑의 정치적 주장과 지도적 권위를 인정하고 받아들였다. 이러한 권위는 직무의 높고 낮음에 의해 결정된 것이 아니라 그의 실제 재능과 정확한 주장, 그리고 핵심역할에 의해 결정된 것이며, 스스로 자처한 것이 아니라 전 당의 공인과 대중의 호응으로 이루어진 것이었다. 예를 들면 중공중앙업무회의 폐막식에서 덩샤오핑이 「사상을 해방하고 실사구시하며, 단합하여 일제히 앞으로」라는 제목으로 한 연설(1978년 12월)은 11차 3중 전회에서 지도적 역할을 하였다. 때문에 중공중앙문헌편집위원회는 『덩샤오핑문선』 제2권의 그 연설 제목에 대한 설명을 "덩샤오핑 동지의 이 연설은 실제로 3중 전회의 주제보고였다."[12] 그리고 또 덩샤오핑이 당의 이론업무연구회의에서 한 「네 가지 기본원칙을 견지하자」(1979년 3월 30일)는 제목의 연설에서는 그때 당시의 복잡한 정치형세에서 방향을 제시하는 역할을 하였을 뿐 아니라, 중국 현대화 전반 과정에서 반드시 견지해야 할 정치방향과 정치원칙을 명확히 규정해주었다. 그때 당시 덩샤오핑은 당 중앙 주석

---

12) 『덩샤오핑 문선』 제2권 제목 설명, 1994, 인민출판사, 140쪽.

의 직무를 맡지는 않았지만 그의 정치적 민감성과 정치적 분별력, 그의 지도자적 박력과 지도 예술이 꾸준히 드러남으로써 전 당의 탄복을 자아냈으며, 인민으로 하여금 따르게 하였다. 사실상 그는 이미 당 중앙의 지도핵심이 되어 있었던 것이다. 80년대 말에 덩샤오핑은 당의 지도핵심과 지도층의 교체 역사에 대해 여러 차례 언급하였다. 그는 이렇게 말했다. "우리 당의 역사에서 진정으로 성숙한 지도층이 형성된 것은 마오쩌둥·류사오치·저우언라이·주더(朱德) 그 세대부터였다. 그 세대의 전기 단계는 참으로 훌륭하였다. 그런데 후기에 '문화대혁명'을 일으켜 큰 재난을 조성하였다. 화궈펑은 과도단계였을 뿐 한 세대라고는 말할 수 없다. 그 자체는 독립적인 것을 제기하지 못하였으며 다만 '두 가지 무릇'만을 주장하였을 뿐이다. 제2세대는 우리 세대이고 이제 제3세대로 바뀌어야 한다. 진정한 새로운 제3세대 지도부를 세워야 한다."[13] "당의 11차 3중 전회에서 새로운 지도자집단을 구성하였다. 바로 제2세대 지도자집단이다. 그 집단에서 나는 실제로 관건적 위치에 처하였다고 할 수 있다. 그 집단이 구성되어서부터 나는 줄곧 후계자문제에 대해 조치해왔다.…"

"어떤 지도자집단이든지 모두 하나의 핵심이 있어야 한다. 핵심이 없는 지도부는 신뢰할 수 없다. 제1세대 지도자집단의 핵심은 마오 주석이었다. 마오 주석이 지도핵심이었기에 '문화대혁명'이 공산당을 무너뜨리지 못하였다. 제2세대는 실제로 내가 핵심이다. 핵심이 있으므로 두 차례 지도자의 변동이 있었지만, 모두 우리 당의 지도업무에 영

13) 덩샤오핑, 「개혁을 실행하는, 희망적인 지도자집단을 구성해야」 (1989년 5월 31일), 『덩샤오핑 문선』 제3권, 앞의 책, 298쪽.

향을 미치지 못했고, 당의 지도적 지위가 줄곧 안정적이었다. 제3세대 지도자집단에도 반드시 핵심이 있어야 한다. 이 부분에 대해서는 이 자리에 있는 모든 동지들이 높은 자각성으로써 이해하고 처리해야 한다. 의식적으로 하나의 핵심을 수호해야 한다. 그 핵심은 바로 여러분이 찬성하는 장쩌민(江澤民) 동지이다."[14]

이상의 논술에서 세 가지 주의해야 할 부분이 있다.

첫째, 마오쩌동이 서거한 후 형식상에서 화궈펑이 첫 후계자였지만, 화궈펑은 '두 가지 무릇' 주장을 제외하고 독립적인 것이 없었다. 그는 과도기 인물에 지나지 않았다.

둘째, 성숙된 지도자집단으로서 마오쩌동을 핵심으로 한 제1세대 지도자집단의 뒤를 이은 것은 덩샤오핑을 핵심으로 한 제2세대 지도자집단이다.

셋째, 제2세대 중앙지도자집단의 형성 혹은 수립의 표징은 중공 11차 3중 전회였다. 그 시기 형식상에서 당의 최고 지도자는 화궈펑이었지만, 실제로 관건적이고 핵심적 역할을 한 이는 중공중앙 부주석, 중앙 군사위원회 부주석, 전국정협주석, 국무원 부총리 덩샤오핑이었다.

이로부터 다음과 같이 종합할 수 있다.

마오쩌동 후의 당대 중국에서 진정으로 마오쩌동 사상의 과학적 체계를 견지하고 역사적 중임을 감당할 수 있으며, 마오쩌동이 남겨놓은 역사유산을 정리 계승하고 중국사회주의 건설의 웅대한 대업을 이끌 수 있는 사람은 한때 천지를 시끄럽게 했던 '4인방'도 화궈펑도 아

---

14) 덩샤오핑, 「제3 세대 지도자집단의 급선무」 (1989년 6월 16일) 『덩샤오핑문선』 제3권, 앞의 책, 309-310쪽.

닌 바로 마오쩌둥이 오랜 시기 양성하고 오랜 시련을 겪은 위대한 무산계급 혁명가이고, 걸출한 공산주의 전사이며, 우리나라 사회주의 개혁개방과 현대화건설의 총설계자이고, '중국 특색의 사회주의' 건설 이론의 창립자인 덩샤오핑이라는 점이다.

제2절
역사: 마오쩌둥이 덩샤오핑을 논하다

1978년 12월 덩샤오핑은 「사상을 해방시키고 실사구시하며 단합하여 일제히 앞으로」라는 제목의 유명한 연설에서 감동 어린 목소리로 이렇게 말했다.

"마오쩌둥 동지가 장기간의 혁명투쟁 과정에서 불멸의 위대한 공훈을 세웠다. 돌이켜보면 1927년 혁명이 실패한 후 마오쩌둥이라는 탁월한 지도가 없었다면 중국혁명은 어쩌면 아직까지도 승리를 거두지 못하였을 것이다. 그렇게 되었다면 중국 여러 민족 인민은 아직까지도 제국주의 봉건주의 관료자본주의의 반동통치를 받고 있을 것이며, 우리 당은 어둠속에서 악전고투하고 있을 것이다. 그렇기 때문에 마오 주석이 없었으면 새 중국도 없다고 말하는 것은 전혀 과장된 표현이 아니다. 마오쩌둥은 우리의 모든 한 세대를 양성해주었다. 우리 이 자리에 앉은 동지들은 모두 마오쩌둥 사상의 가르침을 받았다고 말할 수 있다. 마오쩌둥 사상이 없었다면 오늘날 중국공산당도 있을 수 없다. 이는 전혀 과장된 표현이 아니다. 마오쩌둥 사상은 영원히 전 당, 전 군, 전국 여러 민족 인민의 가장 보귀한 정신적 재부이다. 우리

는 마오쩌둥 사상의 과학적 원리를 전면적이고 정확하게 이
해하고 습득해야 하며, 새로운 역사조건에서 발전시켜야 한
다."[15]

대량의 역사적 사실을 통해 덩샤오핑은 마오쩌둥 사상이 양성해낸,
마오쩌둥 사상의 정수를 깊이 알고 있고, 마오쩌둥 사상의 가장 걸출
한 계승자임이 증명되었다. 장기간 마오쩌둥은 덩샤오핑을 매우 신임
하였으며 그에 대해 매우 높이 평가하였다. 그러한 사실은 다음과 같
은 말에서 엿볼 수 있다.

1. "이른바 마오파(毛派)의 우두머리"라는 표현은 덩샤오핑의 역사
공적에 대한 마오쩌둥의 중요한 평가이다. 덩샤오핑은 1904년 8월 22
일 쓰촨(四川)성 광안(廣安)현에서 태어났다. 1920년에 프랑스 고학의
길에 올랐다. 1922년 중국 시회주의청년단에 참가했고, 1924년 중국
공산당에 가입하였으며, 후에 소련에 가서 공부를 계속하였다. 1926년
에 귀국한 뒤 중국 서북부 펑위샹(馮玉祥) 장군이 이끄는 군대에 파견
되어 정치업무에 종사하였다. 1927년 말부터 1929년 여름까지 중공중
앙비서장을 맡았다. 1929년 말과 1930년 초 그는 장윈이(張雲逸) 등 과
함께 중국 남부의 광시(廣西)에서 백색봉기(百色起義)와 용주봉기(龍州
起義)를 이끌었으며 중국공농홍군 제7군과 제8군을 창립하고 좌강(左
江)과 우강(右江) 혁명근거지를 건립하였다. 1931년에는 장시(江西)성 남
부와 푸젠(福建)성 서부에 위치한 중앙혁명근거지에 가서 군사위원회

15) 『덩샤오핑문선』 제2권, 앞의 책, 148~149쪽.

총정치부 비서장과 홍군의 신문인 『붉은 별(紅星)』의 편집장을 맡았으며, 중공 장시(江西) 지방조직의 지도업무를 맡았다. 1933년 마오쩌둥의 정확한 주장을 지지한 관계로 당시 당내 '좌'경 지도자에 의해 철직당하였다. 1934년 10월 장정에 참가하였으며 그 해 말에 중공중앙비서장을 맡았다. 1935년 1월 꿰이쩌우(貴州)성 쮠이(遵義)현 수부에서 열린 중앙정치국확대회의에 참가하였다. 상기의 내용은 『간명브리튼백과전서』(중국대백과사전출판사 1986년 7월판) "덩샤오핑"라는 표제어에 소개된 항일전쟁 전 덩샤오핑의 약력이다.

『덩샤오핑』 및 기타 역사자료를 중국공산당역사와 연결시켜 연구해보면, 중국공산당이 신민주의혁명을 이끈 위대한 역사과정에서 일어나 두 차례의 당의 생사존망이 걸린 역사적 전환점에 덩샤오핑이 모두 영광스럽게 참가하였으며, 정확한 편에 서있었음을 알 수 있다.

첫 번째 역사적 전환점은 북벌전쟁이 실패해서부터 토지혁명이 일어날 때까지이다. 전환의 핵심고리는 1927년 8월 7일 한커우(漢口)에서 열린 중공중앙긴급회의, 즉 '8.7회의'였다. 회의에서는 북벌전쟁 후기에 천두슈(陳獨秀)를 대표로 하는 우경기회주의 실수에 대해서 선명한 기치를 내걸고 이를 청산하였고, 토지혁명과 무장으로 국민당 반동파에 저항하는 총체적인 방침을 확정지음으로써 혁명을 구하고 당을 구하였다. 마오쩌둥은 회의 발언에서 네 가지 문제에 대해 언급하였다.

첫째는 국민당 문제였다. 국민당과 통일전선을 수립할 때 "줄곧 이 집의 주인이 될 결심이 없었던 것", "이는 큰 실수였다". 둘째는 농민문제였다. 당이 농민을 토지혁명에 참가하도록 동원하지 않은 것으로서, "광범위한 당내 당 외의 대중이 혁명을 원하나 당의 지도가 혁명을 거부하고 있으니 반(反)혁명의 혐의가 있다."라고 하였다. 셋째는 군사문제였다. 즉 당은 "군사운동을 하지 않고 전문 민중운동만 하고 있다."라고 언급한 것이다. 넷째는 조직문제였다. 상급기관은 하급기관의 보고에 귀를 기울여야 한다고 강조한 것이다. 그 연설에서 마오쩌둥은 "정권은 총으로 얻어야 한다"고 제기하였다.[16] 그때 당시 젊은 덩샤오핑은 중앙비서의 신분으로 그 역사적 의의가 있는 중요한 회의에 열석하였으며, 그해 연말에 중공중앙비서장을 맡았다.[17]

두 번째 역사적 전환점은 제5차 반 '포위토벌'의 실패에서 전 민족 항일전쟁의 시작까지이다. 전환의 핵심 고리는 1935년 1월 쭌이에서 열린 중공중앙정치국확대회의 즉 유명한 쭌이회의이다. 회의는 '좌'경 교조주의 실수를 겨냥하여 그때 당시 결정적 의미를 가진 군사적, 조직적 문제에 대해 집중적으로 바로잡는 데 전력하였다. 마오쩌둥·장원톈(張聞天)·왕쟈샹(王稼祥) 등이 중요한 발언을 하였다. 그들은 제5차 반 '포위토벌'전쟁에서 단순 방어만 진행한 실수와 장정 과정에서 물러서고 도주한 잘못에 대해 날카롭게 비평하였다. 치열한 변론을 거쳐 다수의 회의 참가자들은 그들 세 사람이 제기한 제강과 의견에 찬성하였으며, 마오쩌둥을 중앙정치국 상무위원으로 추가 선출하였다.

회의 후 얼마 지나지 않아 정치국 상무위원회는 장원톈이 보구(博古)를 대체하여 총책임을 맡을 것을 결정하고, 마오쩌둥·저우언라이·왕쟈샹이 3인 소조를 설립하여 전 군의 군사행동을 맡도록 하였다. 쭌이회의에서는 실제로 홍군과 당 중앙에서 마오쩌둥의 지도적 지위를 확립하였다. 그 이후 마오쩌둥을 핵심으로 하는 당 중앙 제1세대 지

16) 마오쩌둥, 「중앙긴급회의 발언」 (1927년 8월 7일), 『마오쩌둥 문집』 제1권, 앞의 책, 47쪽.
17) 마오마오, 『나의 부친 덩샤오핑』, 1997, 중앙문헌출판사, 166쪽·171쪽.

도자집단이 점차 형성되었다. 쭌이회의에서는 극히 위급한 상황에서 중국공산당과 중국 홍군 그리고 중국혁명을 구해냈다. 쭌이회의는 중국공산당 역사에서 생사가 달린 전환점이었다. 1934년 12월 리핑(黎平) 회의 기간에 덩샤오핑은 이미 중공중앙 비서장에 임명되었으므로 그 역사적 의미가 있는 회의에 참가하는 행운을 누릴 수 있었다.

일련의 중대하고 준엄한 투쟁과 시련을 거쳐, 그리고 당내 우경과 '좌'경이 저지른 실수와의 투쟁을 통해 덩샤오핑은 정치적으로 바로 설 수 있게 되었다. 그 과정에서 다음과 같은 생생한 일례가 있다. 1933년 그때 당시 장시 성위 선전부장을 맡은 덩샤오핑은 마오쩌탄(毛澤覃)·셰웨이쥔(謝唯俊)·꾸보어(古柏) 등과 함께 마오쩌둥의 정확한 의견을 확고하게 옹호하고 지지하였으며, 임시중앙의 '도시중심론'에 반대하고 적의 세력이 취약한 광범위한 농촌으로 발전할 것을 주장하였다. 또한 군사모험주의에 반대하면서 적을 유인해 깊이 끌어들일 것을 주장하였으며, 지방무장력을 약화시키는 방법으로 홍군주력을 확대시키는 것을 반대하면서 두 가지 무장세력을 다 발전시킬 것을 주장하였으며, '좌'적인 토지분배정책에 반대하면서 중농과 부농에 대해 정확한 정책을 취할 것을 주장하였다. 임시중앙은 이른바 '장시 뤄밍(羅明)의 노선'(뤄밍은 중공 푸젠 성위서기 대행으로서 임시중앙의 잘못된 비판을 받음)에 반대하면서 덩샤오핑의 성위 선전부장 직무를 해제하고 그를 편벽한 현의 구(區)위 순시원으로 파견하였으며, 또 그에게 "당내 최후의 엄중한 경고"처분을 내렸다. 그 일은 마오쩌둥에게 깊은 인상을 남겼다. 옌안(延安)정풍기간 어느 한 중앙정치국 확대회의에서 마오쩌둥은 당의 역사문제에 대해 언급하면서 특별히 그 일을 거론하였으며, 덩(덩샤오핑)·마오(마오쩌탄)·셰(셰웨이쥔)·꾸(구보어)를 반대한 것은

"닭을 가리키며 개를 욕하는 격(이 사람을 가리키며 저 사람을 욕하는 것–역자 주)"이라면서 덩·마오·셰·꾸 넷 중에서 셋이 죽었으니 덩이 당을 위해 분발하기를 바란다고 말했다.

'문화대혁명' 시기 덩샤오핑이 당내 제2의 이른바 "자본주의 길로 나가는 집권파"로 몰려 비판을 받을 때도 마오쩌동은 덩샤오핑의 역사적 공적을 잊지 않았다. 1971년 9월 13일 린뱌오가 허둥지둥 도주하다가 자멸한 후 덩샤오핑은 중앙에 편지를 써서 린뱌오 반당집단에 대한 당 중앙의 결의를 확고하게 지지한다고 밝혔다. 1972년 8월 3일 덩샤오핑은 재차 마오쩌동에게 편지를 써 린뱌오를 고발 비판하였다. 8월 14일, 마오쩌동은 덩샤오핑의 편지에 대해 다음과 같이 중요한 지시를 내렸다. "총리가 본 다음 왕(汪) 주임에게 넘겨 인쇄하여 중앙 여러 동지들에게 나눠주도록 하라. 덩샤오핑 동지가 범한 착오는 엄중하다. 그러나 류사오치와 구별해야 한다. (1) 그는 중앙소비에트구역에서 비판을 받았다. 즉 덩·마오·셰·꾸 네 죄인 중 한사람이고 이른바 마오파의 우두머리이다. 그를 비판한 재료에는 두 개 노선이 나타나 있다.… (2) 그에게는 역사문제가 존재하지 않는다. 즉 적에게 항복했던 적이 없다. (3) 그는 류보청(劉伯承) 동지를 협조하여 싸움에서 유능했으며 전공을 세웠다. 그밖에도 도시로 입성한 후에도 좋은 일을 하지 않은 것이 아니다. 예를 들면 대표단을 이끌고 모스크바로 가 담판을 진행하였으며, 소련의 수정주의에 굴복하지 않았다. 이런 일들에 대해 예전에 여러 번 말하였는데 지금 다시 한 번 말한다. 여기서 마오쩌동이 열거한 덩샤오핑이 한 '좋은 일' 중 첫 번째가 바로 1933년 덩샤오핑이 "이른바 마오파의 우두머리"로써 비판을 받은 일이다.

여기서 말하는 '이른바 마오파'란 바로 마오쩌동의 정확한 주장을 옹호하고 지지한 사람들을 가리킨다. 현재 국제학술계와 여론계에는 '마오파' '마오주의자' '마오주의분자' 등 비슷한 개념이 아주 많다. 그러나 그 개념들이 나타내는 의미와 가리키는 대상은 전혀 다르다. 여기서 말하는 이른바 '마오파'가 그중의 첫 번째 의미이다. 다른 장소에서 말하는 '마오파' 혹은 '마오주의분자'는 '문화대혁명' 과정에 '마오쩌동 사상의 붉은 기를 높이 든다'는 명분 아래 극좌적인 행동을 행한 사람들을 가리킨다. 이밖에 세 번째 의미가 있다. 국제학술계에서는 마오쩌동 사상을 마르크스주의의 '이단'이라고 주장하는 벤자민 슈왈츠(Benjamin I. Schwartz) 등 자유파 학자들을 가리켜 '마오주의자'라고 한다. 이런 개념에 대한 서로 다른 해석은 우리의 연구에 일정한 어려움을 가져다주기도 하지만, 다른 해석 간의 구별을 잘 이해한다면 정확하고 깊이 있는 연구가 이루어질 수 있을 것이다. 덩샤오핑이 이른바 '마오파'로 불리는 경우는 국외 학술저작에서 가끔 찾아볼 수 있는데, 그 내용이 1933년 비판을 받은 사건만을 가리키는 것은 아니다. 단 한 가지 공통점이 있는데 바로 덩샤오핑이 마오쩌동의 바른 주장과 바른 노선의 확고한 지지자로 보고 있다는 점이다. 마오쩌동이 덩샤오핑을 "이른바 마오파의 우두머리"라고 부른 것도 일부 문제에서 덩샤오핑이 그의 바른 주장과 노선의 확고한 옹호자라는 것을 인정하기 때문이며, 또한 덩샤오핑이 중국공산당의 역사적 전환점과 힘겨운 투쟁과정에서 보여준 정치적 품격에 대한 그의 높은 평가이기도 하다.

반드시 짚고 넘어가야 할 것은 '이른바 마오파'라는 파별이 실제로 존재하는 것이 아니라는 사실이다. 덩샤오핑은 1989년 5월 31일 다음과 같이 특별히 말한 바 있다. "우리 당은 엄격하게 말하여 이런 저런 파별을 형성한 적이 없다. 30년대 장시에 있을 때 사람들이 나를 마오파라고 하였는데 그런 일은 애초에 있지도 않았고 마오파라는 것도 없었다."[18]

2. "나는 주석으로서 최고사령관이고, 덩샤오핑은 총서기로서 부사령관이다." 이는 사회주의건설시기 덩샤오핑의 지도적 역할에 대한 마오쩌둥의 중요한 평가이다. 『간명 브리튼 백과전서』 '덩샤오핑' 표제어에서 건국 후부터 '문화대혁명' 전까지의 경력에 대해 소개하면서 매우 개괄적으로 다음과 같이 연보를 만들었다.

> "중화인민공화국이 창립된 후 그는 중앙인민정부위원, 중공중앙 서남국 제1서기, 서남군정위원회 부주석, 서남군구 정치위원 등 직무를 맡았다. 1952년 중앙인민정부정무원(1954년에 국무원으로 개칭) 부총리에 임명되었다. 1954년 중공중앙 비서장을 맡았고, 같은 해 국방위원회 부주석직을 맡았다. 1955년 중공 제7차 5중 전회에서 중앙정치국위원으로 추가 선거되었다. 1956년 중공 제8차 전국대표대회에서 당 규약 수정에 대해 보고하였다. 제8차 1중 전회에서 중앙정치국상무위원, 중앙위원회 총서기로 선거되었다. 1956년부터 1963년까지 그는 여러 차례 모스크바로 가서 소련공산당 지도자와 담판과 투쟁을 진행하였다."

당 중앙 비서장 직을 맡아서부터 덩샤오핑은 마오쩌둥을 핵심으로

---

18) 『덩샤오핑 문선』 제3권, 앞의 책4, 300~301쪽.

하는 지도자집단의 일원이 되었다. 중공 제8차 전국대표대회에서 중앙위원회 총서기 직을 설치하기로 결정하고 또 덩샤오핑을 그 직무를 맡도록 추천한 것도 마오쩌둥이었다. 궁위즈(龔育之)와 스종취안(石仲泉)이 지은 책『덩샤오핑의 중국특색 사회주의건설이론 새로운 이론 대강』에서는 이렇게 소개하였다. 1956년 9월 13일 제7차 7중 전회에서 8차당 대회의 조직 인사 배치에 대해 토론할 때 덩샤오핑은 현재 맡고 있는 비서장 직을 계속 맡을 것이라는 의사를 밝혔다. 마오쩌둥은 새로운 직무 설치에 대해 설명하면서 중국의 비서장은 외국의 총서기와 같다면서 그가 따르지 않으면 많이 선전하여 모두가 찬성하게 되면 그도 따를 것이라고 말했다. 마오쩌둥은 또 덩샤오핑이 공정한 사람이라면서 재능이 있고 일처리를 잘한다고 칭찬하였다. 그러면서 마오쩌둥은 "그가 모든 일을 다 잘 처리하는가? 그렇지 않다. 그도 나처럼 많은 일처리를 잘못하고 어떤 때는 틀린 말을 할 때도 있다. 그러나 비교해보면 그는 일처리를 잘하는 편"이라고 말했다. 마오쩌둥은 또 "그는 빈틈없고 공정한 편이며 너그러운 사람으로 사람들에게 두려움을 주지 않는다"고 하였다. 마오쩌둥은 또 이렇게도 말했다. "그는 스스로 부족하다고 말하는데 나는 그가 잘할 수 있다고 본다. 그를 탐탁지 않게 생각하는 사람도 있을 것이다. 마치 나에게 불만을 느끼는 사람이 있는 것처럼…… 그러나 대체적으로 그는 대국을 두루 돌볼 수 있고 너그러우며 문제를 처리함에 있어서 공정한 사람이다. 그는 자신이 실수를 범하였을 경우 자신에게 아주 엄격한 사람이다." 마오쩌둥은 다른 지도자들에 대해서도 긍정적인 평가를 적지 않게 하였지만, 덩샤오핑에 대한 평가처럼 이처럼 높이 평가한 일은 드물다.[19] 여기서 평가와 견해문제 이외에 더욱 중요한 것은 마오쩌둥이 왜 총서기 직을 설치하였을까 하는 문제이다.

그때 당시 덩샤오핑에 대한 마오쩌둥의 평가와 견해는 상기 당의 제7차 7중 전회에서 말한 내용 이외에 더욱 형상적이고 생동적인 것은 1957년 마오쩌둥이 모스크바에서 흐루시초프와 나눈 대화에서 말한 내용이다. 그 대화는 마오쩌둥과 함께 소련을 방문한 수행인원들의 회고록과 흐루시초프의 회고록에 모두 반영되어 있다. 여러 회고록의 설이 일치하지 않으나 한가지만은 일치한다. 즉 류사오치·저우언라이·덩샤오핑 등 당의 여러 지도자에 대한 평가에서 덩샤오핑에 대한 마오쩌둥의 평가가 가장 돋보였다는 것, 마오쩌둥은 그를 얻기 어려운 인재라고 평가하였다. 여기에 장스밍(張世明)·정샤오궈(鄭曉國)·샹산쉬안(相三栓)이『나는 중국인민의 아들−1976년 이후의 덩샤오핑』편찬과 『덩샤오핑 대사전』편찬에 참여하는 과정에 수집 정리한 자료를 첨부하고자 한다.

1957년 11월, 모스크바.

마오쩌둥이 중국대표단을 인솔하여 10월 혁명 40주년 기념활동에 참가하고자 소련을 방문하여 여러 장소(회의 휴게실, 연회석상, 심지어 승용차 안까지 포함)에서 흐루시초프와 여러 차례 담화를 나눴다.

어느 날 저녁, 마오쩌둥은 통역원 리웨란(李越然)을 자기 방으로 불

19) 궁위즈·스중취안, 『덩샤오핑의 중국 특색 사회주의건설이론 새로운 이론 대강』, 상해사서(辭書)출판사, 1994, 27~28쪽.

렀다. 마오쩌동은 침대에 비스듬히 누워서 소련의 편지봉투를 손에 들고 편지 내용을 구술할 터이니 리웨란에게 받아 쓰라고 하였다. 다 쓴 다음 보더니 "중문으로 쓰라는 게 아니라 러시아문으로 쓰라고……"라고 말했다. 그리고 마오쩌동은 리웨란에게 새 편지봉투를 건네주었다. 이번에 리웨란은 러시아문으로 받아 적었다. 편지 내용은 다음과 같았다.

"흐루시초프 동지,

나는 이미 잠자리에 들었습니다. 평화적 과도 문제에 관련해서는 덩샤오핑 동지가 그대들과 협상할 것이므로 우리 둘은 이야기하지 않는 게 어떻습니까?"

리웨란이 다 쓰기를 기다려 마오쩌동은 편지봉투에 마오쩌동 석자를 사인하였다.

원래 흐루시초프와 마오쩌동의 첫 식사 자리에서 마오쩌동은 직책을 분명히 가르기라도 하듯 손을 휙 저으면서 "그런 구체적인 일은 덩샤오핑과 수슬로프에게 맡깁시다."라고 말했다. 모스크바회의는 10월 혁명 40주년 경축활동이 끝난 후에 진행하기로 하였는데 그것은 다만 형식일 뿐이고, 중요한 것은 회의 전 준비로서 특히 선언 초안을 작성하는 일이었는데, 그 일이 생각지도 못한 어려움과 시끄러움에 부딪쳤기 때문이다. 마오쩌동은 바로 그 선언 초안 작성 사항을 가리키는 것이었다. 흐루시초프의 인상에서 덩샤오핑이라는 중국공산당 총서기는 그의 동료들 중에서 '유난히 두각을 나타낸' 사람이었다. 머리를 짧게 잘랐는데 그런 머리모양을 중국에서는 '샤오핑터우(小平頭)'라고 부르고 있었다. 그러나 유럽에서는 달랐다. 상파울루에서는 오래 전에 이미 그런 머리모양이 "하느님에게 바치는 영광"으로 간주되고 있었으며 남성의 힘과 웅위로움을 상징하고 있었다. 하물며 그의 세고 굵은 머리칼이 한 올 한 올 꼿꼿이 선 것이 생기발랄한 진취정신을 보여주는 듯하였다. 그러기에 수슬로프와 같이 장기적으로 이데올로기 분야의 업무를 주관해온 유명 이론가들마저도 "그 사람은 정말 대단합니다. 담판이 쉽지 않았습니다. 말은 많지 않았지만 허점만을 전적으로 잡아냈습니다……"라고 보고하였다.

어느 한 차례 연회석상에서 마오쩌둥은 정중한 어조로 흐루시초프에게 "나는 국가주석 직무를 내려놓을 계획입니다."라고 말했다.

그 말을 듣고도 흐루시초프는 별로 놀라는 기색이 없었다. 반년 전에 보로실로프로부터 그런 소식을 전해 들었기 때문이었다. 그는 "대신할 사람이 있습니까?"하고 물었다.

"있습니다. 우리 당 내 여러 동지들 모두 나보다 못지않습니다. 충분한 조건을 갖추고 있습니다." 마오쩌둥은 숫자를 세듯 손가락을 꼽으면서 말했다. "첫 번째는 류사오치입니다. 그 사람은 베이징(北京)과 바오딩(保定)에서 5.4운동에 참가하였고, 후에 이곳에 와서 공부하였으며, 1921년에 공산당에 가입하였습니다. 능력이나 경험으로 보나 성망으로 보나 충분한 조건을 갖추었습니다. 그의 장점은 원칙성이 강한 것이고, 약점은 지혜로움이 부족한 것입니다."

"두 번째는 덩샤오핑입니다." 마오쩌둥은 손가락 하나를 꼽으며 말을 이어나갔다.

"그 사람은 원칙성도 강고 지혜로움도 갖춘 얻기 어려운 인재입니다."

흐루시초프는 머리를 끄덕이고 쓴웃음을 지으며 말했다. "그래요. 나도 그 사람이 대단한 사람이라는 느낌을 받았습니다. 대하기가 쉽지 않았습니다. 그가 문제를 관찰하는 능력은 아주 예리합니다."[20]

마오쩌동은 빙그레 웃었다. 그는 덩샤오핑이 담판 과정에서 소련인들을 곤란하게 만들었다는 것을 알고 있었다.

마오쩌동은 계속하여 세 번째로 손가락을 꼽으면서 말했다.

"세 번째는 저우언라이입니다. 그 동지는 국제활동 방면에서 나보다 훌륭합니다. 여러 가지 복잡한 모순들을 능란하게 처리할 수 있습니다. 그는 매우 노련하고 유능한 사람입니다. 자신에게 부족함이 있으면, 자아비평을 할 줄 아는 아주 좋은 사람입니다."

흐루시초프는 머리를 끄덕이며 말했다. "우린 모두 60세가 넘은 사람들입니다. 우리는 코시킨이 부장회의 주석 직을 맡게 될 것입니다. 미코얀도 정치적으로 원칙성이 강하지 못합니다. 그러나 그도 좋은 사람입니다." 이쯤 해서 흐루시초프는 입술 축이고 나서 저도 모르는 사이에 "그러나 다들 내가 전반적으로 국면을 총괄하기를 희망합니다."라고 보충하였다.

마오쩌동은 벌써 네 번째 손가락을 꼽고 있었다. "주더(朱德) 동지는 나이가 많습니다. 그는 덕망이 높지만 그가 업무를 주관하기를 바랄 수는 없습니다. 세월 앞에 장사가 없으니까요. 아무튼 이들 중 누가 여기에 오든지간에 나를 대하던 것처럼 그들을 대해주시기 바랍니다. 모두 그대들의 벗으로 생각해주십시오."

"그러지요. 꼭 그렇게 할 겁니다." 흐루시초프는 오른손을 흔들며 말했다. 훗날 흐루시초프는 이렇게 회고하였다. "마오가 유일하게 칭찬한 동지는 덩샤오핑이었다. 마오가 덩샤오핑을 가리키면서 하던 말이

---

20) 1956년 헝가리사건 때 흐루시초프는 덩샤오핑과 접촉한 적이 있다.

기억난다. '저쪽에 저 작달막한 사람을 보았습니까? 아주 총명하고 전도가 유망한 사람입니다.' 나는 그 덩샤오핑에 대해 아는 것이 없었다. 중국인민이 승리한 후 몇 번 다른 사람들이 그의 이름을 거론하는 것을 들었다. 그러나 그 이전에는 한 번도 들어본 적이 없었다."[21]

왜 총서기 직무를 설치하였는가에 관해서 7차 7중 전회의 설명 외에 1958년 중앙이 재정·정법·외교사무·과학·문화교육 등 소조 설립을 결정할 때, 마오쩌둥은 서면지시를 하면서 다음과 같이 더욱 명확하게 설명하였다. "이들 소조는 당 중앙의 것으로서 중앙정치국과 서기처의 직속이다", "국정방침은 정치국이 확정짓고, 구체적 조치는 서기처에서 한다. '정치설계원'은 오로지 하나뿐이며, 두 개의 '정치설계원'은 없었다.'"[22]

마오쩌둥은 사회주의 건설 과업이 정권을 탈취하는 일보다 쉬운 것이 아님을 분명히 보았다. 경제건설 면에서 우리는 경험이 부족하기 때문에 업무를 전개하는 과정에서 일정한 대가를 치러야 했다. 단 그 대가가 혁명시기에 치른 대가만큼 크지 않기를 바랐다. 그래서 마오쩌둥은 지도체제에서 국정방침의 설계와 구체적 조치라는 두 개의 차원을 설계했던 것이다. 정치국은 '정치설계원'으로 국정방침의 제정을 책임진다. 중앙정치국 상무위원은 7명으로 당 중앙 주석 마오쩌둥·부주석 류사오치·저우언라이·주더·천원(陳雲)·린뱌오와 총서기 덩샤오핑이다. 마오쩌둥은 그 '정치설계원'의 총책임자라고 할 수 있다. 서기처는 구체적 조치를 책임졌으며, 총서기 덩샤오핑이 것이다.

---

21) 장스밍·정샤오궈·시앙산수안, 『덩샤오핑 진문록』, 지식출판사, 1993, 114~116쪽.
22) 궁위즈·스중취안, 앞의 책, 41쪽.

이러한 지도체제의 설계와 총서기 인선의 선택에서 덩샤오핑에 대한 마오쩌둥의 중용과 신임을 엿볼 수 있다. 1959년 상하이회의에서 마오쩌둥은 예사롭지 않은 발언을 하였다. 즉 "정치국은 바로 '정치설계원'으로서 중앙정치국 상무위원회와 서기처에 권력이 집중되어야 한다.

나는 주석으로서 최고사령관이고, 덩샤오핑은 총서기로서 부사령관이다. 그 부사령관은 직책을 아주 잘 수행하고 있다. 총서기 직을 맡은 동안 덩샤오핑은 서기처 업무를 주관하면서 당 중앙 주석과 부주석에 협조하여 중앙의 일상 사무를 처리하였으며, 당과 국가의 중요한 정책결정에 참여하면서 양호한 정치가의 소양과 탁월한 지도적 재능을 과시하였다."

그러나 덩샤오핑이 일생에서 '부사령관'으로 불린 것은 그 한 차례만이 아니었다. '문화대혁명'이 일어나자 덩샤오핑은 류사오치와 함께 마오쩌둥의 엄격한 비판을 받았으며, 이어서 이른바 "당내 자본주의 길로 나가는 집권파"로 몰려 타도되었다. 게다가 이른바 류사오치 "자산계급 사령부"의 부사령관으로 간주되어 타도되었다. 덩샤오핑은 그 시기의 경력에 대해 언급하면서 이렇게 말했다. "그때 당시 나를 포함해서 많은 오랜 간부들이 박해를 받았다. 나는 류사오치의 뒤를 이어 제2의 '자본주의 길로 나가는 집권파'였으며 류사오치는 '총사령관'이고 나는 '부사령관'이었다"[23]

흥미로운 것은 비록 두 개의 '부사령관' 칭호가 긍정과 부정의 형식으로 나타났으나 그 실질은 같은 것이었다. 덩샤오핑은 마오쩌둥을 핵

---

23) 덩샤오핑, 「역사의 경험을 섭취하여 그릇된 경향을 방지하자」(1987년 4월 30일) 『덩샤오핑 문선』 제3권, 앞의 책, 227쪽.

심으로 하는 중앙 지도자집단에서 당의 국정방침에 대해 구체적인 배치를 하는 지도자였다. 이른바 류사오치의 '자산계급 사령부'라는 것은 존재하지도 않는 터무니없는 거짓이기 때문이었다. 마오쩌둥은 줄곧 당 중앙의 지도핵심이었으며, 류사오치가 당과 국가의 지도자 직을 맡고 있는 기간에 전개한 업무는 모두 마오쩌둥과 중앙정치국의 지도를 받아 진행한 것이었다. 이에 대해 중공중앙 11차 6중 전회에서 통과된 「건국이래 당의 일부 역사문제와 관련한 결의」에서 이미 다음과 같이 명확한 결론을 내렸다. "당내에는 류사오치·덩샤오핑을 위수로 하는 '자산계급 사령부'가 애초에 존재하지 않았다. 확실한 사실이 증명했다시피 류사오치 동지에게 억지로 덮어씌운 이른바 '반역자' '내부간첩' '노동자계층의 배반자'등 죄명은 전적으로 린뱌오와 장칭 등이 모함하여 만들어 낸 것이었다."[24] 덩샤오핑에게 있어서 그 폄하된 '부사령관' 칭호는 오히려 다른 한 측면에서 그가 마오쩌둥을 핵심으로 하는 당 중앙 지도자집단의 중요한 일원이고 당의 국정방침을 구체적으로 배치하는 지도적 책임을 맡고 있었으며, 마오쩌둥이 말하는 '부사령관'이라는 사실을 증명해주었다.

3. "얻기 어려운 인재", "정치사상이 강하다," 이는 덩샤오핑의 전반 자질에 대한 마오쩌둥의 중요한 평가이다. 린뱌오의 자폭은 '문화대혁명'에 대한 절묘한 풍자와 부정이었다. 마오쩌둥은 자신이 일으킨 '문화대혁명'에 대하여 근본적으로 부정할 수는 없었지만, 그러나 그 '혁

24) 중공중앙문헌연구실 편저, 『3중 전회 이래 중요 문헌 선편』 하권, 1982, 인민출판사, 810쪽.

명'이 절대적으로 정확하였는지 여부에 대해서는 생각해보지 않을 수 없었다. 1972년 1월 10일 마오쩌둥은 갑자기 천이(陳毅) 추도회에 참가하기로 결정했으며, 추도회에 앞서 천이의 부인 장첸(張茜)을 만나 "천이 동지는 좋은 사람입니다. 훌륭한 동지입니다." "만약 린뱌오의 음모가 실현되었더라면 우리 같은 늙은이들을 모두 해치웠을 것입니다."라고 말했다. 이는 린뱌오사건을 거치면서 마오쩌둥이 오랜 전우 즉 "우리 같은 늙은이"의 역할을 발휘할 것을 다시 고려하기 시작하였음을 표명한다. 8월 14일 그는 덩샤오핑이 보내온 편지에 긍정적인 서면 지시를 내렸다. 그 뒤 1973년 3월 10일 마오쩌둥의 의견에 따라 중공중앙은 「덩샤오핑 동지의 당 조직생활과 국무원 부총리 직무를 회복하는 것에 관한 결정」을 내렸다.

하나의 중요한 결정이 마오쩌둥의 머릿속에서 점차 형성되고 있었다. 그것은 바로 '문화대혁명' 전 그의 '부사령관'에게 다시 나와 직무를 맡도록 하는 것, 덩샤오핑에게 중앙의 일상 업무를 주관하게 하는 것이었다. 그 결정의 실시 과정은 대체적으로 다음과 같다.

1973년 12월 12일 마오쩌둥은 중앙정치국회의 연설에서 여러 군구사령관들을 교체하는 문제를 제기하였다. 13일 14일 15일에는 또 정치국 관련 동지들과 같이 베이징·선양(沈陽)·지난(濟南)·우한(武漢) 등 군구 책임자들과 담화하였다. 마오쩌둥은 덩샤오핑에게 군사위원회위원과 정치국위원 직책을 맡길 것을 제안하였다. 그는 "군사를 한 분 모셔왔습니다. 덩샤오핑이라 부릅니다. 그가 정치국위원과 군위위원이 되었다고 통지하세요." "그에 대해서 말하면 어떤 사람은 그를 두려워하는데 그는 일을 과단성 있게 처리합니다. 그의 일생에서 잘못과 공을 대체로 3대 7로 평가할 수 있습니다. 그대들의 옛 상사였는데 내가 모셔왔습니다. 정치국이 모셔왔습니다. 나 혼자서 모셔온 것이 아닙니다."
라고 말했다. 마오쩌동의 의견에 따라 12월 22일 중앙군사위원회는 8
대 군구 사령관 교체 명령을 발표하였다. 같은 날 중공중앙은 통지를
발부하여 덩샤오핑에게 중앙정치국위원을 맡겨 중앙의 지도업무에 참
가하도록 하며 10차 2중 전회 회의 때 사후 추인한다는 것, 덩샤오핑
에게 중앙군사위원회 위원을 맡겨 군사위원회 지도 업무에 참가하도
록 할 것을 결정지었다.

1974년 3월 27일 덩샤오핑이 대표단을 인솔하여 유엔대회 제6차 특
별회의에 참가하는 것에 대해 장칭이 반대하였으므로 마오쩌동은 장
칭에게 보내는 편지에 이렇게 썼다 "덩샤오핑 동지의 출국은 나의 의
견이오. 당신은 반대하지 않는 게 좋을 거요. 조심하시오. 내 의견에
반대하지 마시오." 4월 4일 그는 덩샤오핑의 대회 연설문을 비준하였
다. 10일 덩샤오핑은 유엔대회 특별회의에서 세계를 들썩이게 한 중요
한 연설을 하였다.

1974년 6월 1일 저우언라이가 병으로 입원하였다. 10월 4일 마오쩌
동은 덩샤오핑이 국무원 제1부총리 직을 맡을 것을 제기하였다. 실제
로 이는 덩샤오핑에게 국무원의 일상 업무를 주관하도록 한 것이었다.

1974년 10월 17일 저녁 덩샤오핑은 정치국회의에서 '4인방'과 직접 얼
굴을 맞대고 싸웠다. 18일 왕훙원(王洪文)은 창사(長沙)에 가서 마오쩌
동에게 저우언라이·덩샤오핑을 모함하였다. 마오쩌동은 그 자리에서
왕훙원에게 장칭과 휩쓸리지 말라고 경고하였다. 20일 마오쩌동은 덩
샤오핑이 당의 부주석, 국무원 제1부총리, 군위부주석 겸 총참모장
직을 맡을 것을 제안하였다. 12월 23, 24, 25, 27일 마오쩌동은 업무보
고 차 창사에 온 저우언라이·왕훙원과 인사 문제에 대해 언급하면서

"샤오핑에게 군위부주석과 제1부총리 겸 총참모장 직을 맡겨야 한다고 생각한다"고 재차 제기하였다. 그러면서 덩샤오핑에 대해 아홉 자로 높이 평가하였다. "인재난득(人才難得. 얻기 어려운 인재), 정치사상 강(政治思想强. 정치사상이 강하다)"

1975년 1월 5일 중공중앙은 1호 문건을 발표하여 덩샤오핑을 중공중앙 군위 부주석 겸 중국인민해방군 총참모장에 임명하였다. 1월 8일부터 10일까지 중공 10차 2중 전회가 베이징에서 열렸다. 회의에서는 덩샤오핑을 중공중앙 부주석과 중앙정치국 상무위원으로 선거하였다. 잇따라 제4기 전국인민대표대회 제1차 회의가 베이징에서 열렸으며, 회의에서 덩샤오핑을 제1 부총리에 임명하여 저우언라이·덩샤오핑을 핵심으로 하는 국무원 지도기구를 확정짓고 '내각을 구성해' 권리를 찬탈하려는 장칭 반혁명집단의 음모를 부숴버렸다. 이러한 덩샤오핑에 대한 마오쩌동의 평가는 다음과 같았다.

1) "얻기 어려운 인재", "정치사상이 강하다".
이는 덩샤오핑의 전반적 자질에 대한 마오쩌동의 평가이다. 두 무산계급혁명가가 오랜 세월을 함께 일하고 파란곡절을 겪어오면서 마오쩌동은 덩샤오핑의 여러 방면의 자질에 대하여 아주 많은 평가를 하였으며 덩샤오핑의 재능을 아주 높이 찬양하였다.

2) "변증법에 따라 일을 처리해야 합니다.
이는 덩샤오핑 동지가 한 말입니다. 내가 보건대 전 당이 변증법을 배워야 하며 변증법에 따라 일하는 것을 제창해야 합니다." 이는 1957년 1월 마오쩌동이 성·시·자치구 당위서기회의 연설에서 덩샤오핑의 이론 자질에 대한 평가이다. 덩샤오핑의 이 말이 『마오쩌둥선집』 제5권에 공개적으로 발표된 후 철학계에서 큰 관심을 모았다.

3) "이 사람은 전반적인 국면을 돌볼 줄 아는 사람이다".

이는 제7차 7중 전회에서 덩샤오핑의 사상 자질에 대한 마오쩌둥의 평가이다. 민주혁명시기뿐만 아니라 사회주의 혁명시기와 사회주의 건설시기에도 전국적인 국면을 돌보고 중시하는 것은 덩샤오핑의 혁명 풍격이었다. 1993년 『덩샤오핑문선』 제3권을 편집 출판할 때 덩샤오핑이 원고를 심열하면서 자신이 한 모든 말은 작은 각도에서 말한 것이 아니라 전국의 상황을 살펴서 말한 것이라고 했다. 마오쩌둥이 덩샤오핑의 전국을 돌볼 수 있음을 찬양한 것은 그에 대해 잘 알고 있음을 설명해주는 말이었다.

4) "이 사람은 원칙성도 있고 영만험도 있다."

마오쩌둥이 1957년 흐루시초프에게 말한 바 있는 덩샤오핑의 이러한 장점은 덩샤오핑의 정치적 자질에 대한 높은 평가이다. 소련의 이데올로기 전문가는 중-소 담판에서 덩샤오핑의 그런 풍격을 체험하였다. 개혁개방 과정에서 덩샤오핑은 일련의 복잡한 문제를 처리할 때 그런 정치가의 풍모를 다시 한 번 보여주었다.

5) "그는 과단성 있게 일을 처리한다".

이는 마오쩌둥이 1973년 덩샤오핑을 중앙으로 불러 정치국위원, 군위위원을 맡도록 할 때 한 말로서 그의 사업풍격에 대한 평가였다. 마오쩌둥이 덩샤오핑은 일처리를 잘하고 일처리를 할 줄 안다고 여러 차

레 칭찬한 원인 중의 하나가 바로 덩샤오핑이 과단성 있게 일을 처리했기 때문이다. 단호하고 신속하며 깔끔한 풍격은 혁명정신의 표현이었다. '4인방'이 날뛰던 때 마오쩌둥이 덩샤오핑에게 이런 말을 한 적이 있다. "어떤 사람들은 자네를 무서워하지. 자네에게 권고하는데, 외유내강, 솜 속에 침을 감춘 듯해야 하네. 겉은 부드럽고 내면에는 철강회사를 앉히게." 이는 마오쩌둥이 덩샤오핑에게 그를 두려워하는 사람들한테 부드럽게 대하라고 하면서도 그의 '굳셈'에 대해서 인정하고 있음을 설명한 말이었다.

6) "그는 재능이 있다",

이 또한 마오쩌둥이 1956년 제7차 7중 전회에서 덩샤오핑을 총서기로 추천할 때 한 말이다. 이에 앞서 1951년 9월 3일 량수밍(梁漱溟)이 쓰촨에 가서 고찰하고 돌아와 마오쩌둥과 이야기를 나누면서 덩샤오핑이 젊고 유능하며 정 치적책략이 있고, 큰 민심을 얻고 있다고 말하자 마오쩌둥은 "량 선생께서는 잘 보셨습니다. 덩샤오핑은 정치면에서나 군사면에서나 어느 모로 보나 재능이 뛰어났습니다."라고 자신도 모르게 말을 받기도 하였다.

이상에서와 같이 "얻기 어려운 인재", "정치사상이 강하다"는 것은 마오쩌둥이 덩샤오핑의 전반 자질에 대해 오랜 세월 동안 관찰한 뒤 얻어낸 결과였다. 사실이 증명하다시피 마오쩌둥의 평가는 정확한 것이며 설득력이 있었다. 제4기 전국인민대표대회 1차 회의가 열린 뒤 얼마 지나지 않아 저우언라이는 병이 가중해졌다. 덩샤오핑은 '4인방'의 꾸준한 방애와, '문화대혁명'에 대한 마오쩌둥의 긍정적인 태도에 변화가 없는 환경에서 총리를 대리해 국무원 업무를 주관하였으며 실제로 중앙의 일상 업무를 주관하였다. 그는 극대한 위험, 막대한 압력을 이겨내고 군위확대회의와 공업·농업·교통·과학 등 분야의 문제를 해결하기 위한 일련의 회의를 잇따라 열었으며, 여러 분야의 업무에 대한 정돈을 거쳐 형세가 뚜렷하게 호전되었다. 과학·교육·문예 등 분야를 시작으로 모두가 침묵을 지키는 국면을 타파하고 활기에 찬 새 기상이 싹트기 시작하도록 국면을 반전시켰다.

그러나 문제가 복잡한 원인은 '4인방'의 정권 찬탈에 대해 마오쩌둥은 민감한 경각성을 나타내면서도 또 그들이 '문화대혁명'에서 공을 세웠다고 생각하고 있는 것과, 마오쩌둥은 덩샤오핑이 중앙의 일상 업무를 주관하는 것을 지지하면서도 또 덩샤오핑이 '문화대혁명'의 과오를 체계적으로 시정하는 것을 용납할 수 없는 데 있었다. 음모술수에 능한 '4인방'은 바로 이점을 노리고 '문화대혁명' 문제를 돌파구로 삼아 마오쩌둥의 지지를 얻어내어 또 한 번 덩샤오핑을 쓰러뜨리고자 꾀하였다. '4인방'은 마오쩌둥의 연락원인 마오위안신(毛遠新)을 시켜 "샤오핑 동지의 연설을 주의 깊게 듣게했는데, 문화대혁명의 성과에 대해 별로 언급하지 않았고 류사오치의 수정주의 노선에 대해 크게 비판하지 않았다"고 마오쩌둥에게 보고하도록 하였다. 마오위안신은 또 "어떤 기풍을 느낄 수 있었는데 주로 문화대혁명을 겨냥한 것"이라고 덧붙였다. 마오쩌둥은 '문화대혁명'의 잘못과 공을 대체로 3대 7로 보고 있었다. 그는 '문화대혁명'에서 두 가지 과오를 범하였다고 지적하였다. 한 가지는 모든 것을 쓰러뜨린 것이고, 다른 한 가지는 전면 내전이었다. 그러나 총체적인 견해는 기본상 정확한 가운데 일부 미흡한 점이 있다는 것이었다. 마오위안신의 충동질에 마오쩌둥은 덩샤오핑을 경계하기 시작하였다. 그러나 한편으로는 덩샤오핑의 재능이 아깝기도 하였다. 마오쩌둥의 이런 마음의 깊은 갈등은 그의 만년의 마지막 세월 동안에 충분히 드러났다. 그는 덩샤오핑이 '문화대혁명' 관련 결의를 주관하기를 바랐다. 그러면 그의 "잘못과 공이 3대 7"이라는 결론을 인정받을 수 있고, '문화대혁명'의 주류가 정확한 것임을 인정받을 수 있으면서 또 덩샤오핑에게 중앙의 일상 업무를 계속 맡길 수 있었기 때문이었다. 그러나 덩샤오핑은 그 '중임'을 맡으려 하지 않았다. 그러자 정치국은 덩샤오핑의 모든 업무를 중지시키려고 하였고 그럼에도 마오쩌둥은 덩샤오핑에게 "대외사무를 전담시킬 것"을 고집하였다. 이른바 "덩샤오핑을 비판하고 우경번안풍 반격운동"의 서막이 올랐던 것이다. 저우언라이가 서거하자 '4인방'은 덩샤오핑이 중앙을 대표하여 추도사를 읽는 것을 극구 반대하였다. 마오쩌둥은 예젠잉(葉劍英)의 의견을 받아들여 덩샤오핑이 추도사를 읽는 것에 찬성하였다. 마오쩌둥은 덩샤오핑을 재차 비판하고 화궈펑에게 국무원 총리 대행을 맡겨 중앙의 일상 업무를 주관하도록 할 결심을 하였을 때, 1976년 3월 3일 6시에 "찬성"이라고 서면 결재한 「마오 주석의 중요 지시」라는 문서에는 한편으로는 덩샤오핑이 "마르크스-레닌주의에 대해 모르고 자산계급을 대표한다"라고 하였으면서도 다른 한편으로는 또 "그는 여전히 인민내부의 문제이다. 잘만 이끌어주면 류사오치와 린뱌오처럼 서로 대적하는 쪽으로는 발전하지 않을 수 있다.

덩샤오핑은 류사오치·린뱌오와는 다르다. 덩샤오핑은 자아비평을 원하지만 류사오치·린뱌오는 자아비평을 아예 원하지 않았다."라고 하였다. 1976년 4월 5일 '천안문사건(天安門事件)'이 일어난 후 '4인방'은 미친 듯이 날뛰며 덩샤오핑을 공격하였다. 장칭은 직접 마오쩌둥을 찾아가 덩샤오핑의 당적을 박탈할 것을 요구하였다. 그러나 마오쩌둥은 태도표시를 하지 않았다. 그러나 중앙정치국은 '4.5'사건의 성질에 대해 그릇된 판단을 내리고 덩샤오핑의 당 내외의 모든 직무를 취소한다는 결의를 내렸다. 이에 마오쩌둥은 "찬성한다, 그러나 당적은 보류해두고 앞으로 관찰하기로 한다"라고 서면 지시하였다. 이는 덩샤오핑의 정치생애에서 장시(江西)중앙소비에트구와 '문화대혁명' 초기에 걸쳐 두 차례 '타도된' 뒤 세 번째로 '타도된' 것이었다. 마오쩌둥은 인재를 아끼고 사랑했지만, 그럼에도 그는 덩샤오핑을 타도하는 잘못을 저질렀던 것이다. 이는 실로 역사적으로 유감스러운 일이었다.

현실 : 덩샤오핑이 마오쩌동을 논하다

전기적 색채를 띠는 것은 '작달막한 키'의 덩샤오핑이 세 번이나 타도되었다가 세 번이나 다시 복귀한 사실이다. 1976년 10월 중국은 긴긴 어려움을 겪은 끝에 드디어 기쁨과 웃음을 맞이했으며 세 번째로 잘못 타도되었던 덩샤오핑에게도 복귀의 서광이 비쳤다.

그해에는 애도곡이 끊이지 않았다. 1월 8일 인민이 경애하던 저우언라이 총리가 서거하였다. 4월 5일 저우언라이를 추모하고 덩샤오핑을 지지하며 '4인방'에 반대하는 대중운동이 피비린내가 요동치는 진압을 받았다. 4월 7일 덩샤오핑의 당 내외 모든 직무가 해제 되었다. 7월 6일 인민이 존중하던 오랜 혁명가 주더 동지가 서거하였다. 9월 9일에는 중국인민의 위대한 수령인 마오쩌동이 세상을 하직하였다. 1년도 안 되는 사이에 당과 나라의 걸출한 지도자 세 명이 잇따라 세상을 떠났다. 그들의 하직은 전 당, 전 군, 전국 여러 민족 인민들을 막심한 비통에 빠뜨렸다.

마오쩌동이 서거한 후 '4인방'은 당과 국가 최고지도권을 빼앗으려고 서둘렀다. 당과 인민의 이익을 위하여 10월 6일 화궈펑, 예젠잉, 리셴녠(李先念) 등 정치국의 많은 동지들이 '4인방' 즉 장칭반혁명집단을 단호히 처단하고 '문화대혁명'이란 재난을 종료시켰다. 소식이 전해지자 전국이 기쁨의 도가니에 빠졌다. 베이징에서 지방에 이르기까지 모두 성대한 집회를 열어 '4인방'을 축출한 것을 경축하였다. 85세의 궈뭐뭐(郭沫若)는 「수조가두·'4인방'의 분쇄」에서 "속이 다 후련하네, '4인방'을 끌어내리니"[25]라고 흥분을 감추지 못하였다. 그 투쟁의 승리는 중국이 새로운 역사발전시기에 들어섰음을 의미했다. 그러나 1978년 말 중공 중앙 제11차 3중 전회가 열리기 전까지 당의 사업은 2년이란 배회기를 겪어야 했다. 그 원인은 무엇이며 어려움은 무엇이었을까?

그것은 '문화대혁명'을 어떻게 평가할 것이냐, 그리고 더 나아가 마오쩌둥의 지시를 어떻게 대할 것이냐는 중대한 문제에서 당 내외에 큰 의견차이가 존재하는 등 막심한 시련에 맞닥뜨렸기 때문이다.

이는 덩샤오핑과 화궈펑 두 정치 인물에 대한 거대하고도 복잡한 시련이었다. 그 원인은 다음과 같았다.

1) 덩샤오핑은 '문화대혁명' 발발 초기와 결속 전야에 두 차례나 억울함을 당하고 타도되었었다. 당과 인민이 그 재난 속에서 받은 상처와 손실은 그의 몸에서 여실히 반영되었다. 당연히 그는 인민을 이끌어 '문화대혁명'을 부정하고 마오쩌둥 만년의 실수를 바로잡아야 했다. 그러나 그런 부정과 시정 과정에서 마오쩌둥 사상과 그 사상의 뛰어난 주요 대표자 마오쩌둥을 부정해서는 안 되었다.

2) 화궈펑은 '문화대혁명' 시기에 마오쩌둥의 칭찬을 받았으나 린뱌오·장칭 두 반혁명집단과는 구별되었으며, '문화대혁명'이 끝날 무렵 당과 정부·군의 최고지도자 지위에 추대되었다. 그는 마오쩌둥과 마

---

25) 『해방군보』 1976년 11월 1일.

오쩌둥 사상을 긍정하고 수호하고자 하였다. 그러나 그런 긍정과 수호가 절대 마오쩌둥 만년의 실수, 특히 마오쩌둥이 친히 일으키고 또 이끈 '문화대혁명'에 대한 긍정과 수호가 되어서는 안 되었다.

분명 이는 난제임이 틀림없었다. 직면한 난제를 해결하려면 마르크스·레닌주의 정치가의 두터운 소양 즉 과학적 사상노선, 출중한 지도 예술과 두려움 모르는 정치적 담략이 필요했다. 그런 소양을 갖추지 못하면 그처럼 막대하고 복잡한 시련을 이겨낼 수 없을 것이었다.

역사가 증명했다시피 화궈펑에게는 그런 완벽한 소양이 부족하였다.

역사가 증명했다시피 덩샤오핑은 그런 정치가의 소양을 갖추었기 때문에 마오쩌둥 사상을 계승하고 발전시킬 수 있으며, 중국 사회주의 건설의 새로운 국면을 개척하는 시대의 중임을 떠멜 수 있었다.

덩샤오핑은 막대하고 복잡한 시련 앞에서 마오쩌둥과 마오쩌둥 사상에 대해 3가지 과학적 결론을 내놓았다.

1. 마오쩌둥 사상은 과학적 체계이다.

'4인방'을 처단한 후 광범위한 간부와 대중들은 드높은 열정을 안고 여러 분야에서의 혁명과 건설에 뛰어들었다. '4인방'의 죄행을 적발 비판하고, 그들의 파벌체계를 소상히 조사하여 큰 성과를 거두었다. 그리고 당과 국가 조직을 정돈하고 억울한 사건을 바로잡는 업무도 시작하였다. 또한 공·농업 생산도 빠르게 회복되고 있었으며, 교육·과학·문화 업무도 정상화방향으로 나가기 시작했다. 그런데 이처럼 혼란한 국면을 평정하여 정상상태로 회복하는 업무가 심각한 장애에 부딪쳤던 것이다. 당 내외 광범위한 간부와 대중들이 '문화대혁명'의 과오를 시정할 것을 갈수록 강력하게 요구하고 있을 무렵, 1977년 2월 7

일 『인민일보』 『붉은 기』 잡지 『해방군보』 사설에서는 '두 가지 무릇' 방침을 제기했다. 즉 "무릇 마오 주석의 결정이라면 우리는 모두 확고하게 수호해야 하고, 무릇 마오 주석의 지시라면 우리는 모두 변함없이 따라야 한다."는 방침이었다. 이로부터 만약 마오쩌동 사상을 정확하게 평가하지 못한다면, 혼란한 국면을 평정하여 정상상태로 회복하는 업무를 깊이 있게 전개할 수 없으며, '문화대혁명'의 과오를 철저히 바로잡을 수 없을 것이었다.

이런 복잡한 정치배경에서 그때까지도 비판을 받는 지위에 있었던 덩샤오핑은 1977년 5월 중앙의 두 동지와 담화하면서 이렇게 말했다. 금년 4월 10일 나는 중앙에 편지를 써 "우리는 반드시 대대손손 정확하고도 완전무결한 마오쩌동 사상으로 우리의 전 당과 전 군 그리고 전국 인민을 이끌어야 하고, 당과 사회주의 사업, 국제공산주의 운동을 승리적으로 앞으로 밀고 나가야 한다"라고 제기하였는데, 이는 반복적으로 고려한 생각이었다.[26] 여기서 덩샤오핑은 "정확하고도 완전무결한 마오쩌동 사상"이라는 표현으로 마오쩌동의 몇 마디 말을 그대로 옮겨오려는 단순한 생각 즉 '두 가지 무릇' 관점과 분계선을 그었던 것이다. 이어서 그는 이렇게 말했다. 마오쩌동 사상은 사상체계이다. 나와 뤄룽환(羅榮桓) 동지는 린뱌오와 투쟁을 했던 적이 있다. 그때 그가 마오쩌동 사상을 하나의 체계로 본 것이 아니라 용속화하였다고 비평하였다. 우리는 기치를 높이 들고 그 사상체계를 학습하고

26) 덩샤오핑, 「'두 가지 무릇'은 마르크스주의에 부합되지 않는다」 (1977년 5월 24일), 『덩샤오핑문선』 제2권, 앞의 책, 39쪽.

응용해야 한다.[27] 같은 해 5월 24일 덩샤오핑은 중앙의 두 지도자와 담화할 때 상기의 이야기를 재차 언급하였다. 그 핵심사상은 바로 마오쩌동 사상이 과학체계라고 주장했던 것이다. 덩샤오핑이 그 문제를 제기할 수 있었던 것은 그가 오랜 시간동안 마오쩌동의 가르침을 받아 마오쩌동 사상에 대한 심각한 인식을 가지고 있었기 때문이었다. 그러한 인식이란 다음과 같았다.

1) 1943년 10월 덩샤오핑은 북방국 대리서기 직을 맡았으며 또 팔로군본부의 업무를 주관하면서 그가 소속된 당 조직의 정풍운동을 지도하였다. 11월 10일 북방국 당학교 제8기 개학 때 그는 정풍운동에 대한 보고를 하였다. 보고에서 그는 왕자샹 등 오랜 세대 무산계급 혁명가들처럼 '마오쩌동 사상'이란 과학적 개념을 사용하였으며, 그 사상이 전 당에서 과학적 지도역할을 할 수 있다고 주장하였다. 그는 말했다. "우리 당은 1935년 1월 쮠이회의 후부터 마오쩌동을 위수로 하는 당 중앙의 지도 아래 당내 '좌'·'우경 기회주의를 철저히 극복하였고, 주관주의와 종파주의 그리고 당팔고(黨八股) 분위기를 싹 정리하였으며, 당 사업을 중국화한 마르크스·레닌주의 즉 마오쩌동 사상지도의 궤도에 올려놓았다. 지금까지 이미 9년이란 시간이 지났는데 실수를 저지르지 않았을 뿐만 아니라 줄곧 승리적으로 발전해오고 있다." "마오쩌동 사상을 지도로 하는 당 중앙의 지도 아래 우리는 과거의 기회주의 지도아래의 침통한 교훈을 돌이켜보면서 모든 동지들이

---

27) 덩샤오핑,「'두 가지 무릇' 은 마르크스주의에 부합되지 않는다」(1977년 5월 24일).
   『덩샤오핑 문선』 제2권, 앞의 책, 39쪽.

모두 9년간 매우 행복하였다고 느꼈을 것이다."[28]

2) 1959년 린뱌오는 국방부장에 임명된 후 "마오쩌둥 사상의 기치를 높이 들자"라는 구호를 내걸고 마오쩌둥 사상에 대한 단순화·용속화를 대대적으로 추진하였다. 이는 덩샤오핑의 경각성을 불러일으켰다. 1960년 3월 25일 중공중앙 톈진(天津)회의에서 그는 마오쩌둥의 비준을 얻어 마오쩌둥 사상을 어떻게 선전할 것이냐는 문제에 대하여 특별 연설을 하였다. 그는 이렇게 말했다. 마오쩌둥 사상의 선전문제에 대해서 나는 예전에 산둥(山東)과 톈진에서 언급하였던 적이 있으며 후에 중앙에서도 토론하였다. 어제 마오 주석에게도 그 문제에 대해 이야기하였는데 그는 그 의견에 찬성하였다. 첫째, 지금의 주요 문제는 마오쩌둥 사상을 저속하고 졸렬하게 이용하고 있다는 것이다. 무엇이나 다 마오쩌둥 사상에다 갖다 맞추려고 한다. 예를 들면 한 상점의 영업 수입이 좀 높아졌다 하여 마오쩌둥 사상이 발전하였다고 하고, 탁구를 쳐도 마오쩌둥 사상을 적용하였다고 말하곤 한다. 둘째, 마르크스·레닌주의에 대해 언급하는 경우가 너무 적다는 것이다.
　이런 상황은 적지 않은 신문에서 모두 어느 정도 존재한다. 왜 이런 문제를 제기하느냐 하면, 우리가 마오쩌둥 사상을 정확하게 이해하려면 한편으로는 마르크스·레닌주의를 견지하고 보위해야 하고, 다른 한편으로는 마르크스·레닌주의를 발전시켜야 하기 때문이다. 마오쩌둥 사상과 마르크스·레닌주의는 전적으로 동일한 것이다. 마오쩌

28) 덩샤오핑, 「북방국 당학교 정풍동원회의 연설」(1943년 11월 10일) 『덩샤오핑 문선』 제1권, 앞의 책, 88쪽.

동 사상은 마르크스·레닌주의의 보편적 진리를 견지하였을 뿐만 아니라, 마르크스·레닌주의 보물고에 새로운 내용을 더 많이 보충하였기 때문에 마오쩌동 사상과 마르크스·레닌주의를 마치 서로 다른 사물인양 갈라놓아서는 안 된다.[29] 덩샤오핑은 '견지' '보위' '발전'이라는 세 단어로 마오쩌동 사상과 마르크스·레닌주의의 관계를 서술하여 전 당 내에서 큰 영향을 일으켰다. 1971년 5월 저우언라이가 어느 한 차례의 연설에서 '견지' '보위' '발전'이라는 세 단어는 덩샤오핑이 제기한 것이고, '천재적으로', '창조적으로', '전면적으로'라는 세 단어는 린뱌오가 제기한 것이라면서 마오쩌동은 린뱌오가 제기한 세 단어를 보고는 지워버렸다고 말한 바 있다. 린뱌오는 "마오쩌동 동지가 천재적으로, 창조적으로, 전면적으로 마르크스·레닌주의를 계승하고 보위하였으며 발전시켰다"라고 오랜 세월동안 선전하였다. 중공 제8차 12중 전회에서 제9차 당 대회 당 규약에 대해 토론할 때, 마오쩌동은 두 차례나 새 당 규약 초안에 쓰여져 있는 "천재적으로, 창조적으로, 전면적으로"라는 세 단어에 동그라미를 치고 삭제하라는 표기를 하였다.

3) 덩샤오핑은 1975년 중앙의 일상업무를 주관하고 정돈업무를 지도하면서 린뱌오 '4인방'이 마오쩌동 사상을 학습할 때 나타난 교조주의와 실용주의 경향에 대해 이렇게 말했다. "지금 매우 큰 문제가 존재한다고 생각된다. 그것은 바로 마오쩌동 사상을 어떻게 선전할 것이냐 하는 문제이다. 마오쩌동 사상을 저속하고 졸렬하게 만드는 린뱌오의

---

29) 덩샤오핑, 「마오쩌동 사상을 바르게 선전하자」 (1960년 3월 25일), 『덩샤오핑 문선』 제1권, 앞의 책, 283쪽.

그따위 방식에 대해 뤄룽환 동지가 제일 먼저 반대 의사를 밝혔으며, 마오 주석의 저작을 학습함에 있어서 정신적 실질을 학습해야 한다고 말했다. 그때 당시 서기처에서는 토론을 거쳐 뤄룽환 동지의 의견에 찬성하였다."

이로부터 1977년에 덩샤오핑이 "마오쩌둥 사상은 과학적 체계"라고 제기한 것은 우연이 아님을 알 수 있다. 이는 그가 오랜 혁명투쟁 과정에서 마오쩌둥 사상에 대한 깊은 인식이며, 린뱌오·'4인방'의 음모활동과 악의적 학풍과 장기적인 투쟁을 거쳐 얻어낸 과학적인 결론이며, 마오쩌둥 후의 당대 중국에 나타난 '두 가지 무릇'의 그릇된 관점에 겨냥해 취한 올바른 태도이기도 하다. 이로부터 마오쩌둥 사상의 위대한 기치를 높이 쳐드는 것은 마오쩌둥의 모든 말과 모든 결정을 수호하면서 교조주의적인 태도로 쳐들어야 한다는 뜻이 아님을 알 수 있다. 그 이유는 두 가지이다. 하나는 지도자의 말은 일정한 시간에, 일정한 장소에서 한 말이기 때문에 추구성이 있다는 것이다. 그런 추구성이 제외되면 그의 논술의 과학적 기반을 잃음으로써 과학적인 진리가 딱딱한 교조주의로 바뀌게 된다. 다른 하나는 지도자도 인간인 것만큼 그가 한 말도 여러 가지 국한성으로 인해 일부 약점, 심지어 착오가 있을 수 있기 때문에 맹신해서는 안 된다.

이 부분에 대해 덩샤오핑은 다음과 같이 아주 명확하게 말했다. "마오쩌둥 동지가 이 문제에 대하여 말한 것을 저 문제로 옮겨놓거나, 이 장소에서 말한 것을 다른 장소로 옮겨놓거나, 이 시간에 말한 것을 다른 시간으로 옮겨놓거나, 이런 조건하에서 이야기한 것을 다른 조건하로 옮겨놓거나 해서야 되겠습니까? 그건 안 됩니다! 마오쩌둥 동지 스스로도 자신이 한 어떤 말은 틀렸다고 여러 번 말한 적이 있습니다.

그는 한사람이 일을 하면서 실수를 저지르기 마련이라고 말하였습니다. 그리고 또 마르크스와 엥겔스, 레닌과 스탈린도 모두 실수한 적이 있다면서 만약 실수를 하지 않는다면 왜 그들의 원고를 고치고 또 고치겠느냐며 자꾸 고치는 것은 원래 일부 관점이 완전히 정확하지 않고 완전무결하지 않았기 때문이라고 말하였습니다.… 이는 중요한 이론문제이며 역사유물주의를 견지하느냐 하는 문제입니다. 철저한 유물주의논자는 마땅히 마오쩌동 동지가 말한 것처럼 문제를 대해야 합니다."[30] 그래서 덩샤오핑은 '두 가지 무릇'은 안 되며 단지 개별적인 단어나 구절로 마오쩌동 사상을 이해할 것이 아니라, 마땅히 마오쩌동 사상의 전반 체계에서 정확한 이해를 얻어야 한다고 거듭 강조하였다.

그리고 개별적인 판단 중에 이런저런 실수가 있는 것은 마오쩌동 사상의 기본 원리로 구성된 과학체계에 속하지 않는 것이다. 마오쩌동 사상은 개별적인 방면이 아니라 많은 영역에서 마르크스–레닌주의를 발전시킨 과학적인 체계로서 많은 시간과 공을 들여 여러 영역에서 마오쩌동 사상의 체계를 논해야만 한다. 마오쩌동 사상을 학습하고 선전하는 것은 곧 마오쩌동 사상의 체계로 우리 당을 교육하려는 것이었다.

2. 마오쩌동이 없으면 새 중국은 없었다

마오쩌동 사상에 대한 평가와 연결 지을 수 있는 것은 바로 마오쩌

---

30) 덩샤오핑, 「'두 가지 무릇'은 마르크스주의에 부합되지 않는다」(1977년 5월 24일), 『덩샤오핑 문선』 제2권, 앞의 책, 38~39쪽.

동의 역사적 지위를 어떻게 평가하느냐 하는 문제이다. 국제공산주의 운동의 역사에서 지도자의 공과와 시비에 대한 평가는 역대로 민감하면서도 중대한 문제였다. 흐루시초프는 소련공산당 제20차 전국대표대회에서 비밀보고를 통해 스탈린을 전면 부정함으로써 세계 사회주의운동 내부의 사상적 혼란을 초래하였다. 어떤 나라에서는 심지어 마르크스-레닌주의를 부정하고 공산당의 영도에 반대하는 정치풍파까지 나타났다. 마오쩌둥 후의 당대중국에서 마오쩌둥을 어떻게 평가하느냐 하는 문제는 절대 일반 역사인물을 평가하는 것처럼 순수 학술적인 문제가 아니라 현실정치와 밀접히 연결되어 있고 당과 국가의 전도와 운명이 달린 중대한 문제였다. 사실이 바로 그러했다. '4인방'을 타도한 후 중국 정치생활에는 극히 복잡한 상황이 나타났다. 한편으로는 화궈펑이 추진하는 '두 지 무릇' 방침이 혼란한 국면을 바로잡으려는 조치의 전개를 방해하였다. 다른 한편으로는 혼란한 국면을 바로잡고 억울하게 누명을 쓴 사건을 바로잡는 과정에서 마오쩌둥의 역사적 지위를 부정하고, 더 나아가 사회주의제도를 부정하고, 인민민주주의 독재를 부정하고, 당의 영도를 부정하고, 마르크스-레닌주의와 마오쩌둥 사상을 부정하는 그릇된 사조가 나타났다. 예를 들면 상하이에 이른바 '민주토론회'라는 조직이 나타났는데, 그 조직의 일부 사람들이 마오쩌둥을 중상모략하며 "만 악의 근원은 무산계급 독재에 있다", "중국공산당을 단호히 철저하게 비판해야 한다"는 주장을 고취시켰다.

정치 경험이 풍부한 덩샤오핑은 혼란스러운 국면을 바로잡기 시작한 초기에 일찍 이렇게 말했다. "위대한 마르크스주의자로서의 마오쩌둥 동지는 그 자신에 대한 일부 적절하지 않고 과학적이지 못한 평가에 몇 번이나 반대하였으며, 인민과 지도자의 관계를 정확하게 이해해 야 한다고 늘 교육하였다."[31] 이는 과학적으로 마오쩌둥을 평가하고 개인숭배를 하지 말아야 할 뿐만 아니라, 그 누구든 마오쩌둥의 역사적 지위와 역사적 역할을 추악하게 묘사하거나 부정하는 것을 절대 허용하지 않을 것임을 의미했다.

우선 덩샤오핑은 마오쩌둥이 오랜 혁명투쟁에서 세운 위대한 공훈은 영원히 마멸될 수 없는 것이라고 강조하였다. 그는 「사상을 개방하고 실사구시하며 단합하여 일제히 앞으로」라는 제목의 연설에서 마오쩌둥의 3대 역사적 공훈에 대해 다음과 같이 논술하였다. "첫째, 중국혁명을 이끌어 위험에서 벗어나게 했으며 혁명의 승리를 거둔 것이다. 둘째, 마오쩌둥 사상은 우리 한 세대를 양성해주었다. 마오쩌둥 사상이 없었더라면 오늘의 중국공산당은 있을 수 없다. 셋째, 마오쩌둥 사상을 창립하였다. 마오쩌둥 사상은 영원히 우리 전 당, 전 군, 전국 여러 민족 인민의 제일 귀중한 정신적 재부이다." 덩샤오핑은 이렇게 말했다. "만약 마오쩌둥 동지의 탁월한 영도가 없었다면 중국혁명은 지금까지도 승리할 수 없었을 것이다. 그랬더라면 중국 여러 민족 인민은 아직도 제국주의 봉건주의 관료자본주의 반동통치하에서 허덕이고 있을 것이며, 우리 당은 아직도 어둠 속에서 악전고투하고 있을 것이다."[32]

1980년 8월 오리아나 팔라치(OrianaFallaci) 이탈리아 기자의 인터뷰

---

31) 덩샤오핑, 「마오쩌둥 사상을 완정하게 정확하게 이해하자」 (1977년 7월 21일), 『덩샤오핑문선』 제2권, 앞의 책43쪽.
32) 덩샤오핑, 「사상을 개방하고 실사구시하며 단합하여 일제히 앞으로」 (1978년 12월 13일), 『덩샤오핑문선』 제2권, 앞의 책, 48쪽.

를 받을 때 그는 또 한 번 이렇게 말했다. "마오 주석이 없었다면 우리 중국 인민은 아직도 어둠 속에서 더 긴 세월 동안 헤맸을 것이다. 마오 주석의 위대한 공적은 마르크스-레닌주의 원리를 중국혁명의 실제와 결합시켜 중국이 혁명의 승리를 탈취할 수 있는 길을 가리켜준 것이다."[33] 마오쩌둥에 대한 덩샤오핑의 이처럼 높은 긍정적인 평가는 중국혁명사의 진실한 면모를 보여주었고, 중국인민을 포함한 대부분 파란만장한 곡절을 겪은 노전사들의 마음을 반영한 것이기도 했다. 그 노전사들은 변증유물주의와 역사유물주의 무기를 갖춘 선진 인사들로서 "마오 주석이 없으면 새 중국이 없다"는 기본 사실을 존중하고 있다.[34]

덩샤오핑은 마오쩌둥에 대한 평가가 단지 마오쩌둥 개인의 문제에만 그치는 것이 아니라 우리 당 우리나라의 전반적인 역사와 갈라놓을 수 없다고 강조하였다. 1979년 3월말 당의 이론학습연구회에서 덩샤오핑이 혼란한 국면을 바로잡는 과정에 나타난 그릇된 사조에 대해 「네 가지 기본원칙을 견지하자」(1979년 3월 30일)라는 유명한 연설을 하였다. 마오쩌둥을 어떻게 평가할 것이냐는 중대한 정치문제에 대해 언급하면서 그는 다음과 같이 아주 심각한 말을 하였다. "마오쩌둥 동지의 사업과 사상은 단지 그 개인의 사업과 사상만이 아니라 그의 전우, 당과 인민의 사업과 사상이며, 반세기가 넘는 세월 동안 중국인민의 혁명투쟁 경험의 결정체이다. 이는 바로 마르크스의 상황과 같다. 엥겔

33) 덩샤오핑, 「오리아나 팔라치 이탈리아 기자의 질문에 대답」(1980년 8월 21일, 23일), 『덩샤오핑문선』제2권, 앞의 책, 345쪽.
34) 덩샤오핑, 「사상을 개방하고 실사구시하며 단합하여 일제히 앞으로」(1978년 12월 13일), 『덩샤오핑문선』제2권, 앞의 책, 148쪽.

스는 마르크스에 대해 평가할 때 현대무산계급은 오로지 마르크스에게 의지해야만 비로소 자체 지위와 요구에 대해 처음으로 의식하게 되었으며, 자체의 해방조건을 의식하게 되었다고 말했었다. 그렇다면 이는 개인이 역사를 창조하였다고 말하는 것일까? 아니다. 역사는 인민이 창조한 것이다. 그러나 이는 뛰어난 개인에 대한 인민의 존경하는 마음을 배척하려 것은 전혀 아니다. 존경은 개인숭배가 아니며, 그를 신으로 보는 것이 아니다."[35] 확실히 마오쩌동은 오랜 시기 동안 당의 최고지도자 지위에 있었으며 당 중앙의 제1세대 지도자 집단의 핵심이었다. 역사가 만든 이런 지위가 마오쩌동의 활동을 결정지었다. 즉 소부분의 개인성질을 띤 활동을 제외하고는 모두가 당을 이끌고 진행한 사업과 활동이었다. 그런 활동에 참가한 것은 마오쩌동 한사람만이 아니라 당 중앙 지도자 집단, 당과 당이 이끄는 광범위한 인민대중도 있다. 때문에 마오쩌동을 긍정하든지 아니면 부정하든지를 막론하고 필연적으로 당 중앙의 지도자 집단, 당과 당이 이끄는 광범위한 인민대중을 긍정하느냐 부정하느냐는 문제와도 관련된다. 정치경험이 부족한 많은 사람들은 이러한 깊은 이치를 알지 못한다. 반면에 당의 지도와 사회주의 길을 부정하려는 일부 사람들은 그 오묘한 이치를 잘 알고 있었다. 그들은 마오쩌동 개인을 추악하게 묘사하고 헐뜯고 중상하는 것을 통해 중국공산당과 중국공산당이 이끄는 혁명 사업을 부정하려고 꾀하였다. 1988년 9월 5일 덩샤오핑은 외국손님을 접견할 때 이에 대해 명백히 말했다. "마오쩌동 동지는 1957년부터 '좌'적인 실수를 범하기 시작했으며, 가장 '좌'적이었던 시기는 '문화대혁명'

---

35) 『덩샤오핑문선』 제2권, 앞의 책, 172~173쪽.

10년간이다. 그는 생전에 자신의 실수를 인정하였다. 마오쩌둥은 자신이 죽은 뒤 과오가 3, 공로가 7이라는 평가만 받을 수 있다면 만족이라고 말한 적이 있다. 1921년 당을 창설해서 1957년까지 36년간 그가 한 좋은 일은 대단한 것으로서 우리를 이끌어 혁명의 승리를 거둔 것이다. 따라서 우리 당은 역사의 경험을 총정리하면서 마오쩌둥을 빠뜨려서는 안 되는 것이다. 마오쩌둥을 부정하는 것은 중국혁명의 대부분 역사를 부정하는 것이다.… 모든 당, 모든 나라가 다 자체적인 역사가 있다. 그렇기 때문에 오직 객관적이고 실사구시적인 태도로 분석하고 종합해야만이 이로운 것이다."[36] "마오 주석이 없었다면 새 중국은 있을 수가 없다"라는 말이 중국혁명의 기본 사실을 두고 한 말이라면, "마오쩌둥을 부정하는 것은 중국혁명의 대부분 역사를 부정하는 것"이라는 말은 마르크스주의자들이 위대한 역사인물에 대해 평가할 때 반드시 주의를 기울여야 하는 중대한 정치 문제라고 할 수 있다. 마오쩌둥에 대한 덩샤오핑의 평가는 이처럼 실사구시적인 과학성과 정치성의 통일을 견지한 것으로서 마오쩌둥에 대한 덩샤오핑의 더없는 존경을 보여주었을 뿐만 아니라, 더욱이 그의 두터운 마르크스주의 이론소양과 우수한 정치품격을 보여주었으며, 한 세대 위인의 풍채를 보여준 것이다.

3. 마오 주석의 공적은 주된 것이고 실수는 부차적인 것이다

마오쩌둥과 마오쩌둥 사상의 역사적 지위에 대해 평가함에 있어서

---

36) 덩샤오핑, 「역사에 대해 총결하는 것은 미래를 개척하기 위함이다」(1988년 9월 5일), 『덩샤오핑 문선』 제3권, 앞의 책, 271-272쪽.

가장 어려운 것은 마오쩌동의 만년의 실수에 대해 어떻게 평가할 것이냐는 것이다. 덩샤오핑은 처음에는 '실사구시적'이어야 한다고 말하였으나, 후에는 "적절하게 평가해야 한다"고 덧붙였다.[37] 마오쩌동 만년의 실수에 대해 평가할 때 반드시 적절하고 도가 지나치지 말아야 하며, 진정으로 실사구시하도록 해야 한다. 이를 위해 그는 수많은 중요한 지시를 내렸다. 모호한 인식을 명확하게 하고 전 당 사상의 통일을 이루기 위해 걸출한 공헌을 하였다.

1) "마오 주석의 실수는 린뱌오나 '4인방'의 문제와는 성질이 다르다."[38] '문화대혁명'이라는 재난은 시간이 길고 범위가 넓어서 중국공산당에서 "전례가 없는 일"로 불리고 있다. 그래서 혼란한 국면을 바로잡고 역사적 경험을 총 정리할 때 많은 사람들이 격분하여 마오쩌동에 대해 정도가 지나친 말도 많이 하였다. 덩샤오핑은 여기에 대해 크게 경계하였으며 다음과 같이 명확하게 지적하였다. "마오쩌동 동지의 과오에 대하여 과잉 평가해서는 안 된다. 과하면 마오쩌동 동지의 명예에 먹칠하는 것이며, 이는 또 우리 당과 국가에 먹칠하는 것이다."[39] 이러한 문제를 해결하기 위하여 덩샤오핑은 역사적 사실을 근거로 '문화대혁명'이란 재앙에서 마오쩌동의 실수와 린뱌오·'4인방'의 문제의 성격에 대해 큰 분계선을 그어놓았다. 린뱌오 '4인방'은 마오쩌동

37) 덩샤오핑, 「 "건국 이래 당의 일부 역사문제에 대한 결의" 초안을 작성하는 것 관련 의견」 (1980년 3월~1981년 6월), 『덩샤오핑 문선』 제2권, 앞의 책, 309쪽.
38) 덩샤오핑, 「오리아나 팔라치 이탈리아 기자의 질문에 대답」 (1980년 8월 21일, 23일), 『덩샤오핑 문선』 제2권, 앞의 책, 344쪽.
39) 덩샤오핑, 「 "건국 이래 당의 일부 역사문제에 대한 결의" 초안을 작성하는 것에 대한 의견」 (1980년 3월~1981년 6월), 『덩샤오핑 문선』 제2권, 앞의 책, 301~302쪽.

이 직접 일으킨 '문화대혁명'을 이용하여 당과 국가의 최고 권력을 찬탈하려는 음모를 꾸몄으며, 마오쩌동 몰래 나라와 인민에게 재앙을 가져다주는 범죄행위를 저질렀다. 그들은 두 개의 반혁명집단이다. 그러나 마오쩌동의 실수는 한 위대한 무산계급혁명가가 범한 실수이다. 이론적으로 그는 일련의 그릇된 '좌'경 관점을 제기한 것으로서 마르크스-레닌주의 기본 원리와 중국혁명의 구체적인 실제가 결합된 마오쩌동 사상의 궤도를 뚜렷하게 이탈한 것이다. 즉 조직적으로 그는 린뱌오·장칭 등을 중용하여 당과 국가·인민이 건국 이후 가장 심각한 좌절과 손실을 당하게 한 것이다. 그러나 마오쩌동이 일으키고 이끌었던 '문화대혁명'은 주관적으로 "수정주의에 반대하고 수정주의를 방어하기 위한 요구에서 출발한 것이다"[40] 그는 엄중한 실수를 저지르고 있으면서도 마르크스·엥겔스·레닌의 저작을 참답게 학습할 것을 전 당에 요구하였으며, 언제나 자신의 이론과 실천은 마르크스주의적인 것이라고 생각하고 있었으며, 무산계급 전쟁을 위해 필요한 것이라고 생각하였다. 그의 비극의 원인이 바로 여기에 있었다. 그러나 '문화대혁명' 시기에 그는 일부 구체적인 착오를 시정하고 제지하기도 하였고, 일부 당의 지도간부와 당의 유명 인사들을 보호하기도 하였으며, 일부 간부들을 중요한 지도자 지위에 복귀시키기도 하였다. 특별히 지적해야 할 것은 린뱌오 반혁명집단을 분쇄하는 투쟁은 그가 직접 이끈 것이며, 장칭 반혁명집단이 당과 나라의 최고 지도권을 빼앗으려는 것을 막아낼 수 있었던 것도 그의 중요한 조치에 따른 것이었다.

---

40) 덩샤오핑, 「사상을 해방하고 실사구시하며 단합하여 일제히 앞으로」(1978년 12월 13일), 『덩샤오핑 문선』 제2권, 앞의 책, 149쪽.

이외에 '문화대혁명' 시기에 일부 정확한 대외 정책의 제정과, 사회주의제도의 보존, 국가가 분열되지 않은 것 사회주의 건설이 여전히 진행되고 있는 것 등은 모두 마오쩌동의 역할과 갈라놓을 수 없다. 덩샤오핑은 이렇게 말했다. "제1세대 지도자 집단의 핵심은 마오 주석이다. 마오 주석이라는 지도핵심이 있었기 때문에 '문화대혁명'이 공산당을 거꾸러뜨릴 수 없었던 것이다."[41] 덩샤오핑이 마오쩌동과 린뱌오 '4인방' 사이에 큰 분계선을 그은 것은 매우 적절하며 정확하고 설득력이 있는 처사였기에, 전 당의 사상을 통일시키는데 중대한 작용을 발휘한 것이었다.

2) "마오쩌동은 일생 중 대부분의 시간을 매우 좋은 일을 하는 데 썼다. 그리하여 그는 여러 차례나 위기에 빠진 당과 국가를 구해냈다."[42] 덩샤오핑은 마오쩌동이 만년에 범한 실수가 린뱌오 '4인방'과 성격상에서 구별된다고 지적하였을 뿐 아니라, 여러 시기 그의 공과와 비중에 대해서도 구체적이고 역사적으로 분석하였다. 그는 사실에 근거하여 객관적이고 공정하게 지적하였다. "1921년 창당해서부터 1957년에 이르기까지 36년간 마오쩌동은 대단히 훌륭한 일들을 하였다. 그는 우리를 이끌고 혁명의 승리를 거두었다. 건국 후 17년간 곡절과 실수가 있었지만 기본적으로는 바르게 지도하였다. 그는 일생의 후기에 이르러 특히 '문화대혁명' 시기에 실수를 범하였으며, 게다가 그 실

41) 덩샤오핑, 「제3 세대 지도자집단의 급선무」 (1989년 6월 16일), 『덩샤오핑 문선』 제3권, 앞의 책, 310쪽.
42) 덩샤오핑, 「오리아나 팔라치 이탈리아 기자의 질문에 대답」 (1980년 8월 21일, 23일), 앞의 책, 344쪽.

수가 작지 않아 당과 국가·인민에 수많은 불행을 가져다주었다. 그러나 '문화대혁명' 기간에도 그의 모든 정책결정이 잘못된 것은 아니었다. 예를 들면 "세 개의 세계" 이론의 제기, 중미수교의 실현 등은 모두 정확한 결정이었다. 그렇기 때문에 총체적으로 마오쩌둥의 일생은 공적이 주된 것이고, 실수는 부차적인 것이라고 할 수 있다."

　3) "실수를 말하려면 마오쩌둥 동지 한 사람의 실수만 거론해서는 안 된다. 중앙의 많은 동지들도 모두 잘못이 있다."[43] 덩샤오핑은 사회주의 건설시기 중국공산당이 업무를 전개하는 과정에서 저지른 일부 실수에 대해 분석하면서 공정해야 한다면서 다른 사람은 다 맞고 한 사람만 실수를 했다는 인상을 조성해서는 안 되며, 그것은 사실과 어긋나는 일이라고 주장하였다. 그는 "'대약진'은 마오쩌둥 동지가 머리가 뜨거워졌기 때문이라고 하지만, 우리는 머리가 뜨거워지지 않았는가? 류사오치 동지, 저우언라이 동지, 그리고 나도 모두 반대하지 않았고 천윈(陳雲) 동지도 말을 하지 않았다." "중앙의 실수는 한 사람의 책임이 아니라 집단의 책임이다."[44] 라고 성실하게 말했다. "물론 마오쩌둥 동지가 주요 책임을 져야 한다."[45] 이를 통해 우리는 덩샤오핑의 실사구시한 과학적인 정신과, 용감하게 책임지는 혁명적 기개를 분명하게 보아야 한다. 덩샤오핑의 설득을 거쳐 그 문제에 대한 전 당의 인식을 통일시킬 수 있었다.

43) 덩샤오핑, 「"건국 후 당의 일부 역사문제에 대한 결의" 초안을 작성하는 것 관련 의견 (1980년 3월~1981년 6월), 앞의 책, 296쪽.
44) 위의 책, 296·308·309·297·297·308~309쪽.
45) 위의 책.

4) "단지 마오쩌동 동지 자신의 잘못만 지적하는 것으로는 문제를 해결할 수 없다. 가장 중요한 것은 제도문제이다."[46] 마오쩌동을 정확하게 평가하고, 그의 만년의 실수에 대해 분석하는 한편 그 과정에서 경험교훈을 더 잘 섭취하기 위해 덩샤오핑은 집단이 실수에 대해 책임져야 한다고 강조하였을 뿐만 아니라, 또 마오쩌동과 같이 위대한 무산계급 혁명가가 실수를 범하게 된 데에는 복잡하고 심각한 원인이 있다는 사실을 보아야 한다고 강조하였다. 그는 "마오쩌동 동지가 훌륭한 말을 많이 하였다. 그러나 과거에는 일부 제도가 나빴기 때문에 그를 부정적인 방향으로 떠밀었던 것이다."[47] "제도는 결정적인 요인이다. 그때는 제도가 그러하였다."[48] 덩샤오핑의 의견에 따라 중공중앙 제11기 6중 전회에서 통과된 「건국 후 당의 일부 역사문제에 대한 결의」(1981년 6월)에서 마오쩌동에 대한 평가는 다음과 같았다. "마오쩌동 동지는 위대한 마르크스주의자이며, 위대한 무산계급혁명가·전략가·이론가이다. 그는 비록 '문화대혁명'시기에 심각한 실수를 범하긴 하였지만, 그의 일생을 놓고 볼 때 중국혁명에 대한 그의 공적은 그의 과오보다 훨씬 크다. 그의 공적은 주된 것이고, 실수는 부차적인 것이다. 그는 우리 당과 중국인민해방군의 창설과 발전을 위해, 중국 여러 민족 인민의 해방사업의 승리를 위해, 중화인민공화국의 창립과 우리나라 사회주의사업의 발전을 위해 영원불멸의 공훈을 세웠다. 그는 세계 피압박 민족의 해방과 인류의 발전에 중대한 공헌을 하였다."[49]

---

46) 위의 책.
47) 위의 책.
48) 위의 책.
49) 중공중앙문헌연구실 편찬,『3중 전회 이후 중요 문헌 선편』하권, 1982, 인민출판사, 825쪽.

마오쩌둥의 지위에 대한 덩샤오핑과 당 중앙의 이와 같은 객관적이고 전면적이며 깊이 있는 과학적 평가로 인해 혼란한 국면을 바로잡으면서 극히 복잡한 난제를 해결할 수 있었으며, 당은 마오쩌둥 만년의 실수를 바로잡고 마오쩌둥과 마오쩌둥 사상의 역사적 지위를 수호하였으며, 따라서 당의 단합과 정국의 안정을 수호하였으며, 당이 여러 민족 인민을 인솔하여 혼란한 국면을 바로잡은 후, 전면적 개혁을 진행할 수 있는 양호한 정치 환경을 마련할 수 있었던 것이다. 소련과 동유럽 일부 사회주의국가의 역사적 경우와 연결시켜 보면, 이들 국가에는 덩샤오핑처럼 뛰어난 무산계급혁명가가 없었기 때문에 역사적 경험을 총정리하고 역사인물을 평가하는 준엄한 시련을 이겨낼 수가 없었으며, 스탈린을 부정하는 것에서부터 시작하여 여러 나라 당의 역사를 부정하기에 이르렀고, 결국 정국의 급변을 초래하였으며, 사회주의 운동이 심각한 좌절을 맞이하게 되었던 것이다. 중국공산당과 중국인민이 가장 다행스럽게 생각하고 자부심을 느낄 수 있는 것은 우리에게 마오쩌둥과 같은 천지개벽을 이룰 수 있는 뛰어난 재능과 원대한 계략을 갖춘 위대한 지도자가 있었고, 또 덩샤오핑과 같은 실사구시 정신과 지도예술을 갖춘 마오쩌둥 사업의 뛰어난 후계자가 있었다는 사실이다. 그렇기 때문에 우리는 제국주의와 봉건주의·관료자본주의 반동통치를 뒤엎고, 인민이 주인이 된 새 중국을 창립할 수 있었으며, 또 가난과 우매함의 속박에서 벗어나 부강하고, 민주적이며, 문명적인 사회주의 현대화 국가를 건설할 수 있었던 것이다.

제4절
논리 : 마오쩌동 사상과 덩샤오핑 이론

　마오쩌동에서 덩샤오핑까지, 역사와 현실이 논리 속에서 생생하게 반영되었으며 구체적인 통일을 이루었다. 논리는 다음과 같았다. 덩샤오핑이 이끈 마오쩌동 후의 당대중국에서 마오쩌동 사상은 가장 훌륭하게 계승되고 견지되었을 뿐만 아니라 새로운 발전을 이루었다. 계승과 견지, 그리고 발전의 성과는 바로 마오쩌동 사상의 과학체계에 대한 연구와 덩샤오핑의 '중국 특색의 사회주의' 건설이론[50]의 형성과 발전이었다.

　그 논리를 덩샤오핑의 말로 표현하면 다음과 같다. "우리는 개혁개방 정책을 실행하면서 중점을 경제건설에 두었으나 마르크스를 포기하지 않았고, 레닌을 포기하지 않았으며, 마오쩌동을 포기하지 않았다. 조상을 포기해서야 되겠는가? 문제는 사회주의가 무엇이냐를 명백히 알아야 되며, 사회주의를 어떻게 건설하고 발전시킬 것이냐를 명백히 알아야 한다.[51] 지금 우리는 마오쩌동 동지가 제기하였으나 미처

---

50) 우리는 잠시 그 이론을 '덩샤오핑 이론' 이라고 약칭하기로 한다. 이 책은 1996년 12월에 원고를 마감하여 1997년 4월에 출판하였다. 1997년 9월 중공 제15차 전국대표대회에서 덩샤오핑이 창설한 "중국특색의 사회주의 건설 이론" 을 '덩샤오핑 이론' 이라고 이름을 정하였다.

51) 덩샤오핑,「 "건국 후 당의 일부 역사문제에 대한 결의" 초안을 작성하는 것 관련 의견」 (1980년 3월~1981년 6월), 앞의 책, 369쪽.

하지 못한 일을 실행에 옮기고, 그가 잘못 반대하였던 일들을 바로잡고, 그가 잘하지 못한 일을 잘해나가고 있다. 앞으로 상당히 긴 시간 동안 여전히 그 일들을 해나가야 할 것이다. 물론 우리는 발전하고 있으며 앞으로도 계속 발전해야 한다."[52] 그 논리의 시작은 중공 11기 3중 전회 성명에서 뚜렷하게 볼 수 있다. 성명에서는 마오쩌동과 마오쩌동 사상을 어떻게 과학적으로 대할 것인가에 대해 거론하면서 다음과 같이 명확하게 지적하였다. 이론전선에서 당 중앙의 숭고한 임무는 바로 전 당과 전국의 인민을 지도하고 교육하여 마오쩌동 동지의 위대한 공적에 대해 역사적·과학적으로 인식하고 마오쩌동 사상의 과학체계를 전면적으로 정확하게 습득하며 마르크스-레닌주의, 마오쩌동 사상의 보편적 원리와 사회주의 현대화 건설의 구체적 실천을 결합시켜 새로운 역사조건하에서 발전시키는 것이다.[53] 마오쩌동 후의 당대 중국은 필연적으로 마오쩌동과 같은 위대한 인물에 대해 평가해야 하며, 평가는 일반적인 '개관사정'식의 평가가 아니라 그 위대한 인물의 사상재부에 대한 연구도 포함되어야 한다. 그 위대한 인물이 위대한 마르크스주의자이자 위대한 무산계급 혁명가·위대한 정치가·군사가·시인일 뿐만 아니라 위대한 전략가이며 이론가이기 때문이다. 덩샤오핑은 마오쩌동이 이끌었던 중국혁명 사업을 계승하고 마오쩌동의 역사적 지위를 평가하면서 반드시 두 가지로 서로 연결되어 있는 문제에 대해 해답해야 하였다. 즉 "마오쩌동 사상이라는 과학체계를 어떻

---

52) 덩샤오핑, 「경험을 총정리하고 인재를 등용하자」(1991년 8월 20일) 『덩샤오핑 문선』 제2권, 앞의 책, 300쪽.
53) 중공중앙문헌연구실 편찬, 『3중 전회 이후 중요 문헌 선편』 상권, 인민출판사, 1982, 12~13쪽.

게 전면적으로 정확하게 습득할 것이냐? 마오쩌동 사상을 새로운 역사조건하에서 어떻게 발전시킬 것이냐?"는 것이었다. 특히 마오쩌동 사상에 대해서는 첫째, 과학적으로 견지해야 하고, 둘째, 정확하게 발전시켜야 했다. 이는 마오쩌동 후의 당대 중국에서 "이론전선 상에서 당 중앙의 숭고한 임무이다."라고 했다. 실제로 당 중앙은 그러한 임무를 제기하였을 뿐만 아니라 덩샤오핑의 직접적인 지도하에 마오쩌동 사상의 과학체계를 견지하고 발전시키는 것을 주제로 하는 연구 사업을 다음과 착실하게 진행하였다.

1. 덩샤오핑은 마오쩌동 사상의 과학체계에 대한 연구를 제기하고 주관하였다.

'마오쩌동 사상'이라는 개념은 왕쟈샹이 「중국 공산당과 중국 민족해방의 토론」(1943년 7월)에서 제일 처음 제기하였다는 사실을 우리는 잘 4알고 있다. 그 개념은 재빨리 전당에 받아들여졌을 뿐만 아니라 중국공산당 제7차 전국대표대회에서 당의 지도사상으로 확립되었다. 이에 앞서 마오쩌동의 전우들은 그 과학사상이 풍부한 내용을 갖춘 사상체계라는 것을 이미 인식하고 있었다. 예를 들면 천이는 『위대한 21년』(1942년 7월)에서 마오쩌동이 창설한 "정확한 사상체계"는 마르크스-레닌주의를 응용하여 중국혁명의 5대 문제를 해결하였다고 지적하였다. 그 5대 문제는 다음과 같다. 첫째, 중국사회의 성격, 혁명의 동력·전도 및 혁명 전략과 책략문제, 둘째, 혁명전쟁 문제, 셋째, 소비에트정권 문제, 넷째, 당 창건 문제, 다섯째, 사상방법 문제. 가장 권위적으로 개괄한 것은 류사오치가 중공 제7차 당 대회에서 한 당 규약을 수정하는 것에 대한 보고에서였다. 그는 보고에서 마오쩌동 사상은 전적으로 마르크스주의이고, 또 전적으로 중국의 것이라면서 그 과학사상의 내용에 대해 아홉 개 방면으로 개괄했다. 첫째, 현대세계의 상황과 중국국정에 대한 분석, 둘째, 신민주주의 관련 이론과 정책, 셋째, 농민해방 관련 이론과 정책, 넷째, 혁명통일전선 관련 이론과 정책, 다섯째, 혁명전쟁 관련 이론과 정책, 여섯째, 혁명근거지 관련 이론과 정책, 일곱째, 신민주주의공화국 건설 관련 이론과 정책, 여덟째, 당 건설 관련 이론과 정책, 아홉째, 문화 관련 이론과 정책이다. 상기와 같은 개괄은 그때 당시 우리 당의 마오쩌동 사상 과학체계 연구 성과를 반영하였을 뿐만 아니라, 마오쩌동의 전우들이 진행한 연구와 개괄로서 특히 가치가 있다. 그런 개괄은 조목이 몇 개가 되었던지 기본상 모두 ① 근대 중국국정론, ② 신민주주의 혁명론, ③ 신민주주의 사회론 3개 방면의 기본내용으로 구성되었다. 『마오쩌동과 근대중국』(1994년 5월)에서 필자는 그 내용을 통틀어 "신민주주의 이론"이라고 불렀다. 이는 마오쩌동 사상 과학체계에서 아주 빼어난 구성부분이다. 그런데 그때 당시 연구조건의 제한으로 마오쩌동의 전우들은 그 이론의 여러 방면의 내용에 대해 개괄하였지만, 상세하고 확실하며 간명한 전개과 명백한 논술은 미처 진행하지 못하였다.

　새 중국이 창립된 후 마오쩌동 사상을 학습하고 선전하는 소책자를 출판된 적이 있다. 그중 일부는 당의 역사에 결부시켜 마오쩌동 사상이 마르크스−레닌주의 보편적 원리와 중국혁명의 구체적 실제가 통일된 사상이라는 것에 대해 일부 논술하였다. 그러나 그 사상의 과학체계와 내용에 대해 논술한 역작은 여전히 매우 부족한 실정이었다.

　사회주의 혁명과 건설시기에 마오쩌동 사상은 중대한 발전을 가져왔고, 과학체계에 많은 신선한 내용이 증가되었지만, 과학적인 연구 작업은 여전히 부족한 상황이었다. 60년대에 대중적인 마오쩌둥 사상 학습활동이 열렬하게 전개되었으나 린뱌오의 단순화, 저속화된 학습 방침의 영향을 받아 마오쩌둥 사상의 과학체계에 대한 연구와 논술은 오랜 시기동안 중시를 받지 못하였다. '문화대혁명' 시기에 이르러 마오쩌둥 사상의 정수가 거세당하고, 마오쩌둥 사상의 과학원리가 산산 조각이 나고 심지어 왜곡되기까지 하였다. 이른바 "무산계급 독재정치 조건하에서 계속 혁명하자는 이론"으로 발전하여 아주 나쁜 영향을 조성하였다.

'4인방'이 타도된 뒤 덩샤오핑이 마오쩌둥 사상의 과학체계를 완벽하고 정확하게 이해해야 된다는 명제를 제기해서부터 그는 그 체계에 대한 연구 작업을 잘할 것에 대해 생각하였다. 1977년 7월 21일 중공 제10기 3중 전회에서 그는 마오쩌둥 사상이 체계적으로 발전된 마르크스주의라면서 마오쩌둥 저작에 대한 정리와 출판 작업을 잘해야 하며, 이론 업무에 종사하는 동지들은 많은 시간을 들여 여러 영역에서 마오쩌둥 사상의 체계에 대해 상세하게 논술할 것을 제안하였다.[54] 덩샤오핑의 제안에 따라 마오쩌둥 저작의 정리 출판과 마오쩌둥 사상의 과학체계에 대한 연구가 마오쩌둥 후의 당대중국 이론업무의 중요한 위치에 올라섰다. 특히 1978년 중공 11기 3중 전회 이후 그 방면의 업무가 한걸음씩 탄탄하게 앞으로 추진되었다. 그렇게 되어 1995년 12월까지의 17년간 출판된 마오쩌둥 저작이 10여 종에 이르렀다. 그중에는 전문적인 특집과 종합적인 선집이 포함되었으며, 공개된 것과 내부

---

54) 덩샤오핑, 「마오쩌둥 사상을 완전무결하고 정확하게 이해하자」(1977년 7월 21일), 『덩샤오핑문선』 제2권, 앞의 책, 43~44쪽.

적인 것, 그리고 또 기타 형식의 것이 포함되어 내용이 매우 풍부하고 연구가치가 아주 높다. 그중에는 다음과 같은 저작들이 포함되어 있었다.

『마오쩌동 농촌조사 문집』(인민출판사 1982년판)

『마오쩌동 신문업무 문선』(신화출판사 1983년판)

『마오쩌동 서신 선집』(인민출판사 1983년판)

『마오쩌동 저작 선독』(인민출판사 1986년판)

『마오쩌동 시사선』(인민문학출판사 1986년판)

『마오쩌동 철학평어와 주해집』(중앙문헌출판사 1988년판)

『마오쩌동 조기 원고』[후난(湖南)출판사 1990년판]

『마오쩌동 문학역사 고적 독후 평어집』(중앙문헌출판사 1993년판)

『마오쩌동 문집』제1~5권 (제1~2권, 인민출판사 1993년판, 제3~5 권, 인민출판사 1996년판)

『마오쩌동 군사 문집』(군사과학출판사, 중앙문헌출판사 1993년판)

『마오쩌동 외교 문선』(중앙문헌출판사, 세계지식출판사 1994년판)

『마오쩌동의 제7차 당 대회 보고와 연설집』(중앙문헌출판사 1995년 4월판)

그리고 또 여러 권으로 된 『건국 후 마오쩌동 원고』와 『마오쩌동 연보 (1893-1949)』, 『중공중앙문건선집』, 『건국 후 중요 문헌선편』이 편찬 출판되었다. 1991년 6월에 『마오쩌동선집』제1~4권이 수정을 거쳐(『교 조주의에 반대한다』를 보충하고 글을 지은 시간과 발표시간이 일부 잘못 기입된 것을 교정하고, 일부 역사사실과 빠뜨린 글자 등에 대해

교정하고, 주해를 교정하는 등 수정작업이 포함됨) 재판되었다. 1977년 4월 인민출판사에서 또『마오쩌동 선집』제5권을 출판한 바 있지만 여기에는 열거하지 않았다. 이밖에 또 마오쩌동 화첩과 저작, 시문의 자필이 출판되었다. 이들 저작에 대한 수집, 정리와 출판은 당 중앙의 지도하에 중앙문헌연구실과 중앙기록보관소가 협력해 진행한 것이다.

진리의 기준 문제에 대한 토론을 시작으로 중공 제11기 3중 전회 이후의 10여 년간 당대 중국의 마오쩌동 연구에서 4차례의 절정기가 나타났다. 제1차 절정기는 1978년 제11기 3중 전회 전과 후에 나타났는데, 중점은 마오쩌동이 창도한 실사구시적인 사상노선에 대한 연구였다. 제2차 절정기는 1981년 제11기 6중 전회에서『건국 후 당의 일부 역사문제에 대한 결의』가 통과되기 전과 후에 나타났으며, 마오쩌동 사상의 과학체계에 대한 탐구와 마오쩌동 만년의 실수에 대한 구별이 중점이었으며, 마오쩌동과 마오쩌동 사상의 역사적 지위를 새롭게 확립한 것이다. 제3차 절정기는 1989년 정치풍파 전과 후에 나타났다.

그때 당시 중국 도시와 농촌, 대학교 캠퍼스에서 '마오쩌동 붐'이 나타났다. 마오쩌동의 매력, 마오쩌동의 사회주의시기 이론과 실천이 주목받는 화제와 연구의 중점이 되었었다. 제4차 절정기는 1993년 마오쩌동 탄신 100주년 전과 후에 나타났는데, 마오쩌동 사상의 발전사와 과학체계의 연구, 특히 마오쩌동 사상에 대한 덩샤오핑의 계승과 발전관계에 대한 연구가 연구자들 토론의 초점이 되었었다. 매 한 차례의 절정기를 맞이할 때마다 연구 성과와 연구 인재가 대거 용솟음쳐 나왔다. 이런 상황들은 마오쩌동 사상에 대해 연구할 수 있는 양호한 환경이 마련되었다는 사실을 반영하며, 또 마오쩌동 사상이 선전 대상에서 과학연구의 대상으로 바뀌었음을 반영해주었다. 즉 '마오쩌동 사상은 과학체계'라는 개념이 이미 확립되었으며 당과 인민, 광범위한 이론 연구 종사자의 공통된 인식이 되었음을 반영한다. 이처럼 연구에서 새로운 기상이 나타난 것을 보면서 우리는 덩샤오핑에게 감탄하지 않을 수 없다. 그가 이 임무를 전 당과 전국의 여러 민족 인민 앞에 제기했으며, 또한 그가 앞장서서 직접 연구하면서 마오쩌동 사상의 정수와 과학체계를 명백히 설명했던 것이다. 『덩샤오핑 문선』 제2권을 펼치기만 하면 우리는 다음과 같은 맥락을 발견할 수 있다.

즉 1977년 5월 24일 마오쩌동 사상을 하나의 체계로 대할 것을 제기하였다. 7월 21일 중공제11기 3중 전회에서 마오쩌동의 저작에 대한 정리 출판 작업을 성실하게 수행하고, 연구를 강화하며 여러 영역에서 마오쩌동 사상의 체계를 명확히 밝힐 것을 요구했다. 그리고 마오쩌동 사상 중 당의 학설문제에 대해 집중적으로 언급하였다. 즉 "레닌의 건당학설을 가장 완벽하게 발전시킨 이가 마오쩌동 동지이다. 징강산(井岡山) 시기, 즉 홍군 창건시기에 마오쩌동 동지의 건당사상은 매우 명확하였다. 이 부분에 대해서는 홍군 제4군 제9차 당대표대회의 결의를 보면 알 수 있다. 그의 완벽한 건당학설은 실천을 거쳐 옌안 정풍시기에 형성된 것이었다. 마오쩌동 동지는 어떤 당을 창립해야 하고, 당의 지도사상은 무엇이며, 당의 작풍은 무엇이냐에 대해 모두 완벽한 체계를 형성하였다."[55]

8월 8일 과학과 교육 업무 좌담회에서 덩샤오핑은 이렇게 말했다. "우리는 교육방면에서 마오쩌동 동지의 주도사상, 지식인 문제 관련

55) 덩샤오핑, 「마오쩌동 사상을 전면적으로 정확하게 이해하자」 (1977년 7월 21일), 『덩샤오핑 문선』 제2권, 앞의 책, 44쪽.

주도사상에 대해 분명하게 이야기해야 한다. 마오쩌둥 사상은 우리 모든 분야의 지도사상으로서 총체적인 방면에서 전면적이고 정확하게 표현해야 한다. 이는 매우 중요한 일이다."[56]

1978년 6월 2일 전 군 정치업무회의에서 그는 "실사구시는 마오쩌둥 사상의 출발점이고 근본점"이라고 집중적으로 논술하였으며,[57] 마오쩌둥의 가장 기본적인 사상방법과 업무전개방법에 대해 체계적으로 회고하고 총 정리하였고, 주관주의 사상노선과 거듭되는 대결과 투쟁을 펼친 마오쩌둥의 역사경험을 회고하고 총 정리하였으며, 당이 실사구시를 견지하는 사상노선 과정에 얻은 경험교훈을 회고하고 총 정리하였다.

12월 13일 제11기 3중 전회 전에 개최한 중앙사업회의에서 전 당 업무중점이 계급투쟁에서 경제건설로 바뀌는 역사적인 전환기를 둘러싸고 사상해방은 현재 중대한 정치문제이고, 민주는 사상해방의 조건이며, 역사적으로 남아 내려온 문제를 처리하는 것은 앞을 내다보기 위한 것이라면서 새로운 상황를 연구하고 새로운 문제를 해결해야 한다고 제기하였다. 그 연설에서 마오쩌둥과 마오쩌둥 사상에 대한 평가, 마오쩌둥이 창도한 사상노선, 그리고 마오쩌둥 사상을 어떻게 학습할 것이냐는 등의 중대한 문제에 대하여 매우 중요한 지시를 내렸다.

1979년 3월 30일 당의 이론업무 연구토론회에서 또 「네 가지 기본원칙을 견지하자」라는 제목으로 현재 조건에서 "왜 반드시 마오쩌둥 사상을 견지해야 하느냐?" 그리고 "마오쩌둥 사상의 연구수준을 어떻게

---

56) 덩샤오핑, 「과학과 교육 업무에 대한 몇 가지 의견 (1977년 8월 8일), 『덩샤오핑 문선』 제2권, 앞의 책, 49쪽.
57) 『덩샤오핑문선』 제2권, 앞의 책, 114쪽.

높일 것이며, 마오쩌둥 사상을 어떻게 바르게 견지할 것이냐?"하는 등의 문제에 대해 논술하였다.

1980년 3월부터 1981년 6월까지 중공중앙정치국, 중앙서기처의 지도 하에 덩샤오핑과 후야오방의 주재로『건국 후 당의 일부 역사문제에 대한 결의』초안이 작성되었다. 덩샤오핑은 결의 초안 작성에 대한 세 가지 요구와 원칙 및 지도사상을 제기하였다. 첫째, 마오쩌둥 동지의 역사적 지위를 확립하고, 마오쩌둥 사상을 견지하고 발전시켜야 한다. 둘째, 건국 30년간 역사적인 대사에 대하여 어떤 것이 바른 것이고, 어떤 것이 그릇된 것인지 실사구시하게 분석해야 한다. 일부 책임 자동지의 공과와 시비를 포함하여 공정하게 평가해야 한다. 셋째, 결의를 통해 지난 일에 대해 기본적으로 총 정리하도록 해야 한다. 그는 또 다음과 같이 거듭 강조하였다. 세 가지 요구 중에서 첫 번째가 "가장 핵심적인 조항"이고, "가장 중요하고 가장 근본적이며 가장 관건적 조항"이라고 하였다.[58] 초안을 작성하는 일련의 중요한 담화 과정에서는 줄곧 "마오쩌둥과 마오쩌둥 사상을 어떻게 정확하게 평가할 것이냐?"에 중점을 두었으며, "마오쩌둥 사상의 형성과 발전의 역사에 대해서, 마오쩌둥 사상의 과학체계의 내용과 마르크스주의에 대한 걸출한 공헌에 대해서, 마오쩌둥 사상의 과학체계와 마오쩌둥의 만년 실수와의 분계선을 구분해야 한다는 것에 대해서, 마오쩌둥 만년의 실수에 대해 어떻게 정확하게 총결을 지어야 할 것이냐?" 등에 대해서 강조하였다.

---

58) 덩샤오핑,「"건국 후 당의 일부 역사문제에 대한 결의" 초안을 작성하는 것 관련 의견」(1980년 3월~1981년 6월),『덩샤오핑 문선』제2권, 앞의 책, 291~293쪽.

이상에서의 고찰을 통해 덩샤오핑은 마오쩌둥 사상이 하나의 과학체계라는 것을 전 당과 전국 여러 민족 인민에게 분명하게 알리기 위하여 얼마나 많은 심혈을 기울였는가를 알 수 있다. 그가 심혈을 기울여 주관하고 전 당이 공동으로 노력하여 중공 제11기 6중 전회에서 마침내 결의의 형식으로, 즉 전 당의 공동 인식하에 마오쩌둥 사상의 발전사와 본질적 특징을 천명하였고, 마오쩌둥 사상 과학체계의 주요 내용, 주요 공헌을 천명하였으며, 마오쩌둥 사상의 살아 숨 쉬는 영혼을 천명하였다. 그것이 바로「건국 후 당의 일부 역사문제에 대한 결의」제28조, 제29조, 제30조의 내용이다. 이 세 조항의 내용은 극히 중요하다. 그 내용들은 우리가 마오쩌둥 사상의 과학체계를 수립하기 위해 덩샤오핑이 얼마나 막심한 심혈을 기울였는지에 대해 이해하는 데 도움이 되며, 마오쩌둥 사상의 과학체계가 어떠한 이론구조인지에 대한 덩샤오핑이 이해를 연구하는데 도움이 된다. 그래서 여기서 그 세 조항의 내용 전문을 옮겨 쓰기로 한다.

　28조 : 마오쩌둥 동지를 주요 대표로 하는 중국공산당은 마르크스-레닌주의 기본 원리에 근거하여 중국의 장기적인 혁명실천 과정에서 얻은 일련의 독창적인 경험들을 이론적으로 개괄하여 중국의 상황에 맞는 과학적 지도사상을 형성하였다. 그것이 바로 마르크스-레닌주의의 보편적 원리와 중국혁명의 구체적 실천을 서로 결합시킨 산물인 즉 마오쩌둥 사상이다. 반식민지, 반봉건사회에 처한 동방의 대국에서 혁명을 진행하는 과정에서 많은 특수하고 복잡한 문제에 부딪치게 되는 것은 필연적인 일이다. 마르크스-레닌주의의 일반적 원리를 암송하고 외국의 경험을 그대로 옮겨와서는 그런 문제들을 해결할 수가 없다. 주로 1920년대 후기와 1930년대 초기 국제공산주의운동에서, 그리고 우리 당 내에서 성행하였던, 마르크스주의 교조화, 그리고 국제공산당의 결의와 소련의 경험을 신성화한 잘못된 경향으로 중국혁명은 거의 절망적인 상태에 이르렀다. 마오쩌동 사상은 그런 잘못된 경향과 투쟁하면서 그 방면의 역사경험을 깊이 있게 총 정리하는 과정에서 점차적으로 형성되고 발전한 것이다. 마오쩌동 사상은 토지혁명 전쟁 후기와 항일전쟁시기를 거치면서 체계적으로 종합되고 다방면으로 전개되는 과정을 거쳐 점차 성숙되었으며, 해방전쟁시기와 중화인민공화국 창립 후에도 계속적으로 발전하였다. 마오쩌동 사상은 중국에서 응용과 발전을 거친 마르크스-레닌주의이고, 실천을 거쳐 증명된 중국혁명과 관련된 정확한 이론원칙과 경험의 총결이며, 중국공산당 집단 지혜의 결정체이다. 우리 당의 많은 뛰어난 지도자들이 마오쩌동 사상의 형성과 발전을 위해 중요한 공헌을 하였다. 마오쩌동 동지의 과학 저작은 바로 마오쩌동 사상을 집중적으로 개괄한 것이다.

29조 : 마오쩌동 사상에는 여러 방면의 내용이 포함된다.

아래 몇 개 방면에서 마오쩌동 사상은 독창적인 이론으로 마르크스-레닌주의를 풍부히 하고 발전시켰다.

1) 신민주주의 혁명에 관하여

마오쩌동 동지는 중국의 역사적 상황과 사회적 상황에서 출발하여 중국혁명의 특점과 중국혁명의 법칙을 깊이 연구하고, 민주혁명에서 무산계급의 지도권과 관련된 마르크스-레닌주의의 사상을 발전시켰으며, 무산계급이 이끄는 노동자농민연합을 기반으로 하는 인민대중의 것인 제국주의·봉건주의·관료주의에 저항하는 신민주주의 혁명이론을 창설하였다. 이 방면의 주요 저작들로는 『중국 사회 여러 계급에

대한 분석』, 『후난 농민운동 고찰보고』, 『불씨가 들판 전체를 불태우
다』, 『「공산주의자」 발간사』, 『신민주주의론』, 『연합정부를 논함』, 『당면
의 형세와 우리 임무』 등이 있는데, 이들의 기본 관점은 다음과 같다.
첫째, 중국자산계급은 두 부류로 나뉘어진다. 한 부류는 제국주의 대
자산계급(즉 매판 자산계급, 관료자산계급)에 붙어사는 부류이고, 다
른 한 부류는 혁명에 대한 요구가 있으면서도 동요하는 민족자산계급
이다. 무산계급이 이끄는 통일전선은 이들 민족자산계급이 동참하도
록 쟁취해야 한다. 그리고 또 특수한 조건하에서 일부 대자산계급도
포함시켜 가장 주요한 적을 최대한 고립시켜야 한다. 자산계급과 통일
전선을 결성함에 있어서 무산계급의 독립성을 유지해야 하며, 단합하
면서 투쟁하는, 투쟁으로 단합을 이루는 정책을 실행해야 한다. 어쩔
수 없이 자산계급, 주요 대자산계급과 분열되었을 경우에는 대자산계
급과 단호한 무장투쟁을 해야 하고, 그리고 능란하게 전개해야 한다.
한편으로는 민족자산계급의 동정이나 중립을 계속 쟁취해야 한다. 둘
째, 중국에 자산계급의 민주가 존재하지 않아 반동통치계급은 무장
세력의 힘을 빌려 인민에 대한 독재 테러통치를 실행하기 때문에 혁명
은 장기적인의 무장투쟁을 주요형식으로 할 수밖에 없다. 중국의 무
장투쟁은 무산계급이 이끄는, 농민을 주체로 하는 혁명전쟁이다. 농민
은 무산계급의 가장 믿음직한 동맹군이다. 무산계급은 자체의 선봉대
를 통해 선진사상, 조직성과 규율로써 농민대중의 각성수준을 제고시
키고, 농촌근거지를 건립하며, 장기적인 혁명전쟁을 진행하고, 혁명세
력을 발전시키고 장대해지게 할 수 있으며, 또한 그럴 필요성이 있다.
마오쩌동 동지는 다음과 같이 강조하였다. "통일전선과 무장투쟁은 적
과 싸워 이길 수 있는 두 가지 기본 무기이다." 거기에 당의 자체 건설

을 합쳐 혁명의 '세 가지 법보'를 이룬다. 중국공산당이 전 민족의 지도 핵심이 될 수 있고, 농촌에서 도시를 포위하여 최후에 전국의 승리를 이루는 길을 창조할 수 있었던 기본적인 의거(依據)가 바로 상기와 같은 것들이다.

2) 사회주의 혁명과 사회주의 건설에 관하여

마오쩌동 동지와 중국공산당은 신민주주의 혁명승리가 창조한 사회주의로 과도하는 경제·정치조건에 의거하여 사회주의 공업화와 사회주의 개조를 동시에 병행하는 방침을 채택하였으며, 생산수단의 사유제를 점차적으로 개조하는 구체적인 정책을 실행하고, 전 세계 약 4분의 1이나 되는 인구를 소유하고 있지만 경제문화가 낙후한 대국에서 사회주의 제도를 수립하는 힘겨운 임무를 이론적·실천적으로 해결하였다.

인민 내부에서 민주를 실시하고 반동파에 대해 독재를 실시하는 두 방면을 서로 결합시키면 바로 인민민주주의 독재가 된다고 마오쩌동 동지가 제기한 이론은 무산계급 독재 관련 마르크스–레닌주의 학설을 풍부히 하였다. 사회주의 제도가 수립된 후 마오쩌동은 이렇게 지적하였다. "사회주의 제도에서 인민의 근본 이익은 일치한다. 단 인민 내부에 여러 가지 모순이 여전히 존재하고 있어 적아 모순과 인민 내부의 모순을 반드시 엄격하게 구분하고 정확하게 처리해야 한다." 그는 "인민 내부에서 정치적으로 '단합·비평·단합'하는 방침을 실행해야 하고, 당과 민주당파의 관계는 장기적으로 공존하며, 서로 감독하는 방침"을 실행해야 하며, 과학문화업무에서는 "백화제방 백가쟁명"의 방침을 실행해야 하고, 경제업무에서는 전국 도시와 농촌 여러 계층에 대해 통일적으로 계획을 세우고 배치하고, 국가·집체·개인 3자의 이익을 아울러 고루 돌보는 등 일련의 정확한 방침을 실행할 것"을 제기하였다. 그는 "외국의 경험을 기계적으로 그대로 옮겨올 것이 아니라, 중국은 농업대국이라는 이 실제 상황에서 출발하여 농업을 기반으로 삼고, 중공업과 농업·경공업의 관계를 정확하게 처리해야 하며, 농업과 경공업의 발전을 충분히 중시하여 우리나라 국정에 맞는 중국 공업화의 길을 걸어야 한다"고 거듭 강조하였다. 그는 사회주의 건설에서 경제건설과 국방건설, 대형기업과 중소형기업, 한족과 소수민족, 연해와 내륙, 중앙과 지방, 자력갱생과 외국 본받기 등 여러 가지 관계를 잘 처리해야 하고, 축적과 소비의 관계를 잘 처리해야 하며, 종합적인 균형을 맞추는데 주의해서 노력을 기울여야 한다고 강조하였다. 그는 또 노동자는 기업의 주인이라고 강조하였으며, 간부가 노동에 참가하고, 노동자는 관리에 참여하며, 불합리한 규정제도를 개혁할 것과 기술자, 노동자, 간부 등 '3자 결합'을 실행할 것을 강조하였다. 그는 모든 적극적인 요소를 동원하고, 소극적인 요소를 적극적인 요소로 전환시킴으로써 전국 여러 민족 인민을 단합하여 사회주의 강국을 건설하자는 전략적 사상을 제기하였다. 사회주의 혁명과 사회주의 건설에 대한 마오쩌동 동지의 중요한 사상은『중국공산당 제7기 중앙위원회 제2차 전체회의 보고』,『인민민주주의독재를 논함』,『10대 관계를 논함』,『인민 내부의 모순을 정확하게 처리하는 문제』,『중앙업무 확대회의에서의 연설』등 주요 저작들에서 집중적으로 반영되어 있다.

3) 혁명군대의 건설과 군사전략에 관하여

　마오쩌동 동지는 농민을 주요 요소로 하는 혁명군대를 어떻게 무산계급 성질을 띠고, 엄격한 규율을 갖추었으며, 인민대중과 친밀한 연계를 유지하고 있는 신형의 인민군대로 건설할 것인가 하는 문제를 체계적으로 해결하였다. 그는 성심성의 껏 인민을 위해 봉사하는 것을 인민군대의 유일한 목표로 규정짓고, 총이 당을 지휘하는 것이 아닌 당이 총을 지휘해야 한다는 원칙을 정하였으며, '3대 규율' '8항 주의'를 제정하고, 정치·경제·군사 3대 민주를 실행할 것을 강조하였으며, 관병일치·군민일치와 적군 와해 원칙을 실행하고, 군대정치업무의 일련의 방침과 방법을 제기하고 총 정리하였다. 그는 『당내의 그릇된 사상을 바로잡는 것에 관하여』, 『중국혁명전쟁의 전략문제』, 『항일유격전쟁의 전략문제』, 『지구전을 논함』, 『전쟁과 전략문제』 등 군사저작에서 장기간의 중국혁명전쟁의 경험을 총결 짓고, 인민군대 건설사상을 체계적으로 제기하였으며, 인민군대를 골간으로 삼고 광범위한 인민대중에 의거하여 농촌근거지를 건립하고, 인민전쟁을 진행한다는 사상을 제기하였다. 그는 유격전쟁을 전략적 지위에 올려놓았으며, 오랜 시간 동안 중국혁명전쟁의 주요 작전방식은 유격전과 유격성질을 띤 운동전이라고 주장하였다. 적아 세력 대비의 변화와 전쟁의 발전과정에 따라 군사전략의 전환을 정확하게 실행해야 된다고 논술하였다.

그는 혁명군대를 위해 적이 강하고 아군이 약한 형세에서 전략적인 지구전과 전역, 전투의 속결 전을 실행하고, 전략적 열세를 전역·전투의 우세로 전환시키며, 우세 병력을 집중시켜 적을 하나하나씩 섬멸해 나가는 등 일련의 인민투쟁의 전략전술을 제정하였다. 그는 해방전쟁 과정에서 유명한 10대 군사원칙을 총 정리하였다. 이러한 원칙들은 마르크스–레닌주의의 군사이론에 대한 마오쩌동 동지의 뛰어난 공헌이라고 할 수 있다. 건국 후 그는 반드시 국방을 강화하고, 현대화한 혁명무장세력(해군, 공군 및 기타 병종을 포함)을 건설하며, 현대화한 국방기술(자아방위에 쓰이는 핵무기 포함)을 발전시켜야 한다는 지도사상을 제기하였다.

4) 정책과 책략에 관하여

마오쩌동 동지는 혁명투쟁에서 정책과 책략문제의 극단적인 중요성에 대해 통찰력 있게 논증하였다. 그는 정책과 책략은 당의 생명이고, 혁명적인 정당의 모든 실제 행동의 출발점과 귀속으로서 반드시 정치형세, 계급관계와 실제 상황 및 그 변화에 따라 당의 정책을 제정해야 하며, 원칙성과 영민성을 결합시켜야 한다고 지적하였다. 그는 적과의 투쟁과 통일전선 등 방면에서 많은 중요한 정책과 책략사상을 제기하였다. 그는 다음과 같이 지적하였다. 즉 "약소한 혁명세력일지라도 변화하는 주관적·객관적 조건 속에서 최종적으로는 강대한 반동세력에 승리할 수 있다, 전략적으로는 적을 멸시하되, 전술적으로는 적을 중시해야 한다, 투쟁의 주요 방향을 장악해야 하며, 사면으로 출격하지 말아야 한다, 적을 대함에 있어서 구별하여 대하고, 분열시켜 무너뜨려야 하며, 모순을 이용하여 다수를 쟁취하고, 소수를 반대하며 하나하나씩 격파시키는 책략을 실행해야 한다. 반동통치구역에서 합법적인 투쟁과 비합법적인 투쟁을 결합시켜 조직적으로 은폐하여 지혜롭고 수완이 있게 투쟁하는 방침을 이행해야 한다, 타도된 반동계급 구성원과 반동분자에 대하여 그들이 반란을 일으키지 않고 소란을 피우지 않으면, 모두 살길을 열어주어 그들을 노동과정에서 자기 힘으로 살아가는 노동자로 개조시켜야 한다는 것" 등이었다. 마오쩌동 동지의 이러한 정책과 책략사상은 그의 많은 저작에서 반영되어 있는데,

특히 『당면한 항일통일전선의 책략문제』, 『정책을 논함』, 『제2차 반공 조류를 물리친 것에 대한 총결』, 『당면한 당의 정책 중의 몇 가지 중요한 문제에 대하여』, 『사면 출격을 삼가야』, 『제국주의와 모든 반동파가 진짜 범이냐 아니냐는 문제에 관하여』 등 저작에서 집중적으로 드러난다.

5) 사상정치 사업과 문화 사업에 관하여

마오쩌둥 동지는 『신민주주의론』에서 이렇게 지적하였다. "일정한 문화(관념형태로서의 문화)는 일정한 사회의 정치와 경제를 반영하는 한편 또 일정한 사회의 경치와 경제에 위대한 영향을 주고 작용을 일으킨다. 여기서 경제는 토대이고, 정치는 경제의 집중적 표현이다." 그는 이러한 기본 관점에 근거하여 이 방면에서 장원한 의의가 있는 중요한 사상을 아주 많이 제기하였다. 예를 들면 정치사상업무는 경제업무와 다른 모든 업무의 생명선이라면서 정치와 경제를 통일시키고, 정치와 기술을 통일시키며, 사상 각성도 높고 실무에도 정통한 방침을 실행해야 한다는 사상, 민족적이고 과학적이며 대중적인 문화를 발전시켜야 한다면서 백화제방 낡은 것을 버리고 새것으로 혁신하며·옛것을 발전 계승하여 오늘에 적용하고 서양의 것을 받아들여 중국에 맞게 잘 이용하는 방침을 실행해야 한다는 사상, 혁명과 건설 중에서 지식인의 중요한 역할에 대해서 지식인은 노동자·농민과 잘 결합하여 마르크스-레닌주의를 학습하고 사회와 사업 실천 중에서 무산계급 세계관을 수립해야 한다는 사상 등이다. 마오쩌둥 동지의 사상정치문화 관련 수많은 유명한 저작, 예를 들면 『청년운동의 방향』, 『지식인을 대거 받아들여야』, 『옌안 문예좌담회에서의 연설』, 『베쑨을 기리며』, 『인민을 위해 봉사해야』, 『우공이 산을 옮기다(愚公移山)』 등의 저작들은 오늘날까지도 여전히 중요한 의의를 가지고 있다.

6) 당의 건설에 관하여

무산계급의 인수는 매우 적으나 전투력이 매우 강하고, 농민과 소자산계급이 인구의 대다수를 차지하는 국가에서 광범위한 군중 성을 띤 마르크스주의 무산계급정당을 건설하는 것은 너무나도 어려운 임무이다. 그러나 마오쩌동 동지의 건당학설은 그 문제를 성공적으로 해결하였다. 이 방면의 주요 저작으로 다음과 같은 것들이 있다. 『자유주의에 반대함』, 『민족투쟁에서 중국공산당의 지위』, 『우리를 개조시키는 학습』, 『당의 기풍을 정돈해야』, 『당 팔고에 반대함』, 『학습과 시국』, 『당위원회제도를 건전히 하는 것에 관하여』, 『당위원회의 사업방법』 등이다. 그는 사상 면에서 당을 건설하는 것을 특별히 중시하였다. 그는 당원은 조직적으로 입당해야 할 뿐 아니라, 사상적으로 입당해야 한다면서 늘 무산계급사상으로 여러 가지 비 무산계급 사상을 개조하고 극복하는데 주의를 기울여야 한다고 제기하였다. 그는 이론과 실천을 결합하는 기풍, 인민대중과 밀접히 연결시키는 기풍, 자아비평 기풍은 중국공산당이 여느 정당과 구별되는 뚜렷한 상징이라고 지적하였다. 그는 역사적으로 당내 투쟁과정에서 존재하였던 "잔혹하게 투쟁하고 무정하게 공격하는" '좌'경 실수에 비추어 "과거의 잘못을 징계하여 금후의 잘못이 일어나지 않도록 삼가고, 병을 치료하여 사람을 구하는" 정확한 방침을 제기하였으며, 당내 투쟁에서는 사상을 명확히 하면서 동지를 단합시키는 목적을 이루어야 한다고 강조하였다. 그는 전 당내에서 비평과 자아비평을 통하여 마르크스–레닌주의 사상에 대한 교육을 진행하는 정풍 형식을 창조하였다. 건국 전야와 건국 후, 우리 당이 전국의 정권을 이끄는 당이 된 것에 비추어 마오쩌동 동지는 겸손하고 신중하며, 교만과 조급성을 삼가고, 고군분투하는 기풍을 계속 유지하며, 자산계급사상의 잠식에 경계하고, 대중을 이탈하는 관료주의에 반대할 것을 거듭 제기하였다.

30조: 마오쩌동 사상의 핵심은 상기의 여러 구성부분의 입장과 관점, 그리고 방법 속에 일관되게 반영되어 있다. 그 핵심사상은 실사구시, 대중노선, 독립자주 등 세 가지 기본 방면으로 이루어졌다. 마오쩌동 동지는 변증법적 유물주의와 역사적 유물주의를 무산계급정당의 제반사업에 활용하여 장기적이고 힘겨운 중국혁명 투쟁과정에서 중국공산당주의자 특유의 입장과 관점, 그리고 방법을 형성하였으며, 마르크스-레닌주의를 풍부히 하고 발전시켰다. 그 입장과 관점, 그리고 방법은 『교조주의에 반대함』, 『실천론』, 『모순론』, 『「농촌조사」의 서언과 발문』, 『지도방법에 관한 몇 가지 문제』, 『사람의 정확한 사상은 어디에서 오는가?』 등 중요한 저작들에서 반영되어 있을 뿐만 아니라, 마오쩌동 동지의 모든 과학저작에서 반영되며 중국공산당주의자들의 혁명 활동에서도 반영되어 있다.

1) 실사구시는 실제에서 출발하며 이론과 실제를 연결시키는 것을 가리키며, 마르크스-레닌주의 보편적 원리를 중국혁명의 구체적 실천과 결합시키는 것이다. 마오쩌동 동지는 중국 사회와 중국혁명의 실제를 떠나 마르크스주의를 연구하는 것에 줄곧 반대하여 왔다. 1930년에 그는 교조주의에 반대한다는 주장을 제기한 바 있으며, 조사연구는 모든 업무에서 선행되어야 할 업무임을 강조하면서 조사가 없이

는 발언권이 없다고 주장하였다. 그는 옌안정풍운동 전야에 주관주의는 공산당의 큰 적이며 당성이 불순한 일종의 표현이라고 지적하였다. 이처럼 깊고 예리한 판단은 교조주의 속박을 떨쳐버리고 사람들의 사상을 크게 해방시켰다. 그의 철학저작과 기타 풍부한 철학사상을 포함한 많은 저작들은 중국혁명의 경험교훈에 대한 총결을 거치는 과정에서 마르크스주의 인식론과 변증법을 깊이 있게 논술하였으며, 또한 풍부히 하였다. 마오쩌동 동지는 변증법적 유물주의 인식론이 능동적 혁명적 반영론이라고 중점적으로 분명하게 논술하였으며, 객관현실에 부합되는 자각적 능동성을 충분히 발양해야 한다고 특별히 강조하였다. 그는 사회실천을 토대로 하여 인식의 원천, 인식의 발전과정, 인식의 목적, 진리의 기준에 대한 변증법적 유물주의 이론을 전면적이고 체계적으로 논술하였다. 그리고 바른 인식의 형성과 발전은 늘 물질에서 정신으로, 정신에서 물질로 즉 실천에서 인식으로, 인식에서 실천에 이르는 반복적인 과정을 거쳐야 한다고 지적하였다. 또한 진리는 오류와 서로 비교하면서 존재하고, 서로 투쟁하면서 발전하는 것으로서 진리는 무궁무진한 것이며 인식의 옳고그름 즉 인식이 객관적 실제에 부합되느냐의 여부는 결국 오로지 사회실천을 거쳐야만 최종적으로 해결할 수 있다고 지적하였다.

마오쩌동 동지는 마르크스주의 변증법의 핵심인 대립통일의 법칙에 대해 상세하게 논술하고 발전시켰다. 그는 객관 사물의 모순의 보편성에 대해 연구해야 할 뿐 아니라, 더욱 중요한 것은 모순의 특수성에 대해 연구하는 것이라며 서로 다른 성질의 모순에 대해서는 서로 다른 방법으로 해결해야 한다고 지적하였다. 따라서 변증법을 암기만 하면 되는 공식으로 볼 것이 아니라, 실천과 연결시키고 조사연구와 밀접히 결부시켜 영민하게 활용해야 한다고 강조하였다. 그는 철학을 진정으로 무산계급과 인민대중이 세계를 인식하고 개조할 수 있는 예리한 무기로 만들었다. 특히 중국혁명전쟁 문제에 대해 논술한 그의 저작은 실천 속에서 마르크스주의 인식론과 변증법을 활용하고 발전시킨 가장 빛나는 본보기를 제공하였다. 마오쩌동 동지의 이사의 사상노선을 우리 당은 반드시 영원히 견지해야 한다.

  2) 대중노선이란 모든 것은 대중을 위하고, 대중에 의거하며, 대중 속에서 나와 대중 속으로 돌아가야 함을 가리킨다. 인민대중은 역사의 창조자라고 한 마르크스−레닌주의 원리를 당의 모든 활동에 체계적으로 활용하여 당의 모든 사업에서 대중노선을 형성하였다. 이는 우리 당이 오랜 세월동안 적아 세력이 현저한 어려운 환경에서 혁명활동을 진행할 수 있었던 더없이 소중한 역사적 경험에 대한 총결이다. 마오쩌동 동지는 우리가 인민에 의지하고 인민의 창조력은 무궁무진하다는 것을 확고하게 믿고, 그래서 인민을 신뢰하고 인민과 함께 한다면 그 어떤 어려움도 모두 이겨낼 수 있고, 그 어떤 적도 우리를 무너뜨릴 수 없으며, 오히려 우리에 의해 무너지게 될 것이라고 언제나 강조하였다. 그는 또 대중을 이끌어 모든 실제 업무를 전개함에 있어서 정확한 지도의견을 얻으려면 반드시 대중에게서 와서 대중에게로 돌아가야 하며, 지도자와 대중이 서로 결합되고 일반적인 호소와 개별적인 지도를 결합시키는 방법을 실행해야 한다고 했다. 다시 말하면 대중의 의견을 집중시켜 체계적인 의견으로 만들어 다시 대중 속에서 그 의견을 견지하면서 대중의 행동을 통해 그 의견이 정확 한가 아닌가의 여부를 검증해야 한다. 이런 거듭되는 순환과정을 거쳐 지도자

의 인식이 더욱 바르고 더욱 생생하며 더욱 풍부하게 되는 것이다. 이처럼 마오쩌동 동지는 마르크스주의 인식론과 당의 대중노선을 통일시켰다. 당은 계급의 선진부대이며, 인민의 이익을 위해 존재하고 분투한다. 그러나 당은 영원히 인민의 한 작은 부분일 뿐이다. 인민을 떠나서 당의 모든 투쟁과 이상은 모두 헛된 것일 뿐 아니라 아무런 의미도 없게 된다. 우리 당이 혁명을 견지하고 사회주의 사업을 이끌어 나가려면 반드시 대중노선을 견지해야 한다.

3) 독립자주·자력갱생은 중국의 실제에서 출발하고 인민대중에 의지하여 혁명과 건설을 진행해야 한다는 필연적인 결론이다. 무산계급 혁명은 국제적인 사업으로 여러 나라 무산계급이 서로 지원해야 한다. 그러나 이 사업을 완성하려면 우선 여러 나라 무산계급이 자국의 실정에입각하여 자국의 혁명세력과 인민대중의 노력에 의지하며, 마르크스-레닌주의의 보편적 원리를 자국 혁명의 구체적 실천과 결부시켜 자국의 혁명 사업을 잘하도록 해야 한다. 마오쩌동 동지는 다음과 같이 일관적으로 강조하였다. 우리의 방침을 자체 세력의 기점에 두고 스스로 우리나라 국정에 알맞은 발전의 길을 찾아야 한다. 우리와 같이 이렇게 큰 나라에서는 특히 자신의 힘으로 혁명과 건설을 발전시켜야 한다. 우리는 반드시 끝까지 분투할 결심을 가져야 하며 자국의 억만 인민의 지혜와 힘을 믿고 의지해야 한다. 그렇잖으면 혁명과 건설에서 모두 승리를 취득할 수 없으며 승리를 거두었어도 공고히 다질 수 없다. 물론 우리 혁명과 건설은 세계에서 고립된 것이 아니며, 우리에게는 언제든지 외부 지원을 쟁취할 필요가 있으며, 특히 우리에게 이로운 외국의 모든 선진 사물을 본받을 필요가 있다. 폐쇄적

인 정책, 맹목적 배타행위 및 모든 대국주의 사상행위는 모두 그릇된 것이다. 그러나 우리나라 경제, 문화가 여전히 낙후한 수준이지만, 세계 모든 대국과 강국, 그리고 부유한 나라를 대함에 있어서 우리는 반드시 자신의 민족 자존심과 자신감을 유지해야 하며, 비굴하게 아부하거나 굽실거리는 것은 절대 허용할 수 없다. 건국 전과 후, 당과 마오쩌동 동지의 지도하에 어떠한 어려움 앞에서도 독립자주, 자력갱생하려는 우리의 결심에는 흔들림이 없었으며, 어떤 외부압력에도 굴복하지 않았으며, 중국공산당과 중국인민의 두려움 모르는 영웅적 기개를 보여주었다. 우리는 여러 나라 인민이 평화공존하고 평등하며 서로 도울 것을 주장한다. 우리는 독립자주 원칙을 견지하며, 다른 나라 인민의 독립자주 권리도 존중한다. 자국의 특점에 알맞은 혁명의 길과 건설의 길은 오직 자국인민 스스로 찾고 창조하며 결정해야만 한다. 아무도 자신의 의견을 강요할 권리는 없다. 그래야만 진정한 국제주의가 존재할 수가 있다. 그렇지 않으면 패권주의가 판을 칠 수밖에 없다. 앞으로의 국제교류에서 우리는 이러한 원칙과 입장을 영원히 견지할 것이다.[59] 마오쩌동 사상의 과학적 체계에 대한 이상의 개괄은, 우선 조직적·정치적 권위성을 가진다. 당 중앙의 결의 형태로 된 이상의 이론 개괄은 전 당과 전국 여러 민족 인민의 사상을 통일시키 데서 일반 저작들이 대체할 수 없는 적극적인 역할을 하였다. 한편 이상의 개괄은 이론 면에서도 권위성을 갖추었다. 그 이론은 중국공산당이 마오쩌동 사상을 당의 지도사상으로 확정한 이후 최초로 비교적 완벽하고 체계적인 이론형태로써 마오쩌동 사상의 과학체계에 대해 개괄하

---

59) 중공중앙문헌연구실 편찬, 『3중 전회 이래 중요 문헌 선집』 하권, 앞의 책, 825~836쪽.

고 보여준 것이다.

마오쩌동 사상의 과학체계에 대한 개괄은 탐구할 가치가 큰 학술문제로서 「결의」의 개괄은 그 자체적 특징이 있다. 가장 창조적인 것은 실사구시, 대중노선, 독립자주의 이론을 두드러지게 보여준 것인데, 이는 마오쩌동 사상의 모든 구성부분의 입장·관점·방법에 일관적으로 반영되고 있으며, 마오쩌동 사상의 영혼이다. 이 점에 대해 밝힌 것은 덩샤오핑의 지도하에 마오쩌동 사상에 대한 중국공산당의 인식을 보여준 것이었으며, 그 내용도 과거에 비해 근본적으로 심화되었음을 알 수 있다. 한편 여섯 개 구성 부분 중 신민주주의혁명 및 사회주의혁명과 사회주의건설 이 두 개의 기본 구성부분을 제외하고도 마오쩌동의 혁명군대 건설과 군사전략, 정책과 책략, 사상정치사업과 문화사업, 당의 건설 등 방면의 매우 특색 있는 이론에 대해서도 논술함으로써 마오쩌동의 이론적 공헌을 아주 전면적으로 반영하였다.

덩샤오핑은 사회주의 현대화 건설의 실천과 결합시켜 마오쩌동 사상의 발전을 추진하고 중국 특색의 사회주의 건설 이론을 창설하였다. 마오쩌동 사상에 대한 연구과정에서 그 과학사상은 중국화한 마르크스주의라는 사실을 발견할 수가 있다. 이것은 하늘에서 떨어진 것도 아니고 사람의 머릿속에 고유하게 들어 있는 것도 아니며, 실천 과정에서 온갖 곡절을 거친 뒤 중국혁명법칙에 대한 정확한 반영인 것이다. 중국혁명은 반식민지 반봉건 대국에서 일어난 것이기 때문에 필연적으로 그 자체의 발전법칙을 갖고 있다. 마오쩌동은 다음 같이 거듭 강조하였다. 중국혁명은 반드시 두 단계로 나누어 진행해야 한다. 첫 번째 단계는 민주혁명을 진행하여 신민주주의사회를 건립하는 것이다. 두 번째 단계는 민주혁명을 사회주의 방향으로 바꾸어 사회주의

혁명을 진행하고 사회주의 이상을 실현하는 것이다. 민주혁명은 사회주의혁명의 필요한 준비 단계이고, 사회주의혁명은 민주혁명의 필연적인 추세이다. 마오쩌동의 말을 인용한다면 이는 바로 "역사적으로 반드시 거쳐 가야 할 길을 가는 것이다."[60] 그렇기 때문에 마르크스주의 중국화가 짊어져야 할 역사적 사명을 볼 때 두 가지 역사적 과제를 해결해야 하였다. 한 가지는 중국에서 어떻게 신민주주의의 승리를 이룰 것이냐는 것이었고, 다른 한 가지는 중국에서 어떻게 진일보적으로 사회주의의 승리를 이룰 것이냐 하는 것이었다. 첫 번째 역사적 과제를 해결하는 과정에서 형성된 마오쩌동 사상은 마르크스주의의 중국화 과정에서 이룬 첫 번째 성과이고, 두 번째 역사적 과제를 해결하는 과정에서 온갖 곡절을 겪은 뒤 형성된 중국실정에 부합되는 중국특색의 사회주의 이론은 마르크스주의 중국화 과정에서 이룬 새로운 성과였던 것이다.

중국에서 어떻게 사회주의 승리를 이룰 것이냐 하는 문제에서 마오쩌동은 당을 인솔하여 힘겨운 탐구를 진행하였다. 「건국 후 당의 일부 역사문제에 대한 결의」에서 개괄한 사회주의 혁명과 사회주의 건설에 대한 마오쩌동의 사상은 과학적 사회주의에 대한 탐색에서 중국공산주의자의 중대한 공헌이었다. 사회주의 혁명과 사회주의 건설에 대한 마오쩌동의 사상은 중국공산주의자들이 실제에서 출발하여 사회주의 개조를 진행하고 사회주의 제도를 수립한 경험을 반영한 것이었으며, 또 중국공산주의자들이 실제에서 출발하여 사회주의를 건설하고 사회주의제도를 공고히 하고, 발전시키고, 사회주의의 위대한 혁명을 계

60) 마오쩌동, 「5.4운동」 (1939년 5월 1일), 『마오쩌동 선집』 제2권, 앞의 책, 559쪽.

속 완성한 경험을 반영한 것이었다. 그 특징과 경험은 바로 중국의 실제에서 출발할 수 있었던 것이다.

덩샤오핑은 당을 이끌고 실사구시의 사상노선을 견지하고, 실천을 진리를 검증하는 유일한 기준으로 삼고, 마오쩌동의 사회주의이론에 대하여 "네 가지를 병행"하여 네 가지 일을 하였다.

첫 번째, 마오쩌동 만년의 실수를 바로잡은 것이다. 사회주의 실천과 이론 중에서 마오쩌동의 착오적이고 단계를 벗어난 부분을 마오쩌동 사상의 과학체계에서 제거하였다. 예를 들면 마오쩌동이 일으킨 '문화대혁명'의 주요 논점인 "무산계급 독재 속에서 계속 혁명해야 한다"는 이론은 마르크스–레닌주의에도 부합되지 않을 뿐 아니라, 중국의 실정에도 부합되지 않는 전적으로 그릇된 것이라고 명확히 선포하였다. 그 그릇된 논점은 마르크스–레닌주의 보편적 진리를 중국혁명의 구체적인 실정과 결합시킨다는 마오쩌동 사상의 궤도를 벗어난 것으로서 반드시 마오쩌동 사상과 완전히 구별해야 한다.

두 번째, 마오쩌동의 바른 사상을 견지한 것이다. 「건국 후 당의 일부 역사문제에 대한 결의」는 혼란한 국면을 바로잡은 토대 위에 중국의 실제에서 출발하여 형성한 마오쩌동의 사회주의 이론에 대해 충분히 인정하였다. 「결의」는 마오쩌동 사상의 과학적 가치에 대해 충분히 인식하고, 그 사상의 지도적 역할을 발휘할 것을 강조하였다. 이로써 우리가 마오쩌동 사상의 실질을 계승하고 견지하는 데 근거를 제공해 주었으며, 마오쩌동 사상을 진일보적으로 발전시킬 수 있는 양호한 기점을 마련하였다는 데 의미가 있다.

세 번째, 마오쩌동이 실행하지 못한 바른 사상을 이룩했다는 것이다. 마오쩌동은 사회주의건설의 힘겨운 탐색과정에서 풍부한 사상적 재부를 남겼다. 그중에서 어떤 중요한 사상은 그가 제기하였으나 조건이 마련되지 않아 실행하지 못하였고, 어떤 관점은 그가 말하였으나 실천에 옮기지 못했으며, 어떤 사상은 그가 제기하고 또 실행에 옮겼으나 끝까지 견지하지 못하였다. 그래서 덩샤오핑은 마오쩌둥이 "이미 제기하였으나 하지 못한 일을 실행에 옮겨야 한다", "그가 잘하지 못한 일을 잘해야 한다"라고 말하였던 것이다. 예를 들면 1978년 9월 16일 덩샤오핑은 지린(吉林)성위 상무위원회의 사업보고를 들을 때 다음과 같이 말했다. "이제 우리는 네 가지 현대화를 실현해야 합니다. 많은 조건들이 마오쩌둥 동지 생전에는 없었지만 지금은 그 조건들이 허락되었습니다. 중앙이 만약 기존의 조건에 근거하여 문제를 사고하지 않고 결심을 내리지 않는다면 많은 문제들을 제기하지 못할 것이며, 해결하지 못할 것입니다. 예를 들면 마오쩌둥 동지 생전에도 우리는 중외 경제 기술교류를 확대하려고 하였었습니다. 여기에는 일부 자본주의국가와의 경제 무역 관계발전, 심지어 외자 유치, 합자경영 등이 포함됩니다. 그러나 그때는 그런 조건이 없었습니다. 그들이 우리를 봉쇄하고 있었으니까요."[61] 지린성의 동지들의 회억에 의하면, 그때 당시 덩샤오핑이 상기의 말을 할 때 구체적인 실례까지 들어가며 다음과 같이 이야기하였다고 한다. "마오 주석은 60년대 초에 '탄광 한 곳을 일본에 내주어 채굴하도록 하자'라고 제안하였습니다. 이번에 김일성 동지도 나에게 말했습니다. 그는 마오 주석이 그에게 '외국의 자금을 이용해 우리 자원을 개발해야 한다'고 말했다고 회고했습니다. 그

61) 덩샤오핑, 「마오쩌둥 사상의 기치를 높이 치켜들고 실사구시의 원칙을 견지하자 (1978년 9월 16일). 『덩샤오핑 문선』 제2권, 앞의 책4, 127쪽.

러나 그때는 조건이 없었습니다. 그들이 우리를 봉쇄하고 있었으니까요." 또 우리 모두가 알고 있듯이 마오쩌둥은 1956년 12월에 상하이(上海)에서 사회주의 개조가 완성된 후 '지하공장'이 나타났다는 상황을 전해 듣고 지하공장은 사회적으로 수요가 있기 때문에 발전하기 시작한 것이라면서 지상으로 올려놓고 합법화시키면 인력을 고용할 수 있다고 말했었다. 또 그는 자본주의를 궤멸시킨 뒤 또 자본주의적인 것을 다시 실행할 수도 있다고 덧붙였다. 이는 극히 중요한 사상이며, 중국의 실정에 부합되는 것이었다. 그래서 그 사상이 제기된 후 류사오치·저우언라이 등 중앙 지도자 동지들의 중시를 받았으나 마오쩌둥은 자신이 제기한 그 "새로운 경제정책"을 실천에 옮기지를 못하였다. 또 「10대 관계를 논함」이라는 유명한 연설에서 마오쩌둥은 연해지역의 발전을 통해 내륙의 발전을 촉진시킨다는 공업화 구상을 제기하였으나 창조적이고도 중국 실정에 부합되는 그 사상은 한동안 실천해오다가 일관적으로 이어나가지 못하였다. 그러나 이러한 사상을 통해 마오쩌둥은 매우 활약적인 사상을 갖춘 사회주의 건설의 탐구자임을 엿볼수가 있다. 그의 많은 훌륭한 사상을 우리는 연구하고 발굴해야 해며 실천에 옮겨야 할 것이다.

네 번째, 마오쩌둥이 미처 개척하지 못한 새로운 길을 개척했다는 것이다. 마오쩌둥은 확실히 중국식 공업화의 길, 즉 중국 실정에 부합되는 사회주의 건설의 새로운 길을 찾아내려고 하였다. 중국 사회주의 건설 법칙에 대해 탐구한 저명한 저작 『인민 내부의 모순을 정확히 처리하는 문제에 관하여』(1957년 2월)에서 그는 12가지 문제에 대해 논하였다. "두 가지 서로 다른 성질의 모순"에서부터 논하기 시작하여 마지막에 "중국공업화의 길"로 귀결시켰다. 현재까지 공개적으로 발표된 글을 보면 중국 공업화의 길에 대해 논술할 때, 주로 중공업과 경공업, 그리고 농업의 발전 관계 문제에 대하여, 사회주의 사회 경제발전의 객관적 법칙에 대한 인식 문제에 대하여, 그리고 소련의 경험을 어떻게 바르게 본받을 것인지 하는 문제에 대하여 중점적으로 논하였음을 알 수 있다. 그때 당시 마오쩌둥의 연설 원고에 따르면, 그 제목 아래에 마지막으로 "10대 관계"로 귀결시켰음을 알 수 있다. 즉,

(1) 중공업과 경공업, 그리고 농업의 관계

(2) 연해지역과 내지의 관계

(3) 경제와 국방의 관계

(4) 국가와 생산 부서(공장 합작사)와 개인의 관계

(5) 중앙과 지방의 관계

(6) 한족과 소수민족의 관계

(7) 공산당과 민주당파 및 기타 사람의 관계(장기적 공존)

(8) 적아관계

(9) 인민내부관계(시비관계), 일가와 백가의 관계 (백가쟁명)

(10) 중국과 외국의 관계[62]

이상의 원고 제간(提綱)은 「10대 관계를 논함」(1956년 4월)의 기본적인 내용이다.(그중 아홉 번째 관계에서 "일가와 백가"의 관계 즉 "백가쟁명" 문제가 추가되었음) 「10대 관계를 논함」은 마오쩌둥이 중국의 실정에서 출발하여 중국 사회주의 건설의 길을 탐색하기 시작한 기점이다. 그 새로운 길을 개척하기 위하여 마오쩌둥은 수많은 업무를 전

---

62) 중공중앙 문헌연구실 편찬, 『건국 후 중요 문헌 선집』 제10권, 1994, 중앙문헌출판사, 59쪽.

개하였다. 그중에는 일련의 실수와 반복 업무가 포함되었다. 그 우여곡절적인 탐색과정에서 마오쩌둥은 자신이 원하는 바를 이루지 못하였다. 즉 그가 찾고 싶었던 새로운 길을 찾지 못하였던 것이다.

덩샤오핑은 마오쩌둥 사상을 계승함과 동시에 마오쩌둥 사상을 발전시키고, 중국 실정에 부합되는 사회주의 새로운 길을 찾는 역사적 중임을 떠메었다.

1) 제11기 6중 전회에서 통과된 「건국 후 당의 일부 역사문제에 대한 것」에서는 "우리나라 상황에 맞는 사회주의 현대화 건설의 바른 길"이라는 10개 주요 요점에 대해 지적하였다. ① 사회주의 개조가 기본적으로 완성된 후 우리나라에서 해결해야 할 주요 모순은 날로 늘어나는 인민의 물질문화 수요와 낙후된 사회생산 간의 모순이다. 당과 국가업무의 중점은 반드시 경제건설을 중심으로 하는 사회주의 현대화 건설로 전환해야 한다. ② 사회주의 경제건설은 반드시 우리나라 국정에서 출발하여 능력에 맞게 적극 분투하며 단계를 나누어 한 걸음 한걸음씩 현대화 목표를 실현해야 한다. ③ 사회주의 생산관계의 변혁과 보완은 반드시 생산력의 상황에 맞춰야 하며, 생산의 발전에 이로워야 한다. ④ 착취계급이 계급으로서 소멸된 후 계급투쟁은 더 이상 주요 모순이 아니다. 국내의 요소와 국제의 영향으로 인해 계급투쟁은 일정한 범위 내에서 여전히 장기적으로 존재할 것이며 어떤 조건하에서는 격화될 수도 있다. ⑤ 민주화 정도가 아주 높은 사회주의 정치제도를 점차 건설하는 것은 사회주의 혁명의 근본 임무의 하나이다. ⑥ 사회주의는 반드시 높은 수준의 정신문명을 갖추어야 한다. ⑦ 사회주의 민족관계를 개선하고 발전시키며 민족단결을 강화하

는 것이 우리 다민족국가에는 중대한 의미가 있다. ⑧ 전쟁의 위험이 의연히 존재하는 국제정세에서 반드시 현대화 국방건설을 강화해야 한다. ⑨ 대외관계에서 계속하여 제국주의, 패권주의, 식민주의와 종족주의에 단호히 반대하고 세계평화를 수호하는 원칙을 반드시 고수해야 한다. ⑩ '문화대혁명'의 교훈과 당의 현실상황에 근거하여 반드시 우리 당을 건전한 민주집중제를 구비한 당으로 건설해야 한다.

2) 1982년 9월 1일 중공 제12차 전국대표대회 개막사에서 다음과 같이 제기하였다. "마르크스주의 보편적 진리를 우리나라 구체적 실정과 결합시켜 자신의 길을 걷고 '중국 특색의 사회주의'를 건설하는 것, 이것이 바로 우리가 장기적인 역사경험을 총 정리하여 얻은 기본적인 결론이다."[63]

이렇게 덩샤오핑은 '중국 특색의 사회주의' 길을 걷고 '중국 특색의 사회주의' 건설 이론을 창설해야 한다는 임무를 제기하였다. 꾸준한 탐색 과정을 거쳐 당 중앙은 제13차 당 대회에서 "두 차례 비약론"을 제기하였다. 즉 마르크스주의와 우리나라 실천의 결합은 60여 년을 거쳐 왔다. 그 과정에서 두 차례의 역사적 비약이 있었다. 제1차 비약이 나타난 시기는 신민주주의 혁명시기로서 중국 공산주의자들이 거듭된 탐색을 거쳐 실패와 성공의 경험에 대한 종합을 토대로 중국 특색의 혁명의 길을 찾았으며 혁명을 승리로 이끈 것이다. 제2차 비약은 11기 3중 전회 이후에 나타났는데 중국 공산주의자들이 건국 30여 년간의 긍정적·부정적 두 측면의 경험에 대한 총결과 국제경험과 세계정세에 대한 연구를 토대로 '중국 특색의 사회주의'를 건설하는 길

---

63) 『덩샤오핑문선』 제3권, 앞의 책, 3쪽.

을 찾기 시작했으며, 사회주의 건설의 새로운 단계를 개척한 것이다.[64] 그때 당시 이미 '중국 특색의 사회주의' 건설 이론이 제기되었다. 중공 제14차 전국대표대회 이전에는 개혁개방 과정에서 형성된 마르크스주의 중국화의 최신 성과로서의 이 개념이 줄곧 사용되었다. 제14차 당 대회 보고에서 이 개념 앞에다가 그 창시자인 "덩샤오핑 동지(鄧小平同志)" 다섯 자를 붙였고, 제14차 당 대회 이후 점차 "덩샤오핑의 '중국 특색의 사회주의' 건설 이론"으로 바뀌었으며, 제15차 당 대회에서 "덩샤오핑 이론"이라고 약칭하게 되었다. 이 이론은 "일련의 과학적 이론 관점"을 형성하였다. 즉 사상을 해방시키고 실사구시하며 실천과 진리를 검증하는 유일한 기준으로 삼아야 한다는 관점, 사회주의 건설에서 반드시 자국의 국정에 근거하여 자신의 길을 걸어야 한다는 관점, 경제와 문화가 낙후한 조건에서 사회주의를 건설하려면 반드시 아주 긴 초급단계를 거쳐야 한다는 관점, 사회주의 사회의 근본적인 임무는 생산력을 발전시키고 역량을 집중하여 현대화를 실현해야 한다는 관점, 사회주의 경제는 계획적인 상품경제라는 관점, 개혁은 사회주의 사회발전의 중요한 동력이며, 대회개방은 사회주의 현대화를 실현하는 필요조건이라는 관점, 사회주의 민주정치와 사회주의 정신문명은 사회주의의 중요한 특징이라는 관점, 네 가지 기본원칙을 견지하는 것과 개혁개방을 견지하는 총체적 방침 중 이 두 가지 기본 방침을 서로 결합시켜야 하며, 어느 하나도 빠뜨릴 수 없다는 관점. "한 나라 두 가지 제도"로 나라의 통일을 실현해야 한다는 관점, 집권당의 당 기풍은 당의 생사존망에 영향을 준다는 관점, 독립자주·완전 평등·상호

---

64) 중공중앙 문헌 연구실 편찬, 『제13차 당 대회 후 중요 문헌선편』 상권, 앞의 책, 56쪽.

존중·내정 불간섭의 원칙에 따라 외국 공산당 및 기타 정당과의 관계를 발전시켜야 한다는 관점, 평화와 발전은 당대 세계의 주제라는 관점 등이다. 이런 관점들이 '중국 특색의 사회주의' 건설 이론의 윤곽을 구성하였고, 우리나라 사회주의 건설의 단계·임무·동력·조건·배치 및 국제환경 등 기본 문제에 대해 초보적으로 대답하였으며, 우리가 앞으로 나아갈 수 있는 과학적 궤도를 설계해주었던 것이다.

1990년 12월 30일 중공 제13기 7중 전회에서 통과된 「국민경제와 사회발전 10년 계획과 '제8차 5개년'계획 제정 관련 결의」에서 '중국 특색의 사회주의' 건설 관련 12조 원칙을 개괄하였다. 장쩌민이 전회가 폐막할 때 다음과 같이 제기하였다. "'중국 특색의 사회주의'를 건설하는 것은 거대한 사업이다. 덩샤오핑 동지가 이미 이를 위해 기본 구상과 기본원칙을 확정하였다. 이는 새로운 역사조건하에서 마르크스-레닌주의와 마오쩌둥 사상에 대한 중대한 발전을 이룬 것이다. 전 당의 동지들, 특히 당의 고급 간부들이 이 사업에 심혈을 기울여 실천을 거치고 지혜를 널리 모아 이 위대한 사업을 계속 잘해 나가길 희망한다."[65]

장쩌민을 핵심으로 하는 당 중앙의 지도아래 이 사업을 잘하기 위해 많은 노력을 기울였다. 1992년 10월 중공 제14차 전국대표대회에 이르러 "덩샤오핑 동지"로 "'중국 특색의 사회주의' 건설 이론"을 명명할 것을 결정지음으로써 전 당에서 그 이론의 지도적 지위를 확립하였으며, 그 이론이 "중국처럼 경제문화가 낙후한 나라에서 어떻게 사회주의를 건설하며, 어떻게 사회주의를 공고히 하고 발전시킬 것이

---

65) 중공중앙 문헌 연구실 편찬, 『제13차 당 대회 후 중요 문헌 선편』 중권, 앞의 책, 1430쪽.

냐는 일련의 기본 문제에 대해 처음으로 체계적으로 초보적인 해답을 주었으며, 새로운 사상과 관점으로 마르크스주의를 계승하고 발전시켰다", "당대 중국의 마르크스주의이다"라고 지적하였으며, 사회주의 발전의 길, 발전단계, 근본 임무, 발전 동력, 사회주의건설의 외부 조건, 정치적 보장, 전략 절차, 사회주의 지도세력과 의지할 수 있는 힘, 조국통일 등 9개 방면에서 이 과학적 이론의 주요 내용을 개괄하였다. 아울러 "덩샤오핑 동지의 '중국 특색의 사회주의' 건설 이론으로 전 당을 무장시켜야 한다"는 전략적 임무를 제기하였다.[66]

이상의 내용을 종합해보면 덩샤오핑의 지도하에 마오쩌동 만년의 실수를 바로잡고, 마오쩌동의 바른 사상을 견지하고, 마오쩌동이 실행하지 못한 바른 사상을 실행하였으며, 마오쩌동이 미처 개척하지 못한 새로운 길을 개척하였고, 마침내 '계승'과 '발전'을 통일시키는 과정에서 덩샤오핑의 '중국 특색의 사회주의' 건설 이론을 창설하였던 것이다.

이것이 바로 마오쩌동 후 당대 중국에서 역사와 현실을 통일시키는 과정에서, 주관과 객관의 일치를 이룬 논리적 발전과정이다. 그 과정에서 우리는 서로 연관되는 두 가지 결론을 얻을 수 있다.

첫째, 덩샤오핑이 창설한 '중국 특색의 사회주의' 건설 이론은 마오쩌동이 창도하는 실사구시의 사상노선과 마르크스주의 중국화의 요구를 견지한 것이고, 중국 실정에서 출발하여 사회주의를 건설해야 한다는 마오쩌동의 바른 사고방식을 계승한 것이며, 마오쩌동 만년의

---

66) 『중국공산당 제14차 전국대표대회 자료 집성』, 1992, 인민출판사, 1~2, 12, 12~16, 46, 45쪽.

실수를 바로잡는 토대 위에서 마오쩌동 사상 중 사회주의 혁명과 사회주의 건설에 대한 일련의 바른 관점을 계승 발전시켰다. 이런 의미에서 그 과학적인 이론은 마오쩌동 사상과 마찬가지로 중국화한 마르크스주의의 중요한 구성부분이라고 할 수 있다.

중공 제13기 5중 전회는 덩샤오핑의 중공중앙 군사위원회 주석 사퇴 요구에 찬성하면서 회의 성명에서 다음과 같이 명확히 지적하였다. "덩샤오핑 동지는 마르크스-레닌주의를 중국의 실정과 결합하는 원칙에 따라 일련의 관점과 이론을 제기하였다." 특히 "'중국 특색의 사회주의' 건설 이론은 마오쩌동 사상의 중요한 구성부분이며, 새로운 역사조건에서의 마오쩌동 사상에 대한 계승과 발전이며, 중국공산당과 중국인민의 소중한 정신적 재부이다. 전회에서는 덩샤오핑 동지의 저작에 대해 성실하게 학습할 것을 전 당에 요구하며, 덩샤오핑 동지의 이론이 앞으로 우리나라 사회주의 현대화 건설의 위대한 과정에서 중대한 지도적 역할을 발휘할 수 있도록 할 것을 요구한다."고 하였다.[67]

둘째, 덩샤오핑이 창설한 '중국 특색의 사회주의' 건설 이론은 마르크스-레닌주의 기본 원리와 중국의 구체적 실정을 서로 결합시키는 과정에서 마오쩌동 사상의 창설이라는 제1차 역사적 비약에 이은 제2차 역사적 비약의 성과였다. 그 이론은 당대 중국이 사회주의를 건설하고, 공고히 하고, 발전시키는 일련의 기본 문제를 해결하였으며, 당대 중국 발전의 바른 길을 찾아내었다. 그런 의미에서 우리는 그 과학

---

67) 중공중앙 문헌 연구실 편찬, 『제13차 당 대회 후 중요 문헌 선편』 중권, 1991, 인민출판사, 678쪽.

적 이론이 당대 중국의 마르크스주의이며, 마르크스주의 중국화의 새로운 성과이며, 마르크스—레닌주의·마오쩌동 사상을 새로운 발전단계로 추진하였다고 말하는 것이다. 그래서 중공 제14차 전국대표대회에서는 덩샤오핑의 '중국 특색의 사회주의' 건설 이론으로 전 당을 무장할 것에 대해 제기하면서 다음과 같이 지적하였다. "'중국 특색의 사회주의' 건설 이론은 마르크스주의를 중국의 실제와 결합시킨 최신의 성과이고, 당대 중국의 마르크스주의이며, 우리를 이끌어 새로운 역사 임무를 실현시키는 강대한 사상 무기이다. 마르크스—레닌주의를 학습함에 있어서 중심 내용은 '중국 특색의 사회주의' 건설 이론을 학습하는 것이다."[68]

---

68) 『중국공산당 제14차 전국대표대회 자료 집성』, 1992, 인민출판사, 46쪽.

제1장
당대 중국의 중요한 기본 이론문제

중국은 세계 사회주의 사상의 보루이다. 중국은 이미 '대약진', '문화혁명' 및 조기 발전 과정에서 충분한 교훈을 섭취하였다. 중국이 건설하는 '중국 특색의 사회주의'는 진정한 사회주의이다.

– [불가리아] 알렉산더 라이로프(Alexander Lilov)

제1절
마오쩌둥, "어떻게 '필연 왕국'에서 벗어날 것이냐"를 제기

마오쩌둥 후 당대 중국은 일련의 힘겹고 복잡한 문제에 직면하게 되었다. "전 당의 사상을 어떻게 통일할 것이냐?" 하는 문제, "정치 노선을 어떻게 확정할 것이냐?"하는 문제, 인사 배치 문제, 경제 발전 문제, 외교문제 등 많은 문제에 직면하였다. 그러나 가장 중요한 기본문제는 사회주의가 무엇이며, 사회주의를 어떻게 건설할 것인지 명확히 하는 것이었다.

83세의 마오쩌둥은 병이 깊어 임종을 앞두고 있으면서 자신의 사후의 뒤처리를 두고 다음과 같은 말을 하였다. "인생 칠십 고래희(古來稀)라고 하였는데 나는 팔순이 넘었다. 사람이 늙으면 늘 사후의 뒤처리에 대해 생각하게 된다. 중국에는 사람에 대한 평가는 죽은 뒤에 내릴 수 있다는 옛말이 있다. 나는 아직 죽지 않았으나 죽을 날이 멀지 않았으니 이제는 평가를 내릴 수 있지 않을까? 나는 평생 두 가지 일을 하였다. 한 가지는 장제스(蔣介石)와 몇 십 년을 싸워 그를 몇 개의 섬으로 쫓아 보냈다. 8년간 항일전쟁을 하여 일본을 집으로 돌려보냈다. 그렇게 베이징에 들어와 드디어 즈진청(紫禁城)에 입성하였다. 그 일들에 대해서는 다른 의견을 갖고 있는 사람이 많지 않다. 다만 몇 사람이 내 귓가에서 재잘재잘하는데 나더러 하루 빨리 그 몇 개의 섬을 회수하라는 것뿐이다. 다른 한 가지 일은 모두들 알다시피 문화대혁명을 일으킨 것이다. 그 일에 대해서는 지지하는 사람이 많지 않고 반대하는 사람이 적지 않다. 그 두 가지 일은 아직 끝나지 않았다. 그 유산을 아래 세대에 넘겨줄 것이다. 어떻게 넘겨줄 것인가? 평화적으로 넘겨줄 수 없으면, 동란 가운데서 넘겨주어야 한다. 잘못하면 후대들은 어찌될까? 피바람이 불 것이다. 그대들이 어떻게 할지는 오로지 하늘만이 알뿐이다……" 이 말의 대체적인 뜻은 예젠잉(葉劍英)이 1977년 중앙업무회의에서 최초로 전하였다. 그때 당시 사람들은 그 말을 마오쩌둥의 "정치유언"이라고 여겼다. 기실 마오쩌둥은 "그 두 가지 일은 아직 끝나지 않았다. 그 유산을 아래 세대에 넘겨줄 것"이라고 말하고 또 '문화대혁명'에 대해서 "지지하는 사람이 많지 않고 반대하는 사람이 적지 않다"고 말하였으며, 평화적으로 아래 세대에 넘겨줄 수 있을지가 문제라고 말했다. 그 문제의 실질은 무엇일까? 그 해 '문화대혁명'이 일어난 지 얼마 지나지 않아 마오쩌둥은 '문화대혁명'을 아주 높게 평가하면서 이렇게 말했었다. "과거 우리는 농촌의 투쟁, 공장의 투쟁, 문화계의 투쟁을 진행하였고, 사회주의 교육운동을 진행하였으나 문제를 해결하지 못하였다. 그것은 공개적이고 전면적이며 아래에서 위에 이르는, 광범위한 대중을 동원하여 우리의 어두운 면을 적발할 수 있는 어떤 형태와 방법을 찾아내지 못하였기 때문이다. 다시 말하면 사회주의 사회에 들어선 후 도대체 어떻게 사회주의를 잘 건설할까 하는 문제에 대해 중국공산당은 많이 탐색하였지만 모두 좋은 형태와 방법을 찾지 못하였다. 그런데 '문화대혁명'을 그는 자신이 찾아낸 문제해결의 좋은 형태와 좋은 방법이라고 생각하였다. 그러나 불과 10년 사이에 마오쩌둥은 그가 그처럼 마음에 들어 했던 좋은 형태, 좋은 방법에 대해 "지지하는 이가 많지 않고 반대하는 이가 적지 않다"는 것을 발견하게 되었다. 그래서 그 유산을 아래 세대에 순조롭게 넘겨줄 수 있을지에 대해 그는 분명한 우려를 표하였다. 그의 우려는 '문화대혁명'을 계속할 수 있을지 하는 것이었으나 실질은 그것이 아니었다. 실질은 '문화대혁명'도 문제를 해결할 수 없다면, 우리는 어떻게 사회주의를 건설해야 하는가? 우리의 출로는 어디에 있는가? 사회주의를 어떻게 건설할 것인가? 그리고 그 문제에 대해 사고하고 해결하는 과정에서 반드시 부딪치게 되는 문제는 "사회주의란 무엇인가?" 하는 문제였다. 이는 마오쩌둥이 사회주의시기에 부딪친 하나의 어려운 문제였으며, 또한 마오쩌둥이 후세에 물려준 어려운 문제였다. 그 어려운 문제는 확실히 위대한 무산계급혁명가 마오쩌둥의 일생에서 마지막 20여 년의 심혈을 허비하였다.

전국 혁명의 승리를 앞둔 전야에 마오쩌둥은 중국혁명의 첫 걸음이 곧 승리적으로 끝날 것이고 머지않아 신민주주의 혁명에서 사회주의혁명으로 전환되어 더 위대한 노정이 시작될 것임을 잘 알고 있었다. 그는 다음과 같이 유명한 말을 하였다. "전국적으로 승리를 거둔 것은 만리장정에서 고작 첫걸음을 완성한 것에 불과하다. 만약 그 한걸음도 자랑스럽다면 그것은 보잘 것 없는 것이다. 더욱 자랑스러운 것은 뒤에 있다. 수 십 년이 지난 뒤에 중국인민민주혁명의 승리를 돌이켜본다면, 사람들은 그것이 다만 한 장막극의 짧은 서막일 뿐이라는 것을 느끼게 될 것이다. 극은 반드시 서막부터 시작하지만 서막이 클라이맥스는 아니다. 중국혁명은 위대하지만 혁명 후의 길은 더욱 길고 더욱 위대하며 더욱 어려울 것이다."[69]

한편 그는 또 사회주의를 어떻게 건설할 것이냐 하는 것에 대한 우리의 경험과 지식이 부족하다는 사실을 알고 있었다. 그는 말했다. "우리가 해야 할 일은 아직 매우 많다. 길을 가는 것에 비유한다면 우리가 완성한 지난 사업은 만리장정의 첫 걸음을 완성한 것에 불과할 뿐이다. 우리가 채 궤멸시키지 못한 적의 잔여 세력이 여전히 존재한다. 준엄한 경제건설이라는 임무가 우리 앞에 놓여 있다. 우리가 익숙하게 습득하고 있는 능력이 머지않아 쓸 데가 없게 되고, 우리가 익숙하지 않은 것들을 또 반드시 해야만 한다. 이것이 바로 어려운 것이다."[70]

그래서 그는 우리나라가 사회주의시기에 들어선 초기에 최고 국무회의 제11차 (확대)회의에서 「인민 내부의 모순을 정확하게 처리하는 것에 대하여」라는 제목으로 유명한 연설을 발표하여 전 당, 전국 여러 민족 인민, 특히 각급 지도자들에게 다음과 같은 '희망'을 제기하였다. "경제건설에서 우리는 아직 경험이 부족하다. 겨우 7년밖에 되지 않았기 때문이다. 더 많은 경험을 쌓아야 한다. 혁명에 대해서도 우리는 처음에는 경험이 없어서 넘어지기도 하면서 경험을 얻었으며 그 후 전국적인 승리를 거둘 수 있었다. 우리는 경제건설방면에서 경험을 얻는 데 걸리는 시간이 혁명 경험을 얻는 시간보다 단축시킬 것을 요구한다. 아울러 그렇게 높은 대가를 치르지 말기를 바란다. 대가를 치르는 것은 당연하지만 혁명시기처럼 그렇게 큰 대가를 치르지 않기를 희

69) 마오쩌둥, 『중국공산당 제7기 중앙위원회 제2차 전체 회의 보고 (1949년 3월 5일), 『마오쩌둥 선집』 제4권, 앞의 책, 1438쪽.

70) 마오쩌둥, 「인민민주주의독재를 논함」 (1949년 6월 30일), 『마오쩌둥 선집』 제4권, 앞의 책, 1480쪽.

망한다.[71] 이로부터 그가 사회주의건설이 아주 힘겨운 임무인데다가 우리에게는 이에 대한 경험이 없기 때문에 탐색이 필요하며, 그 탐색의 주제는 "어떻게 사회주의를 건설할 것이냐 하는데 있다"라는 사실에 이미 주의를 기울이기 시작하였음을 설명한다.

제1차 탐색은 우리나라가 사회주의에 들어선 초기 즉 1956~1957년 반 우파투쟁 전에 진행되었다. 그 시기 마오쩌둥의 탐색은 귀중한 것으로서 경제·과학·문화·정치 등 분야에서 일련의 중요한 사상을 제기하였다.

1956년 1월 1일 새해 벽두에 『인민일보』는 「5년 계획을 전면적으로 앞당겨 완성하고, 초과적으로 완성하기 위하여 분투하자」라는 제목의 사설을 발표하여 마오쩌둥이 제기한 우리의 사업 발전과 관련한 "더 많이, 더 빨리, 더 좋게, 더 절약하자(多快好省)"라는 방침을 전하고 해석하였다. 25일 마오쩌둥은 최고국무회의 제6차 회의에서 "사회주의혁명의 목적은 생산력을 해방시키기 위한 것이다."[72]라고 명확하게 제기하였다.

그런 목적과 방침 하에서 마오쩌둥은 여덟 가지 문제를 탐구하였다.

첫 번째, 과학에 의지하고 지식인에 의지하여 생산력의 발전을 촉진하는 것.

두 번째, 농업을 강화하고 농업을 발전시켜 전반적인 국민경제의 발전을 추진하는 것.

---

71) 마오쩌둥,「인민 내부 모순을 정확하게 처리하는 문제에 대하여」(1957년 2월 27일). 『마오쩌둥선집』 제7권, 앞의 책, 241~242쪽.
72) 마오쩌둥,「사회주의혁명의 목적은 생산력을 해방시키기 위한 것」(1956년 1월 25일). 『마오쩌둥 문집』 제7권, 앞의 책, 1쪽.

세 번째, 통일전선을 공고히 하고 확대하여 여러 계층의 인민을 단합시키는 것.

네 번째, 학술자유를 실행하여 문예와 과학을 지도하는 바른 방침을 탐구하는 것.

다섯 번째, 소련 건설의 경험교훈을 총 정리하여 중국 사회주의주의 건설의 바른 길을 제시하는 것.

여섯 번째, 중공 제8차 전국대표대회를 소집하여 역량을 집중하고 생산력을 발전시키자는 임무를 제기하는 것.

일곱 번째, 사회주의 개조 후의 새로운 상황에 대해 연구하고 사회주의 새 체제를 탐색하는 것.

여덟 번째, 사회주의사회 객관적 실정에 비추어 두 가지 서로 다른 성질의 사회 모순을 정확하게 구분하고 처리할 것.

마오쩌동의 이러한 탐색의 뚜렷한 특징의 하나가 바로 중국의 실제에서 출발하여 사회주의를 건설하며 중국의 실정에 알맞은 사회주의 건설의 길을 찾는 것이었다. 만약 사상 역사적 측면에서 덩샤오핑의 '중국 특색의 사회주의' 건설 이론에 대해 연구하게 되면 다음과 같은 사실을 발견할 수 있다. 즉 당대 중국의 마르크스주의의 형성은 우연적인 것이 아니라 마오쩌동과 당 중앙이 1956년부터 시작한 탐색과 그 성과이며, 그 이론이 싹트는 역사적 기점이라는 사실이다.

그러나 1957년 반 우파투쟁이 확대된 후 마오쩌동은 제8차 당 대회에서 사회주의 개조가 완성된 후 우리나라 사회 주요 모순에 대한 제기법을 바꾸어 두 계급 두 갈래의 길의 모순이 여전히 사회주의 사회의 주요 모순이라고 주장하였다. 이어 또 주관적 능동성의 역할을 확대시켜 현실조건에서 벗어나 '대약진(大躍進)'과 '인민공사화운동'을 일으킴으로써 우리나라 사회주의 건설은 뜻밖의 중대한 좌절을 당하게 되었다.

제2차 탐색은 마오쩌동이 '대약진'과 '인민공사화운동'의 실수를 발견한 후, 즉 1958년 연말부터 1959년 루산(廬山)회의 전까지 사이에 진행되었다.

'대약진'과 '인민공사화운동' 기간에 마오쩌동은 중국이 공산주의로 빠르게 과도할 수 있을 것이라고 낙관했었다. 그러나 1958년 가을과 겨울 사이에 조사연구를 거쳐 그는 공산주의로 과도하는 문제에서 많은 사람들이 공상주의에 빠져있음을 발견하였다. 그래서 그는 즉시 결단을 내리고 정저우(鄭州)에서 중앙과 지방 일부 지도자들이 참가한 업무회의 즉 제1차 정저우회의를 소집하고 회의 참가자들에게 『소련 사회주의 경제문제』와 『마르크스와 레닌 그리고 스탈린이 공산주의사회를 논함』 두 책을 읽을 것을 요구했고, "중국 사회주의 경제혁명·경제건설과 연결시켜 그 두 책을 읽고 명석한 두뇌를 유지함으로써 우리 위대한 경제업무를 이끄는 데 이롭도록 할 것"을 요구하였다. 1958년 12월 10일 중공 제8기 6중 전회에서 통과된 「인민공사 일부 문제 관련 결의」에서는 사회주의가 무엇이냐, 사회주의를 어떻게 건설할 것이냐에 대한 5가지 의견을 제시하였다. 그중에서 가장 중요한 것이 첫 번째 의견인데 이런 내용이 포함되었다. "공산주의 제1단계를 사회주의라고 부른다. 이 단계에서 전 당과 전국 인민의 임무는 사회주의 건설을 완성하는 것이다. 사회주의 건설을 완성한 집중적인 표현은 사회주의의 전면적인 전국민소유제를 실현한 것이다. 우리는 현재 전면적이지 못한 전국민소유제를 실행하고 있다.… 과도시기, 즉 사회주의시기의 임무는 사회주의의 전면적인 전국민소유제를 실현하는 것이다." 상기의 「결의」 중 마오쩌동이 수정한 문자를 통해 다음과 같은 두 가지 사실을 발견할 수 있다. 첫째, 그때 당시 사회주의에 대한 마오쩌동의 인식은 주로 생산관계 특히 소유제 방면에서 논술하였다는 것, 둘째, 사회주의 건설의 임무는 사회주의의 전면적 전국민소유제를 실현하는 것이고, 기존에 수립된 것은 전면적이지 못한 전국민소유제라고 주장하였다는 사실이다. 이어 우창(武昌)에서 열린 중공 제8기 6중 전회에서 통과된 「인민공사 일부 문제 관련 결의」에서는 마오쩌동의 의견에 따라 집단소유제와 전민소유제의 분계선을 분명히 구분했고, 더욱이 사회주의와 공산주의 분계선을 분명히 구분할 것을 제기하였다. 또한 상품생산을 계속 발전시키고 노동에 따라 분배하는 원칙을 계속 유지할 것을 강조하였다. 이런 중대한 문제에 대해 논술하면서 이는 우리나라 생산력 발전수준과 인민의 각성 수준에 의해 결정된 것임을 특히 강조하였으며, 사회주의 건설에 있어서 사람의 주관적 염원에 맡겨서는 안 된다고 제기하였다.

그런데 그때 당시 마오쩌동은 공산주의로 과도하는 문제에 대해 여전히 큰 관심을 가졌다. 물론 총체적인 목표에서 보면 마오쩌동이 그때 당시 그 일련의 회의를 소집한 것은 서둘러 전국민소유제로 과도하는 추세와 사회주의로 과도하는 추세를 멈추기 위한 것이었다. 그리고 제8기 6중 전회 후 그 추세가 멈췄다. 그 뒤 그는 도 1959년 2월과 3월에 제2차 정저우회의를 소집하고 3월과 4월에 상하이회의를 소집하였으며, 4월 초에는 또 상하이에서 제8기 7중 전회를 소집하였고, 7월초 루산에서 중앙정치국확대회의를 소집하기까지 '대약진'과 '인민공사화운동' 과정에서 나타난 '좌'적인 오류를 바로잡기 위해 대거 노력하였다. 그 시기 마오쩌동과 당 중앙은 탐색과 총결을 거쳐 실제에서 출발하여 이론적으로 다음과 같은 사실을 분명히 하였다. 즉 사회주의 사회는 사회생산력의 발전수준이 낮은 데다 생산 수단 전국민소유제와 집단소유제 두 가지 공유제와 필요한 자류지 등 소규모 사유, 생활 자료는 반드시 개인의 소유여야 한다는 등의 문제들이 존재했고, 상품생산과 상품의 교환이 존재하며, 노동에 따른 분배를 실행한다는 사실이었다. 이는 그때 당시 "사회주의가 무엇이며, 사회주의를 어떻게 건설할 것이냐?" 하는 문제에서 당이 이룬 발전이었다. '발전'이 있다는 것은 '대약진'과 '인민공사화운동' 과정에서 '좌'적 오류를 거치면서 인식이 제고되었기 때문이다. 우리는 장기간의 과학사회주의에 대한 학습과정에서 사회주의는 반드시 공유제를 실행해야 하며, 특별히 국영경제를 형성해야 한다는 이치를 인식하게 되었다.

그러나 그런 인식은 아직 초보적인 것이었다. 바른 인식이 막 형성된 시기인 1959년 루산회의 후기에 이른바 "반우경"투쟁이 일어나 펑더화이(彭德懷) 등 동지들에 대한 그릇된 비판을 진행하였다. '대약진'과 인민공사화 운동과정에서 나타난 '좌'경 오류를 바로잡는 사업이 중단되었으며, 높은 지표, 허위로 과장하기, '공산'풍(절대적 평균주의를 가리킴), 제멋대로 지휘하기 등을 주요 특점으로 하는 '좌'경 오류가 또 다시 번지기 시작하였고, 갈수록 더 심각하게 확산되었으며, 공·농업 생산과 국민경제를 막심하게 파괴하였다.

건국 후 당과 인민이 직면한 가장 심각한 경제위기로 인해 마오쩌동은 밤잠을 이룰 수 없었고 깊은 수심에 빠졌다. 그 어려움을 이겨내기 위해 그는 또 다시 실사구시의 사고방식으로 돌아와 사회주의가 무엇이며, 사회주의를 어떻게 건설할 것인지 등에 대한 중대한 문제에 대해 정중하게 제기하고 반성하였다.

　제3차 탐색은 마오쩌동이 전국 '반우경'의 오류를 발견하고 국민경제가 심각한 어려움에 직면하였음을 발견한 후, 즉 1960년~1962년 가을 제8기 10중 전회가 열릴 때까지 기간에 진행되었다. 1960년 봄 마오쩌동은 광동·산동 등지에서 올라온 보고서를 통해 '반우경' 투쟁 과정에서 '공산풍', 허위로 과장하는 기풍이 다시 일고 있음을 주의하게 되었다. 6월 18일 상하이에서 열린 중앙정치국확대회의 연설에서 마오쩌동은 「10 총결」을 통해 사회주의 건설의 경험 교훈에 대하여 초보적으로 반성하였다. 그 연설문에서 그는 이렇게 지적했다. "지난 8년간 외국의 경험을 그대로 베꼈다. 그러나 1956년에 10대 관계에 대해 제기한 뒤 우리에게 알맞는 중국의 노선을 찾기 시작했다."라고 지적하였다. 이것이 바로 우리가 말하는 마오쩌동과 당 중앙의 제1차 탐색 결과이다. 이어 마오쩌동은 '대약진'과 '인민공사화운동'의 흥기과정을 되돌아보면서 혼란이 생겼다고 지적하였다. 그는 "제1차 정저우회의에서 우창회의, 제8기 6중 전회에 이르기까지 집단·국영 두 소유제의 분계선문제, 사회주의와 공산주의 분계선문제를 해결하였다. 외부의 두 가지 분계선 문제를 해결하였으나 공사 내부의 3급소유제문제에 대해서는 인식하지 못하였다."라고 지적하였다. 이어 그는 또 일련의 회의를 통해 강철 생산목표를 낮추었다고 말하고 나서 "농업을 책임진 동지, 공업을 책임진 동지, 상업을 책임진 동지들이 요즘 사상방법에 문제가 생겼다"면서 "실사구시의 원칙을 잊었고 편파적인 사상(형이상학적인 사상)의 경향이 존재한다"고 지적하였다. 이것이 바로 우리가 말하는 마오쩌동과 당 중앙의 제2차 탐색 성과이다. 그다음 그는 루산회의에서 '반 우경' 투쟁 후의 경험교훈에 대해 총정리하기 시작했다.

그때 그는 '반 우경'은 바른 결정이었으며 승리를 거두었다고 긍정하였다. 아울러 경제목표를 높이 정하였다면서 결심하고 바로잡아야 하며 주동권을 쟁취해야 한다고 지적하였다. 게다가 '대약진'과 '인민공사화운동' 중의 문제에 대하여 자아비평을 진행하면서 "나 자신에게도 잘못이 매우 많다"라고 말했다. 마지막으로 그는 매우 깊이 있고도 중요한 말을 하였다. "우리는 형이상학의 인식론자가 아니라 변증법적 유물론의 인식논자들이다. 자유는 필연적인 인식과 세계의 개조이다. 필연의 왕국에서 자유왕국으로의 도약은 장기적인 인식과정을 통해 점차 완성해야 하는 과정이다. 우리나라 사회주의 혁명과 건설에 대하여 우리에게는 10년이란 경험이 있으며 우리는 많은 것을 알게 되었다. 그러나 우리는 사회주의시기의 혁명과 건설에 대하여 아직도 매우 큰 맹목적성이 드러나고 있으며, 아직까지 인식하지 못한 매우 큰 필연의 왕국이 존재한다. 우리는 그것에 대하여 심각하게 알지 못하고 있다. 우리는 두 번째 10년이란 시간을 들여 그것을 조사하고 연구하여 그것의 고유법칙을 찾아냄으로써 그 법칙을 이용하여 사회주의 혁명과 건설을 위하여 봉사해야 한다." 이렇게 사회주의 건설의 경험교훈을 총정리하고 사회주의 건설의 객관적 법칙을 탐색하는 것을 특징으로 하는 마오쩌둥의 제3차 탐색이 시작되었다.

「10년 총결」에서 마오쩌둥이 '반우경' 투쟁 후 나타난 문제에 대한 인식은 제한적이었다. 그 뒤에 종합하는 것이 깊어짐에 따라 그의 인식도 점차 깊어졌다. 1960년 11월 중앙은 「농촌 인민공사의 당면한 정책문제에 관한 긴급지시 서신」을 발표하여 12조항 정책을 규정짓고 '좌'적인 편향을 바로잡았다. 「긴급지시 서신」과 마오쩌둥의 일련의 중요한 지시, 그리고 그의 자아비평은 전 당이 법칙을 탐색하고 오류를 바로잡도록 추진하였다.

1960년 말부터 1961년 초까지 베이징에서 열린 중앙업무회의와 제8기 9중 전회에서 국민경제에 대한 "조정, 공고, 충실, 제고"의 8자 방침이 정식 통과되었다. 마오쩌둥은 회의에서 재차 경험교훈을 총정리하고 조사연구의 기풍을 크게 조성하여 1961년을 실사구시의 해로 만들 것을 제기하였다. 회의 후 그는 직접 세 개의 조사팀을 조직 지도하여 각각 저장·후난·광둥 등지의 농촌으로 가서 조사연구를 진행하도록 하였다. 그리고 3월에는 광저우에서 「농촌인민공사업무조례(초안)」(즉 "농업 60조") 초안을 작성하는 것을 주관하였다. "농업 60조"의 제정은 농촌업무에서 '좌'적인 편향을 해결하는데 중대한 역할을 하였으며, 이는 또 사회주의 건설문제에 대한 당의 인식이 깊어진 중요한 성과이기도 하다.

"농업 60조"가 통과된 후 마오쩌둥은 그에 대한 관철과 이행을 확고히 하는 한편 계속하여 경험교훈을 총정리 하였으며, 사회주의가 무엇인지, 사회주의를 어떻게 건설할 것인지에 대해 명확히 제기하였다. 1961년 6월 12일 베이징에서 열린 중앙업무회의에서 그는 이렇게 말했다. "두 차례의 정저우회의가 너무 촉박하게 열렸다. 그때 나는 중국 사회주의혁명을 어떻게 해야 하는지에 대하여 잘 알지 못하였다." 그는 또 루산회의 후 '반우경' 투쟁결의를 현 이하 지방정부에 전달하였는데 그로 인해 많은 우경기회주의분자들이 나타났다면서 "지금에 와서 보니 잘못을 저지른 것"이라고 말했다. 또 "1960년 봄에 '공산풍'이 또 일기 시작하였음을 보았다", "그것은 우리 각급 간부들 중 많은 사람들이 사회주의가 무엇인지, 노동에 따른 분배라는 것이 무엇인지, 등가교환이 무엇인지를 모르기 때문이었다"라고 말했다. 그는 회고와 총결에서 이렇게 지적하였다. "민주혁명은 창당에서부터 승리에 이르기까지 28년이 걸렸다. 사회주의는 이제 고작 11년간 건설해왔다. 11년을 더하면 22년인데 될 수 있을까? 사회주의 혁명, 사회주의 건설에서 경험을 얻을 수 있는 시간을 줄일 수 있지 않을까?"

그는 1962년 1월 중앙업무 확대회의 즉 "7천명대회"에서 "사회주의 건설에서 우리는 아직 매우 큰 맹목적성이 존재한다. 사회주의 경제는 우리 상황에서 보면 아직 많은 인식 못한 필연왕국이 존재한다."[73] 어떻게 사회주의를 건설해야 "필연왕국"에서 벗어날 수 있을지에 대해 마오쩌동은 힘겨운 탐색을 진행하였으며 소중한 성과를 얻었다. 그러나 그 탐색 과정이 얼마나 파란만장하였던지 그는 예상하지 못했던 대가를 치러야 하였다. 국제 국내 정세가 복잡하게 변화하고 있었기 때문에 1962년 가을에 열린 중공 제8기 10중 전회에서 그는 사회주의 건설법칙에 대해 탐색하면서 다음과 같이 지적하였다. "무산계급 혁명과 무산계급독재의 전 역사시기에 자본주의에서 공산주의로 과도하는 기에 무산계급과 자산계급 사이의 계급투쟁이 존재했으며, 사회주의와 자본주의 두 갈래 길의 투쟁이 존재한다." 그는 또 "계급투쟁과 자본주의 부활의 위험성문제에 대해 우리는 지금부터 시작하여 해마다 강조해야 하며 달마다 강조해야 한다"는 등의 발언을 하였다. 그 사고방식에 따라 1963년 후 당 중앙은 전국 도시와 농촌에서 한 차례 보편적인 사회주의 교육운동을 일으켰으며 "계급투쟁을 중점으로 하는 방침"을 제기하고 대규모의 계급투쟁을 전개하였다. 이와 동시에 의식형태 영역에서도 일련의 지나친, 그릇된 비판과 투쟁을 전개하였

---

73) 『마오쩌동 문집』 제8권, 1999, 인민출판사, 302쪽.

다. 결국 1966년에 이르러 '문화대혁명'이라고 불리는 내란이 전국적인 범위에서 일어나기에까지 이른 것이다. 마오쩌둥이 원래 바랐던 것은 그런 계급투쟁, 그런 '문화대혁명', 그런 '무산계급독재조건 하에서의 지속적인 혁명'이었으며, 사회주의 발전과정에서 혁명과 건설 관련 일련의 문제를 해결할 수 있기를 바랐다. 그러나 실제로는 문제를 해결하지 못하였을 뿐만 아니라, 3차례의 탐색을 거쳐 얻은 올바른 사고방식과 올바른 방향에서 벗어났으며, 문제를 더 혼란스럽게 만들었던 것인데 결국 그는 임종을 앞두고 "자네들이 어떻게 할지는 하늘만이 알 뿐이다."라고 탄식하며 말하기에까지 이르렀다.

이 부분의 역사와 마오쩌둥 사상의 발전과정에 대해 연구함으로써 우리는 다음과 같은 사실을 인식하게 되었다. "사회주의가 무엇인지, 어떻게 사회주의를 건설할 것인지"에 대해 명확히 하는 것이 확실히 사회주의를 건설함에 있어서 반드시 해결해야 할 가장 중요한 기본 문제이며, 일부 사람들이 말하는 것처럼 사회주의 신념에 대한 흔들림의 명제가 아니라는 것, 마오쩌둥이 그 문제에 대해 제기하였고, 우리가 사회주의 건설의 '필연 왕국'에서 걸어 나올 수 있도록 대량의, 파란 많은, 힘겨운 탐색을 하였다는 것, 그가 미처 완성하지 못한 대업은 당연히 그의 계승자와 후계자가 완성해야 한다는 것 등이었다. 이것이 바로 마오쩌둥 후의 당대 중국이 해결해야 할 가장 중요하고 기본적인 이론문제의 역사적 근원과 유래인 것이다.

제2절
덩샤오핑의 사고: 두 가지를 "명백히 하기"

　마오쩌둥 후의 당대 중국은 막심한 곤혹에 휩싸였다. 중국은 어디로 가야 하나? 중국 사회주의는 어디로 가야 하나? 그것은 그때 당시 화궈펑이 주관하는 당 중앙이 일련의 중대한 문제에서 줄곧 두 가지 서로 대립되는 주장 사이에서 망설이고 있었기 때문이다. 예를 들면 제10기 3중 전회에서 한편으로는 덩샤오핑의 모든 직무를 회복시켰으면서도 또 다른 한편으로는 "무산계급독재 하에서 계속 혁명해야 한다는 이론"을 견지할 것을 강조한 것이다. 또 예를 들면, 역사적 의미가 있는 11차 당 대회에서 한편으로는 '4인방'을 적발하고 비판하는 투쟁에 대해 초보적으로 총결 짓고 '문화대혁명'의 결속을 선고하였으며, 새로운 시기 중국공산당의 근본 임무가 당 내외, 국내외 모든 적극적인 요소를 동원하고 단합할 수 있는 모든 세력을 단합하여 본세기 안으로 우리나라를 위대한 사회주의 현대화 강국으로 건설하기 위해 분투해야 한다고 거듭 강조하였다. 다른 한편으로는 '문화대혁명' 시기에 열린 중공 제10차 전국대표대회의 정치노선과 조직노선이 바른 것이라고 인정하고 '문화대혁명'이 무산계급독재를 공고히 하고 자본주의의 복벽을 방지하며, 사회주의를 건설함에 있어서 전적으로 필요한 것이고 적시적인 것이라고 찬양하였으며, "계급투쟁을 중점으로 삼아야 한다"는 이른바 "당의 기본 노선"과 "무산계급독재 하에서 계속 혁명해야 한다는 이론"이 당대 마르크스주의의 중요한 성과라고 강조하면서 이에 따라 중점을 확고히 장악하여 나라를 다스려야 한다는 일련의 임무를 제기한 것이다.

이처럼 망설임 속에서 전진하는 국면을 어떻게 결속 지어야 할까?

덩샤오핑은 한편으로는 마오쩌둥이 창도하는 실사구시의 사상노선을 회복하고 전 당을 이끌어 사상을 해방시켜 '좌'경 교조주의로 인한 경직된 사상 상태에서 벗어나게 하고, 다른 한편으로는 사람들을 이끌어 사회주의를 건설하는데 필요한 일부 기본 이론문제에 대해 깊이 생각하였다.

1978년 3월 18일 전국과학대회 개막식에서 덩샤오핑은 이렇게 말했다. "20세기 안에 농업·공업·국방 및 과학기술의 현대화를 실현하여 우리나라를 사회주의 현대화 강국으로 건설하는 것은 우리나라 인민의 어깨 위에 놓인 위대한 역사적 사명이다. 네 가지 현대화를 실현해야 하는지의 여부를 둘러싸고 우리는 '4인방'과 예리하고 치열하게 투쟁해왔다. '4인방'은 "네 가지 현대화가 실현되는 날이면 곧 자본주의가 회복되는 날이라고 헛소리를 치며 광란적인 파괴를 감행하여 우리나라 국민경제가 한때 붕괴의 위기에 이르게 하였으며, 과학기술 면에서 세계 선진수준과의 차이가 점점 더 벌어졌다. 그들은 정말 사회주의를 옹호하고, 자본주의 회복을 반대한 것인가? 아니다. 그 정반대였다. 그들의 세력이 제일 미쳐 날뛰었던 곳에서 사회주의가 심각한 파괴를 당하였던 것이다."[74] 여기서 덩샤오핑은 우리 당이 '4인방'과의 투쟁 과정에서 얻은 경험교훈에 따라 사회주의를 건설하려면 반드시 현

---

74) 『덩샤오핑 문선』 제2권, 앞의 책, 85~86, 128쪽.

대화한 생산력을 발전시켜야 한다는 중요한 사상을 제기하였던 것이다. 1978년 9월 16일 지린성위 상무위원회 업무보고를 청취할 때, 그는 진정으로 마오쩌둥 사상의 정수인 실사구시 원칙을 반드시 견지해야 한다고 논술하면서 사회주의에 대한 이해 문제에 대하여 역사적 유물주의 차원에서 다음과 같이 깊이 있게 논술하였다. "우리는 사회주의국가이다. 사회주의 제도의 우월성의 근본적인 표현은 바로 사회생산력이 구 사회였을 때는 있어본 적이 없는 빠른 속도로 발전할 수 있도록 허용함으로써 인민의 날로 늘어나는 물질문화생활에 대한 수요를 점차적으로 만족시키는 것이다. 역사적 유물주의 관점으로 볼 때, 바른 정치적 지도의 성과는 결국 사회생산력의 발전에서 반영되며, 인민의 물질문화생활의 개선에서 반영된다." 이어 1978년 10월 11일 중국공회 제9차 전국대표대회 연설을 통해 덩샤오핑은 사회주의 생산관계와 상층구조는 현대화의 요구에 따라 개혁해야 한다는 임무를 제기하였다. 그는 이렇게 말했다. "당의 11차 전국대표대회와 제5기 전국인민대표대회에서 본세기말 사회주의 네 가지 현대화를 실현하는 위대한 목표를 제기하였다.…… 이는 우리나라 경제와 기술의 낙후한 면모를 근본적으로 바꾸고 무산계급독재를 진일보하게 공고히 하는 위대한 혁명이다. 이 혁명에서 당면의 낙후한 생산력을 변환시키려면 필연적으로 여러 방면의 생산관계를 변환시키고, 상층구조를 변환시키며, 공업과 농업·기업의 관리방식과 공업과 농업·기업에 대한 국가의 관리방식을 변환시킴으로써 현대화 대경제의 수요에 적응시키는 것이다."[75] 사회주의에 대한 이런 이해와 사회주의 개혁에 대한 기존의 구상에 따라 1978년 말 열린 중공 제11기 3중 전회에서 전 당의 업무 중점을 계급투쟁에서 경제건설로 전환하는 전략적 결정을 내려 개혁임무를 제기하였다. 깊은 뜻이 있는 그 위대한 업무 전환을 통해 1976년 10월부터 당의 업무가 망설임 속에서 전개되던 국면을 끝내고 우리나라의 사회주의 현대화 건설이 진정으로 역사적 발전의 새로운 시기에 접어들었다.

제11기 3중 전회 후에도 덩샤오핑의 이론적 사고와 실천적 탐색은 계속되었으며 "사회주의가 무엇인지? 사회주의를 어떻게 건설할 것인지?"를 분명히 하는 것이 더욱 절박해졌다. 그것은 제11기 3중 전회 후 혼란한 국면을 바로잡는 데서 "무엇을 바로잡고, 무엇을 개혁해야 하는지?"에 관한 문제에 직면하였던 것이다. 그래서 1980년 1월 16일 덩샤오핑은 사회적으로 나타난 사회주의제도에 회의적인 그릇된 사상을 바로잡을 것을 전 당에 당부하였다. "사회주의제도는 사회주의를 건설하는 구체적인 방법이 아니다. 소련의 사회주의 건설은 1917년 10월 혁명 시기부터 시작하여 63년이 지났다. 그러나 사회주의를 어떻게 건설해야 하는지에 대해서는 소련도 큰 소리를 치지 못하고 있다. 우리에게는 확실히 경험이 부족하다. 어쩌면 우리는 이제야 괜찮은 길을 착실하게 탐색하고 있는 것일 수도 있다. 그러나 어쨌든 사회주의 제도의 우월성은 이미 증명되었다. 다만 아직도 더 많이 더 유력하게

75) 덩샤오핑, 「노동자계급은 네 가지 현대화의 실현을 위해 기여해야」(1978년 10월 11일).
  『덩샤오핑 문선』 제2권, 앞의 책, 135~136쪽.

더 잘 증명되어야 한다."[76] 여기서는 우리의 잘못에 대해서도 이야기하였고, 또 사회주의제도를 견지해야 한다는 기본원칙에 대해서도 강조하였다. 사상을 해방시키고 혼란스러운 국면을 바로잡을 때나 사회주의의 길을 모색하고, 사회주의 생산관계와 상부구조에 대한 개혁을 진행할 때를 막론하고 모두 "사회주의가 무엇이며, 사회주의를 어떻게 건설할 것인지?"에 대한 문제를 분명히 하려는 노력이 있었음을 볼 수가 있다. 덩샤오핑은 60년대 초에 마오쩌둥이 이 문제에 대해 제기한 뒤 새로운 역사적 조건하에서 재차 이 문제에 대해 제기하였다. 『덩샤오핑 문선』을 보면 1980년부터 1992년 초까지 덩샤오핑은 잇달아 이두 가지 문제를 "분명히 해야 한다"고 적어도 20차례는 제기하였다.

덩샤오핑이 이 문제에 대해 제기한 것은 다음과 같은 세 가지 사실에 비춰본 것이었다.

첫 번째는 중국 사회주의 건설의 경험교훈에 비춰본 것이었다.

사회주의는 중국 공산주의자들의 역사적 추구로서 중국공산당의 건당 강령에 쓰여져 있으며, 중국공산당이 장기적인 민주혁명을 진행하면서 기대해온 전망이다. 생산 수단 사유제에 대한 사회주의 개조를 거쳐 1956년에 중국공산당은 "역사가 유구한 중국에서 사회주의제도가 이미 확립되었고, 중국은 공유제 생산관계를 토대로 하는 사회주의 사회에 들어섰다"고 호기롭게 선포하였다. 사회주의제도가 확립되자 중국의 사회경제 면모가 뚜렷한 변화를 보였으며 민족정신이 진작되었다. 그러나 얼마 지나지 않아 우리는 잇달아 심각한 실수를 저질렀다. 게다가 그 실수를 저지르기 전, 심지어 실수를 저지르고 있는

---

76) 덩샤오핑, 「당면의 형세와 임무」 (1980년 11월 16일) 『덩샤오핑 문선』 제2권, 앞의 책, 250~251쪽.

중에도 "우리가 사회주의의 올바른 길을 걷고 있으며, 공산주의를 향해 활개를 치며 달려가고 있다"고 자신하였던 것이다. 그런 상황은 '문화대혁명' 기간에 극에 달하였다. 그래서 '문화대혁명'의 재앙 속에서 걸어 나왔을 때, 우리는 왜 그런 일이 일어났는지에 대해 생각해보지 않을 수 없었다. 덩샤오핑은 이렇게 말했다. "우리는 중국의 현실에 대한 냉정한 분석과 경험의 총정리를 거쳐 건국하고서부터 1978년에 이르는 30년 동안에 이룬 큰 성적을 인정하였다. 그러나 우리가 한 모든 일이 다 성공적이었다고는 말할 수 없다. 우리가 수립한 사회주의제도는 훌륭한 제도로서 반드시 견지해야 한다. 우리 마르크스주의자들은 지난날 사회주의, 공산주의의 숭고한 이상을 실현하기 위해 분투하였다. 현재 우리는 경제개혁을 진행하고 있는데 여전히 사회주의 길을 견지하고 공산주의의 원대한 이상을 견지해야 한다. 이에 대해 특히 젊은 세대들이 알아야 한다. 그러나 문제는 사회주의가 무엇이며, 사회주의를 어떻게 건설할 것인지 하는 것이다. 우리의 경험교훈은 아주 많은데 그중 가장 중요한 한 가지가 바로 이 문제를 분명히 하는 것이다."[77]

두 번째는 소련 사회주의 건설의 경험교훈에 비춰본 것이다.

중국처럼 반식민지·반봉건사회에서 발전하기 시작한 동방대국에서 사회주의를 건설하려면 특별한 복잡성이 존재한다. 중국이 사회주의를 건설하는 과정에서 나타난 '대약진'과 인민공사운동 및 '문화대혁명'은 우리 업무의 지도사상의 오류에서 비롯된 것이며, 사회주의에 대한 인식이 명확하지 못한 부분이 있다고 한다면 다른 사회주의국

---

77) 덩샤오핑, 「정치적으로는 민주를 발전시키고, 경제적으로는 개혁을 실행해야 (1985년 4월 15일). 『덩샤오핑 문선』 제3권, 앞의 책, 115쪽~116쪽.

가의 상황은 어떠할까? 1985년 8월에 덩샤오핑은 이렇게 지적하였다. "사회주의는 대체 어떤 모습이어야 하는가? 소련은 여러 해 사회주의를 건설하였으나 완벽하게 알아내지 못하였다. 어쩌면 레닌의 구상이 좋은 것이었을 수 있다. 신경제정책을 실행하였기 때문이다. 그러나 후에 소련의 패턴은 경직되었다."[78] 소련과 같이 상당한 실력을 갖춘 세계 최초의 사회주의국가에도 일련의 문제가 존재하였음을 설명해준다. 바로 이런 점에 비추어 덩샤오핑은 "사회주의가 무엇인지? 사회주의를 어떻게 건설할 것인지"라는 이 기본이론 문제를 명확히 할 것을 특별히 강조하였다.

세 번째는 아프리카 일부 나라의 사회주의 건설 경험교훈에 비춰본 것이다.

제2차 세계대전 후 아시아, 아프리카, 라틴아메리카지역에서 민족해방운동이 폭풍처럼 거세게 일어났다. 60년대에 이르러 많은 국가들이 식민지의 속박에서 벗어나 독립하였다. 그들 국가들은 장기간 제국주의의 압박과 착취, 멸시와 능욕을 받아 왔기 때문에 자연히 자본주의를 혐오하였다. 게다가 그들은 독립을 쟁취하기 위한 혁명투쟁 과정에 대부분 사회주의 국가의 지지와 도움을 받았기 때문에, 그들 중 적지않은 국가들은 독립한 후 사회주의를 동경하였으며, 심지어 민족의 운명과 사회주의의 전도를 직접 연결시키기까지 하였다. 아프리카에서 일어난 사회주의 붐이 여러 나라에서 다양한 형태를 띠고, 수많은 명목이 존재하며, 게다가 우리가 견지하는 과학적인 사회주의와는 비교

78) 덩샤오핑, 「개혁은 중국 생산력 발전에서 반드시 걸어야 할 길이다.」 (1985년 8월 23일). 『덩샤오핑 문선』 제3권, 앞의 책, 139쪽.

조차 할 수 없다. 그러나 많은 아프리카 국가들이 사회주의 건설과정에서 모두 다양한 형태의 공유제 경제를 형성하였음을 반드시 보아야 한다. 이들 신흥 독립국가들이 원래는 이런 사회주의 조치를 통해 평등하고 공정한 새 사회를 건설하려 하였지만, 결국은 목적에 도달하지 못하였을 뿐 아니라 경제발전에 심각한 어려움을 가져다주었다.

덩샤오핑은 아프리카 신흥독립국가의 사회주의 운동을 크게 중시하여 특별히 중공 제11기 3중 전회 후 아프리카국가의 정치가들과 사회주의 실천의 경험교훈에 대해 여러 차례 탐구하였다. 일부 아프리카 국가의 사회주의 건설 경험교훈도 덩샤오핑이 "사회주의가 무엇 인지, 사회주의를 어떻게 건설할 것인지?"라는 문제를 분명히 하고자 생각하고 제기하였던 것이다.

제3절
덩샤오핑이 사회주의 기본제도를 논하다

그렇다면 덩샤오핑은 "사회주의가 무엇인지, 사회주의를 어떻게 건설할 것인지"라는 가장 중요하고 기본적인 이론 문제에 대해 어떻게 대답하였는가?

과학적 사회주의가 창립된 후 사회주의에 대해 사람들이 가장 관심을 갖는 것은 역시 그런 사회제도의 특징문제, 즉 그것은 어떠한 사회제도인가 하는 것이다.

실천을 거쳐 공산주의자들은 사회주의 제도의 특징에 대하여 더욱 깊이 인식하게 되었다. 레닌을 시작으로 그 뒤 스탈린을 거쳐 사회주의를 건립하고 건설하는 과정에서 사회주의제도의 특징(여기서는 주로 경제제도의 특징에 대해 논함)에 대해 일련의 중요한 사상을 제기하였다.

첫째, 공유제문제에서 레닌은 국유제와 합작제는 모두 사회주의 공유제의 실현형태라고 주장하였다. 1923년 「합작사를 논함」이라는 글에서 레닌은 이렇게 말했다. "생산 수단 공유제 의 조건에서, 무산계급이 자산계급에 대하여 계급승리를 거둔 조건에서, 문명한 합작사 종사자의 제도가 바로 사회주의제도이다."[79] 이에 앞서 제기한 새로운 경제정책에서 그는, 사회주의로 직접 넘어갈 수 없는 소 생산 상황에서는 국가자본주의의 여러 가지 형태를 이용해야 한다고 주장하였다. 덩샤오핑은 레닌의 사고방식이 좋았지만 후에는 소련의 패턴이 굳어졌다고 주장하였다. 후에 스탈린은 사회주의 공유제에는 두 가지 형태가 있다고 주장하였다. 그 주장은 10혁명 전의 공유제에 대한 인식을 심화시켰지만, 두 가지 형태를 고정화시켰다. 그도 레닌처럼 계속하여 다른 형태나 중간 부분을 탐색하지 않았기 때문에 패턴이 굳어졌던 것이다. 스탈린의 관점은 그 후 여러 사회주의 국가의 실천에 중대하고 직접적인 영향을 주었다.

둘째, 계획생산과 경영문제에서. 마르크스와 엥겔스는 과학적 사회주의를 창립할 때 일단 사회가 생산수단을 점유하게 되면 상품생산은 곧 제거 당하게 되고 자유평등의 생산자는 공동의 합리적인 계획에 따라 자발적으로 사회노동에 종사하게 된다고 주장하였다. 물론 변증법에 정통한 마르크스는 그 논단을 절대화하지 않았다. 그는 자본주의 생산방식이 소멸된 후 사회생산이 여전히 존재하는 상황에서 가치가 여전히 많은 방면에서 지배적 역할을 하게 된다고 주장하였다. 레닌은 마르크스의 계획에 따른 생산 사상을 실천에 활용하면서 사회주의 사회는 경제계획 제도를 실행해야 한다고 지적하였다. 그는 일련의 복잡한 실천과 시도를 거친 후 1921년 봄 이후부터 소농국가에서 사회주의로 넘어가려면 반드시 상품교환을 발전시켜야 한다는 것을 의식하였다. 1921년 가을에 그는 "현재 우리는 한발자국 뒤로 물러서야

79) 『레닌선집』제4권, 1995, 인민출판사, 771쪽.

하는 처지에 놓였다. 국가자본주의로 물러서야 할 뿐 아니라 국가가 상업과 통화유통을 조절하는 데로 물러서야 한다."고 했다.[80] 그는 상업이 수천 수백만 소농과 대공업 간에 경제적 연결을 할 수 있는 유일한 방법이라고 주장하였다. 그런데 소련이 사회주의로 과도한 후, 즉 소농을 집단농민으로 개조한 후, 일부 사람들은 상업생산과 상품교환을 발전시키지 않아도 된다고 보면서 상품교환에서 제품을 직접 교환하는 데로 과도해야 한다고 주장하였다. 이에 스탈린은 「소련 사회주의 경제문제」(1952년)에서 실천경험에 대한 총정리를 토대로 사회주의제도에서도 여전히 상품생산이 존재해야 한다고 명확하게 지적하였던 것이다. 그 이유는 상품생산과 자본주의 생산은 두 가지 서로 다른 경제적 범주에 속하는 것으로 사회주의 상품생산과 자본주의 상품생산 사이에는 본질적인 구별이 존재하며, 사회주의 상품생산이 존재하는 근거는 사회주의 사회에 전민소유제와 집단소유제 두 가지 서로 다른 소유제가 존재하는 것이라고 하였다. 스탈린의 이러한 관점은 마르크스주의 및 과학적 사회주의에 대한 공헌이 매우 컸다. 그러나 한편 스탈린은 생산수단이 상품이라는 사실을 부정하고 가치 법칙의 생산에 대한 조절작용을 부정하였다. 이것은 그의 국한성이었다. 총체적으로 이 문제에서 레닌과 스탈린은 모두 사회주의 경제제도는 계획경제제도라고 주장하였다. 그러나 상품생산과 상품교환이라는 새로운 내용을 포함시킴으로써 과학적 사회주의 발전역사에서 크게 한 걸음 내디딘 것만은 사실이었다.

셋째, 분배방식문제에서, 레닌은 마르크스가 제기한 기본사상을 근

---

80) 『레닌 전집』제4권, 1995, 인민출판사, 605쪽.

거로 하여 "노동하지 않으면 먹을 것을 얻을 수 없다.""동등한 양의 노동에 대하여 동등한 양의 제품을 준다"는 분배의 개념을 사회주의 원칙으로 규정하였다. 스탈린은 "각자 능력에 따라 일하고 노동에 따라 분배 받는다"라고 개괄하면서 "이것이 바로 마르크스주의 사회주의 공식이다. 즉 공산주의의 제1단계, 즉 공산주의사회의 제1단계의 공식이다."라고 하였던 것이다.[81]

사회주의 기본제도에 관한 마르크스주의의 논술, 특히 레닌과 스탈린의 사상은 중국공산당과 마오쩌동에게 매우 큰 영향을 주었다. 사회주의 건설시기에 마오쩌동은 간부들이 마르크스-레닌주의 원작을 읽을 것을 거듭 제창하였다. 즉『공산당선언』『국가와 혁명』『소련 사회주의 경제문제』등의 저작들을 읽을 것을 제창하였던 것이다. 마오쩌동은 사회주의 공유제를 반드시 견지해야 한다면서 그러나 그 공유제는 공산주의 공유제가 아니라 사회주의 공유제로서 그 주요 형태는 전국민소유제와 집단소유제 두 가지 형태이며, 동시에 자류지 등 생산수단의 개인 소유를 허용해야 한다고 주장하였다. 마오쩌동은 이렇게 말했다. "사회주의시기 상품을 폐지하는 것은 경제법칙을 어기는 것이다. 상품생산은 자본주의 생산과는 다르며, 사회주의와 연결시키면 사회주의 상품생산이 되는 것이다. 상품생산은 생활 자료에만 국한되는 것이 아니다. 제품이 풍부하지 않다면 단일한 사회주의 전국민소유제로 넘어가더라도 일부 범위 내의 상품생산과 상품교환은 여전히 존재할 가능성이 있다. 사회주의 상품생산은 계획적인 상품생산으로서 계획적으로 비례에 따라 생산하는 궤도에 올려놓아야 한다.

---

81) 『스탈린 선집』하권, 1979, 인민출판사, 308쪽.

마오쩌둥은 사회주의 분배제도는 노동에 따른 분배여야 한다고 강조하였다." 이상의 논술은 마오쩌둥이 '대약진'과 '인민공사화운동'의 교훈에 대해 종합하는 과정에서 형성되고 제기한 것이다. 그중 어떤 관점은 마르크스에서 스탈린에 이르기까지 꾸준히 발전한 기본 관점을 견지한 것이고, 어떤 것은 그 기본 관점에 새로운 내용을 보충한 것이다.

우리가 위에서 많은 필묵을 들어 마르크스와 엥겔스를 시작으로 레닌·스탈린에 이르고 또 마오쩌둥에 이르기까지 사회주의 기본제도의 특징에 대한 인식과정을 되돌아보고 개괄한 것은 마오쩌둥에 이르기까지 중국공산당은 "사회주의가 무엇이며, 사회주의를 어떻게 건설할 것인가?"라는 기본문제에 대한 인식정도를 설명하기 위해서이다. 바꾸어 말하면 사회주의가 무엇인지에 대한 인식 면에서 그때 당시는 사회주의 기본제도의 특징에 대해 중점적으로 탐구하고 해결하였으며, 사회주의를 "어떻게 건설할 것인사"에 대한 인식 면에서는 그때 당시 사회주의 기본제도를 "어떻게 완벽하게 보완하겠는가?" 하는 문제에 대해 중점적으로 탐구하고 해결하였다.

포스트 마오쩌둥의 당대 중국에 들어선 후 덩샤오핑은 사회주의 기본제도에 대한 인식에 크게 중시하였으며, 또 새로운 공헌을 하였다. 그의 공헌은 주로 서로 연결되어 있는 두 방면에서 반영되었다.

1. "사회주의 기본제도를 견지하고 발전시킬 것" 을 강조한 것이다.

1978년 10월에 그는 이렇게 강조하였다. "지난날 실행하여 효과가 있었던 것들을 우리는 반드시 견지해야 한다. 특히 근본 제도인 사회주의제도·사회주의공유제에 대해서는 흔들림 없이 견지해야 한다."[82]

그러면 사회주의 근본 제도 혹은 기본제도란 무엇인가? 「네 가지 기본원칙을 견지해야」라는 글에서 그는 이렇게 지적하였다. "중국에서 사회주의 현대화를 실현함에 있어서 반드시 사상정치 면에서 네 가지 기본원칙을 견지해야 한다. 즉 반드시 사회주의 길을 견지해야 하고, 반드시 무산계급독재(후에 인민민주주의독재로 바꿈)를 견지해야 하며, 반드시 공산당의 영도를 견지해야 하고, 반드시 마르크스-레닌주의·마오쩌동 사상을 견지해야 한다는 네 가지 기본원칙이다."

네 가지 기본원칙을 제기하면서 덩샤오핑은 한편으로는 네 가지 기본원칙이 새로운 사물이 아니라 중국공산당이 장기간 일관적으로 견지해온 것이라는 점을 강조하고, 다른 한편으로는 그 원칙들이 당면의 새로운 형세에서 모두 새로운 의미가 있으며, 모두 새로운 풍부한 사실에 근거하여 새로운 충분한 설득력이 있는 논증을 진행해야 한다고 강조하였다. 개혁개방과 사회주의 현대화 건설의 실천과정에서 덩샤오핑은 우리나라 사회 생산력의 실제 발전수준에 근거하여 단일 공유제의 구조를 바꿔 공유제를 주체로 하고, 다양한 경제 요소가 공존하며, 공동 발전하도록 해야 한다는 사상을 제기하였다. 이에 따라 분배제도에서도 노동에 따라 분배하는 단일 형태구조를 바꿔 노동에 따라 분배하는 형식을 위주로 하면서 다양한 분배형태가 공존하면서 공동 발전하는 새로운 구조를 형성하였다. 정치제도에서는 민주와 법제 건설을 강화하여, 사회주의 민주정치를 건설할 것을 강조하였다.

---

82) 덩샤오핑, 「개방정책을 실행하여 세계의 선진 과학기술을 학습해야」(1978년 10월 10일). 『덩샤오핑 문선』 제2권, 앞의 책, 133쪽.

의식형태에서 마르크스주의 정수는 실사구시라면서 우리가 견지해야 할 마르크스주의는 반드시 중국의 실제와 결합시킨 마르크스주의여야 하고, 우리가 견지해야 할 사회주의는 반드시 중국 특색이 있는 사회주의여야 한다고 제기하였다. 이로써 사회주의 기본제도를 견지하였을 뿐 아니라 사회주의 기본제도가 당대 중국의 실제에 더 깊이 뿌리를 내릴 수 있게 되었으며, 새로운 발전을 이룰 수 있게 되었다.

2. 자본주의와 사회주의의 구별은 "계획경제인가? 시장경제인가?"라는 것이 아니라는 사실을 명확히 한 것이다. 사회주의 기본제도에 대한 덩샤오핑의 논술과 사회주의 제도의 특징에 대한 예전의 논술을 비교해보면 뚜렷한 구별이 있음을 발견할 수 있다. 그것은 바로 계획경제를 사회주의 기본제도의 특징으로부터 분리시킨 것이다.

레닌을 시작으로 특히 스탈린과 마오쩌동이 상품생산은 자본주의 생산과 일치되는 것이 아니라는 관점을 이미 제기하였으며, 사회주의 사회 계획경제제도에서 가치법칙을 적용하여 상품생산을 발전시킬 것을 주장하였다. 덩샤오핑은 한 걸음 더 나아가 다음과 같이 지적하였다. "계획경제는 사회주의와 일치되는 것이 아니며, 자본주의사회도 계획이 있다. 시장경제는 자본주의와 일치되는 것이 아니며 사회주의 사회도 시장이 있다. 계획과 시장은 모두 경제수단이다."[83] 그는 "자본주의와 사회주의의 구별이 '계획이냐? 시장이냐?'에 있는 것이 아니라

83) 덩샤오핑, 「우창, 선전, 주하이, 상하이 등지에서의 담화 요점에서」 (1992년 1월 18일~2월 21일). 『덩샤오핑 문선』 제3권, 앞의 책, 373·364쪽.

는 사실을 반드시 이론적으로 분명히 알아둘 것"을 요구하였다.[84] 덩샤오핑의 이러한 논술은 마르크스 후 세계경제 발전의 새로운 상황, 특히 제2차 세계대전 후 발달한 자본주의 국가에 나타난 새로운 상황에 근거하여 제기한 것으로서 혁신적인 의미가 있다. 이로써 우리는 사회주의 기본제도의 특징에 대해 새롭게 인식할 수 있었다.

사회주의 기본제도에 대한 두 가지 서로 연결되는 방면에 대한 덩샤오핑의 대량의 논술은 사회주의가 무엇인지를 분명히 하였으며, 또 사회주의를 어떻게 건설할 것인지 하는 일련의 중대한 문제도 명확히 하였다. 그것은 즉, "사회주의를 건설함에 있어서 반드시 기치선명하게 네 가지 기본원칙을 견지해야 하고, 반드시 조금도 늦춤이 없이 개혁개방을 견지해야 한다. 그래서 공유제와 노동에 따른 분배를 주체로 하고, 여러 가지 경제 요소와 다양한 분배형태를 토대로 하여 사회주의 시장경제체제를 수립하고, 건설하며, 생산력을 해방시키고 발전시키며, 착취를 없애고, 양극 분화를 없앰으로써 최종적으로 공동부유에 이르고 사회주의 제도를 공고히 하고 발전시킬 수 있는 더 튼튼한 물질적 토대를 마련하는 것이다."라는 것이었다.

---

84) 덩샤오핑 「시기를 잘 이용하여 발전문제를 해결해야」(1990년 12월 24일), 『덩샤오핑 문선』 제3권, 앞의 책, 364쪽.

제4절
덩샤오핑이 사회주의 기본제도의 실현형태를 논하다

논리적으로 따지면 "사회주의가 무엇인지? 사회주의를 어떻게 건설할 것인지?"에 대해 명확히 하려면 우선 사회주의 기본제도가 무엇이며, 사회주의 기본제도가 아닌 것이 무엇인지를 잘 구분해야 한다. 그러나 실제 생활에서 덩샤오핑은 사회주의 기본 문제에 대해 탐구하면서 사회주의 기본제도의 실현형태에 대한 탐구부터 시작하였다.

중공 제11기 3중 전회 후 개혁은 농촌에서 시작되었다. 농민들이 실천 속에서 창조한 가구도급책임제(세대별 생산량 연동 도급 책임제)는 농촌의 생산력을 해방시켜 인민공사제도는 비할 바도 안 되는 훨씬 막강한 활력을 보여주었다. 그러나 많은 사람들은 곤혹에 빠지게 되었다. 그들의 마음속에서 인민공사제도는 마오쩌동이 인정했던 사회주의 집단소유제인 반면에 "삼자일포(三自一包. '三自'는 자류지를 많이 남기고, 자유시장을 많이 개설하며, 자영기업을 많이 만들며 손익을 자기 부담으로 하는 것, '一包'는 농업생산의 임무를 농가에 청부 주는 방법)"는 마오쩌동이 비판했던 자본주의를 복벽하는 길이라고 생각했기 때문이었다. 이런 관념이 걸림돌이 되어 그들은 대중을 이탈하고 실천을 이탈하였으며, 객관적인 사실을 정시할 수 없었다.

인민공사제도든지, 가구도급책임제든지 모두 사회주의 공유제의 구체적 형태이다. 가구도급책임제로 인민공사제도를 대체한 것은 공유제의 구체적 형태의 변화이다. 이런 형태의 변화는 공유제 성질이 바뀐 것이 아니라 당면한 중국의 생산력 발전의 요구와 서로 맞물리는 것으로, 인민공사제도보다 훨씬 우월한 형태를 찾았던 것이다. "사회주의가 무엇이며, 사회주의를 어떻게 건설할 것인지"를 분명히 하려면 사회주의 기본제도의 특징이 무엇인지 분명히 인식해야 할 뿐 아니라, 사회주의 기본제도의 양호한 구체적 형태가 어떤 것인지를 분명히 해야 했다. 이는 덩샤오핑이 사회주의 기본 이론문제에 대해 탐구하는 과정에서 제기한 깊이 있는 사상이었다.

1962년 7월 7일 「농업생산을 어떻게 회복할 것인가」라는 글에서 덩샤오핑은 이 문제에 대해 제기했었다. 그때 당시 우리나라 농업생산은 자연재해와 인재 등 복잡한 요소의 영향을 받아 매우 어려운 상황에 처해 있었다. 당 중앙이 "조정, 공고, 충실, 제고"라는 '8자 방치'를 제기한 뒤 그런 엄중했던 상황이 점차 호전되기 시작하였다. 바로 그 어려운 국면을 돌려세우는 과정에서 일부 지방에서 농민대중의 적극성을 동원하여 농업생산을 회복하는 다양한 방법이 나타났다. 이에 대해 덩샤오핑은 이론적 사고를 진행하였으며, 다음과 같은 탐구적인 문제를 제기하였다. "생산관계는 대체 어떤 형태가 제일 좋은지 하는 문제에 대해서 어쩌면 이러한 태도를 취해야지 않을까? 어떤 형태의 생산관계가 어느 한 지방의 농업생산을 좀 더 쉽고 빠르게 회복시키고 발전시킬 수 있다면, 그런 형태를 취해야 하고, 군중이 어떤 형태를 원하면 그런 형태를 취해야 한다. 합법적이지 않은 것은 합법적이 되게 하면 된다."[85] 여기서 제기한 문제는 심각한 이론적 의의와 실천적

---

85) 『덩샤오핑 문선』 제1권, 앞의 책, 323쪽.

의의가 있었다. 첫째, 과학적 사회주의 이론을 심화시켰다는 점이다. 변증법적 유물주의 기본원리에 따르면 형태와 내용의 범주는 가능성과 현실성의 범주와 밀접하게 연결되어 있다. 한 사물의 내용에 알맞은 형태가 생기면, 그 사물의 발전은 한 가지 가능성에서 다른 한 현실적인 것으로 전환된다. 과학적 사회주의는 사회주의제도는 이전의 그 어떤 사회제도도 견주지 못할 우월성을 갖고 있다고 주장한다. 그러나 그런 제도에 어울리는 형태를 찾기 전에 그 우월성은 기껏해야 논리적으로 제시한 가능성일 뿐이다. 오직 우리가 적절한 형태를 찾아냈을 때야만 그 우월성이 현실로 될 수 있다. 우리가 늘 말하곤 하는 사회주의제도의 우월성을 살려야 한다.

사회주의제도의 우월성이 충분히 드러나게 해야 한다는 것은 바로 그런 뜻이다. 그래서 덩샤오핑이 사회주의 생산관계의 '형태'문제를 연구해야 한다고 제기한 것은 과학적 사회주의 기존의 이론을 실제적으로 심화하였던 것이다. 둘째, 사회주의제도의 구체적 형태를 선택하는 방법론 원칙을 제기하였다는 점이다. 어떤 사물이든 그 내용은 다양한 형태를 갖출 수 있다. 따라서 형태를 어떻게 선택하느냐 하는 문제가 존재한다. 훌륭한 형태가 없다면 내용과 형태의 변증법적 관계에서 형태는 내용이 존재하고 발전하는 데 걸림돌이 되며 소극적인 역할을 하게 된다. 오직 훌륭한 형태만이 내용에 대하여 적극적인 반작용을 하게 된다. 훌륭한 형태는 그 내용의 '실현형태'라고 할 수 있다. 덩샤오핑이 제기한 "생산관계는 도대체 어떤 형태가 제일 좋겠는가"라는 문제에서 탐구해야 할 것은 바로 사회주의 공유제를 토대로 하는 생산관계의 '실현형태' 문제였다. 그러면 사회주의 생산관계와 실현형태를 어떻게 선택할 것인가? 덩샤오핑은 두 가지 방법론 원칙을 제기하였다. 하나는 어떤 형태가 생산력을 빨리 해방시키고 발전시킬 수 있는지를 봐야 하고, 다른 하나는 어떤 형태가 대중들이 자발적으로 받아들일 수 있는지를 봐야 한다. 그렇게 되자 덩샤오핑이 제기한 문제는 이론적 의미를 갖추었을 뿐 아니라 실행하는 데서 실천적 의미도 갖추게 되었던 것이다.

중공 제11기 3중 전회 후 시작된 경제체제 개혁은 사회주의 기본제도와 그 실현형태를 구분하고 생산력의 해방과 발전을 추진하며 인민대중이 자발적으로 받아들일 수 있는 사회주의 공유제의 실현형태를 찾는 것에서 시작되었다. 농촌에서 가구도급책임제를 수립하면서 한 일이 바로 그 일이었으며, 도시에서 국유경제개혁의 방안을 탐색하면서 한 일도 역시 그 일이었다. 이런 문제에 대해 명확히 인식하는 것은 우리가 개혁개방을 실행하고 사회주의를 어떻게 건설할 것이냐 하는 문제를 해결하는 데 큰 지도적 의미가 있었던 것이다.

제5절
덩샤오핑이 사회주의 본질을 논하다

"사회주의가 무엇이며 사회주의를 어떻게 건설할 것인가?"라는 가장 중요한 기본 이론문제를 명확히 인식하는 과정에서 덩샤오핑의 최대 공헌은 사회주의 기본제도를 견지하는 토대 위에서 사회주의 본질에 대해 과학적이고 예리하게 그리고 창조적으로 제시한 것이다. 덩샤오핑은 그 중대한 이론문제에 대해 어떻게 사고하고 해결하였는가? 먼저 덩샤오핑의 기본 사고방식에 대해 연구해 보는 것도 좋을 것 같다

덩샤오핑은 "사회주의가 무엇이며, 사회주의를 어떻게 건설할 것인가?"라는 가장 중요한 기본 이론문제에 대해 대답할 때 일관적인 기본 사고방식을 갖고 있었다. 그 기본 사고방식을 개괄하면 다음과 같다. 사회주의 공유제 생산관계를 경제 토대로 하는 사회주의 기본제도는 훌륭한 것이다. 그러나 그 훌륭한 사회제도를 수립한다고 하여 당연히 사회생산력을 발전시키고 인민의 물질과 문화생활 수준을 제고시킬 수 있는 것은 아니었다. 반드시 사회생산력의 빠른 발전을 이룰 수 있는 정책을 선택해야 하며, 개혁을 통해 생산력의 빠른 발전을 촉진시킬 수 있는 체제를 수립해야 했다.

사회주의 본질은 생산력을 해방시키고 생산력을 발전시키며, 착취를 없애고, 빈부격차를 없애며, 최종적으로 "공동으로 부유해져야 한다"라는 목표에 도달하는 것이다. 1992년 초 덩샤오핑은 남방담화에

서 사회주의 본질에 관한 과학적인 논단에 우리는 문득 깨닫고 눈앞이 환해지는 느낌이 들었다. 이로써 덩샤오핑은 "사회주의가 무엇인지"라는 가장 중요한 이론문제에 대한 기본 사고방식에서 매우 명확하고 예리하게 개괄할 수 있었다. 즉 관건은 사회주의 기본제도를 견지하는 토대 위에서 한 걸음 더 나아가 사회주의 본질에 대해 명확히 인식하고 사회주의 본질을 반영해야 한다는 것이었다.

덩샤오핑의 저술에 대해 진정으로 연구하고, 그 문제를 사고하고 탐색한 역사과정에 대해 참답게 연구한다면, 세 가지가 특히 중요하다는 사실을 발견할 수 있다.

첫째, 사회주의 본질에 대한 덩샤오핑의 논단은 '4인방'이 고취하였던 "차라리 가난한 사회주의를 원한다"라는 황당무계한 논리를 반면교사로 삼아 제기했다는 것이다. '4인방'을 거꾸러뜨린 후 혼란한 국면을 바로잡으면서 덩샤오핑은 사상노선·당 기풍·교육·과학기술 및 경제무역 등 여러 분야에서 '4인방'의 황당한 논리에 대해 비판함으로써 중국공산당의 여러 분야 사업이 점차적으로 마르크스–레닌주의 마오쩌둥 사상의 바른 궤도로 돌아올 수 있게 되었다. 그런 비판이 '4인방'의 사회주의관에 집중된 것은 불가피한 일이었다. 그러한 사회주의관의 가장 뚜렷한 특징은 바로 덩샤오핑이 1979년 3월말 「네 가지 기본원칙을 견지해야 한다」라는 글에서 개괄한 바와 같이 "극좌적인 모습으로 나타난, 보편적으로 가난한 가짜 사회주의"였다. 그는 그해 7월 29일 이렇게 말했다. "우리의 정치노선은 사회주의 현대화를 건설하는 것이다. '4인방'은 차라리 가난한 사회주의를 원할지언정 부유한 자본주의는 싫다고 하였는데 사회주의가 계속 가난하기만 하면 오래 갈

수는 없는 것이다."⁸⁶ 덩샤오핑은 그 문제가 사회주의 본질에 대한 이해와 관계되는 것으로서 아주 중요하다고 주장하였다. 1979년부터 그는 그 문제에 대해 20여 차례나 평론하고 비평하였다. 1980년 4월 12일 그는 다음과 같이 날카롭게 지적하였다. "차라리 가난한 사회주의를 원할지언정 부유한 자본주의는 싫다는 관점의 본질은 사회주의는 가난해야 한다는 것이다. 마르크스는 사회주의가 자본주의보다 우월해야 하고 그 생산 발전속도는 자본주의보다 빨라야 한다고 줄곧 주장해왔다. 그렇기 때문에 린뱌오 '4인방'은 마르크스−레닌주의, 마오쩌둥 사상의 근본적인 원칙에서 전적으로 벗어난 것이다."⁸⁷ 바로 이러한 마르크스주의 분석을 거쳤기 때문에 그는 "가난은 사회주의가 아니다. 사회주의는 가난을 소멸해야 한다"⁸⁸라는 유명한 논단을 내릴 수 있었으며, 사회주의 본질은 생산력을 해방시키고, 생산력을 발전시키며, 착취를 없애고, 빈부격차를 없애며, 최종적으로 "공동으로 부유해져야 한다"는 경지에 이르는 것이라고 명시할 수 있었던 것이다.

둘째, 사회주의 본질에 대한 덩샤오핑의 논단은 사회주의제도에 내재된 우월성에 근거해 제기했다는 점이다. 덩샤오핑은 마르크스주의가 심오한 것이 아니라고 주장하였으며, 사회주의 제도의 우월성에 대한 분석에 착수하여 가장 근본적인 우월성이 사회주의 본질이라고 지

---

86) 덩샤오핑, 「사상노선과 정치노선의 실현은 조직노선으로 보장해야」 (1979년 7월 29일). 『덩샤오핑 문선』 제2권, 앞의 책, 191쪽.
87) 덩샤오핑, 「사회주의는 우선 생산력을 발전시켜야 (1980년 4월~5월). 『덩샤오핑 문선』 제2권, 앞의 책, 312쪽.
88) 덩샤오핑, 「정치면에서 민주를 발전시키고 경제 면에서 개혁을 실행해야 (1985년 4월 25일). 『덩샤오핑 문선』, 제3권, 앞의 책, 116쪽.

적하였다. 덩샤오핑이 사회주의 문제에 대해 다시 사고하기 시작한 것은 최초에 "사회주의 우월성은 무엇이냐?"하는 문제에서부터였다. 1978년 9월 16일 그는 이렇게 지적하였다. "우리는 사회주의국가이다. 사회주의제도 우월성의 근본적인 표현은 바로 사회생산력이 구 사회에서는 있어본 적이 없는 속도로 빠르게 발전하여 날로 늘어나는 인민들의 물질문화생활의 수요를 점차적으로 만족시킬 수 있게 되었다는 것이다." 그리고 그는 또 "만약 아주 오랜 역사시기 동안 사회주의국가의 생산력 발전 속도가 자본주의국가보다 느리다면 그 무슨 우월성을 논할 수 있겠는가?"라고 예리한 질문을 하였다.[89]

1992년 초에 남방을 시찰할 때 한 담화에서, 그는 사회주의 본질은 바로 공유제생산관계를 토대로 하는 사회제도의 가장 근본적인 우월성이라고 명시하였다. 덩샤오핑이 사회주의제도의 우월성으로부터 착수하여 사회주의 본질을 명시한 것은 전적으로 정확한 방법이다. 왜냐하면 그 어떤 사회제도도 모두 일정한 생산관계와 그런 경제 토대 위에 수립된 상층구조(의식형태를 포함)로 구성되었다는 사실에 대해서는 의심할 나위가 없지만, 사람들이 어떤 사회제도를 선택하는 근거는 그 제도의 특징에 따르는 것이 아니라, 그 제도가 그때 당시의 사회조건하에서 드러내는 우월성에 따르는 것이라는 사실도 의심할 나위가 없기 때문이다. 그렇다면 그 '우월성'이란 무엇인가? 실제로 어떤 사회제도의 내재적인 본질이 외부로 표출된 것이다. 그래서 '사회제도의 우월성'과 '사회제도의 본질'은 일치하지는 않지만 양자 사이에는

89) 덩샤오핑, 「군사위원회 확대회의에서의 연설」 (1985년 6월 4일), 『덩샤오핑 문선』 제3권, 앞의 책, 128쪽.

직접적인 연계가 있는 것이다. '사회제도의 본질'은 실제로 그 제도의 내재적 우월성이다. 그 우월성이 겉으로 드러나기 전에는 일종의 잠재적 우월성이고, 현실적 가능성이며, 그 우월성이 적절한 형태를 통해 드러나면 사람들이 경험에서 직접 느낄 수 있는 우월성이 되고, 현실성이 되는 것이다. 사회주의제도의 우월성 분석에서 착수하여 사회주의 본질을 명시한 것은 덩샤오핑이 유물론적 변증법을 능숙하게 활용한 뛰어난 성과였다.

셋째, 사회주의 본질에 대한 덩샤오핑의 논단은 인류사회발전에서 처해 있는 사회주의의 특정적 지위와 근본 임무에 근거하여 제기한 것이었다. 사회주의 문제에 대한 덩샤오핑의 사고 과정에서 크게 주목해야 할 한 가지가 있다. 그것은 그가 사회주의는 공산주의 제1단계 혹은 초급단계로서 공산주의를 위해 물질조건을 마련하는 장기적인 역사발전단계라고 거듭 강조한 것이며, 이로써 사회주의 본질이 결정되었다고 주장한 것이었다. 그 논단은 사회주의 본질에 대한 덩샤오핑의 과학적 개괄과 분명하게 일치한다는 것을 발견할 수 있다. 게다가 생산력을 해방시키고 생산력을 발전시키는 데서부터 착취를 없애고, 빈부격차를 없애며, 최종적으로 공동으로 부유해지는 단계에 이르기까지가 바로 사회주의에서 공산주의로 발전하는 과정이라는 것이었다. 이로부터 알 수 있다시피 사회주의 본질에 관한 덩샤오핑의 개괄은, 그가 사회주의 실천의 과정에서 과학적 사회주의 기본 원리에 근거하고, 우리의 역사교훈과 현실경험을 결합하여 깊이 있는 이성적인 사고를 거쳐 얻어낸 과학적 결론이었던 것이다.

그 과학적 개괄에는 세 가지 뚜렷한 특징이 있다.

1. 완전성: 사회주의제도는 단일한 요소로 구성된 단순한 사물이 아니라, 복잡한 큰 체계와 발전하는 긴 과정이다. 이처럼 특별한 체계성과 과정을 갖춘 복잡한 사물의 본질에 대해 어떻게 개괄해야 하는지 그 자체가 어려운 과학연구와 이론 창조이다. 덩샤오핑은 풍부한 역사경험을 토대로 사회주의제도의 우월성을 명시하는 데서 착수하여 역사발전과정에서 사회주의가 맡은 특정 사명에 대해 분석한 뒤, 사회주의 본질이 생산력을 해방시키고, 생산력을 발전시키며, 착취를 없애고, 빈부격차를 없애며, 최종적으로 공동으로 부유해지는 단계에 이르는 것이라고 명시하였던 것이다. 그 과학적인 개괄은 사회주의사회의 생산력 문제도 포함하고, 사회주의 생산관계를 토대로 하는 사회관계 문제도 포함한 유기적인 일체라는 사실에 주목해야 한다.

"생산력 해방과 생산력 발전"을 뚜렷하게 강조함으로써 과거에 생산력 발전을 경시한 그릇된 관념을 바로잡았으며, 중국 사회주의 전반적인 역사단계 특히 초급단계에 생산력 발전을 중시해야 하는 절박한 수요를 반영한 것이었고, 사회주의 기본제도를 수립한 후 개혁을 통해 생산력을 더 한층 해방시켜야 함을 명확히 제시하였던 것이며, 당면한 세계의 새로운 과학기술혁명이 생산력의 빠른 발전을 촉진시킨다는 조건에서 자본주의로부터 오는 준엄한 시련에 대답하기 위한 사회주의의 전략적 결정을 반영하였던 것이다. "착취를 없애고, 빈부격차를 없애며, 최종적으로는 공동으로 부유하는 단계에 이르게 해야 한다"는 것을 뚜렷하게 강조함으로써 사회주의사회의 발전목표와 그 목표를 실현하기 위해서는 반드시 생산력을 해방시키고 발전시키는 것을 토대로 삼아야 한다고 분명히 밝혔으며, 우리가 생산력을 발전시키는 목적은 착취계급이 통치하는 사회에서 생산력을 발전시키는 것과 근본적으로 다르다는 것을 지적하였던 것이다.

   2. **과학성**: 사회주의 본질에 대한 덩샤오핑의 개괄이 유기적인 일체임을 강조하는 것은 만약 그것을 통일된 일체로 보지 않을 경우 그 과학성에 영향을 주기 때문이다. 왜냐하면 생산력을 해방시키고 생산력을 발전시키는 것이 사회주의 본질이라는 것만 강조한다면, 우경주의 관점과 경계선을 명확하게 가를 수가 없고, 머릿속에서 덩샤오핑의 중국 특색이 있는 사회주의 건설 이론에 대한 오해를 제거할 수 없기 때문이다. 사회주의 본질에 대한 덩샤오핑의 개괄은 생산력 해방과 발전을 강조하였을 뿐만 아니라, 생산력의 해방과 발전은 착취를 없애고, 빈부격차를 없애며, 최종적으로 공동으로 부유하는 데에 이르기 위한 것임을 강조하였다. 마찬가지로 오직 착취를 없애고, 빈부격차를 없애며, 최종적으로 공동으로 부유하는 것에 이르는 것이 사회주의 본질이라고만 강조한다면, 얼핏 보기에는 맞는 말인 것 같지만, 과거에 생산력의 실제 상황을 떠나 "자본주의의 꼬리를 베어버리고", "가난하게 과도"하는 '좌'경 관점과의 경계선을 가를 수 없게 된다. 덩샤오핑이 "착취를 없애고, 빈부격차를 없애며, 최종적으로 공동으로 부유하는 단계에 이를 것"이라고 강조하기에 앞서 "생산력 해방, 생산력 발전"을 먼저 강조한 것은 우연이 아니었다. 그것은 역사유물주의의 진리, 즉 사회를 개조하려면 반드시 생산력의 발전을 토대로 해야 한다는 진리를 명시한 것이기 때문에, 이상에서 말한 서술의 완전성은 바로 이론의 과학성이라고 할 수 있는 것이다.

3. 지도성: 사회주의 본질에 대한 덩샤오핑의 과학적 개괄은 우리의 개혁개방과 사회주의 현대화 건설에 직접적이고 깊은 지도성이 있다. 우선 덩샤오핑의 과학적인 개괄은 사회주의를 건설하려면 반드시 "하나의 중심, 두 개의 기본 점"을 견지해야 한다고 우리에게 알려주고 있다. 한편 매우 중요한 한 가지는 그 과학적인 개괄이 공유제를 견지하고 또 공유제를 보완하고 발전시킬 수 있도록 우리에게 명확한 방향을 가리켜주었다는 점이다. 사회주의 본질의 이론으로 인해 우리는 거침없이 공유제를 견지했고, 공유제의 주체적 지위를 수호하는 것이 사회주의 본질을 반영하는 전제임을 명확히 인식하게 되었으며, 개혁 과정에서 공유제의 실현형태와 공유제를 주체로 하는 소유제 구조는 결국 오직 사회주의 본질의 요구에 따라서만, 즉 생산력의 해방과 발전의 실제요구와 공동적으로 부유해지는 것을 점차적으로 실현하는 실제 발전과정에 따라 확정된다는 사실을 명확히 인식하게 되었던 것이다. 덩샤오핑의 사회주의 본질에 대한 개괄은 인민의 이익과 시대의 요구를 반영하였고, 시대 진보와 사회발전 법칙에 맞지 않는 모호한 관념을 제거하였으며, 과학적인 사회주의에 대한 인식을 심화시켰다. 이는 우리가 사회주의 기본제도를 견지하는 토대 위에서 개혁을 추진하게 했고, 사회주의 본질의 요구에 맞는 방향을 따른 개혁의 발전을 지도해주었으며, 중국 특색이 있는 사회주의를 건설하는 데 중대한 정치적 이론적 실천적 의미가 있게 하였다.

이상의 내용을 종합해보면 "사회주의가 무엇이며, 사회주의를 어떻게 건설할 것인가?"하는 가장 중요한 기본 문제에 대해 사고하고 해답하는 과정에서, 덩샤오핑은 마오쩌둥의 탐구 성과를 계승하고 발전시켰으며, "사회주의 기본제도가 무엇이고 사회주의 기본제도가 아닌 것

은 무엇이며, 사회주의 기본제도가 무엇이고 사회주의 기본제도의 실
현형태는 무엇이며, 사회주의 기본제도가 무엇이고 사회주의 본질은
무엇인가?" 하는 세 가지 중대한 문제를 해결해주었으며, '중국 특색
의 사회주의' 길을 찾는 데 이론적 토대를 마련해주었던 것임을 알 수
있다.

제2장
당대 세계의 시대적 주제와 중국발전의 역사적 기회

　나폴레옹을 시작으로 서양인들은 중국이라는 거룡이 일단 깨어나면
전 세계가 깜짝 놀랄 것이라고 줄곧 예언해 왔다. 걸음마를 떼고 실수
를 하는 과정을 거쳐 거의 한 세기 만에 중국은 드디어 경제의 비약적
인 발전을 이루고 군사적으로 두각을 드러내면서 탄탄대로에 들어섰
다. 이는 아시아 전 지역과 전 세계에 반향을 일으키게 될 것이다.

– [미]로스 먼로(Ross H. Munro)

제1절
'세 개의 세계' 이론에서 '2대 전환'에 이르는 판단

　과학적 사회주의는 학설의 창설 배경으로 보나 운동의 발전과정으로 보나 언제나 세계의 큰 흐름과 시대의 특징과 서로 연결되었다. 덩샤오핑은 "사회주의가 무엇인지, 사회주의를 어떻게 건설할 것인지"에 대해 탐구하고, '중국 특색의 사회주의' 이론을 창설하면서 마오쩌둥 이후의 당대 중국이 직면한 세계정세 및 심각한 변화 특징과도 서로 연결시켰다.

　제2차 세계대전 후 약 30년의 발전을 거쳐 냉전 국면 속에서 미·소 양국은 정치와 경제 특히 군사적 위력과 공격력 면에서 대치적 국면을 형성하였다. 이와 동시에 식민주의 속박에서 벗어난 아시아·아프리카·라틴 아메리카 국가들이 국제 사무에서 평화를 유지하는 한 갈래의 세력으로 점차 떠올랐고, 사회주의 국가들 사이에서 일어나는 잦은 논전으로 인해 사회주의 진영이 사라졌으며, 미국의 동맹국인 서유럽·일본 등 자본주의 국가들도 미국의 통제에서 벗어나려고 애쓰고 있었다. 이런 복잡한 국면을 두고 서방에서는 '대 삼각'(미·소·중) 논의가 나타났다. 또 일부 국가의 정치가들은 이데올로기에 따라 '세 개의 세계'로 나누어야 한다는 이론을 제기하였다. '세 개의 세계' 이론은 즉 제국주의 국가를 제1세계라고 부르고, 사회주의 국가를 제2세계라고 부르며, 2차 대전 후 독립한 아시아·아프리카·라틴아메리카

민족주의 신흥국가를 제3세계라고 부른다는 이론이다. 마오쩌둥은 복잡한 세계 형세에 대해 실사구시한 분석을 거쳐 마르크스주의의 정치 분석과 적아분석의 방법을 활용하여 마르크스주의의 '세 개의 세계' 이론을 제기하였다.

주목할 것은 마오쩌둥이 덩샤오핑에게 1974년 4월 10일 유엔대회 제6회 특별회의에서 전 세계에 그의 '세 개의 세계' 이론을 체계적으로 분명히 밝힐 것을 지시했다는 사실이다. 덩샤오핑은 이렇게 말했다. "'천하가 크게 어지러운' 형세에서 세계 여러 정치세력들은 장기적인 겨룸과 투쟁을 거쳐 급격한 분화와 개편이 발생하였다. 여러 아시아·아프리카·라틴아메리카 국가들이 잇달아 독립하여 국제사무에서 갈수록 큰 역할을 발휘하고 있다. 전후 한 시기 존재하였던 사회주의 진영이 사회제국주의의 등장으로 현재는 더 이상 존재하지 않게 되었다. 자본주의의 불균형한 발전 법칙으로 인해 서방 제국주의 집단도 사분오열되었다. 국제관계의 변화로부터 볼 때 현 세계에는 실제로 서로 연결되면서도 또 서로 모순되는 세 개의 방면, 세 개의 세계가 존재한다. 미국과 소련이 제1세계이다. 아시아·아프리카·라틴아메리카 개발도상국가와 다른 지역의 개발도상국가가 제3세계이다. 그 양자 사이에 있는 선진국가가 제2세계이다."[90] 아울러 덩샤오핑은 중국은 사회주의 국가이며 또 개발도상 국가라고 거듭 천명하였다.

중국은 제3세계에 속한다. 이러한 참신한 이론에 근거하여 마오쩌둥은 당과 국가를 이끌었으며, 국가의 주권을 수호하고, 제3세계 나라와의 연계를 강화하였으며, 제2세계 선진국과의 우호적인 교류 경로

---

90) 『인민일보』, 1974년 4월 11일.

를 개척하고, 중미관계를 개선하였으며, 국제 반(反)중국 세력의 포위를 뚫고, 반제국주의 반패권주의의 통일전선을 형성케 하는데 노력하였다. 마오쩌동의 그 국제 전략사상의 의의를 깊이 연구한 덩샤오핑은 마오쩌동 후의 당대 중국에서 그 훌륭한 사상을 견지하고 발전시켰다.

첫째, 그는 그러한 사상은 마오쩌동 만년에 마르크스주의와 중국 안보에 대한 중요한 이론적 기여라고 거듭 인정하였다. 덩샤오핑의 반복적인 강조를 거쳐 전 당이 그 문제에서 공동인식을 형성하였다. 중공 제11기 6중 전회에서 통과된 「건국 후 당의 일부 역사문제에 대한 결의」에서 마오쩌동 만년의 공헌에 대해 논술한 부분에는 이런 내용이 있다. "그는 만년에 이르러서도 여전히 우리나라의 안전을 수호하는 것에 경계심을 늦추지 않고 주의를 기울였으며, 사회국제주의의 압력을 이겨내고, 올바른 대외정책을 폈으며, 여러 나라 인민의 정의로운 투쟁을 단호히 지원하였을 뿐만 아니라, 세 개의 세계를 구분 지어야 한다는 정확한 전략과 우리나라는 영원히 패권을 누리지 않을 것이라는 중요한 사상을 제기하였다."[91]

둘째, 덩샤오핑은 80년대 후 세계 형세의 새로운 변화에 근거하여 제때에 전략적 정책을 결정하고, '2대 전환'을 실행함으로써 마오쩌동의 '세 개의 세계' 이론을 발전시켰다.

'2대 전환' 문제와 관련하여 1985년 6월 4일 군사위원회 확대회의에서 덩샤오핑은 다음과 같이 체계적으로 논술하였다.

'4인방'을 무너뜨린 후 특히 당의 제11기 3중 전회 후 국제형세에 대

---

91) 중공중앙문헌연구실 편찬, 『3중 전회 후 중요 문헌 선편』 하권, 1982, 인민출판사, 815쪽.

한 우리 판단에 변화가 생겼으며, 대외정책에도 변화가 생겼다. 이는 두 개의 중대한 전환이다.

첫 번째 전환은 전쟁과 평화 문제에 대한 인식의 전환이다. 지난 날 우리가 줄곧 주장하였던 관점은 전쟁은 불가피한 것이며, 이는 바로 눈앞에 닥쳐 있다는 것이었다. 우리의 한 많은 정책결정은 모두 그러한 관점에서 출발한 것이었다. 최근 몇 년 간의 형세에 대한 자세한 관찰을 거쳐 세계대전을 치를 경우, 소련과 미국 두 슈퍼대국만이 자격이 있으나 양국은 감히 전쟁을 치를 생각을 못한다는 인식을 갖게 되었다.…… 이로부터 꽤 오랜 시간 안에는 대규모의 세계대전이 일어나지 않을 가능성이 크며, 세계평화가 유지될 희망이 있다는 결론을 얻어냈다. 세계 대세에 대한 분석과 우리 주변 환경에 대한 분석을 거쳐 우리는 전쟁 위험이 임박하였다는 기존의 견해를 바꾸었다.

두 번째 전환은 우리 대외정책이다. 지난 한 시기 소련의 패권주의 위협에 대비하여 우리는 '하나의 라인' 전략을 폈었다. 즉 일본에서 유럽에 이르고 계속 미국까지 이어지는 '하나의 라인'이었다. 그러나 현재 우리는 그 전략을 바꾸었다. 이는 중대한 전환이다.…… 우리는 독립자주의 올바른 외교노선과 대외정책을 실행하며 패권주의에 반대하고 세계평화를 수호하자는 기치를 높이 들고 확고하게 평화적인 세력의 편에 서서 패권을 누리는 자를 반대하고 전쟁을 일으키는 자를 반대할 것이다.[92]

이상의 '2대 전환'과 마오쩌둥이 제기한 '세 개의 세계' 이론은 과연 어떤 관계일까?

---

92) 『덩샤오핑 문선』 제3권, 앞의 책, 126~128쪽.

양자 간에는 뚜렷한 구별이 존재한다. 마오쩌둥은 '세 개의 세계' 이론을 제기할 때 세계전쟁의 불가피한 위험성에 대해 강조했으며, 2대 슈퍼대국에 대해 반대하는데 있어서 소련의 사회제국주의에 반대하는데 치중할 것을 강조하였다. 이는 그때 당시의 세계형세에 의해 결정한 것이다. 세계형세의 발전에 따라 덩샤오핑은 시기와 형세를 잘 판단하여 제때에 새로운 판단을 내려 '2대 전환'을 제기하였던 것이다. 그러나 '2대 전환'의 판단은 '세 개의 세계' 이론에 대한 부정이 아니라, '세 개의 세계' 이론에 대한 계승과 발전이다.

특히 지적해야 할 것은 마오쩌둥이 '세 개의 세계' 이론에 대해 논술할 때, 특히 세계전쟁의 근원에 대해 언급할 때 주로 적용한 기초적 범주는 '제국주의'이고, 소련의 정책에 대하여 적용한 범주는 '사회제국주의'라는 점이다. 이는 레닌주의 전통을 계승한 것이다. 레닌은 세계가 제국주의와 무산계급혁명시대에 들어선 후 "현대전쟁은 제국주의에 의해서 생겨났다"[93]라고 주장하였다. 그런데 제2차 세계대전 후 세계형세에 나타난 새로운 상황 중의 하나가 바로 제국주의국가 간에 전쟁이 일어나지 않았다는 것이다. 전쟁은 제국주의와 제3세계 국가 사이에서, 제3세계 국가들 사이에서, 사회주의국가들 사이에서 일어났다. 제국주의와 제3세계 국가 간에 일어난 전쟁, 특히 제3세계 국가 간에 일어난 전쟁의 배후에는 언제나 미국과 소련 두 패주가 있지 않으면, 동서양 2대 군사집단이 개입하였던 것이다.

마오쩌둥은 그 특징에 주의를 돌렸으며 이렇게 말했다. "미국은 세계에서 보호해야 할 이익이 있고, 소련은 확장이 필요하다. 이는 바꿀

---

93) 『레닌선집』 제21권, 1992, 인민출판사, 324쪽.

수 없는 상황이다. 계급이 존재하는 한 전쟁은 두 개의 평화 사이의 현상이다."[94]

그럼 무엇 때문에 미소 양국의 모순과 충돌이 세계전쟁을 초래하게 된 것일까? 그것은 그들이 세계에서 패권을 누리려고 하기 때문이다. 1972년 중미 공동 성명과 중일 양국 정부 공동 성명에서는 모두 어느 나라든지를 막론하고 아시아·태평양지역에서 패권을 도모하는 것을 반대한다는 중대한 원칙문제를 제기하였다. 실천을 통해 이는 당대 세계의 정치실천에 부합되는 중요한 인식임이 증명되었다.

덩샤오핑은 이를 크게 중시하였기에 다음과 같이 지적하였다. "중국은 마오쩌둥 주석과 저우언라이 총리가 영도할 때부터 슈퍼대국의 패권주의에 반대한다고 강조하였으며, 패권주의가 전쟁의 근원이라고 주장하였다."[95]

덩샤오핑의 국제문제 관련 대량의 논술에서 '패권주의'에 반대하고 세계평화를 수호하는 것은 우리 대외정책의 강령이라고 거듭 강조하였음을 볼 수 있다. 그중에서 "패권주의는 전쟁의 근원이다"라는 관점이 특히 새로운데, 레닌의 "제국주의는 전쟁의 근원이다"라고 한 사상을 발전시킨 것임이 분명하다. 그 사상관점을 발전이라고 한 것은 ① 제국주의든 패권주의든 모두 세계 인민의 근본 이익에 어긋나는 평화의 적이기 때문이고, ② 패권주의를 노리는 나라는 제국주의 국가만 있는 것이 아니라 잘못된 정책을 실행하는 사회주의 국가도 있기 때문이며, ③ 패권주의를 노리는 국가는 선진국만 있는 것이 아니라, 지

---

94) 『인민일보』, 1977년 8월 23일.
95) 덩샤오핑, 「평화와 발전은 당대 세계의 2대 문제」(1985년 3월 4일), 『덩샤오핑문선』제3권, 앞의 책, 104쪽.

역패권주의를 노리는 개발도상국가도 있기 때문이다.

　이러한 사상은 확실히 당대 세계의 현실을 반영한 것이었다. 그러나 지금까지 우리는 덩샤오핑의 그 사상에 대한 연구가 그다지 깊지 못하다. 예를 들면 레닌이 제국주의는 어느 한 정책이 아니라 자본주의의 최고단계라고 말했는데, 그렇다면 패권주의는 무엇인가? 이에 대해 우리는 깊이 생각해볼 필요가 있는 것이다.

제2절
시대의 주제 : 평화와 발전

　시대의 특징을 판단하고 시대의 맥박을 파악하는 것은 바른 노선을 제정하고 과학적인 이론을 형성하여 한 정당이 불패의 위치에 서게 하는 과학적인 의거이다. 레닌이 한 나라에서 최초로 사회주의 혁명의 전략을 확정하고, 마오쩌둥이 신민주주의 혁명의 총체적 노선을 제정할 수 있었던 것은 모두 그들이 19세기 말·20세기 초에 세계가 제국주의와 무산계급혁명시대에 들어선 특징을 예리하게 인식하고 유력하게 파악하였기 때문이며 그 시대 배경에서 국내에 나타난 혁명 형세의 기회를 파악하였기 때문이다. 나아사 덩샤오핑이 마오쩌둥 사상을 계승하고 발전시키고 마오쩌둥 후의 당대 중국에서 '중국 특색의 사회주의'건설이론을 창설할 수 있었던 것도 그가 현 세계의 형세 변화와 그에 따른 시대적 주제의 전환을 예리하게 인식하고 유력하게 파악하였기 때문이었다.

　국제형세에 대한 판단에서 마오쩌둥 후의 당대 중국에서 덩샤오핑과 우리 당의 관점에는 "전쟁의 발발을 늦추는 것"에서 "전쟁의 발발을 피하는 것"으로의 변화가 일어났다. 그래서 80년대 중기부터 덩샤오핑은 현 세계에 대한 새로운 견해, 즉 평화와 발전이 시대의 주제라는 견해를 형성하게 되었다. 최초에 덩샤오핑은 현 세계의 2대 문제가 평화문제와 남북문제라고 주장하였으며, 그 후 더욱 정확하게 남북문제의 실질은 발전문제라고 지적하였으며, 평화와 발전이 현 세계의 2대 문제라는 유명한 논단을 개괄해내었다. 덩샤오핑은 2대 문제가 세계 여러 문제 중에서 차지하는 지위에 대해 최초에는 두드러진 문제라고 표현하였고, 후에는 한 발 더 나아가 전국에 영향을 주는 문제라면서 세계적인 전략문제라고 지적하였다. 평화와 발전이라는 이 2대 문제의 관계에 대해 덩샤오핑은 남북문제, 즉 발전문제가 핵심문제라고 깊이 있게 지적하였다. 그런데 덩샤오핑의 이러한 논술이 80년대 중기에 세계형세에 대한 판단으로서 그 논술이 현 세계의 시대적 주제를 제시하고 있다는 것을 증명하려면, 반드시 80년대 말·90년도 초의 국제 형세가 급격한 변화가 일어난 뒤에도 평화와 발전이 여전히 세계적인 전략문제인지의 여부를 고찰해야만 한다.

먼저 80년대 말·90년 초 국제 형세의 변화가 일반적인 변화가 아님을 인정해야 한다. 소련이 해체되고 제2차 세계대전 후에 형성되었던 얄타체제가 와해되었으며, 미-소 양국 대치의 양극 구도가 끝나 여러 세력의 새로운 분화와 결합과정을 거치면서 세계가 다극화 방향으로 발전하기 시작하였다. 이러한 복잡한 변화 과정에서 세계 여러 모순이 깊이 발전하고 국제 정세가 불안정하며, 적지 않은 나라와 지역에서의 민족 모순·영토 분쟁·종교 분쟁이 불거지기 시작하였으며, 심지어 유혈충돌과 국부적인 전쟁을 초래하기에까지 이르렀다. 국제경제 경쟁이 갈수록 치열해지고 수많은 개발도상국가 경제 환경이 더욱 악화되어 남북 격차가 더욱 확대되었다.

그러나 한편으로 우리는 80년대 말, 90년대 초의 국제 형세가 급변한 후에도 평화와 발전이 여전히 세계의 2대 문제라는 사실을 명확하게 인식해야만 한다. 발전하려면 평화가 필요하고, 평화를 이루려면 발전을 떠날 수가 없다. 비록 패권주의와 강권정치의 존재로 평화와 발전 이 두 가지 문제 중 하나도 해결하지 못했지만, 국제형세의 변화와 세계구도의 전환도 현 세계의 2대 문제를 바꾸지 못하였다. 양극구도가 종결되었음을 볼 수 있어야 한다. 바로 미국이 세계에서 유일한 슈퍼대국이 되었던 것이다. 미국은 자국이 주도하는 국제적 새 질서를 세우려고 망상하였지만, 쇠퇴와 다극화 추세로 인해 세계를 제패하기에는 힘이 모자랐다. 이로써 과거에 전쟁을 일으킬 수 있는 자격을 갖췄던 2대 슈퍼대국 중 하나가 해체되고, 하나는 쇠퇴되어 세계평화와 발전에 더욱 유리하게 되었으며, 인류는 특히 세계전쟁을 피할 수 있게 되었음을 설명한다. 게다가 세계가 다극화 방향으로 발전하는 과정에서 서양 선진국 간의 모순이 불거지기 시작하였으며 제3세계국가는 더욱 발전 기회를 얻어 경제적으로 우뚝 서게 되었고, 세계정치에서 지위가 갈수록 높아져 세계평화의 세력이 진일보적으로 발전하여 커지게 되었다. 세계의 평화, 나라의 발전, 사회의 진보, 경제의 번영, 생활의 제고는 이미 여러 나라인민의 보편적인 요구가 되었다. 주목해야 할 것은 동유럽이 급변하고 소련이 해체된 후, 그때 당시 중대한 역사적 사변을 겪은 뒤 국제 형세에 대해 많은 사람들의 인식이 일치하지 않게 되었고, 우리 대오에 있는 많은 사람들조차도 경황실색해야했다. 이러한 관건적인 시각에 덩샤오핑은 전반적인 국면을 고루 살피고서는 다음과 같이 명석하게 지적하였다. "국제 형세에 대해 세 마디로 개괄할 수 있다. 첫째, 냉정하게 관찰할 것, 둘째, 확고한 발판을 마련할 것, 셋째, 침착하게 대처할 것이다. 절대로 조급해하지 말아야 한다. 조급해 할 일이 아니다. 냉정, 냉정, 또 냉정해야 한다. 정신을 집중하여 매 한 가지 일, 우리 자신의 일을 착실하게 해야 한다."[96] 1990년 3월 그는 중앙의 여러 책임자들과 대화하면서 동유럽 급변 후의 형세에 대해 이렇게 지적하였다. "국제형세의 변화에 대해 국제적으로도 의론이 분분하고, 국내에도 여러 가지 의견이 존재한다. 과거 국제문제에 대한 우리의 많은 견해가 정확하였던 것 같다. 현재 옛날 구도가 바뀌고 있지만 실제로는 끝난 것이 아니며, 새로운 구도는 아직 형성되지 않았다. 평화와 발전 2대 문제 중 평화문제는 해결되지 않았고, 발전문제는 더욱 심각해졌다."[97]

소련이 해체된 후 덩샤오핑은 "마르크스주의가 사라졌다, 쓸모없어졌다, 실패하였다"고 생각하지 말 것을 전 당에 거듭 당부하였다. 그는 1992년 초 남방 순방 담화에서 또 한 번 다음과 같이 강조하였다. "세계의 평화와 발전이라는 2대 문제 중 어느 것 하나 지금까지 해결하지 못했다. 사회주의 중국은 실천을 통해 중국은 패권주의·강권정치에 반대하고 영원히 패권을 누리지 않을 것임을 세계에 보여주어야 한다. 중국은 세계평화를 수호하는 확고한 힘이다."[98]

덩샤오핑의 통찰력을 갖춘 사상에 의한 올바른 지도하에 전 당과 전국 여러 민족 인민은 현 세계의 시대적 주제에 대해 더욱 확고하고, 더욱 명확하며, 더욱 깊이 인식할 수 있었으며, 서방국가의 제재를 타파하는 것을 포함한 대외 교류에서 올바른 방향을 유지할 수 있었을 뿐만 아니라, 개혁 심화·개방 확대를 포함한 국내 건설에서 중심을 바로잡을 수 있었던 것이다. 시간의 흐름과 실천의 발전, 중국 국제지위의 제고에 따라 특히 90년대에 들어선 후 국가 종합국력이 빠르게 증

---

96) 『덩샤오핑문선』 제3권, 앞의 책, 321쪽.
97) 위의 책, 353쪽.
98) 위의 책, 383쪽.

강되면서 우리는 갈수록 80년대 중기와 80년대 말, 90년대 초 국제 형세와 시대 주제에 대한 덩샤오핑의 두 차례 판단이 과학적이고 깊이가 있으며 정확하였음을 느끼게 된다.

그렇다면 이상에서 말한 판단이 '중국 특색의 사회주의' 건설이론과는 어떤 관계일까?

중공 제13차 전국대표대회에서 덩샤오핑의 그 중요한 사상을 "평화와 발전이 당대 세계의 주제라는 관점에 대하여"라고 개괄하여 '중국 특색의 사회주의' 건설이론의 '윤곽'에 포함시켰다. 제14차 당 대회에서 '중국 특색의 사회주의' 건설이론의 '주요 내용'에 대해 논술하면서 덩샤오핑이 "사회주의 건설의 외부조건 문제에서 평화와 발전이 당대 세계의 2대 주제라고 지적하였으며, 독립자주의 평화적 외교정책을 반드시 견지함으로써 우리나라의 현대화 건설을 위한 유리한 국제환경을 마련해야 한다고 지적하였다"고 재차 강조하였다.

평화와 발전이 당대 세계의 2대 문제라고 한 덩샤오핑의 논술을 자세히 고찰해보면 그 논단이 '중국 특색의 사회주의' 건설 이론의 중요한 내용일 뿐만 아니라, 그 이론의 형성과 보완을 위한 과학적 의거, 즉 시대적 근거라는 사실을 발견할 수 있다. 왜냐하면 첫째, 평화와 발전이 당대 세계의 시대적 주제라는 논단은 우리가 경제건설을 중심으로 하고, 개혁개방과 네 가지 기본원칙을 견지하는 방침을 확정짓고, '중국 특색의 사회주의'를 건설할 수 있도록 시대적 근거를 제공하였기 때문이다. 덩샤오핑은 대규모 전쟁이 일어나는 것을 제외하고 우리는 시종일관 건설을 진행해야 한다고 말했었다. 이로부터 '대규모의 전쟁'이 우리나라 현대화건설에는 중대한 제약요소임을 알 수 있다. 덩샤오핑은 세계전쟁과 평화발전 추세에 대해 신중한 분석을 거친 뒤

평화와 발전이 당대 세계의 2대 문제라고 제기함으로써 우리는 평화로운 조건에서의 발전문제가 종합국력의 경쟁문제와 연결되고, 중국 사회주의의 전망과 운명문제와 연결됨을 인식하게 되었을 뿐 아니라 건설을 진행하는 데 모든 정신을 집중할 수 있게 되었다. 아울러 이런 판단은 또 우리가 대외개방을 실행하여 외국의 선진 기술과 관리경험을 도입하고 외자를 유치하며 인류문명의 성과를 본받아 우리의 사회주의를 건설할 수 있는 조건을 마련해주었다. 둘째, 평화와 발전이 당대 세계의 시대적 주제라는 논단은 '중국 특색의 사회주의' 건설 이론의 계승과 과학적인 사회주의 발전을 위하여 그 사업에 시대성을 부여할 수 있는 시대적 근거를 제공하였기 때문이다. 과학적인 사회주의는 폐쇄적인 교조주의체계가 아니라 시대에 따라 발전하며 꾸준히 새로운 내용을 받아들이는 개방된 과학체계이다. 덩샤오핑은 "우리가 건설하는 '중국 특색의 사회주의'는 사회생산력을 꾸준히 발전시키는 사회주의이며 평화를 주장하는 사회주의이다."[99]라고 말한 바 있다.

　그는 '평화'와 '사회주의'를 통일시켰다. 이는 깊은 의미가 있다. 덩샤오핑이 "평화를 주장하는 사회주의" 개념을 제기한 것은 정치적 분야에서 패권주의와 강권정치에 반대하고 세계평화를 수호해야 함을 의미하고 우리가 오늘도, 그리고 앞으로도 영원히 패권을 누리지 않을 것임을 의미할 뿐 아니라 경제와 과학기술·문화 영역에서 세계 여러 나라들과 평화적으로 교류하고 서로 배우며 장점을 서로 본받으면서 자신을 발전시켜야 함을 의미한다. 그러면 역사의 흐름에 순응하고 시

99) 덩샤오핑, 「사회주의 중국은 아무도 흔들 수 없어」 (1989년 10월 26일), 『덩샤오핑 문선』 제3권, 앞의 책, 328쪽.

대의 요구에 부합하며 과학적 사회주의에 새로운 시대적 내용을 부여함으로써 과학적 사회주의 이론과 실천을 새로운 단계로 추진할 수 있다. 덩샤오핑이 창설한 '중국 특색의 사회주의' 건설 이론은 평화와 발전이 시대의 주제가 된 배경에서 형성 발전한 과학적 사회주의이다.

제3절

시대의 새 면모 : 세계 과학기술은 나날이 새로워진다

시대의 특징을 판단할 때 세계 정치와 경제 대세를 보아야 할 뿐 아니라 생산력과 과학기술발전의 특징을 보아야 한다. 덩샤오핑은 시대 변화의 새로운 특징에 대해 고찰하면서 세계 과학기술의 발전에 크게 주목하였으며 그것을 "사회주의가 무엇인지, 사회주의를 어떻게 건설할 것인지"에 대해 생각하고 해답하는 근거로 삼았다. 1978년 3월 18일 전국과학대회 개막식에서 그는 "현대 과학기술은 현재 한 차례의 위대한 혁명을 겪고 있다는 중이다."라고 분명하게 지적하였다.[100] 같은 해 5월 7일 마다가스카르에서 온 손님을 회견하는 자리에서 그는 또 "세계 선진 기술을 빠르게 발전하고 있다. 그 발전 속도는 년을 단위로 계산할 것이 아니라 달, 날을 단위로 계산해야 할 정도이다. 그야말로 나날이 새로워지고 있다고 할 수 있다."라고 형상적으로 서술하였다. 그리고 또 같은 해 10월 10일 그는 연방독일 손님들과 담화하는 자리에서 또 과학기술과 경제 발전의 각도에서 '세계의 면모'문제에 대해 제기하였다.

60년대 초기에 우리는 국제 과학기술 수준과 격차가 있었지만 별로 크지 않았다. 그런데 이 몇 십 년 동안 세계가 비약적으로 발전하면서

---

100) 『덩샤오핑 문선』 제2권, 앞의 책, 87쪽·112쪽.

격차가 커졌다. 선진국과 비교하면 경제 발전 수준의 격차가 10년, 어쩌면 20년, 30년일 수도 있으며 어떤 분야에서는 심지어 50년의 격차가 날 수도 있다. 이번 세기 말까지 22년이 있다. 22년 뒤에 세계는 어떤 모습일까? 선진국들이 70년대의 토대 위에서 앞으로 22년 더 발전하면 어떤 모습일?"[101]

덩샤오핑의 상기 일련의 논술을 한 마디로 개괄하면 바로 "세계 과학기술이 나날이 새로워지는 것은 현 시대의 새로운 모습"이라는 것이다. 확실히 제2차 세계대전 후 세계 과학기술은 비약적인 발전을 이루었다. 특히 약 30년간 인류가 이룬 과학기술 성과는 과거 2천년의 성과를 합친 것보다도 훨씬 더 많다. 어느 한 통계에 따르면 1980년까지 인류사회가 획득한 과학지식의 90%는 제2차 세계대전 후 30여년 사이에 획득한 것이다. 현대 물리학 지식의 90%는 1950년 후에 취득한 것이고, 현재 전 세계적으로 과학기술 논문이 매일 6000~8000편씩 발표되고 있는데 그 수량이 매 1년 반 간격으로 한 배씩 늘어나고 있다. 2000년에 이르러 인류사회가 획득한 과학지식은 1980년 보다 한배가 늘어나게 될 것이다. 대략적인 통계에 따르면 인류의 과학지식은 19세기에는 50년 간격으로 한 배씩 늘어났고, 20세기 중엽에는 10년 간격으로 한 배씩 늘어났으며 현재는 3~5년 간격으로 한 배씩 늘어나고 있다.

덩샤오핑은 이러한 과학기술의 발전을 "한 차례 위대한 혁명"이라면서 "나날이 새로워지는" 발전이라고 일컬었으며 이 시대의 진실한 상황을 반영하였다고 말했다. 무산계급 정치가로서 덩샤오핑이 세계 과

---

101) 『덩샤오핑 문선』 제2권, 앞의 책, 134쪽.

학기술의 발전을 이토록 중시한 것에는 어떤 의미가 있는 것일까? 특히 덩샤오핑이 창설한 '중국 특색의 사회주의' 건설 이론과는 어떤 관계가 있는 것일까? 직접적인 의미는 현재 세계 과학기술이 나날이 새로워지는 배경에서, 과학기술이 생산력에서 차지하는 비중이 갈수록 커지고 과학기술이 생산력으로 전환하는 속도가 갈수록 빨라지고 있으며, 사람들이 경제성장과 발전에서 과학기술의 혁명적 역할을 갈수록 중시하고 있다는 사실을 알려준 것이다. 이에 대해 덩샤오핑은 "과학기술은 제1의 생산력"이라고 가장 명확하게 개괄하였다. 이는 곧 과학기술을 중시하고 생산력 발전을 빨리는 것이 사회주의의 근본 임무라는 것이었다.

덩샤오핑의 이러한 견해는 현 시대의 특징에 대한 견해이기도 했다. 즉 당대 세계의 시대적 주제는 평화와 발전이며, 평화와 발전에 관철되어 있는 것은 세계 과학기술이 나날이 새로워지는 발전이라는 주장이다. 그러한 발전은 패권주의와 강권정치를 제약하였고, 세계 평화의 힘을 키워주었으며, 또 세계경제와 사회발전에 강력한 활력을 주입해 주었다. 그래서 덩샤오핑은 세계 과학기술의 발전이라는 시대의 특징이 필연적으로 마르크스주의의 발전을 추진할 것이라고 주장하였던 것이다. 그는 "세계 형세는 나날이 새로워지고 있다. 특히 현대 과학기술의 발전은 매우 빠르다. 현재의 1년은 과거의 수 십 년, 백년, 심지어 더 긴 시간과 맞먹는다. 새로운 사상과 관점으로 마르크스주의를 계승하고 발전시키지 않는다면, 진정한 마르크스주의자는 될 수 없는 것이다."[102] 덩샤오핑은 진정한 마르크스주의자가 세계 과학기술 발전의 형세와 그 시대적 변화의 특징을 인식하는 것은 그것이 사회생산력의 발전에 혁명적인 추진역할을 할 수 있기 때문일 뿐 아니라 마르크스주의라는 과학의 발전에 거대한 추진역할을 할 수 있기 때문이라고 주장하였다. 세계 과학기술 발전에 대한 덩샤오핑의 논단은 덩샤오핑이 '중국 특색의 사회주의' 건설 이론이라는 선진적인 과학적 사회주의를 창립하는 데 두 가지 의미가 있다.

첫째, 세계 과학기술 발전에 대한 덩샤오핑의 논단은 '중국 특색의 사회주의' 건설 이론이 현대 과학기술의 토대 위에 형성될 수 있도록 하였다. 과학적 사회주의의 탄생과 발전은 언제나 세계 과학기술의 발전과 서로 연결되어 있었다. 덩샤오핑은 세계 과학기술 발전의 최신 특징과 추세에서 출발하여 경제건설을 중심으로 하고 네 가지 기본원칙을 견지하며 개혁개방을 견지하여 부강하고, 민주적이며, 문명한 사회주의 현대화 국가를 건설할 임무를 제기하였던 것이다. 덩샤오핑의 '중국 특색의 사회주의' 건설 이론이 추구하는 "부강하고, 민주적이며, 문명적인" 위대한 목표 및 그 내용에 대해 자세히 탐구해 보면 현대 세계 과학기술 발전의 요구 즉 시대의 요구를 반영하고 있음을 쉽게 발견할 수 있다.

둘째, 세계 과학기술 발전에 대한 덩샤오핑의 논단은 '중국 특색의 사회주의' 건설 이론을 위한 가장 강대한 현실적의 힘을 명확히 보여주었다. 과학적 사회주의의 실현은 언제나 "노동자계급의 성숙함·힘

---

102) 덩샤오핑,「과거를 결속 짓고 미래를 개척하자 (1989년 5월 16일).『덩샤오핑 문선』제3권, 앞의 책, 291~292쪽.

의 장대함"과 서로 연결되어 있다. 중국이 사회주의의 길을 선택한 것도 근대 중국에서 외국자본의 유입과 중국 민족자본의 등장에 따라 중국 노동자계급을 형성하였기 때문이다. 특히 그 선진계급은 5.4운동기간에 독립적인 정치세력으로 역사의 무대에 오른 후 마르크스-레닌주의와 중국 노동자운동의 결합 과정에서 자체 정당인 중국공산당이 탄생하였기 때문이다. 그러나 마르크스주의가 탄생한 후 세계경제와 사회에 급격한 변화가 나타났다. 마르크스주의의 상식은 1950년대 중기에 시대의 큰 도전을 받았다. 미국의 '화이트칼라' 노동자 수가 '블루칼라' 노동자 수를 초과한 것을 표징으로 발달한 자본주의국가의 계급구조에 심각한 변화가 나타났던 것이다. 국제적으로 이런 여론이 나타났다. 즉, 과학기술·과학적인 관리와 서로 연결된 '화이트칼라'의 역할과 지위의 상승은 대규모 기계공업 생산에 종사하는 계급이 노동자계급을 대표하여 노동자계급의 역할과 지위가 하락하였음을 의미했고, 사회의 발전을 떠미는 계급의 힘이 노동자계급에서 '화이트칼라'에 의해 대체되었음을 의미하며, 마르크스가 창립한 과학적 사회주의가 강력한 현실적 힘을 잃어 쇠퇴의 길을 걷기 시작하였음을 의미한다고 주장하는 여론이었다. 그런 새로운 상황에서 덩샤오핑은 세계 과학기술 발전에 대한 자세한 관찰과 깊이 있는 분석을 통해 사회생산과 사회 진보 중에서 과학기술의 작용이 갈수록 커져가고 있으며, 과학기술과 연결된 지식인 대오와 그 역할도 갈수록 커져가고 있다면서 그러나 이는 과학적 사회주의의 발전에 대해서는 나쁜 일이 아니라 복음이라고 객관적으로 지적하였다. 그 이유는 "지식인도 노동자계급의 일부"라는 것이었다.

덩샤오핑의 이러한 사상이 귀중하다는 점은 사회화 대 생산에 육체노동과 정신노동이라는 서로 연결되는 부분이 포함되어 있다는 특징에 따라, 또 사회주의국가에서 이 두 부분 노동자의 실제상황에 근거하여 지식인을 노동자계급의 범위에 포함시켜 사람들의 사상을 노동자계급이 곧 산업노동자라는 편협한 관념에서 해방시켰고, 과학기술의 발전이 필연적으로 사회화 대 생산과 계급의 발전을 추진할 것이라는 객관 법칙을 명시함으로써 사회주의의 계급적 토대와 실현의 힘이 과학기술의 발전으로 인해 축소되지 않도록 하였으며, 과학적 사회주의에 뚜렷한 시대적 색채를 더해주었다. 이로부터 알 수 있는 것은 덩샤오핑이 창설한 '중국 특색의 사회주의' 건설 이론은 현 세계 과학기술 발전의 특징에 근거한 지식인을 포함한 노동자계급을 자체 계급의 토대와 실현의 힘으로 하는 시대적 특징을 띤 과학적 사회주의라는 사실이었다.

제4절
기회를 포착하여 자신을 발전시키다

시대문제에 대한 덩샤오핑의 연구는 주체 목적성이 아주 강하다. 바로 "시기를 포착하여 자신을 발전시키는 것, 관건은 경제를 발전시키는 것"이었다.[103]

시대의 특징과 자신을 발전시키는 매개는 "시기를 포착하는 것" 혹은 "기회를 포착하는 것"이다. 기회론은 덩샤오핑 이론의 중요한 내용이다. 유심주의와 유물주의에서는 모두 기회에 대해 논하고 있지만, 양자의 의미는 같지 않다. 기회를 포착하는 것에 대해 덩샤오핑의 저술에서 최초로 사용된 표현이 '시간을 다그친다'는 것이었다. 1977년 12월에 전쟁의 발발이 늦춰질 수 있다는 각도에서 그는 "시간을 다그쳐야 한다"[104]는 사상을 제기하였다. 1978년 9월에 그는 또 국외 선진 과학기술과 관리방법을 도입하는 각도에서 "시간을 다그치는 것이 매우 중요하다"[105]고 제기하였다. 이로부터 '기회'는 '시간'과 연결되는 범주로서 기회는 주체에 이로우면서도 또 순식간에 사라질 수 있는 것이며, 다그치지 않으면 흘러서 사라져버릴 시간이라는 사실을 볼 수가

---

103) 덩샤오핑, 「우창·선전·주하이·상하이 등지에서의 담화 요점」 (1992년 1월 18일~2월 21일), 『덩샤오핑 문선』 제3권, 앞의 책, 375쪽.
104) 『덩샤오핑 문선』 제2권, 앞의 책, 77쪽.
105) 위의 책, 129, 127쪽.

있다. 바로 그런 의미에서 덩샤오핑은 늘 '기회'와 '시기'를 통용하였으며, 시기를 포착하고 시기를 놓치지 말 것을 강조하였다.

기회를 포착하는 것은 바로 역사가 창조한 우리에게 이로운 일정한 조건을 이용해야 함을 뜻한다. 그런 조건도 변화할 수는 있다. 그러나 그 조건이 나타났고 존재한다면 망설임 없이 잘 이용해야 한다. 바로 그런 의미에서 덩샤오핑은 늘 '기회'와 '조건'을 통용하였으며, 시기와 형세를 잘 판단하여 이로운 조건을 잘 이용할 것을 강조하였다.

우리나라 사회주의 현대화 건설의 '기회' 문제에 대해 제기한 것은 우리가 개발도상국인데다가, 또 사회주의 국가로서 현대화를 건설하려면 국내외의 수많은 조건의 제약을 받기 때문이었다. 특히 현재와 앞으로 상당히 긴 시간 동안 서양의 발달한 자본주의국가가 경제와 과학기술 등 분야에서 우세를 차지하고 있을 것이며, 게다가 우리에 대한 이데올로기의 침투가 끊이지 않을 것이어서 우리가 사회주의의 길을 견지하고, 또 가급적 빨리 자신을 발전시키려면 반드시 국내외 형세에 대해 경상적으로, 자각적으로, 자세하게 분석하면서 우리의 발전에 이로운 모든 절호의 시기를 포착하고, 우리의 발전에 이로운 모든 조건을 충분히 활용해야 했다.

우리나라 현대화 건설의 기회문제에 대하여 덩샤오핑은 대량의 논술을 하였는데 주로 두 가지 방면으로 귀납할 수가 있다.

첫 번째 방면: 기회를 포착한다는 것은 바로 국제형세의 변화가 마련해준 우리나라 발전에 이로운 모든 조건을 충분히 활용해야 한다는 것이었다. 먼저 평화와 발전이 현 세계의 2대 주제로 부상한 시대적 조건하에서 세계대전이 일어날 가능성이 크지 않으며, 나라 간의 경쟁은 점차 과학기술과 경제를 토대로 하는 종합국력의 경쟁으로 나타

난다. 특히 80년대 후기 미국 대외정책의 중대한 조정과 90년대 초 소련이 해체된 후 비록 패권주의, 강권정치가 여전히 존재하지만 2대 슈퍼대국 특히 소련이 다년간 우리나라에 가하던 군사적 위협은 거의 없어졌다. 따라서 우리나라 현대화 건설은 간섭과 압력을 적게 받을 수 있게 되어 평화로운 환경에서 건설에 집중할 수 있는 긴 시간을 벌 수 있게 된 것이다. 다음에는 우리는 서방국가의 내부모순을 더 많이 이용하여 자신을 발전시킬 수가 있다. 소련이 해체되고, 양극 구도가 끝난 후 이왕의 서방국가 간 연합할 수 있는 정치적 토대가 흔들리기 시작하였다. 게다가 전후 독일과 일본의 경제가 빠르게 성장하고, 서방국가 간에 경제·금융·무역 면에서의 모순이 점차 격화되면서 미국 패권주의가 점차 실효(失效)하기 시작했다. 그런 모순의 존재는 우리에게 절호의 기회를 마련해주었고, 독립자주의 평화적 외교정책을 실행하는 중국에 넓은 활동무대를 마련해주었으며, 우리가 모순을 이용하여 자신을 발전시키는 데 이롭게 하였다.

그 다음으로는 우리나라와 이웃나라의 관계가 크게 개선되었으며, 주변 환경도 우리의 개방과 발전에 이로웠다. 60년대부터 70년대까지 우리는 잇달아 인도·소련·베트남과 국경 무장충돌을 겪었다. 국제 형세의 변화에 따라 우리나라는 바른 외교정책을 펴 주변국과의 관계가 지역의 평화와 국가안전에 이로운 쪽으로 크게 변화하였다. 과거의 전장이 현재는 우호적 교류의 시장으로 된 것이다. 이는 우리나라의 개혁개방과 현대화 건설에 매우 유리하다. 그리고 우리나라가 처한 동아시아는 현재 경제성장속도가 가장 빠르고, 21세기에 가장 희망적인 지역이어서 동아시아 여러 나라들은 모두 경제 발전에 심혈을 기울이고 있어 우리나라와의 관계가 갈수록 우호적이고 밀접해지고 있다. 마지막으로, 중화민족은 한 가지 우세한 점을 가지고 있다. 즉, 세계 각지에 수천만에 이르는 애국동포가 살고 있어 국제 형세가 평화와 발전의 방향으로 발전하고, 중국이 개혁개방정책을 추진하는 것은 또한 그들이 중화민족의 진흥에 자신의 힘을 기여하는 데에 이로울 수가 있다는 점이다. 이 또한 우리에게는 유리한 조건이다.

두 번째 방면: 기회를 포착한다는 것은 바로 세계 과학기술 발전의 모든 유리한 요소를 포착하고 활용해야 한다는 것이다. 현대과학기술은 위대한 혁명을 겪는 중이다. 우리는 지난날 실수로 인해 인류문명의 전망에 영향을 주게 될 혁명에서 뒤처졌다. 게다가 그 새로운 과학기술혁명이 아직 끝나지 않았다. 수많은 신흥 과학이론이 아직 응용과 산업화단계에 들어서지 못했으며, 더 밝은 앞날이 우리를 기다리고 있다. 기존의 새로운 과학기술 혁명의 성과는 우리가 직접 이용할 수 있는 기술 자원이다. 기존의 과학연구 성과 중 아직 응용과 산업화 단계에 들어서지 않은 것은 더욱 우리에게 따라잡을 수 있는 기회를 마련해주고 있다. 거기에 우리 스스로가 창조한 과학연구와 기술발명까지 합치면, 우리가 과학기술 현대화 나아가 전반적인 현대화 건설에서 빠른 발전을 이루는 것은 충분히 가능한 일이다. 관건은 우리가 그 기회를 포착할 수 있느냐는 것에 있다. 그래서 시간을 다그치자는 것이다. 덩샤오핑은 이를 크게 중시하여 「첨단기술 연구 발전계획 요강」('863'계획으로 약칭)을 제정할 때 그의 지도사상은 바로 "중국은 반드시 세계 첨단 과학기술 영역에서 일정한 위치를 차지해야 한다"는 것이었다.[106]

---

106) 『덩샤오핑 문선』 제3권, 앞의 책, 279, 280쪽.

이 두 방면의 '기회 포착'은 서로 분리되어 있는 것이 아니다. 세계 과학기술 발전의 유리한 요소를 포착하려면 국제 형세 발전과정에서 평화적 요소에 의지해야 한다. 평화가 없는 국제환경과 주변 환경에서는 기술교류·과학교류·인재교류를 포함한 국제협력과 교류를 이루기가 어렵다. 덩샤오핑 동지가 말하는 것처럼 "중국이 자체적 발전목표를 실현하는 데서 안정적인 국내환경과 평화로운 국제환경은 필수조건이다. 우리는 남들이 뭐라고 말하든 개의치 않는다. 진정으로 중시하는 것은 자신을 발전시킬 수 있는 양호한 환경이 마련되는 것이다.[107] 기회 문제에 대한 덩샤오핑의 논술에서 우리는 중국특색의 사회주의 건설 기회론이 유심론적 기회론이 아닌 객관적으로 변화하고 있는 조건에서 출발한 변증법적 유물주의 기회론이라는 사실임을 볼 수 있으며, 융통성이 없는 기회론이 아닌 능동적으로 변화하고 있는 세계의 여러 가지 복잡한 모순을 이용한 유물주의 변증법적 기회론임을 볼 수 있는 것이다. 바로 이런 기회론이기 때문에 우리는 시대의 주제와 특징에 대해 정확하게 파악하는 과정에서 '중국 특색의 사회주의' 길을 찾아낼 수 있었던 것이며, 중화민족의 진흥과 발전의 바른 길을 찾아낼 수 있었던 것이다.

---

107) 덩샤오핑, 「중국은 다른 나라가 내정을 간섭하는 것을 영원히 허락하지 않는다 (1990년 7월 11일). 『덩샤오핑문선』 제3권, 앞의 책, 360쪽.

제3장
당대 중국의 기본 국정과 발전노선

간단하게 말하면 마오쩌둥은 '국정'에 입각하여 사회주의 농업을 제기했고, 덩샤오핑은 '국정'을 이유로 상품경제 발전을 제창하여 사회주의 농업의 천환을 모색하였다.

– [일] 고바야시 고지(小林宏二)

제1절

국정을 명확히 인식하는 것은 논리를 수립하는 근거이다

　　과학이론의 형성은 시대적 근거가 있어야 할 뿐 아니라 특히 국정에 근거해야 한다. 국정문제에 대한 연구를 중시하는 것은 마오쩌동을 대표로 하는 중국공산주의자의 훌륭한 전통이다. '실시구시'를 중시하면서 '실제 사실'을 객관적으로 존재하는 모든 사물로 보는 것이 인식의 출발점이다. 마오쩌동은 중국혁명의 발전전략과 혁명 발전의 길에 대해 연구하면서 "중국의 국정을 명확히 인식하는 것은 모든 혁명문제를 명확히 인식하는 기본 근거"라고 강조하였다.[108]

　　국정에 대한 연구에 근거하면 그는 중국혁명은 농촌에서 도시를 포위하고 마지막에 전국적인 승리를 거두어야 한다는 바른 길을 제기하였다. 국정에 대한 연구에 근거하면 마오쩌동은 무산계급이 이끄는 제국주의·봉건주의·관료자본주의에 반대하는 인민대중의 신민주주의 혁명의 총체적 노선과 총체적 정책을 제정하였다. 국정에 대한 연구에 근거하면 마오쩌동은 빈농에 의지하고 중농을 단합시켜 단계적으로 구별적으로 봉건착취제도를 소멸시키고 농업생산을 발전시키는 신민주주의 혁명시기 토지개혁의 총체적 노선과 총체적 정책을 확정하였다. 국정에 대한 연구에 근거하면 마오쩌동은 노동자계급이(공

---

108) 마오쩌동, 「중국혁명과 중국공산당」 (1939년 12월). 『마오쩌동 선집』 제2권, 앞의 책, 633쪽.

산당을 거쳐) 이끄는 노동자와 농민의 연합을 토대로 하는 인민민주주의독재의 건국강령을 분명하게 논술하였다. 국정에 대한 연구에 근거하면 마오쩌둥은 아주 긴 시간 내에 나라의 사회주의공업화를 점차 실현시키고, 농업·수공업·자본주의 상공업에 대한 나라의 사회주의 개조를 점차 실현한다는 당의 과도시기 총체적 노선을 명확히 밝혔다. 마오쩌둥의 성공은 어느 것 하나 국정에 대한 정확한 분석과 판단과 연결시키지 않은 것이 없다. 마찬가지로 마오쩌둥 노년의 실수 또한 국정에 대한 판단에서의 오류로 거슬러 올라갈 수 있다. 1958년 '대약진'과 인민공사화운동 때 그는 "우리나라에서 공산주의를 실현하는 것은 더 이상 먼 미래의 일이 아니다"라고 주장하였던 적이 있다. 60년대 후 국내 계급투쟁이 갈수록 치열해졌으며, 결국 장장 10년에 걸친 '문화대혁명' 내란이 일어나기까지 이르렀던 것은 그가 무산계급혁명과 무산계급독재의 모든 역사시기에, 자본주의에서 공산주의로 넘어가는 모든 역사시기(그 시기는 수십 년, 심지어 더 많은 시간이 필요함)에는 무산계급과 자산계급 간의 계급투쟁이 존재하며, 사회주의와 자본주의 두 갈래 노선의 투쟁이 존재한다고 여겼기 때문이었다.

긍정적·부정적 두 방면의 경험은 우리에게 국정 판단의 정확 여부가 당의 이론과 노선, 방침, 정책의 정확 여부에 영향을 주며, 당 사업의 성공과 실패에 영향을 준다는 사실을 알려주었다. 한 마디로 종합하면 국정을 명확히 인식하는 것은 입론과 의사결정의 근거인 것이다. 마오쩌둥 후의 당대 중국은 어디로 가야 하는가? 우선 당대 중국이 어디까지 왔는지부터 연구해야 한다. 마오쩌둥 후의 당대 중국의 노선과 방침, 정책을 어떻게 확정해야 하는가? 우선 당대 중국의 역사적 위치부터 확정해야 한다.

제11기 3중 전회 이전에 당의 업무가 방황하면서 전진한 2년 동안, 한편으로는 '문화대혁명'의 콤플렉스와 "무산계급독재 하에서 계속 혁명해야 한다"는 이론의 그늘 때문에 전 당의 업무 중점을 경제건설로 전환하는 것을 방해하였고, 다른 한편으로는 국정과 국력을 살피지 않고 맹목적으로 대대적으로 추진하고 성급하게 실행하는 정책을 펴는 바람에 '대약진'사상이 재차 머리를 쳐들기 시작하였다.

제11기 3중 전회에서 업무의 중점을 현대화 건설로 전환한 후, 덩샤오핑을 핵심으로 하는 당 중앙은 국정을 인식하고 실제에서 출발하여 중국식 현대화를 건설할 임무를 제기하였다.

1979년 3월 21일 중공 중앙정치국회의에서 천윈(陳雲)이 "실사구시하려면 먼저 '실제 사실'부터 명확히 인식해야 한다. 그 문제를 분명하게 인식하기 전에는 아무 일도 잘 할 수 없다."라고 제기하였다. 그는 우리나라 인구의 80%가 농민으로서 경제적으로 낙후하고 인구가 많아 현대화와의 사이에 모순이 존재한다고 주장하였다. 즉 "이는 현실적인 상황이며, 건설의 설계도를 그리는 출발점이다."라고 했던 것이다.[109]

그로부터 일주일 뒤인 3월 30일 덩샤오핑은 당의 이론업무 학습토론회에서 이렇게 강조하였다. "과거 민주혁명을 진행한 것은 중국 상황에 맞춰 마오쩌동 동지가 개척한 농촌에서 도시를 포위하는 길을 걸은 것이다. 현재 건설을 진행함에 있어서도 역시 중국의 상황에 맞춰 중국식 현대화의 길을 걸어야 한다.

"중국에서 4개의 현대화를 실현하려면 적어도 두 가지 중요한 특징이 있다는 사실을 반드시 보아야 한다. 한 가지 특징은 기반이 취약

109) 중공중앙문헌연구실 편찬, 『3중 전회 이래 중요 문헌 선집』 상권, 앞의 책, 74~75쪽.

하다는 것이다. 제국주의, 봉건주의, 관료자본주의의 장기적인 파괴로 인해 중국은 가난하고도 낙후한 나라로 전락하였다. 건국 후 우리는 경제건설에서 위대한 성적을 거두어 비교적 완벽한 공업체계가 형성되고 기술인재들을 양성하였다. 우리나라 공업과 농업은 해방 후부터 지난해에 이르기까지 연간 평균 성장폭이 세계적으로 높은 수준이었다. 그러나 기반이 너무 취약하기 때문에 현재 중국은 여전히 세계에서 매우 가난한 나라 중의 하나이다. 중국의 과학기술력은 턱없이 약하며, 과학기술수준은 총체적으로 볼 때 세계 선진국에 비해 20~30년은 뒤처져 있다.…… 다른 한 가지 특징은 인구가 많고 경작지가 적은 것이다. 현재 전국의 인구는 9억 명이 넘으며, 그중 80%는 농민이다. 생산이 발전하지 못한 조건에서 의식주와 교육·취업 등 여러 면에서 문제가 모두 심각하다. 우리는 계획출산업무를 크게 강화해야 한다. 몇 년이 지나서 인구가 더 이상 늘어나지 않더라도 인구가 많은 문제는 일정한 시간 내에 여전히 존재할 것이다. 우리는 국토가 넓고 자원이 풍부하다. 이는 우리의 우월한 조건이다. 그러나 많은 자원을 아직 탐사해내지 못하였고 채굴하여 사용하지 못하고 있다. 그렇기 때문에 이는 아직 현실적인 생산수단이 아니다. 토지면적은 넓지만 경작지는 너무 적다. 경작지는 적은데 인구는 많다. 특히 농민이 많다. 이런 상황은 쉽게 바뀔 수 있는 것이 아니다. 이는 중국 현대화 건설에서 반드시 염두에 두어야 할 특징이다. 중국식 현대화는 반드시 중국의 특징에서 출발해야 한다.……"[110]

110) 덩샤오핑, 「4가지 기본원칙을 견지해야」 (1979년 3월 30일), 『덩샤오핑 문선』 제2권, 앞의 책, 163~164쪽.

덩샤오핑과 천원이 제기한 문제는 매우 중요하며 근본적인 지도적 의의가 있다.

첫째, 그들이 강조하는 사상 해방과 실사구시의 사상노선은 혁명을 지도하는 사상노선일 뿐만 아니라, 또한 건설을 지도하는 사상노선이기도 하다. 혁명을 하려면 국정에 대해 연구해야 하고, 건설을 진행하려면 역시 국정에 대해 연구해야 한다. 성숙한 당은 언제나 모든 것은 실제에서 출발하고, 실사구시하게 자신이 직면한 주관적, 객관적 조건과 우세 및 문제에 대해 분석해야 하며, 그렇게 객관적이고 전면적인 분석을 토대로 자신의 분투목표를 확정해야 한다.

둘째, 그들은 실제에서 출발하여 국정에 대해 연구함에 있어서 반드시 당대 중국의 역사적 전제에 대해 인식할 것을 강조하였다. 우리나라의 신민주주의혁명은 반식민지·반봉건의 동방대국에서 승리를 거둔 것이고, 우리나라 사회주의 개조는 인민민주주의독재 조건에서 짧은 시간 안에 공업화 목표를 완전히 실현하지 못한 상황에서 완성된 것이다. 이것이 바로 당대 중국의 역사적 전제이다. 그 역사적 전제를 통속적인 말로 표현하면 바로 우리나라는 비록 사회주의사회에 들어섰지만 그 사회주의사회는 "기반이 취약하다는 것"이다. 이 또한 덩샤오핑이 1987년 4월 26일 정곡을 찔러 지적한 바와 같이 "현재 우리도 사회주의 건설을 진행하고 있다고는 하지만 실제로는 자격 미달이다."라는 것이다.[111] 역사의 발전 각도에서 당대 중국의 국정에 대해 인식해야만 더 정확하게 인식할 수 있다.

---

111) 덩샤오핑, 「사회주의는 반드시 가난에서 벗어나야」, (1987년 4월 26일). 『덩샤오핑문선』제3권, 앞의 책, 225쪽.

셋째, 그들은 국정에 대해 인식하려면 사회의 성질에 대해 인식해야할 뿐 아니라, 사회생산력의 상황에 대해 인식해야 하며, 정성 분석을 진행해야 할 뿐 아니라, 정량 분석도 진행해야 한다. 이런 전면적이고 객관적인 분석을 토대로 우리의 건설 설계도를 형성해야 한다. 덩샤오핑과 천원은 사회주의 현대화 건설의 새로운 시기에 당대 중국의 국정에 대해 연구하면서 "우리는 사회주의 사회에 들어섰으며, 완벽한 공업체계를 형성하였지만 사회 생산력은 여전히 낙후하며 과학기술력이 약하다, 인구가 많고 80%는 농민이다, 국토 면적이 넓지만 경작지가 너무 작다" 등이라고 분명하게 강조하였다. 이 모든 것은 현대화의 목표와의 사이에 매우 큰 모순이 존재할 뿐만 아니라, 현대화 건설 과정에서 높은 수준의 과학기술과 높은 노동생산율이 있어야 한다는 등 요구와의 사이에 큰 모순이 존재하고 있었다. 그래서 사회주의 현대화를 건설함에 있어서 낙후한 상황을 바꾸려는 웅대한 포부가 있어야 할 뿐 아니라, 우선 그런 객관적 현실을 존중하고, 그 현실에 부합하는 노선·방침·정책을 제정해야 했다.

넷째, 그들은 당대 중국의 특징에서 출발하여 '중국식 현대화'라는 새로운 구상을 제기하였다. 그 구상은 높은 추구을 갖추었을 뿐만 아니라 실무적인 특징도 갖추었으며, 마오쩌동과 저우언라이가 제기한 현대화 이상을 계승하였을 뿐 아니라 그 이상을 더욱 현실적인 토대 위에 올려놓았다.

덩샤오핑·천원 등 오랜 세대 무산계급혁명가들의 추진으로 당 내외에서는 사상해방과 실사구시의 사상노선을 국정 분석에 응용하여 "우리나라는 사회주의 초기 단계에 처해 있다"는 과학적 논단을 형성시키고 제기하였다.

제2절
기본 국정 : 사회주의 초급단계

덩샤오핑·천윈 등 오랜 세대 무산계급혁명가들의 국정문제에 대한 연구는 당의 이론업무에 중대한 연구 과제를 제기해주었다. 즉 "당대 중국은 역사발전의 어느 단계에 처해 있는가?"하는 문제였다.

진리의 기준문제에 대하여 토론을 전개하는 과정에서 이론가들은 이런 고민을 한다. 마오쩌동 만년에 그처럼 엄중한 실수를 하였는데 사상가로서 그의 이론적 오류가 되는 부분은 어디에 있는가? 수많은 전문가, 학자들은 모두 마오쩌동이 1962년에 중공 제8기 10중 전회에서 계급·형세·모순 등의 문제에 대해 한 연설에 주목하고 있다.

그 연설에서는 자본주의에서 공산주의에 이르는 전반적인 역사시기를 두 계급·두 노선 간의 치열한 투쟁이 존재하는 과도시기로 보고 있음을 발견할 수 있으며, 그 관점이 '문화대혁명' 시기에 "전 사회주의 역사단계에서 당의 기본 노선"이 되어 "계급투쟁을 강령으로 하는 실천"을 지도하였음을 발견할 수 있다. 그들은 당이 사회주의 실천에서 계급투쟁을 확대화하는 엄중한 실수를 저지른 것은 사회주의 사회 성질에 대한 마오쩌동의 판단, 즉 당대 중국의 국정에 대한 판단과 직접적인 관계가 있다고 주장하였다. 70년대 말·80년대 초에 그 문제에 대한 연구가 특히 주목을 받았다. 학술적으로 토론에 참가한 학자들 사이에 다양한 견해와 관점이 존재하였지만 한 가지 견해만은 일치하였다. 즉 당대 중국은 발달하지 않은 사회주의이며, 사회주의 초급단계에 처했다는 것이었다.

그때 당시 전문가·학자들이 그 문제를 제기한 데는 이론적 근거와 실천적 근거가 있었다. 이론적으로 볼 때 마오쩌둥은 1957년에 "우리는 오직 사회주의를 '건립'하였을 뿐 아직 사회주의를 '건설'하지는 못하였다. 현실속의 사회주의는 생산관계와 상부구조 면에서 아직 '완벽하지 않은' 문제와 부분이 아주 많다."라고 말했었다. 1959년 12월부터 1960년 2월까지 소련의 『정치경제학 교과서』를 읽을 때 그는 또 이렇게 말했다.

"사회주의 이 단계를 또 두 개의 단계로 나눌 수 있다. 첫 번째 단계는 발달하지 않은 사회주의이고, 두 번째 단계는 비교적 발달한 사회주의이다. 뒤의 단계는 앞의 단계보다 더 오랜 시간이 필요하다. 뒤의 단계를 거쳐 물질적 제품과 정신적 재부가 매우 풍부해지고 사람들의 공산주의 각오가 최대한 높아지면 공산주의 사회에 들어설 수 있는 것이다."[112]

실천적인 각도에서 보면 우리나라가 사회주의에 들어선 후에도 사회생산력은 여전히 낙후한 상태였고, 상품생산과 상품교환을 폐지하려고 한 결과 생산력의 발전이 심각하게 파괴되었으며, 계급으로서의 착취계급이 소멸되었지만 계급 모순은 일정한 범위 내에서 여전히 존재한다는 것 등이었다. 이 모든 것은 마르크스가 구상하였던 '공산주의 사회 제1 단계' 즉 레닌이 말한 '사회주의사회'와는 아주 다른 것이었다. 그래서 생산수단의 사유제도에 대한 사회주의 개조가 기본상 완

---

112) 『마오쩌둥 문집』 제8권, 앞의 책, 116쪽.

성된 후, 즉 그 과도시기의 주요 모순인 노동자계급과 자산계급의 모순이 기본상 해결된 후 우리나라는 사회주의 사회에 들어섰다. 그러나 그 사회주의 사회는 발달하지 않고 완벽하지 않은 사회주의 사회였다. 그 시기는 우리처럼 경제문화가 낙후한 국가가 사회주의를 건설하는 과정에서 반드시 겪어야 하는 특정 단계였다. 그 단계를 우리는 '사회주의 초급단계'라고 부른다.

당 중앙은 당 내외의 국정문제 연구 성과를 종합하고 역사경험과 이론 사고를 총결하는 과정에서 사회주의 초급단계 이론이 점차 형성되면서 제기하였던 것이다. 이는 1979년 중공 제11기 4중 전회에서 통과된 예젠잉의 건국 30주년대회 축하연설에서 최초로 제기되었다. "이미 300~400년간의 역사가 있는 자본주의제도와 비교하면 사회주의제도는 아직 유년기에 처해 있다. 우리나라는 봉건사회 역사가 특히 길기 때문에 우리나라 사회주의 사회에 구사회의 많은 흔적이 남아있는 것은 불가피한 일이다. 우리 사회주의제도가 이미 그의 생명력과 발전 전망을 드러내기 시작했음은 의심할 여지가 없다. 하지만 그 제도는 아직 성숙하지 않았으며 완벽하지 않다.……"[113]

1981년 덩샤오핑의 주도로 제정된 「건국 후 당의 일부 역사문제에 대한 결의」에서는 우리나라 사회가 이미 사회주의 사회임을 인정한 한편 '우리의 사회주의 제도는 아직 초급단계'임을 명확하게 제기하였다.[114] 1986년에 「중공중앙의 사회주의 정신문명건설 지도방침 관련 결의」에서 "우리나라는 아직 사회주의 초급단계에 처해 있어 반드시 노

---

113) 중공중앙문헌연구실 편찬,『3중 전회 후 중요 문헌 선편』상권, 앞의 책, 220~221쪽.
114) 앞의 책, 838쪽.

동에 따른 분배제도를 실행해야 하고, 사회의 상품경제와 경쟁을 발전시켜야 할 뿐만 아니라, 상당히 긴 역사시기 동안 공유제를 주체로 하는 전제에서 다종의 경제요소를 발전시켜야 하며, 공동으로 부유해져야 한다는 목표 안에서 일부 사람들이 먼저 부유해지도록 지원해야 한다."라고 지적하였다.[115]

중국공산당 제13차 전국대표대회에 앞서 덩샤오핑은 "우리 당 제13차 전국대표대회에서는 중국 사회주의가 어떤 단계에 처해 있는지에 대해 논술할 것이다. 바로 초급단계에 처해 있으며, 초급단계의 사회주의라고 말이다. 사회주의 자체가 공산주의의 초급단계이며, 우리 중국은 또 사회주의 초급단계에 처해 있다. 바로 발달하지 않은 단계이다. 모든 것은 실제에서 출발하여 실제 상황에 따라 계획을 제정해야 한다."라고 지적하였다.[116] 제13차 당 대회의 중요한 이론적 기여는 바로 과학적 사회주의 학설을 계승하고 발전시킨 사회주의 초급단계 이론에 대해 명확하게 논술한 것이다.

1992년 초 덩샤오핑은 남방 순방 연설에서 다시 한 번 다음과 같이 강조하였다. "우리가 사회주의를 걷기 시작한 지 이제 겨우 몇 십 년에 불과하며, 아직 초급단계에 처해 있다. 사회주의 제도를 공고히 하고 발전시키려면 여전히 긴 역사단계가 필요하며 우리 몇 세대, 십 여 세대 심지어 수십 세대에 걸친 꾸준한 노력과 분투가 필요하다. 절대 방심해서는 안 된다."[117]

---

115) 『중공중앙의 사회주의 정신문명건설 지도방침 관련 결의』, 1986, 인민출판사, 11쪽.
116) 덩샤오핑, 「모든 것은 사회주의 초급단계의 실제에서 출발해야」 (1987년 8월 29일). 『덩샤오핑 문선』 제3권, 앞의 책, 252쪽.
117) 『덩샤오핑 문선』 제3권, 앞의 책, 379~380쪽.

덩샤오핑의 사회주의 초급단계 관련 논단이 있었기에 우리는 중국 국정을 더 현실적이고 정확하게 객관적으로 인식할 수 있었으며, 사회주의 건설의 방침과 전략, 그리고 장기성과 복합성 및 어려움에 대하여 더욱 명석하게 인식하고 마음의 준비를 할 수 있었다.

사회주의 초급단계의 논단은 두 가지 의미를 포함하고 있다. 첫째, 우리나라는 이미 사회주의 사회에 들어섰다는 것. 둘째, 우리나라 사회주의 사회는 아직 발달하지 않은 단계에 처해 있다는 것이었다.

'사회주의 초급단계'의 개념은 어느 나라나 사회주의 사회에 들어서면 모두 거쳐야 할 초기단계를 가리키는 것이 아니라, 생산력이 낙후하고 상품경제가 발달하지 않은 조건에서 우리나라가 사회주의를 건설함에 있어서 반드시 거쳐야 하는 특정 단계를 가리킨다. 그 단계는 사회주의 경제토대가 아직 튼튼하지 않은 과도시기와도 다르고 사회주의 현대화가 이미 실현된 단계와도 다르다. 그 역사단계는 아래와 같은 다섯 가지 특징을 띤다. 첫째, 사회화한 대 생산이 일정한 규모를 갖추고 국가 경제 실력이 이미 막강한 성장을 이루었다. 그러나 일부 현대화한 공업과 현대화 수준에서 수십 년 심지어 수백 년 뒤처진 공업이 공존하고, 경제가 비교적 발달한 일부 지역과 광범위한 발달하지 못한 지역과 빈곤 지역이 공존하며, 세계 선진 수준을 갖춘 소량의 과학기술과 보편적으로 수준이 낮은 과학기술이 공존한다. 둘째, 생산수단의 공유제를 토대로 하는 사회주의 경제제도가 이미 확립되었고, 또 이미 여러 경제요소의 주체로 되어 있다. 동시에 개체 경영·사기업·중외합자 등 여러 가지 형태의 경제요소도 존재하고 있다고 전하고 있다. 셋째, 자연경제·반 자연경제에서 상품경제가 고도로 발달한 단계로의 전환이 이미 시작되었고, 사회주의 시장경제 체계가 형성 중에 있다. 넷째, 이데올로기 영역에서 인민민주주의독재의 사회주의 정치제도와 마르크스주의의 지도적 지위가 이미 확립되었다. 한편 민주와 법제의 발전이 아직 충분하지 않고 봉건주의·자본주의의 부패 사상과 소 생산에 습관된 세력이 사회적으로 광범위한 영향을 끼치고 있으며, 게다가 늘 당의 간부와 국가 공무원 대오를 침범하고 있다. 다섯째, 계급투쟁이 더 이상 사회의 주요 모순이 아니다. 그러나 일정한 범위에 장기간 존재할 것이며, 특정 조건에서 격화될 가능성도 있다. 이것이 바로 당대 중국의 기본 국정이다.

우리나라가 이러한 독특한 사회 역사단계에 들어선 원인은 우리나라가 원래는 반식민지 반봉건대국이었기 때문이다. 지난 세기 중엽부터 백여 년 간 여러 정치세력의 겨룸이 거듭되는 가운데서 구 민주주의 혁명의 거듭되는 실패와 신민주주의 혁명의 최종 승리를 거쳐 자본주의 길은 중국 실정에 맞지 않으며, 유일한 출로는 공산당의 지도 하에 제국주의·봉건주의·관료자본주의의 반동통치를 전복시키고 사회주의 길을 걷는 것임이 증명되었다. 그런데 우리 사회주의가 반식민지·반봉건사회에서 태어난 것이기 때문에 생산력 수준이 발달한 자본주의 국가보다 낙후하다. 이로써 우리는 반드시 아주 긴 초급단계를 거쳐야 하며, 다른 많은 나라들이 자본주의 조건에서 실현한 공업화와 경제의 시장화·사회화·현대화를 실현해야 한다는 사실이 결정되었다. 다시 말하면 사회주의 초급단계는 특별한 역사가 만들어낸 특별한 현실이었던 것이다.

제3절
주요 모순과 기본 노선

국정에 대한 인식은 표면 현상의 차원에만 머물러서는 안 된다. 사물의 본질까지 깊이 파고들어가서 인식해야 한다. 오직 사회 발전단계의 주요 모순을 명확하게 인식해야만 그 단계의 성질과 특성을 진정으로 인식할 수 있다. 장기간 국정에 대한 우리의 인식적 오류가 바로여기서 생겼던 것이다. 당대 중국의 국정에 대한 인식은 우리나라가사회주의 초급단계에 처해 있음을 인식해야 할 뿐 아니라, 그 독특한역사단계의 주요 모순에 대해서도 정확하게 인식해야 한다.

사회주의 초급단계의 주요 모순은 무엇인가? 인민대중이 제국주의와 봉건주의 그리고 관료자본주의 반동통치를 뒤집고 사회제도를 개혁하여 나라의 주인이 되고자 하는 요구가 만족을 얻은 후 사회주의사회에서 인민대중의 요구는 갈수록 물질문화의 생활조건을 개선하고부유하고 행복한 새 생활을 누릴 수 있는 것에 집중되고 있다. 그런데역사적 원인으로 우리나라는 사회주의 사회에 들어선 후에도 생산력이 여전히 낙후하고 생산관계와 상부구조도 완벽하지 않은 실정이다.그런 실정과 인민대중의 갈수록 늘어나는 물질문화의 수요 사이에는분명한 모순이 불거지고 있다. 게다가 그 모순이 존재함으로 인해 경제생활과 정치생활 및 문화생활에서 여러 가지 모순의 존재와 발전에영향을 주고 있다. 거기에는 일정한 범위 내에서 여전히 존재할 수 있는 특별한 형태의 계급투쟁에 영향을 주는 것도 포함된다. 그래서 「건국 후 당의 일부 역사문제에 대한 결의」에서는 다음과 같이 지적하였다. "사회주의 개조가 기본상 완성된 후 우리나라가 해결해야 하는 주요 모순은 인민의 날로 늘어나는 물질문화의 수요와 낙후한 사회생산 간의 모순이다." 그리고 중공 제13차 전국대표대회 보고에서는 한 걸음 더 나아가서 구 모순을 우리나라 현 단계의 주요 모순이라고 규정지었다. 이는 우리가 역사경험을 받아들이고 또 변증법적 유물주의와 역사적 유물주의를 무기로 삼아 당대 중국의 여러 가지 사회 모순을 분석한 후 얻어낸 객관적이고 현실적인 과학적 논단이다.

사회 주요 모순에 대한 판단에서 몇 가지 주의해야 할 점이 있다.

첫 번째, 어떤 사람들은 생산과 수요의 모순은 인류사회에 장기적으로 존재하는 모순이기 때문에 인민의 날로 늘어나는 물질문화에 대한 수요와 낙후한 사회생산 간의 모순은 사회주의 초급단계만의 주요 모순이 아니라 앞으로 장기간 인류사회의 주요 모순이라고 주장한다. 이런 질의는 실제로 오해이다. 생산과 수요의 모순은 확실히 인류사회의 일관된 모순이다. 그러나 덩샤오핑이 말하는 것은 두루뭉술한 생산과 수요의 모순이 아니라, 사회주의 현대화가 실현되기 전의 '낙후한 사회생산'이 사회주의 국가에서 주인이 된 인민대중의 날로 늘어나는 물질문화의 수요를 만족시킬 수 없음을 가리킨다. 이는 목표가 있고 구체적 내용이 있는 구체적 역사단계의 구체적 모순으로서 절대 구체적 내용을 떠나서 추상적으로는 해석할 수 없는 것이다.

두 번째, 사회주의 초급단계의 사회 주요 모순에 대해서는 장기적인 실천을 거쳐 인식한 것이다. 1956년 9월에 열린 중공 제8차 전국대표대회에서 우리의 인식은 "우리나라 무산계급과 자산계급의 모순은 이미 기본상 해결되었다. 수천 년간 이어온 계급착취제도의 역사는 기본적으로 끝났고, 사회주의 사회제도가 우리나라에서 기본적으로 수립되었다", "우리 국내의 주요 모순은 인민의 선진 공업국 창립 요구와 낙후한 농업국 간의 현실적인 모순이며, 인민의 빠른 경제문화발전에 대한 수요와 현재 경제문화가 인민의 수요를 만족시키지 못하는 상황 간의 모순이다"라는 것이었다.[118] 이러한 인식은 정확한 것이었다. 그러나 그때 당시 그 주요 모순에 대한 우리의 인식은 그다지 깊지 않았으며 서술하는 면에서도 그다지 치밀하지 못한 부분이 있었다. 그때 당시 그 모순의 실질이 "바로 선진적인 사회주의제도와 낙후한 생산력 사이의 모순"이라고 하였는데, 마치 사회제도가 생산력을 초월할 수 있고, 우리가 수립한 사회주의 생산관계와 상부구조에 아무런 폐단이나 국한성도 없는 것처럼 서술하였던 것이다. 그래서 제8차 당 대회가 열린 뒤 얼마 지나지 않아 이론계와 당내 고위층 지도자 등 사이에서 우리나라 사회주의제도 수립 후의 사회주의 주요 모순 문제를 둘러싸고 논쟁이 벌어졌다. 그리하여 중공 제11기 3중 전회 후에 혼란한 국면을 바로잡는 과정을 거친 뒤에야 우리는 비로소 우리나라의 사회주의 개조가 기본적으로 완성된 후의 주요 모순은 인민대중의 날로 늘어나는 물질문화에 대한 수요와 낙후한 사회 생산 간의 모순이라는 사실을 새롭게 인식할 수 있었다.

세 번째, 1956년 우리나라 사회주의제도가 수립된 후 우리는 아주 긴 시간 동안 계급투쟁을 사회의 주요 모순으로 생각하였다. 이는 모순 운동의 객관 법칙의 전면적인 반영이 아니라 우리의 인식과 실천

---

118) 중공중앙문헌연구실 편찬, 『건국 후 중요 문헌선편』 제9권, 1994, 중앙문헌출판사, 341쪽.

의 실수였다. 1957년 당이 이끈 정풍운동 중에서 극소수의 자본주의 우파분자들이 기회를 틈타 이른바 "모든 사람이 자기 견해를 자유롭게 밝히자(大鳴大放)"고 고취하면서 당과 새로 태어나기 시작한 사회주의제도를 향해 제멋대로 공격하였다. 반 우파투쟁을 이끌면서 마오쩌둥은 중공 제8기 3중 전회에서 이렇게 제기하였다. "무산계급과 자산계급의 모순, 사회주의 길과 자본주의 길의 모순이 현재 우리나라 사회의 주요 모순임은 의심할 여지가 없다."[119] 이는 마오쩌둥이 제8차 당 대회 이후 사회주의 개조가 기본적으로 완성된 후의 국내 주요 모순에 대한 당 내외의 논쟁에 대해 정식으로 태도를 밝힌 것이다. 1958년 5월 제8차 당 대회 2차 회의에서 당 중앙은 제8차 당 대회 1차 회의 때 사회 주요 모순에 대한 판단을 바꿔 다음과 같이 지적하였다.

"정풍운동과 반우파투쟁의 경험이 또 한 번 표명했다시피 과도시기 즉 사회주의 사회가 실현되기 전에는 무산계급과 자산계급의 투쟁, 사회주의 길과 자본주의 길의 투쟁이 줄곧 우리나라 내부의 주요 모순이다. 그 모순은 일부 범위 내에는 치열한 사활이 걸린 적아모순으로 나타나기도 한다." 그 후 그 관점이 계속 발전하여 1962년 제8기 10중 전회에서 통과된 성명에서 한 발 더 나아가 체계화되었다. 그러나 그 판단은 객관적 실제와 부합하지 않았다. 우리나라는 생산수단의 사유제가 실행되는 사회주의 개조를 완성한 후 확실히 계급모순과 계급투쟁이 존재하였다. 그러나 그 모순과 투쟁은 이미 주요 모순이 아니었다. 게다가 오직 사회 생산력의 발전과 사람들의 사상적 각오가 높아져야만 그런 모순과 투쟁이 점차 해결될 수 있는 것이었다.

---

119) 마오쩌둥, 「혁명의 촉진파가 되자」 (『인민일보』 1957년 10월 9일).

네 번째, 중요한 것은 오늘날까지도 우리나라 사회의 주요 모순은 여전히 인민대중의 날로 늘어나는 물질문화에 대한 수요와 낙후한 사회생산 간의 모순이라는 사실이다. 「건국 후 당의 일부 역사문제에 대한 결의」에서는 그때 당시 주요 모순에 대해 논술하면서 "사회주의 개조가 기본적으로 완성된 후"라는 표현을 썼고, 제13차 당 대회에서 주요 모순에 대해 논할 때는 "우리의 현 단계에서 직면한 주요 모순은 인민의 날로 늘어나는 물질문화에 대한 수요와 낙후한 사회생산 간의 모순"이라고 표현한 것에 주목할 필요가 있다. 이는 1956년 우리나라가 생산 수단의 사유제를 실행하는 사회주의 개조를 기본적으로 완성하고, 사회주의 사회에 들어서서부터 '현 단계'에 이르기까지 사회의 주요 모순은 줄곧 인민의 날로 늘어나는 물질문화에 대한 수요와 사회 생산 간의 모순이라는 말이다. 현재 중국을 고찰하면 사회 모순이 아주 복잡하다. 우리가 해결해야 할 모순은 정치사상 영역의 여러 가지 복잡한 문제도 있고, 경제생활에서 여러 가지 불거지는 모순도 있다. 사람과 사람 간의 관계문제에서 적아모순도 있고, 인민 내부의 모순도 대량으로 존재하며, 계급모순도 있고, 비 계급투쟁 성질의 사회 모순도 대량으로 존재한다. 여러 영역의 복잡한 모순 중에서 정치사상 영역의 모순은 경제영역의 모순에 의해서 결정되며, 경제영역의 여러 가지 모순 중에서 결정적인 지배적 역할을 하는 모순은 낙후한 사회생산이 인민대중의 날로 늘어나는 물질문화에 대한 수요를 만족시키지 못하는 것이 두드러지는 모순이다. 이러한 객관적인 사실에 비추어 우리는 그 모순을 사회주의 초급단계의 주요 모순이라고 말하는 것이다. 혹은 그 주요 모순이 해결되지 않는 한 중국은 여전히 사회주의 초급단계에 처해 있다고 말하는 것이다.

우리나라가 사회주의 초급단계에 처했다는 것, 그리고 그 단계의 사회 모순에 대해 명확하게 인식함으로써 당이 바른 노선을 제정하는 데 믿음직한 객관적 의거를 마련하였다. 당 중앙은 사회주의 초급단계의 주요 모순에 따라 우리는 3개 방면의 역사적 사명을 짊어져야 한다고 지적하였다.

첫째, 현 단계에서 우리나라의 주요 모순은 인민대중의 날로 늘어나는 물질문화에 대한 수요와 낙후한 사회생산 간의 모순이다. 따라서 생산력을 발전시키고 현대화 건설을 견지하는 것이 당의 중심 임무이다. 오직 경제건설을 중심으로 하여 생산력을 대대적으로 발전시켜야만 비로소 날로 늘어나는 물질문화 성과를 창조하여 인민의 생활을 점차 개선함으로써 그 주요 모순을 해결할 수 있다.

둘째, 인민대중의 날로 늘어나는 물질문화에 대한 수요를 만족시킬 수 없는 것은 '낙후한 사회 생산'이지 낙후한 사회 생산력만이 아니다. 그렇기 때문에 그 모순을 해결하려면 또한 반드시 사회생산과정에서 낙후한 노동방식·경영방식·관리방식 등 생산관계 면의 문제도 개혁되어야 한다. 실제로 이상의 방면에서 낙후함으로 인해 생산력이 정상궤도에 따라 건전하고 빠르게 발전할 수 없도록 제약하고 있으며, 인민의 물질문화에 대한 수요 사이에 큰 차이와 모순이 나타나게 되는 것이다. '사회생산' 중 생산관계 면의 일부 낙후한 부분을 변환시키기 위해서는 개혁이 필요하다. 동시에 대외개방을 통해 국외의 현대화한 기술과 관리경험, 관리 제도를 배울 필요가 있다. 바꾸어 말하면 현 단계에서 우리나라 사회의 주요 모순은 객관적으로 우리에게 개혁개방을 견지할 것을 요구하고 있다.

셋째, 이런 주요 모순은 낙후한 사회생산을 변환시키는 것이 '인민대중의 날로 늘어나는 물질문화에 대한 수요'를 만족시키기 위한 것이라고 지적하였다. 따라서 현대화 경제건설과 개혁개방 과정에서 반드시 사회주의를 견지하고, 그와 관련된 당의 영도·인민민주주의독재·마르크스−레닌주의 마오쩌동 사상의 지도 등의 원칙을 견지할 것을 우리에게 요구하고 있다.

총체적으로 우리나라 현 단계 사회의 주요 모순에 대한 규정이 국정의 본질에서 명시된 것인 한 내용 없는 텅 빈 설교나 추상적인 구호가 아니며, 필연적으로 우리에게 구체적인 요구를 제기하게 된다. 이상의 내용을 종합해보면 그 요구는 바로 "하나의 중심, 두 개의 기본 점", 즉 경제건설을 중심으로 하고 네 가지 기본원칙을 견지하며 개혁개방을 견지하는 것이었다.

중공 제13차 전국대표대회에서는 사회주의 초급단계에서 중국공산당이 '중국 특색의 사회주의'를 건설하는 기본노선은 "전국 여러 민족 인민을 이끌고 단합시켜 경제건설을 중심으로 하고, 네 가지 기본원칙을 견지하며 개혁개방을 견지하면서 자력갱생하고 간고하게 창업하여 우리나라를 부강하고, 민주적이며, 문명적인 사회주의 현대화 국가로 건설하기 위하여 분투하는 것"이라고 지적하였다. "하나의 중심, 두 개 기본 점"은 그 주요 내용이면서 또 간명하게 개괄한 것이었다. 당의 기본 노선의 주요 내용을 "하나의 중심, 두 개의 기본 점"이라고 개괄하는 데는 이러한 역사과정을 거쳤던 것이다. 그러나 논리적으로 보면 그 기본 노선의 주요 내용은 현 단계에서 우리나라 사회의 주요 모순과 직접 연결되며 바로 사회 주요 모순의 객관적인 요구였던 것이다. "하나의 중심, 두 개의 기본 점"을 주요 내용으로 하는 당의 기본 노선을 제기하게 된 객관적 근거를 살펴보면, "하나의 중심"이건 "두 개의 기본 점"이건 "근원은 하나"이며, 공동의 토대를 가지고 있다. 바로 이러한 가장 근본적인 원인이 네 가지 기본원칙을 견지하는 것과 개혁개방을 견지하는 것이라는 두 개의 기본 점이 본질적인 동일성을 띠며, 서로 통일되는 두 개의 측면임을 결정지은 것이다. 이에 대해 명확하게 밝히기 위해 양자 간에 본질적인 연계에 대해 구체적으로 깊이 고찰해 보도록 한다.

첫째, "두 개의 기본 점"은 중국 사회주의 현대화를 건설함에 있어서 서로 구별되면서도 또한 서로 연결되는 두 개의 방면이라는 점이다. 현 단계 우리나라 사회의 주요 모순을 해결하기 위해서는 현대화한 생산력을 발전시키고 개혁개방과 네 가지 기본원칙을 견지하는 이 세 개 방면에서 착수해야 한다는 점에 대해서는 이미 설명하였다. 그러나 이 세 개 방면이 병렬되는 것은 아니다. 현대화한 사회생산력을 발전시키는 것이 주요한 것으로서 중심적 지위를 차지한다. 그렇다면 개혁개방과 네 가지 기본원칙은 이 '중심'과 무슨 관계인가?

우리는 우리의 현대화 건설에 '사회주의'라는 핵심 단어가 존재하며, 중국 사회주의 현대화 건설이라는 사실을 반드시 명확히 인식해야 한다. 그래서 우리가 말하는 현대화는 순 기술, 순 경제적인 규정이 아니라, 정치와 기술(경제)이라는 이중적 규정을 갖춘 범주인 것이다.

사회주의 현대화의 정치적 규정성 방면에서 출발하여 우리는 반드시 네 가지 기본원칙을 견지해야 한다. 우선 네 가지 기본원칙은 순수하고 추상적인 원칙이 아니며, 그 원칙은 우리나라 사회의 객관 실정을 반영하고 있다. 1949년 새 중국이 창립된 후부터 우리나라는 이미 공산당이 이끌고, 마르크스-레닌주의 마오쩌둥 사상을 견지하며, 인민민주주의독재를 실행하고, 사회주의 길을 걷는 나라가 되었다. 1956

년 생산 수단의 사유제를 실행하는 사회주의 개조를 완성한 후 우리 나라가 사회주의 사회에 들어선 것도 객관적인 사실이다. 다음에 생산력은 언제나 일정한 생산관계에서의 생산력으로서 언제나 일정한 상부구조의 보호와 영향을 받는다. 역사가 거듭 증명했다시피 중국에서 중국공산당의 영도와 마르크스-레닌주의 마오쩌동 사상의 지도를 떠나서, 사회주의제도와 인민민주주의독재의 유력한 보호를 떠나서는 경제건설이 정상적으로 진행될 수 없으며, 현대화를 발전시킨다는 것은 빈말이 될 수가 있다. 쏜중산이 중국을 공업화 현대화의 방향으로 나갈 수 있는 「실업계획」(1919년)을 세웠었지만 현실로 바꾸지는 못하였다. 그러나 새 중국은 창립된 지 겨우 3년 만에 국민경제를 회복하였으며, 하나의 5개년계획을 거쳐 초보적인 공업화의 토대를 닦아놓았다. 그렇기 때문에 성적이 크지 않다고는 할 수 없다. 그런데 당이 마르크스-레닌주의와 마오쩌동 사상에서 벗어나고 주관적으로 '급진'하거나 혹은 '당위원회를 차버리고 혁명'할 때마다 경제발전에서 번번이 저애를 받았다. 때문에 네 가지 기본원칙은 입국의 근본이며 중국이 현대화의 길로 나갈 수 있는 근본 보장인 것이다.

사회주의 현대화의 기술, 경제규정성에서 출발하여 우리는 반드시 개혁개방을 견지해야 한다. 먼저 현대화는 주관적인 열정으로 단번에 성공할 수 있는 것이 아니다. 현대화는 선진적인 과학기술에 의지하며, 또 그런 과학기술을 현실적인 생산력으로 전환시킨다. 따라서 세계 여러 나라의 과학기술을 널리 배워야 하며, 기술을 유치하고 국제교류와 협력 연구를 전개하는 등의 경로를 통해 우리가 활용할 수 있도록 하는 것이 필요하다. 덩샤오핑은 이렇게 말했다. 네 가지 현대화 중에서 과학기술의 현대화가 관건이다. 과학기술의 현대화가 없다면 공업·농업 및 국방의 현대화도 있을 수가 없는 것이다. 쇄국정책을 실시하는 나라에서는 과학기술 정보를 장악할 수가 없고, 세계의 선진적인 과학기술을 배울 수 없으며, 현대화를 실현할 수도 없다. 대외개방은 과학기술 현대화의 절박한 요구이다. 그 다음으로 현대화는 세계 각국의 관리경험(관리체제를 포함)을 배우고 참고할 것을 우리에게 요구한다. 오로지 선진적인 설비와 기술, 저렴한 노동력과 자원만 있고, 선진적인 과학적 관리가 없다면, 여전히 노동생산율이 높을 수 없으며, 현대화한 생산력이 있을 수 없기 때문에 대외개방이 필요한 것이다. 나악 현대화는 또 우리에게 국외의 자금을 유치할 것을 요구한다. 필요한 자금의 투입이 없다면 꾸준한 기술적 진보를 실현하기가 어렵다. 마지막으로, 선진적인 과학기술과 관리경험을 도입하게 되면, 필연적으로 우리나라 기존의 경직된 경제체제와 기타 체제와의 모순이 생기게 된다. 체제개혁이 없으면, 선진적인 과학기술은 사치한 장식품에 불과하게 될 것이며, 선진적인 관리경험은 그림의 떡에 지나지 않는다. 체제개혁이 없다면 국외 자금의 유치를 위한 양호한 환경을 마련할 수가 없다. 따라서 전면적인 개혁을 통해 효율적이고 활력 있는 경제체제와 그와 관련되는 기타 체제를 수립하는 것이 급선무이다. 그렇기 때문에 개혁과 개방이 상호작용하는 과정에서 현대화 건설을 추진하는 것은 중국을 강국으로 이끄는 길이 되었던 것이다.

 "입국의 근본"이든 아니면 "강국의 길"이든 간에 그 실질을 따져보면 바로 사회주의 현대화 중국을 건설하는 것이며, 사회주의 현대화라는 중심 목표와 임무를 실현하고 완성하기 위한 것이다. 그렇기 때문에 두 개의 기본 점은 공동의 역사적 사명을 짊어지고 있으며, 본질적으로 동일성을 갖는 것이다.

둘째, 네 가지 기본원칙과 개혁개방은 서로 의존하고 서로 보장하며 서로 보완하는 성질을 띤다는 점이다.

사물 간에 동일성을 띠는지를 알려면 우선 그들 사이가 서로 의존하고 서로 보장하며 어느 하나도 빠져서는 안 되는 사이인지를 보아야 한다. 네 가지 기본원칙과 개혁개방 간 정치적, 행위 규범적, 실천적인 면에서의 여러 관계에 대해 고찰하게 되면 그들 사이에 어느 하나도 빠져서는 안 되는 내적인 상호 의존성이 존재한다는 사실을 발견할 수 있다.

네 가지 기본원칙을 견지하는 것은 개혁개방을 견지할 수 있는 정치사상적 보장이다.

우선 네 가지 기본원칙은 입국의 근본으로서 개혁개방의 올바른 정치방향을 보장할 수 있다. 우리나라의 개혁은 복잡한 투쟁이다. 우리나라의 개혁은 2천여 년 간의 봉건주의와 소생산자 사상의 영향, 약 백년간의 식민지 노예화 사상과 제국주의 사상의 영향, 20여 년의 '좌'경사상과 대외개방 후 국외 자산계급의 부패한 사상의 영향 등이 존재하는 이런 복잡한 배경에서 진행되고 있는 개혁이다. 사회주의 시장경제를 실행하는 고도로 민주적이면서 또 집중제와 유기적으로 결합된 '중국 특색의 사회주의'를 건립하는 것은 참신한 목표를 향해 탐색하며 전진하는 위대한 실천 과정이다. 거기에 더 해 이번 개혁은 자본주의의 선진 경험, 기술과 관리 제도를 배우고 받아들이는 반면에 '전면적인 서구화'는 경계해야 한다. 또한 미시적인 면에서 활기를 띠게 하면서 거시적인 통제를 잃어서는 안 되고, 개인이익을 보장하고 만족하면서도 개인 이기주의와 자아 중심주의의 만연을 초래해서는 안 된다. 이로부터 어려움이 얼마나 큰 지를 알 수 있다. 그 복잡한 투쟁에서 방향을 잃지 않으려면 네 가지 기본원칙이라는 입국의 근본적인 보장을 받아야 한다.

다음 네 가지의 기본원칙은 개혁개방에 종사하는 사람들이 통일적인 정치행위규범을 준수할 수 있도록 보장한다는 점이다. 네 가지의 기본원칙은 매 당원이 자산계급 자유화도 반대하고 교조주의도 극복할 수 있기를 요구하며, 우경에도 반대하고 '좌'경에도 반대할 것을 요구한다. 네 가지 기본원칙은 모든 공민 한 사람 한 사람이 반드시 중국공산당의 영도를 옹호하고 사회주의를 옹호할 것을 요구한다. 이로써 당원과 공민이 개혁개방 과정에서 하나의 양호한 정치적 행위규범을 갖출 수 있게 되어 사회의 안정과 단합을 효과적으로 수호할 수 있는 것이다. 마지막으로 네 가지의 기본원칙은 정치사상 원칙으로서 개혁개방의 사회실천 지침이다. 마르크스주의는 이론이 없는 실천은 맹목적인 실천이기 때문에, 네 가지 기본원칙을 견지하게 되면 개혁개방 실천이 자각성을 늘리고 맹목성을 피할 수 있게 된다는 사실을 우리에게 알려주고 있다. 아울러 개혁개방을 견지하는 것은 네 가지 기본원칙의 현실적인 보장이기도 하다. 먼저 개혁개방은 강국의 길로서 사회주의제도의 우월성을 충분히 반영할 수 있도록 보장함으로써 네 가지 기본원칙이 사람들의 마음속 깊이 자리 잡을 수 있게 되었다. 덩샤오핑은 네 가지 기본원칙을 견지할 것과 개혁 초기에 린뱌오와 '4인방'처럼 '보편적으로 가난한 가짜 사회주의'를 건설해서는 안 되며, 개혁을 통하여 생산력을 발전시키고, 사회주의 우월성을 충분히 살려야 한다고 지적하였다. 자산계급자유화를 반대하는 투쟁에서, 그 투쟁의 지구성과 장기성에 대해 논술하면서 당 중앙과 덩샤오핑은 한 걸음 더 나아가 "개혁하지 않으면 필연적으로 자산계급의 자유화를 조장하게 될 것이고, 개혁하지 않으면 사회주의 우월성의 발휘가 제한을 받아 사회주의 매력이 줄어들 것이며, 개혁하지 않으면 네 가지 기본원칙을 효과적으로 견지할 수 없을 것이라고 지적하였다.

다음으로 개혁개방은 사람들의 정치행위의 일종으로서 자신의 행위 특징을 통하여 네 가지 기본원칙이라는 정치행위 규범을 실현하고 반영할 수 있다는 점이다. 실질적으로 보면 개혁은 사회제도의 자기완성과 발전으로서 사람의 행위는 그 질적인 규정성을 떠나서 제멋대로 해서는 안 된다. 따라서 개혁과정에 처한 인간의 정치행위와 정치행위 규범의 일치성을 근본적으로 보장하였다.

마지막으로 개혁개방은 당이 이끄는 여러 민족 인민의 위대한 실천으로서 마르크스-레닌주의와 마오쩌동 사상을 견지하고 발전시킬 수 있는 토대이기 때문에 네 가지 기본원칙을 더욱 잘 견지할 수가 있다. 실제로 실천을 떠난 이론이 텅 빈 이론인 것과 마찬가지로 개혁개방을 떠난 네 가지의 기본원칙 또한 텅 빈 정치사상에 불과하다. 양자는 서로 의존하고, 서로 보장해주는 특성을 띤다.

셋째, 네 가지 기본원칙과 개혁개방은 서로 침투하고, 서로 관통하며, 서로 포함하는 특성을 띤다는 점이다.

변증법에 따르면 사물과 사물 사이에 서로 침투하고, 관통하는 것 즉 서로 포함하는 특성도 그 사물들이 동일성을 띠고 있다는 중요한 표현이다. 네 가지 기본원칙과 개혁개방은 각자가 질적 규정성을 갖추고 있어 서로 구별되지만, 한편으로는 또 서로 의존하는 과정에서 일정한 조건에서 서로 전환되어 자신을 상대방 속에 포함시킨다. 우리가 그 두 가지 기본 점을 과학적으로 관찰하게 되면, 그들 사이에 그런 변증법적인 포괄성이 있다는 사실을 바로 발견할 수가 있다.

네 가지 기본원칙과 개방 사이의 변증법적 통일성에 관하여 마르크스주의의 권위 있는 저작에서 오래 전에 이미 논술한 바 있다. 마르크스는 자본주의가 세계시장을 개척하는 동시에 모든 국가의 생산과 소비를 세계적인 것으로 되게 하였다고 주장하였다. 사회주의가 자본주의를 대체하면 생산과 소비의 사회화 정도를 약화시키는 것이 아니라 진일보적으로 발전시킴으로써 더욱 세계적인 특성을 띠게 한다. 그렇기 때문에 마르크스주의를 지도사상으로 하는 과학적 사회주의는 대외개방에 대한 본질적 요구를 갖고 있는 것이다. 사회주의 초급단계에서 중국공산당의 기본 노선은 당대 중국의 기본국정을 과학적으로 분석하고 당대 중국이 처한 사회주의 초급단계 및 그 독특한 사회발전 단계의 주요 모순에 대해 정확하게 인식한 토대 위에서 제기한 풍부한 내용을 담고 있는 정확한 노선이다. 1840년 후 뜻있는 선비와 덕을 갖춘 인사들이 중화민족의 진흥을 위하여, 중국의 현대화를 위하여 힘겨운 탐색의 길을 걸어온 것과 연결시켜보면, 그 노선은 마오쩌둥에서 시작해 덩샤오핑에 이르러서야 비로소 찾아낸 유일하게 정확한 중국의 발전 노선이었다. 1992년 초 남방을 순방하는 길에서 한 연설에서 덩샤오핑은 전 당에 의미심장한 말을 하였다. "제11기 3중 전회에서 확립한 중국의 발전 노선을 끝까지 견지할 수 있느냐 없느냐 하는 것은 우리 모두의 노력에 의지해야 한다. 그러기 위해서는 특히 후대를 교육시켜야 한다."[120]

---

120) 『덩샤오핑 문선』 제3권, 앞의 책, 381쪽.

제4장
치국론

덩샤오핑은 20세기에 중국의 발전을 떠민 위인 중의 한사람이다. 그는 인민의 생활을 개선시키고 중국의 면모를 변환시키며 세계에서 중국의 지위를 높이기 위해 뛰어난 공헌을 하였다.

— [영] 리처드 에번스(Richard Evans)

제1절
마오쩌둥이 남긴 역사적 과제 : 치국·부국·강국

입국(立國)은 마오쩌둥이 완성한 위대한 업적이다. 항일전쟁의 승리를 앞두고 마오쩌둥은 "전반 형세로 미루어 볼 때 항일전쟁 단계가 끝난 뒤 직면하게 될 새로운 상황과 임무는 국내 투쟁이다. 장제스는 '건국'할 것이라고 말했다. 앞으로는 어떤 나라를 세울 것이냐는 투쟁이 벌어지게 된다."고 말했다.[121] 총칭 담판과 3년 해방전쟁을 거쳐 인민민주주의독재를 실행하는 중화인민공화국이 탄생하였다. 잇따라 중국공산당의 지도하에 3년 국민경제 회복시기를 거쳤고, 또 생산수단에 대한 사유제를 실행하는 사회주의 개조를 시작하였으며, 사회주의 경제정치제도를 수립함으로써 사회주의 국가인 중국은 동아시아의 드넓은 대지에 우뚝 서게 되었다. 이는 중국 근현대사에서 빛나는 역사시기였다. 새 중국이 건립된 후 마오쩌둥과 당 중앙은 "어떻게 나라를 다스리고 부유해질 것이며, 또 어떻게 강대해질 것인가?" 하는 문제에 대해 생각하기 시작하였다. 사회주의 길을 선택하고 사회주의 개조를 이끈 것은 바로 그 목적을 이루기 위해서였다. 그러나 도대체 치국·부국·강국은 어떻게 해야 하는지에 대한 우리의 기존 경험이 부

---

121) 마오쩌둥, 「항일전쟁 승리 후의 시국과 우리의 방침」 (1945년 8월 13일), 『마오쩌둥 선집』 제4권, 앞의 책, 1130쪽.

족하였기 때문에 굴곡적인 길을 걷게 되었다. 처음에 우리는 소련의 패턴을 그대로 옮겨와 고도로 집중된 계획경제체제를 수립하고, 중공업 발전을 중점으로 삼아 사회주의 건설을 진행하였다. 첫 번째 5년 계획 시기에 우리가 그렇게 한 것은 일정한 역사적 원인이 있었으며, 또한 뚜렷한 성과도 거두었다. 그러나 동시에 그 방법은 중국의 국정특히 국력에 썩 어울리지 않다는 결점과 문제가 드러났으며, 장기적인 발전을 이루기 어렵다는 사실을 발견하게 되었다. 이어서 우리는 소련과 중국의 사회주의 건설 경험교훈을 총결하고, 마오쩌둥이 「10대 관계를 논함」을 발표한 것을 상징으로 중국의 실제에 부합되는 치국·부국·강국의 정확한 길을 찾기 시작하였다. 위에서도 서술하였듯이 이를 위해 마오쩌둥은 심혈을 기울였으며 또 수많은 사상적 재부도 마련하였다. 그러나 여러 가지 복잡한 주관적·객관적 원인으로 인해 그가 이끈 힘겨운 탐색은 우여곡절을 겪으면서 좌절을 거듭하였으며, 사회주의 건설의 "필연왕국"에서 헤어 나올 수 있는 바른 길을 찾지 못하였다. 마오쩌둥의 중대한 실수의 하나는 '대약진'과 '인민공사화운동'이고 다른 하나는 '문화대혁명'을 일으킨 것이다. 그 두 차례의 실수는 혹은 대중의 운동을 통하여 사회주의 건설과 공산주의로 넘어가는 속도를 가속하려고 했거나, 혹은 거기에 계급투쟁까지 가세해 사회주의혁명과 건설을 추진하고자 하는 생각에서 생겨난 것이다. 마오쩌둥이 제정한 사회주의 건설의 총체적 노선은 50년대 말·60년대 초의 치국 구상을 집중적으로 반영하였고, 그가 제기한 "계급투쟁을 중점으로 삼아야 한다"는 전반 사회주의 역사단계에서 당의 기본노선은 60년대 중기 후 그의 치국 구상을 집중적으로 반영하였다. 이 두 가지 구상을 제기하게 된 배경과 내용은 서로 다르다. 이는 마오쩌둥이 치국·부국·강국의 문제를 해결하기 위해 장기적인 모색을 하였음을 설명한다. 그러나 상기의 두 구상은 모두 중국의 치국·부국·강국의 문제를 진정으로 해결하지 못하였다. 특히 두 번째 구상이 '문화대혁명'이라는 내란을 일으켰을 때, 마오쩌둥은 '천하대란(天下大亂)'에서 '천하대치(天下大治)'에 이를 수 있기를 기대했지만 결국 실현되지 않았다.

소련의 치국의 길은 취할 바가 못 되고 중국은 탐색에서 실패하였으며 중대한 연구 과제를 남겨놓았다. 즉 무산계급이 정권을 취득하고 사회주의제도를 건립한 후 건국과 입국에 이어 도대체 어떻게 치국해야 하며 나아가 어떻게 부국·강국에 이를 것이냐 하는 연구 과제이다. 그것은 역사적 과제였다. 왜냐하면 국제공산주의운동이 해결하지 못한 난제이며, 마오쩌둥을 핵심으로 하는 중국공산당 제1세대 중앙지도집단이 장기적인 탐색을 거쳤으나 성공적인 경험을 얻지 못한 연구과제이기 때문이다. 그것은 또 시대적 과제였다. 왜냐하면 사회주의 건설 시기는 무산계급투쟁의 새 시기이며 사회주의를 건설하는 관건 시기로서 지난날의 사업을 계승하며 앞길을 개척할 것을 요구하는 역사는 그 과제를 지난날의 사업을 계승하며 앞길을 개척하는 지도자 덩샤오핑에게 맡겨졌다. 덩샤오핑은 제1세대 지도집단의 구성원으로 그 문제의 해결에 대한 탐색에 참가했었다. 마오쩌둥이 만년에 '천하 대치'에 대해 생각하면서 치국의 인재로 제일 먼저 꼽은 이가 덩샤오핑이었다. '4인방'을 무너뜨리고 '문화대혁명'이 끝난 후 덩샤오핑에게 또 절호의 역사적 기회가 주어졌다. 그래서 그는 앞사람들의 교훈과 경험을 총결하고, 혼란한 국면을 바로잡고, 대담하게 탐색하며, 꾸준히 개척하여 그 역사적·시대적 중대한 과제를 완성할 수 있었으며, '중국 특색의 사회주의'를 건설할 수 있었던 것이다.

제2절
치국의 핵심 : 경제건설을 반드시 이뤄내야 한다

  도대체 어떻게 나라를 다스려야 하는가? 덩샤오핑은 세 번째로 복 귀하자마자 치열한 논쟁에 부딪쳤다. 장기적인 '좌'적 지도사상의 영향 으로 '두 가지 무릇'의 관점은 이른바 "무산계급독재 하에 계속 혁명해 야 한다는 이론"을 계속 견지해야 하고, "계급투쟁은 해마다 달마다 날마다 강조해야 한다"는 기본노선을 관철시킬 것을 제기하였다. 바꾸 어 말해서 계속 대중적인 대규모의 계급투쟁을 통해 중국을 다스려야 한다는 것이었다. 덩샤오핑은 그러한 관점에 찬성하지 않았다. 1978년 전국과학대회 개막식에서 그는 그 관점에 예리하게 맞서서 다음과 같 이 지적하였다. "무산계급독재 조건에서 현대화 건설을 진행하지 않고 과학기술 수준을 제고하지 않으며, 사회생산력이 발달하지 않으면, 국 가의 실력이 강해질 수 없으며, 인민의 물질문화생활이 개선될 수 없 다. 그러면 우리 사회주의 정치제도와 경제제도가 충분히 공고해질 수 없고, 우리나라의 안전도 보장 받을 수 없다."[122] 아울러 그는 새로운 치국 구상을 제기하였다. 즉, 경제 건설을 핵심으로 하는 치국구상이 었다.

  1978년 12월 18일부터 22일까지 열린 중공 제11기 3중 전회에서 린

---

122) 『덩샤오핑 문선』 제2권, 앞의 책, 86쪽.

야오·장칭 반혁명집단을 무너뜨린 후의 국내 형세와 직면한 문제에 대해 분석하고 덩샤오핑의 치국사상을 받아들였다. 당 중앙은 제때에 과단성 있게 전 당의 업무 중점과 전국 인민의 주의력을 사회주의 현대화 건설로 돌렸다.

11기 3중 전회 후 덩샤오핑은 여러 방면에서 당의 업무중점 전환문제에 대하여 이론적으로 논술하고 논리적으로 증명하였다.

우선 덩샤오핑은 가난은 사회주의가 아니며, 사회주의 근본 임무는 사회생산력을 발전시키는 것이라고 강조했다. 덩샤오핑은 "혁명에는 계급투쟁이 필요하다. 그러나 혁명에는 계급투쟁만 있는 것이 아니다. 생산력 분야의 혁명도 혁명이며, 게다가 이는 더 중요한 혁명이며, 역사 발전의 각도에서 보아도 가장 근본적인 혁명이다"라고 말했다. 이는 역사적 유물주의 이론의 차원에서 "혁명이 무엇인가?"라는 문제에 대해 과학적으로 규명한 것이었다.

덩샤오핑은 "우리 혁명의 목적은 바로 생산력을 해방시키고, 생산력을 발전시키는 것으로서 생산력의 발전을 떠나서는 나라의 부강도, 인민 생활의 개선도, 혁명도 모두 쓸데없는 빈 말이 된다. 우리가 구사회와 낡은 제도를 반대하는 것은 그것이 인민을 압박하고 사회생산력의 발전을 속박하기 때문이다."라고 말했다. 이상의 논단을 통해 "사회주의 혁명이 무엇인가" 하는 문제에 대한 마르크스주의의 기본관점을 견지하고 발전시켰다.

덩샤오핑은 다음과 같이 거듭 지적하였다. "사회주의가 무엇이며, 마르크스주의가 무엇이냐?" 하는 문제에 대해 과거 우리의 인식이 전적으로 명확한 것은 아니었다. 마르크스주의는 생산력의 발전을 가장 중시한다. 우리는 사회주의가 공산주의의 초급단계이며, 공산주의 고급단계에는 각자의 재능을 충분히 발휘하고, 수요에 따라 분배하는 제도를 실행해야 한다. 그러려면 사회생산력이 고도로 발전하고, 사회의 물질재부가 매우 풍부할 것을 요구한다. 그래서 사회주의 단계의 가장 근본적인 임무는 바로 생산력을 발전시키는 것이다. 사회주의의 우월성은 결국 그 생산력이 자본주의보다 더 빨리 더 높은 차원으로 발전하는 데서 반영되며, 또 생산력 발전을 토대로 인민들의 물질문화 생활을 꾸준히 개선할 수 있다는 데서 반영된다.

그는 또 이렇게 말했다. 사회주의 임무는 바로 사회생산력을 발전시키고, 사회주의 국가의 힘을 키워 인민의 생활을 점차적으로 개선하는 것이다. 그다음 앞으로 공산주의에 들어서기 위한 토대를 마련하고 물질조건을 창조하는 것이다. 이런 논술은 사회주의와 공산주의 즉 공산주의 초급단계와 고급단계의 관계에서 "사회주의가 무엇인가" 하는 기본문제를 명확히 하였고, 사회주의의 근본 임무는 바로 사회생산력을 발전시키는 것이라고 명확하게 논술했던 것이다.

덩샤오핑은 "혁명이 무엇인기?" "사회주의 혁명이 무엇인가?" "사회주의가 무엇인가?" 라는 마르크스주의 기본 관점과 기본 원리에서 착수하여 "가난한 사회주의 관"을 반박하였으며, 그것은 가짜 사회주의이고, 가짜 마르크스주의라고 지적하였다. 즉 진정한 마르크스주의, 과학적 사회주의는 반드시 사회주의 단계에서 추호의 흔들림도 없이 당의 업무중점 혹은 중심을 경제건설에 놓고 사회주의의 근본 임무를 완성하기 위해 애쓰는 것이라고 했던 것이다.

그 다음에 덩샤오핑은 국제 계급투쟁을 절대 경시해서는 안 된다고 강조하였다. 오로지 사회생산력을 대대적으로 발전시켜야만 비로소 자본주의에 최종적인 승리를 할 수 있다고 했다. 덩샤오핑은 "낙후한 나라에서 사회주의를 건설하려면, 초기의 매우 긴 시간 동안에는 생산력수준이 발달한 자본주의 나라보다 뒤처질 것이며, 가난을 완전히 소멸시킬 수 없을 것이다. 그렇기 때문에 사회주의 사회에서는 반드시 생산력을 대대적으로 발전시켜 가난을 점차 소멸시키고 인민의 생활수준을 꾸준히 제고시켜야 한다. 그렇지 않으면 사회주의가 어떻게 자본주의를 이길 수 있겠는가?"라고 날카롭게 지적하였다. 그는 또 다음과 같이 말했다. 즉 "'4인방'은 가난한 사회주의를 원할지언정 부유한 자본주의는 싫다고 하였는데, 사회주의가 늘 가난하면 발을 붙일 수 없다. 국제 계급투쟁에서 마르크스주의와 사회주의를 견지하려면 마르크스주의 사상이 다른 사상보다 우월함을 드러내야 하고, 사회주의제도가 자본주의제도보다 우월함을 드러내야 한다. 이로부터 오늘날 복잡한 국제환경에서 사회주의와 자본주의 중 누가 누구를 이기느냐 하는 문제가 존재한다는 사실을 알 수 있으며, 우리가 경제건설을 중심으로 하여 사회주의를 건설하는 것은 그런 복잡한 국제 계급투쟁을 무시하거나 말살하려는 것이 아니라, 그 투쟁의 관건적인 문제를 파악하였다는 것을 알 수 있는 것이다."라고 하였다.

우리는 덩샤오핑이 사회주의의 '우월성'에 대하여 늘 언급하였다는 사실에 주의를 기울일 필요가 있다. 예를 들어, 그는 "우리는 자본주의를 원하지 않는다. 그러나 우리는 또 가난한 사회주의도 원하지 않는다. 우리는 발달한, 생산력이 발전한, 나라를 부강하게 할 수 있는 사회주의를 원한다. 우리는 사회주의가 자본주의 제도보다 우월하다고 믿는다. 그 우월성은 자본주의보다 사회생산력을 발전시킬 수 있는 더욱 좋은 조건을 갖춘 데서 반영되어야 한다."[123]라고 말했다.

사회주의와 자본주의 중 누가 누구를 이기느냐 하는 투쟁은 사회주의제도가 하나의 학설에서 현실로 바뀐 후 더 이상의 순수한 의식형태 투쟁과 추상적인 관념상의 투쟁이 아니라, 나라와 나라 간 실력의 겨룸, 사회제도 우월성의 경쟁이 되어버렸음을 설명한다. 만약 사회주의국가가 종합국력 경쟁에서 장기적으로 열세에 처하여 자본주의를 상대로 우월성을 보여주지 못한다면 심각한 후과를 빚어내게 된다. 따라서 사회주의의 우월성은 이론적으로 유도해낸 것일 뿐만이 아니라 사회주의 국가 인민이 역사에 대한 종적인 비교를 통해 느낀 것일 뿐만도 아닌, 즉 서로 다른 사회제도를 실행하는 나라들과의 횡적인 비교를 통해서 점차 드러나는 것이어야 한다. 덩샤오핑이 위기에서 사회주의를 구해냄으로써 우리는 경제건설을 중심으로 사회주의를 공고히 하고 발전시켰으며, 또 80년대 말에서 90년대 초까지 국제형세가 급변하는 상황에서 압력을 이겨내고, 서양의 적대세력의 '제재'를 타파하고 사회주의의 우월성을 보여줄 수 있었던 것이다.

마지막으로, 덩샤오핑은 현 단계에서 우리나라는 사회주의 초급단계에 처해 있어 발전만이 확실한 도리라면서, 더욱이 경제건설이라는 중심을 꼭 잡고 놓아서는 안 된다고 강조하였다.

덩샤오핑은 역사적 경험을 총결한 토대 위에서 다음과 같이 지적하였다. "다년간 우리는 큰 손해를 보았다. 사회주의 개조가 거의 완성됐음에도 '계급투쟁을 중점으로 삼고' 생산력의 발전을 경시한 것이

123) 덩샤오핑, 「사회주의도 시장경제를 실행할 수 있다」 (1979년 11월 26일). 『덩샤오핑 문선』 제2권, 앞의 책, 231쪽.

다. '문화대혁명'은 더욱이 극단적으로 나갔다. 제11기 3중 전회 후 전당은 업무의 중점을 사회주의 현대화 건설로 전환하고, 네 가지 기본 원칙을 견지하는 토대 위에서 사회생산력을 발전시키는 데 집중하였다. 이는 가장 근본적으로 혼란한 국면을 바로잡는 것이다."[124]

덩샤오핑은 사회주의의 근본 임무가 생산력을 발전시키는 것이라고 주장하였다. 그는 사회주의 초급단계는 발달하지 않은 사회주의라면서 우선 반드시 가난을 떨쳐버려야 하며, 더욱이 생산력의 발전을 우선 자리에 놓아야 한다고 주장하였다. 그는 특히 우리처럼 개발도상 대국에서는 경제발전이 빨라야 한다고 강조하였으며, "발전만이 확실한 도리"라는 유명한 논점을 분명하게 제기하였다.[125]

치국문제에서 덩샤오핑은 많은 중요한 사상을 제기하였다. 그러나 그 핵심은 경제건설 이라는 중심을 확실히 해야 한다는 것이었다. 그는 치국에서는 교육을 중시해야 하고, 정신문명 건설을 강화해야 한다고 주장하였다. 또 치국은 법을 중시해야 한다면서 사회주의 법률제도를 보완해야 한다고 주장하였다. 그러나 그는 무엇을 하든 경제건설은 떠날 수 없다면서 모두 경제건설에 복종해야 하고 경제건설을 위해 봉사해야 한다고 주장하였다. 이는 덩샤오핑 '치국론' 중 가장 중요한 원칙적 문제였다.

---

124) 덩샤오핑, 「중국공산당 전국대표회의에서의 연설」 (1985년 9월 23일), 『덩샤오핑 문선』
      제3권, 앞의 책, 141쪽.
125) 「우창 선전 주하이 상하이 등지에서의 연설 요점」 (1992년 1월 18일~2월 21일).
      『덩샤오핑 문선』 제3권, 앞의 책, 377쪽.

제3절
치국의 방도 : 개혁개방

　경제건설을 핵심으로 하는 치국구상을 어떻게 실현할 것이냐 하는 것은 복잡한 문제이다. 일부 사람들이 보기에 경제건설은 바로 사회주의 조건에서 생산력을 발전시키는 것이었다. 오직 생산력만 발전시키면 나라가 부강해진다고 생각하는 것이다. 일반적으로 이러한 인식은 정확하다고 할 수 있다. 그러나 만약 우리나라의 다년간 경제건설 실천과 연결시켜 보면 한 가지 문제를 발견할 수 있다. 즉, 과거 우리 경제건설이 제대로 이루어지지 못한 것은 계급투쟁을 중심으로 하는 노선·방침과 관련이 있을 뿐만 아니라, 우리나라 경제체제 및 그와 연결되는 과학기술체제·교육체제·정치제제 등 일련의 체제상에 존재하는 폐단과도 관련이 있었다. 다시 말하면 경제건설을 핵심으로 하는 치국 구상을 실현하려면 생산력 발전만 강조해서는 문제를 해결할 수가 없었다. 반드시 개혁을 통하여 생산력을 해방시켜야 했다.(물론 여기서 말하는 개혁에는 대외개방도 포함된다. 개방도 개혁이기 때문이다.) 풍부한 치국경험이 있는 덩샤오핑은 심사숙고를 거쳐 개혁개방의 총체적 방침을 제기하였다. 실천이 증명하다시피 오직 개혁개방만이 당대 중국의 정확한 치국의 방도였던 것이다.

1. 개혁개방만이 생산력을 해방시키고 발전시키며 치국·부국·강국을
   이룰 수 있다.

1992년 남방 순방 연설에서 덩샤오핑은 다음과 같이 지적하였다.
"혁명은 생산력을 해방시키는 것이고, 개혁도 생산력을 개방시키는 것
이다. 제국주의·봉건주의·관료자본주의 등의 반동통치를 뒤엎음으로
써 중국 인민의 생산력이 해방되었다. 이는 혁명이다. 그렇기 때문에
혁명은 생산력을 해방시키는 것이다. 사회주의 기본제도를 확립한 후
에도 생산력의 발전을 속박하는 경제체제를 근본적으로 변환시켜 생
기와 활력이 넘치는 사회주의 경제체제를 수립함으로써 생산력의 발
전을 촉진시켜야 한다. 이것은 개혁이다. 그렇기 때문에 개혁도 생산
력을 해방시키는 것이다. 예전에 사회주의 조건에서 생산력을 발전시
킬 것만 강조하고 개혁을 통해 생산력을 해방시켜야 한다고는 강조하
지 않았다. 이는 완전하지 않은 것이다. 생산력의 해방과 생산력의 발
전 두 가지를 모두 완전히 강조해야 한다."[126]

제11기 3중 전회에서 전 당의 업무 중점을 "계급투쟁을 중심으로 했
던 데서", "경제 건설을 중심으로 하는 것"으로 이전할 것을 결정하면
서 덩샤오핑은 「사상을 해방시키고, 실사구시하며, 단합하여 일제히
앞으로」(1978년 12월)라는 연설에서 개혁문제에 대해 강조하였으며, 개
혁과 경제건설의 관계에 대해 분석하였다. 그는 다음과 같이 말했다.

"관료주의는 소 생산의 산물로서 사회화한 대 생산과는 애초에 서
로 어울리지 않는 것이다. 네 가지 현대화를 실현하고, 사회주의 경제
를 대 생산의 기술 토대 위로 본격 전환시키려면 반드시 관료주의의

---

126) 『덩샤오핑문선』 제3권, 앞의 책, 370쪽.

화근을 극복해야만 한다.…… 이제 개혁을 실행하지 않는다면, 우리의 현대화 사업과 사회주의 사업은 매장될 것이다."[127]

실천이 증명하다시피 개혁(개방도 포함)은 확실히 기본적인 치국의 방도였다. 덩샤오핑은 "생산력을 발전시키려면 경제체제 개혁이 반드시 거쳐야 할 길이다", "개혁개방을 견지하는 것은 중국의 운명을 결정짓는 한 가지 방법이다", "개혁은 사회주의 제도의 자아보완이며, 일정한 범위 안에서는 역시 어느 정도의 혁명적 변혁이 일어났다. 이는 대사로서 우리가 '중국 특색의 사회주의'를 건설하는 방도를 찾아내기 시작하였음을 의미한다"[128]고 거듭 강조하였다. 여기서 말하는 "반드시 거쳐야 할 길", "중국 운명을 결정짓는 한 가지 방법", "방도" 등이 바로 '치국의 방도'였던 것이다.

먼저 이는 생산관계를 떠나지 않은 생산력이기 때문이었다. 생산력의 낙후함은 생산관계에 존재하는 폐단과 직접적인 관계가 있다. 생산력이 낙후한 상황을 바꾸려면 반드시 생산관계의 일련의 서로 연결된 부분 및 그와 서로 연결된 상부구조에 존재하는, 생산력의 발전을 속박하는 요소를 개혁해야 한다. 그래야만 생산력을 해방시킬 수 있는 것이다.

덩샤오핑이 "개혁도 생산력을 해방시키는 것"이라는 명제를 제기하게 된 전제는 사회주의 사회에도 '생산력 해방'의 임무가 여전히 존재한다는 것, 즉 사회주의 조건에서도 '생산력을 속박하는 현실'이 여전히 존재한다는 것이다. 이는 매우 대담한 판단이었다.

---

127) 『덩샤오핑문선』 제2권, 앞의 책, 150쪽.
128) 『덩샤오핑 문선』 제3권, 앞의 책, 138, 368, 142쪽.

덩샤오핑은 「마오쩌둥 사상의 기치를 높이 들고 실사구시 원칙을 견지해야 한다」(1978년 9월)라는 글에서 사회주의 제도의 우월성은 사회 생산력이 구 사회에서는 없었던 속도로 빠르게 발전할 수 있도록 허용하는 데서 근본적으로 반영된다고 지적하면서 "긴 역사 시간 동안 사회주의 국가 생산력의 발전 속도가 자본주의국가보다 더디다면 어찌 우월성에 대해 논할 수 있겠는가?"[129]라고 지적하였다.

덩샤오핑과 당 중앙이 치국의 방도를 제기하게 된 기본 사고방식은, 사회주의 우월성을 충분히 살리지 못한 것은 현실속의 사회주의 생산관계 및 그와 연결된 상부구조에 생산력의 발전을 속박하는 폐단이 존재하고 있기 때문이라는 것이었다. '속박'이 존재하는 이상 '해방'을 거쳐야 한다. 즉 개혁을 통해 '생산력 해방'문제를 해결해야 한다는 것이었다. 다음으로 이는 우리 당이 이끄는 사회주의의 위대한 혁명이 생산수단의 사유제를 실행하는 사회주의 개조를 거의 완성한 후에 반드시 체제 개혁을 전개해야 했기 때문이다.

마지막으로 이는 개혁이 사회주의 사회 발전의 직접적인 동력이기 때문이었다. 정확한 치국의 방도를 찾으려면 결국 사회주의 사회발전의 직접적 동력이 무엇인지에 대해 알아야 했다. 사회 발전의 객관적 법칙에 부합되는 치국이론은 바로 사회의 활발하고 건강한 발전을 추진할 수 있는 치국이론이어야 했던 것이다.

덩샤오핑은 사회주의 사회 발전의 직접적 동력은 계급투쟁도 아니고 인민대중의 정신적·정치적 일치성도 아니라면서, 오직 체제 개혁만이 사회주의 사회 발전의 직접적인 동력이라고 주장하였다.

---

129) 『덩샤오핑 문선』 제2권, 앞의 책, 128쪽.

왜냐하면 사회주의 사회에서 생산력의 발전을 속박하는 것은 사회주의 기본제도가 아니라 체제에 문제가 있었기 때문이었다. 중공 제12기 3중 전회에서 통과된 「경제체제 개혁에 관한 중공중앙의 결정」에서는 이렇게 지적하였다. 사회주의 우월성이 제대로 발휘되지 못한 중요한 원인은 "역사적, 정치적, 사상적 원인을 제외하고, 경제적인 방면에서의 중요한 원인은 바로 경제체제에서 사회 생산력 발전의 요구에 적응하지 못하는 굳어진 패턴이 형성되었기 때문이다", "기업과 광범위한 직원 대중의 적극성·자발성·창조성을 심각하게 억압하여 원래는 생기발랄해야 할 사회주의 경제가 정도 상에서 활력을 잃었기 때문이다." 오래 전에 덩샤오핑은 체제에 대한 개혁이 사람에 대한 개혁보다 더욱 의미가 깊다고 지적하였다. 즉 경제체제개혁은 낡은 체제의 속박을 받아온 노동자의 적극성과 자발성·창조성을 해방시킬 수 있을 뿐만 아니라, 속박을 받아온 노동자와 노동 수단에 대한 기술혁신 능력을 해방시킬 수 있어 과학기술을 강대한 현실 생산력으로 전환시키고, 또 충분한 개발과 활용을 받지 못한 노동대상도 해방시킬 수 있다고 했다. 농촌 개혁이건 도시 개혁이건 "개혁도 생산력 해방"이라는 객관적인 진리를 증명하였으며, 사회주의 체제에 대한 근본적인 변혁을 통해 사회주의 기본제도를 보완하고 발전시킬 수 있다는 사실과 나아가서 생산력의 빠른 발전을 추진할 수 있다는 사실을 증명해주었다. 그래서 개혁은 사회주의 사회 발전의 직접적인 동력임을 유력하게 증명해주었다.

　덩샤오핑의 '체제개혁 동력론'은 스탈린의 '정신과 정치 일치 동력론', 마오쩌동 만년의 '계급투쟁 동력론'과 근본적으로 구별될 뿐만 아니라, 또 체제 개혁문제에서 경제체제 개혁을 앞세우고 정치체제 개혁을 그에 맞출 것을 강조하였다. 실천이 증명하다시피 '중국 특색의 사회주의' 발전의 동력론은 곧 사회주의 현대화 건설 과정에서 마르크스주의 유물론적 역사관을 활용한 것으로 과학적 토대를 갖추었을 뿐만 아니라, 또 중국의 국정에 근거하여 실천과정에서 총결해낸 신선한 경험임을 알 수가 있다. 이는 '중국 특색의 사회주의' 건설 이론에서 제일 중요한 구성부분으로 당대 중국의 치국·부국·강국의 바른 길을 가리켜 주었다.

2. 대외개방만이 높은 기점에서 현대화를 실현할 수 있고, 치국·부국·강국을 이룰 수 있다.

앞에서 서술한 바와 같이 대외개방도 개혁이다. 덩샤오핑은 치국이론에 대해 연구하면서 체제 개혁이 치국의 길이라는 사실을 볼 수 있어야 할 뿐만 아니라, 대외개방 역시 치국의 길이라는 사실도 볼 수 있어야 한다고 했다.

먼저 덩샤오핑의 '발전 기점론'에 대해서 논하고자 한다.

재판한 『등소편문선』 제2권에 새롭게 추가한 「네 가지 현대화를 실현하고, 영원히 패권을 누리지 않을 것」, 「선진적인 기술과 관리방법으로 기업을 개조해야」, 「개방정책을 실행하여 세계 선진 과학기술을 배워야」 등의 글에서는 "우리는 세계 모든 선진기술, 선진 성과를 우리 발전의 기점으로 삼아야 한다."라는 중요한 관점을 제기하고 명확하게 논술하였다. 덩샤오핑이 이와 같은 중요한 관점을 제기한 가장 중요하고 근본적인 원인은 우리 업무의 중점과 발전노선이 현대화를 실현하는 것이라는 데 있었다.

중공 제11기 3중 전회에서 "계급투쟁을 중점으로 하는 것"을 포기하고 전 당의 업무 중점을 경제건설로 전환하였다. 덩샤오핑은 여러 차례나 다음과 같이 명확하게 지적하였다. "현재 그리고 앞으로 상당히 긴 역사시기에 있어서 우리의 주요 임무는 바로 현대화 건설이다. 우리의 업무중점과 발전노선이 네 가지 현대화 건설이고, 또 우리의 현실적 토대가 그처럼 낙후한 전통생산력인 실정에서 그 모순을 해결하는 출로는 인민대중의 악전고투하는 적극성을 불러일으키고, 객관적 단계별 현대화 실현이라는 전략적 목표를 확정하는 것 이외에 한 가지 중요한 대책이 바로 천방백계로 세계 모든 선진기술, 선진 성과를 이용하는 것을 우리 발전의 기점으로 삼는 것이다. 오직 기점이 높아야만 현대화를 실현할 수 있다."

1978년 5월 7일 덩샤오핑이 최초로 '발전의 기점' 문제에 대해 제기한 것은 바로 네 가지 현대화의 실현 가능성이라는 각도에서 밝혔던 것이다. 덩샤오핑이 '발전의 기점'에 대해 제기할 수 있었던 것은 또한 그가 과학기술은 계급성이 없다는 사실과 세계 과학기술의 비약적인 발전 추세가 우리에게 다가오는 도전에 대해 명석하게 인식하였기 때문이다. 그는 역사의 경험을 깊이 총결한 뒤 "60년대 전반기에 우리의 과학기술 수준은 국제 수준과 별로 큰 차이가 없었으나 최근 십여 년 사이에 세계 기술수준이 비약적으로 발전함에 따라 차이가 크게 벌어졌다는 것이다. 우리의 현대화 건설의 속도를 높이려면 반드시 세계 과학기술 성과를 배우고 받아들여야 한다. 하나는 과학기술은 계급성이 없기 때문에 우리가 이용할 수 있고, 다른 하나는 세계 과학기술이 급속하게 발전하고 있기 때문에, 우리가 배우지 않으면 시대를 따라잡을 수가 없다. 이 두 가지를 종합하여 우리는 반드시 세계의 모든 선진기술과 선진 성과를 이용하여 자체 발전의 기점으로 삼아야 한다."

고 지적하였다. 덩샤오핑의 이러한 '발전 기점론'은 우리는 서양 자산계급에게 뒤 떨어져서 기어가서는 안 된다는 마오쩌둥의 관점을 계승발전시켜, 후발 현대화국이 발달한 국가를 따라잡아야 하는 객관적 요구를 명시한 것이었으며, 당대 세계의 발전상의 특성을 반영한 것이었다. 그러한 관점은 우리가 사회주의 현대화 발전전략을 제정하는 데 과학적 지침이 된다. 그 '발전 기점론'은 사회주의 근본 임무 이론과 과학기술은 제일 생산력이라는 이론 및 개혁개방이론을 하나로 융합시켰다. 실제로는 대외개방을 통해 세계 각국의 선진적인 과학기술과 관리방법을 도입하여 높은 기점에서 발전을 시작하는 것이었다. 덩샤오핑은 현재 세계 선진기술과 선진 결과를 우리는 왜 이용할 수 없느냐고 지적하면서 개혁개방 정책을 실행하여 세계 선진 과학기술을 배울 것을 주장하였다. 그렇기 때문에 개방과 도입은 중국이 높은 기점에서 발전을 시작할 수 있는 중요한 일환이 되게 하였던 것이다. 덩샤오핑이 '이용'에 대해 강조한 것은 실질적으로는 바로 개방과 도입을 말하는 것이었다. 장기간 동안 우리가 발전문제에서 어려움을 겪는 원인 중의 하나가 바로 쇄국정책을 실시한 데 있었다. 덩샤오핑은 "경험을 통해 국문을 닫아건 건설은 성공할 수 없으며, 중국의 발전은 세계를 떠날 수 없다."라고 말했다.[130] 특히 오늘날 세계는 개방한 세계로서 상품이든 아니면 기술·자금·정보·인재 등 모든 것을 막론하고 세계적으로 교류가 가능하다. 그래서 제11기 3중 전회 후 덩샤오핑은 당의 대내 활성화 방침을 제정하는 한편 대외 개방정책을 제기하여 외

---

130) 덩샤오핑, 「우리의 위대한 목표와 근본 정책」(1984년 10월 6일). 『덩샤오핑 문선』 제3권, 앞의 책, 1993, 인민출판사, 78쪽.

자와 기술·지력 및 관리 경험을 유치하는 것을 통해 자체 발전을 빨리할 것을 요구하였다. 선전 등 경제특구의 경험, 상하이 등 연해 도시의 격변 및 연강(沿江)·연변(沿邊) 내륙 성소재지 도시의 변화는 모두 당의 개방정책과 직접적인 연관이 있는 것이다.

중공 제11기 3중 전회 전후, 덩샤오핑의 창도로 전 당은 사상해방과 실사구시의 사상노선을 새롭게 회복하고 확립하였다. 이로써 마오쩌둥의 "외국을 따라 배우자"는 사상을 계승하고 발전시킬 수 있는 최적의 사상적 토대를 마련하였다. 덩샤오핑은 두 차례의 외국 손님을 만난 자리에서 중국이 네 가지 현대화 목표를 실현하려면 매우 많은 조건이 필요한데, 그중에서 가장 중요한 조건은 세계에서 가장 선진적인 기술을 유치하여 우리 발전의 기점으로 삼는 것이며, 문을 닫아건 건설로는 발전할 수 없다고 거듭 강조하였다. 이로부터 세계 각국의 장점을 본받는 것을 통해 우리나라의 사회주의를 건설하는 것은 우리나라가 처한 사회주의 초급단계의 기본 국정에 의해 결정되었던 것이다. 이 또한 오늘날 세계의 시대 특성이 우리에게 제기한 요구이기도 했다. 세계의 형세에 대한 분석 결과, 평화와 발전이 시대의 주제가 된 역사적 조건 하에서 오늘날 세계는 이미 개방된 세계로서 중국의 발전은 세계를 떠날 수 없고 세계의 발전 또한 중국을 떠날 수 없기 때문에, 우리나라가 대외 개방정책을 실행할 수 있는 유리한 국제환경을 마련해주었음을 시사하고 있다. 덩샤오핑은 현대세계에서 여러 나라는 경제적 상호 보완성이 갈수록 커지고 있다고 지적하였다. 개발도상국은 대외 경제교류와 경제협력을 통해 발달한 나라의 자금과 기술 및 시장을 이용해 자국 경제를 발전시키고 있고, 발달한 나라도 대외 연계를 확대하는 경로를 통해 더 많은 시장을 개척함으로써 자체 발전에서 직면한 어려움을 완화시키고 있다. 덩샤오핑은 "세계의 각도에서 보면 중국의 발전은 세계의 평화와 세계 경제의 발전에 이로운 것이다. 개발도상국을 돕지 않으면 서양이 직면한 시장문제와 경제문제도 해결하기 어렵다는 사실을 서양 정치가들은 명확하게 인식해야 한다. 경제적 개방은 개발도상국의 문제만은 아니다. 발달한 나라의 문제이기도 하다."라고 하였다.[131] 그렇기 때문에 오늘날 세계의 시대적 주제는 평화와 발전의 특성을 띠고 있는 것이며, 사회주의 건설은 매우 필요한 것일 뿐만 아니라 대외개방 또한 전적으로 가능한 것이라고 보았던 것이다.

3. 개혁개방의 성과를 제도화·법률화 하는 것은 국가의 장기적 안정을 보장하는 기본 경로이고, 체제개혁에 우리가 개혁개방이라고 하는 대외개방을 합치면 그것이 곧 덩샤오핑의 치국방도인 것이다. 덩샤오핑은 치국의 방도를 제기할 때, 언제나 체제 혁신의 구상을 제도화·법률화의 방식으로 매우 분명하게 규범시킴으로써 장기적 안정에 이롭도록 할 것을 강조하였다. 개혁개방은 그 기본적인 요구 차원에서 말하면 바로 과학적인 원칙에 근거하여 합리적인 제도를 제정하고, 사람의 사회활동을 규범화·제도화의 궤도에 올려놓는 것이다. 제도화는 덩샤오핑 관리사상의 기본원칙이고, 그의 기본적인 치국 방도였다. 마오쩌동의 치국 방도는 인간 사상의 혁명화·대중운동·계급투쟁을 숭상하고 제도건설을 경시한 것이었다. 이에 덩샤오핑은 마오쩌동의

---

131) 덩샤오핑, 「우리 위대한 목표와 근본 정책」 (1984년 10월 6일). 『덩샤오핑 문선』 제3권, 위의 책, 79쪽.

실수 및 그 경험교훈에 대해 종합하면서 "제도는 결정적 요소"라고 깊이 있게 지적하였던 것이다. 그래서 그는 '제도화'라는 치국의 길을 제기하였던 것이다. 덩샤오핑은 치국 과정에서 실천 초기에 대담하게 시험하고, 대담하게 탐색할 것을 격려하면서 일단 경험을 얻게 되면 그 경험을 '문서 형태', '결정의 형태'로 확립하여 널리 보급하도록 이끌었으며, 그런 다음 그것을 표준화하는 데 주력하여 적절한 제도를 형성케 함으로써 오랫동안 변하지 않도록 확보하였다. 그는 또 수십 년이 지나 우리나라의 제도가 점차 정형화되면, '중국 특색의 사회주의' 건설이 성공을 이룰 수 있다고 주장하였다. 그의 사고방식은 매우 명확하였다. 즉 제도화를 통해 나라를 다스리고 제도적으로 당과 국가 정치생활의 민주화·경제 관리의 민주화·전반 사회생활의 민주화를 보장함으로써 현대화 건설의 순조로운 발전을 촉진시켰던 것이었다.

덩샤오핑은 제도화 문제를 제기함과 동시에 '법률화' 문제도 제기하였다. 중공 제11기 3중 전회 후 우리는 이미 '법률화' 문제에서 매우 많은 일을 하였다. 비록 그 방면에서 지금까지 여전히 매우 많은 문제가 존재하고는 있지만 이미 매우 큰 발전을 이루었다. 특히 우리는 이미 사회주의 시장경제 체제 형성의 임무를 제기하였고, 사회주의 시장경제의 발전을 통해 사회주의 법률제도가 반드시 더 완벽해질 것이며, "법으로 나라를 다스리는 것"도 반드시 더욱 성숙될 것이다.

덩샤오핑의 치국 방도를 연구하다 보면 제도화든 법률화든 어느 것이 나를 막론하고 그 영혼은 바로 덩샤오핑이 창도하는 개혁개방이라는 사실을 분명하게 볼 수가 있다. 근본 상에서 생산력 발전을 속박하는 생산관계와 상부구조의 일련의 서로 연결되는 부분에 대한 근본적인 변혁을 통해 사회주의를 활력으로 가득 차게 하는 것은 덩샤오핑의 치국·부국·강국의 기본 경로였다. 제도화·법률화는 다만 그것에 대한 전개와 반영일 뿐이었다. 게다가 개혁개방이 없으면 전통적인 관리 구상도 제도화·법률화의 궤도에 들어설 수가 없다. 개혁개방과 제도화·법률화된 새로운 체제는 덩샤오핑이 설계한 중국 현대화 실현의 치국 방도였던 것이다.

제4절
치국의 정치적 보장 : 네 가지 기본원칙

경제건설을 중심으로 하여 개혁개방을 견지하는 과정에서 사회주의 방향과 당의 영도를 어떻게 견지할 것이며, '중국 특색의 사회주의'를 어떻게 잘 건설할 것인가? 덩샤오핑은 당과 인민의 개척적인 실천과정에서 반드시 일련의 정치행위 규범을 갖추어야 한다고 제기하였다. 그 일련의 규범은 바로 그가 개괄해낸 네 가지 기본원칙, 즉 사회주의 길을 견지하고, 인민민주주의독재를 견지하며, 중국공산당의 영도를 견지하고, 마르크스-레닌주의 마오쩌동 사상을 견지해야 한다는 것이었다. 그 규범이 공산당원에 대해서는 일종의 강제적인 정치기율이고, 당이 이끄는 사회주의사업에 대해서는 일종의 정치적 보장이었다. 덩샤오핑의 '치국론'을 견지하려면 반드시 부국·강국의 정치적 보장인 네 가지 기본원칙을 견지해야만 했다.

덩샤오핑의 치국의 정치적 보장 관련 중요 사상에 대해 깊이 인식하기 위해, 우리는 다음과 같은 세 가지 방면에 주의를 기울여야 한다.

1. 네 가지 기본원칙은 입국의 근본이고, 민족단합 통일의 토대이며, 현대화 건설의 보장이다.

네 가지 기본원칙은 당이 인민을 이끌어 장기적인 분투를 거치는 실천 과정에서 점차 개괄하고 점차 형성된 것이다. 「인민 내부의 모순을 정확하게 처리하는 문제에 대하여」(1957년 2월)라는 글에서 마오쩌둥은 '백화제방, 백가쟁명' 방침을 관철시킴에 있어서 정치생활 중 언론과 행동의 시비를 판단하는 기준이 있어야 한다는 주장에 대해 논술하면서 6가지 기준을 제기하였다. (1) 전국의 여러 민족 인민을 단합하는 데 이로워야지 인민을 분열시켜서는 안 되며, (2) 사회주의 개조와 사회주의 건설에 이로워야지 불리해서는 안 되며, (3) 인민민주주의독재를 공고히 하는 데 이로워야지 인민민주주의독재를 파괴하거나 약화시켜서는 안 되며, (4) 민주집중제를 공고히 하는 데 이로워야지 그 제도를 파괴하거나 약화시켜서는 안 되며, (5) 공산당의 영도를 공고히 하는 데 이로워야지 그 영도에서 벗어나거나 약화시켜서는 안 되며, (6) 사회주의 국제 단합과 전 세계 평화를 사랑하는 인민의 국제 단합에 이로워야지 그 단합에 해를 끼쳐서는 안 된다. 그리고 또 "그 6가지 기준 중에서 가장 중요한 것은 사회주의 길과 당의 영도 두 가지"라고 강조하였다.[132]

덩샤오핑은 마오쩌둥의 그 중요한 사상을 견지하였으며, 사회주의 건설의 장기적 실천과 새 시기에 직면한 새로운 상황에 따라 새롭게 개괄하여 유명한 '네 가지 기본원칙'을 제기하였다. 여기에는 중대한 현실적 지도적 의미가 있다.

첫째, 네 가지 기본원칙은 우리나라 입국의 근본이다. 1840년 아편전쟁 후 무수한 애국지사들이 억압과 치욕을 당하는 중국의 지위를 바꿔보고자 앞사람이 넘어지면 뒷사람이 뒤이어 전진하면서 비장하게 싸워왔으나 모두 성공을 이루지 못하였다. 오로지 중국공산당만이 탄

---

132) 『마오쩌둥 문집』 제7권, 앞의 책, 234쪽.

생한 후 인민을 이끌어 독립자주의 새 중국을 창건하고, 번영 부강의 탄탄대로를 개척하는데 매진했다. 중국의 백년 혁명사를 종합하면 이런 깊은 도리를 알 수 있다. 즉 이론적으로는 마르크스-레닌주의와 마오쩌둥 사상이 가장 과학적이고, 정치적으로는 중국공산당이 담략을 갖추었으며, 국가 형태에서는 인민민주주의독재가 국정에 어울리고, 방향적으로는 사회주의 길이 가장 바르다는 것이었다. 이 네 가지 초석이 바로 중국 입국의 근본이며, '중국 특색의 사회주의'를 건설하는 정치적 보장이었던 것이다.

둘째, 네 가지 기본원칙은 사회주의시기에 이미 전 당과 전국 인민의 단합과 통일을 이룬 정치적 토대였다. 중국은 인구가 많고 국토가 넓으며, 상황이 복잡하고 경제가 낙후한 대국이다. 이런 나라의 장기적 단합과 통일을 유지하는 것은 어렵고 복잡한 임무였다. 역대의 성세는 모두 나라의 단합과 통일을 전제로 하였으며, 일단 나라가 분열되고 군웅할거의 국면이 나타나면 전쟁이 끊이지 않고 경제가 쇠퇴하였으며, 인민이 재난을 겪었음은 역사의 교훈이다. 그래서 나라의 단합과 통일은 나라가 강대해지고 국민이 부유해짐에 있어서 빠질 수 없는 전제이다. 중국공산당의 역사가 증명하다시피 네 가지 기본원칙을 견지하는 것은 나라의 단합 통일을 이루고 유지하는 정치적 초석이며, 따라서 경제발전, 중화 진흥의 정치적 보장이기도 한 것이다.

셋째, 네 가지 기본원칙은 오늘날 현대화의 건설과 개혁개방의 순조로운 발전을 이루는 보장이다. 현대화의 건설과 개혁개방은 당대 중국 인민의 위대한 실천이다. 그러나 중국의 현대화 건설과 개혁개방은 복잡한 배경을 가지고 있다. 한편으로 중국의 현대화 건설과 개혁개방은 '문화대혁명'의 동란을 거친 뒤 전면적으로 추진한 것이다. 비록 당 스스로 '문화대혁명'의 실수를 바로잡긴 하였지만 '문화대혁명' 내란이 인민의 마음속에서 당과 사회주의, 인민민주주의독재, 마르크스-레닌주의와 마오쩌동 사상의 지위에 손상을 주었다. 이런 배경에서 사람들의 사상 속에는 '좌'적·'우'적 그릇된 관점이 나타나 현대화 건설과 개혁개방의 건강한 전개에 영향을 끼치게 된 것은 불가피한 일이었다. 다른 한편으로 중국의 현대화 건설과 개혁개방은 당대 자본주의(우리 주변의 일본과 아시아의 '네 마리 용'을 포함) 경제가 전후에 빠른 발전을 이룬 배경에서 추진한 것이다. 그러나 현대화 발전과정에서 특히 대외개방 과정에서 자본주의세계의 상황을 알게 된 후 사람들은 사회주의가 자본주의보다 못하다고 오해할 수 있으며, 맹목적 서구화·자본주의화의 그릇된 사조가 나타날 수가 있었다. 게다가 개혁개방 과정에서 자본주의의 부패한 사상이 흘러들어 와 우리나라에 뿌리 깊이 존재하는 봉건주의, 소생산사상과 결합하여 사회주의 건설의 대업에 영향을 끼치는 것도 피할 수 없는 일이었다. 바로 이런 여러 가지 상황을 고려하여 덩샤오핑은 1978년 연말 전 당의 업무 중점을 경제건설로 전환시킨 후, 1979년 3월에 네 가지 기본원칙을 견지할 것을 제기하였던 것이다.

2. '우'경주의를 경계해야 하지만 더 중요한 것은 '좌'경주의를 방지해야 하는 것이었다.

덩샤오핑은 우리에게 두 가지 중요한 문제를 알려주었다. 첫째, 네 가지 기본원칙을 견지하는 것은 '우'경주의 방해, 즉 자산계급의 자유화만 겨냥한 것이 아니라 '좌'경과 '우'경 두 가지 그릇된 사조의 방해도 겨냥한 것이었다. 둘째, 사회주의 현대화 건설과 개혁개방 과정에서 '좌'적인 방해는 "린뱌오와 '4인방'의 극좌 사조의 해를 깊이 입은 것"과 "'4인방'을 타도한 후 특히 3중 전회 후 중앙이 실행한 일련의 방침과 정책이 마르크스–레닌주의 및 마오쩌동 사상에 어긋난다고 비난한 것" 두 방면에서 반영되었다. '우'적인 방해는 "사회 극소수의 사람들이 네 가지 기본원칙에 회의적이거나 반대하는 사조를 퍼뜨린 것"과 당내 일부 인사들이 그런 사회 사조의 위험성에 대해 충분히 인식하지 못하고 "심지어 어느 정도에서는 직·간접적으로 지지하는 것"에서 반영되었다.

개혁개방 후 사상문화전선에서 우여곡절을 거치며 겪어온 투쟁의 실천으로 1979년 3월 덩샤오핑의 연설을 검증하게 되면, 이상의 논술이 가지고 있는 정확성과 심각성, 과학성에 탄복하지 않을 수가 없다. 무수한 크고 작은 문제에서 덩샤오핑이 1979년 3월에 밝힌 기본 관점과 기본 판단이 정확하였음이 이를 통해 증명되었던 것이다.

이를 토대로 덩샤오핑은 1992년 초 남방 순방 연설에서 네 가지 기본원칙을 견지하고 '좌'적 '우'적의 그릇된 경향에 반대해야 한다는 중대한 정치문제에 대하여 한 발 더 나아가 개괄하였다. 그가 개괄한 것을 보다 구체적으로 보면 다음과 같은 세 가지로 귀납할 수 있다.

첫째, 그가 시종일관 강조해온 네 가지 기본원칙을 견지하는 것을 사회주의 현대화 건설과 개혁개방의 전반 과정에 관철시켜야 한다는 관점을 재차 강조했다는 점이다.

둘째, 전면적인 개혁시기에 '우'와 '좌'의 방해의 주요 내용과 주요 표현에 대해 논술하였다. 그는 "'우'적인 경향이 존재하였다. 동란이 바로 우경주의이다! '좌'적인 경향도 있었다. 개혁개방을 두고 자본주의를 도입하고 발전시키는 것이라고 말하고, 평화적 발전변화의 주요 위험이 경제 영역에서 오는 것이라고 주장하는 것 등이 바로 '좌'적인 경향이다. 우리는 반드시 명석한 두뇌를 유지해야 한다. 그러면 큰 실수를 범하지 않을 것이며, 문제가 생기더라도 쉽게 바로잡고 고칠 수가 있다."고 말했다.[133]

셋째, 사회주의 현대화 건설과 개혁개방시기 반(反)경향 투쟁의 주요 방향을 명확히 가리켰다는 점이다. 그는 이렇게 강조하였다. "현재 '우'경주의 영향도 있고, '좌'경주의 영향도 있다. 그러나 뿌리 깊은 것은 '좌'경주의이다.…… 우리 당의 역사에서는 '좌'적인 것이 무서운 것이다! 멀쩡한 것을 단숨에 망가뜨릴 수가 있기 때문이다. '우'와 '좌' 모두 사회주의를 매몰시킬 수 있다. 중국은 '우'를 경계해야 하지만, 더욱 중요한 것은 '좌'를 방지해야 한다."[134]

덩샤오핑이 제기한 이상의 세 가지 제기는 매우 중요하며, 이는 '중국 특색의 사회주의' 건설에 장원한 지도적 의미가 있다. 특히 "'우'를 경계해야 하지만 특히 '좌'를 방지해야 한다"라는 과학적인 논단은 우리가 네 가지 기본원칙을 장기적으로 견지하여 개혁개방을 추진하고 경제건설을 잘 이끌어 갈 수 있는 정치 방향을 가리켜주었던 것이다.

이상의 논술을 통해 우리는 이 문제에서 덩샤오핑의 네 가지 기본 사상을 볼 수가 있다.

첫째, 사회주의 현대화 건설과 개혁개방 과정에서 '좌'와 '우'의 두 가지 그릇된 사상의 교란이 존재했다는 점이다.

둘째, 전략상에서 총체적으로 볼 때 '좌'와 '우'의 두 가지 그릇된 경

---

133) 『덩샤오핑 문선』 제3권, 앞의 책, 379, 375쪽.
134) 『덩샤오핑 문선』 제3권, 앞의 책, 379, 375쪽.

향 중 사회주의 현대화 건설과 개혁개방의 새로운 혁명 과정에는 '좌'
의 문제를 해결하는 것이 중요하다는 점이다.

셋째, 전술상에서 구체적으로 말하면, 우리가 해결해야 할 전략적
중점이 '좌'의 문제라고 하여 '우'의 경향을 경시해서는 안 된다는 점이
다.

넷째, 방법상에서 '좌'적 그릇된 사상을 비판하든 '우'적 그릇된 사상
을 비판하든 어느 것이나를 막론하고, 모두가 반드시 마르크스주의의
정확한 방법을 취해야지 절대 단순하고 단편적이며 거칠고 지나친 '대
비판'의 방법을 취해서는 안 되며, 절대 가혹한 투쟁, 무정한 타격과
같은 이른바 '혁명적 행동'을 취해서는 안 된다는 것이었다.

이상의 기본 사상은 하나의 종합체로서 한 마디로 종합하면 곧 "중
국은 '우'를 경계해야 하지만, 더욱 중요한 것은 '좌'를 방지해야 한다."
라는 것이었다. 이 사상은 우리가 당의 기본 노선을 백 년간 흔들림
없이 견지할 수 있는 중요한 보장으로서 반드시 명확하게 견지해야만
한다.

3. 네 가지 기본원칙을 견지하려면 반드시 네 가지 기본원칙을 발전시
켜야 한다.

네 가지 기본원칙은 굳어진 사물이 아니라 역사적으로는 실천의 발
전에 따라 발전하였으며, 오늘날에 이르러서도 개혁개방과 현대화 건
설과정에서 필연적으로 새 시대의 내용을 얻게 된다.

덩샤오핑은 이렇게 지적하였다. "네 가지 현대화를 실현하려면, 네
가지 기본원칙을 반드시 견지해야 한다. 이는 이미 여러 차례 말한 바
있어서 새로운 문제는 아니지만, 그 원칙들은 당면한 새 형세에서 새

로운 의미가 있기 때문에 새로운 풍부한 사실에 따라 새로운 충분한 설득력을 갖춘 논증을 거쳐야 한다."[135]

  아울러 덩샤오핑은 "풍부히 하고 발전시키는 것은 멋대로 첨가하거나 수정할 것이 아니라 마오쩌동이 창도한 실사구시의 원칙에 따라야 하며, 중국의 실제에서 출발하여 네 가지 기본원칙을 풍부히 하고 발전시켜야 한다"고 지적하였다. 그는 이렇게 말했다. "우리는 마르크스주의를 견지하고 사회주의 길을 견지해야 한다. 그러나 마르크스주의는 반드시 중국의 실제와 결부시킨 마르크스주의여야 하며, 사회주의는 반드시 중국의 실제에 부합되는 '중국 특색의 사회주의'여야 한다."[136] 이로부터 알 수 있는 것은 네 가지 기본원칙의 생명력과 활력은 마르크스─레닌주의의 기본원리와 중국의 구체적 실제가 결합된 것이라는 데 있다는 사실이다. 발전·창조의 관점에서 네 가지 기본원칙을 보아야만 이론적·실천적으로, 그리고 형식상·내용상에서 진정으로 그 원칙을 견지할 수가 있다. 굳어진 관점으로 네 가지 기본원칙을 본다면, 그저 말로만 견지하고 실천적으로는 의심하게 되며, 형식상으로는 견지하고, 내용상으로는 위반하게 된다. 네 가지 기본원칙을 견지함에 있어서 실천 경험을 꾸준히 종합하고, 새로운 이론과 관점으로 네 가지 기본원칙을 풍부히 하고 발전시켜야 한다. 그래야만 네 가지 기본원칙의 막강한 생명력을 유지할 수 있는 것이다.

  네 가지 기본원칙은 반드시 발전시켜야 하며 또 발전하고 있다. 개

135) 덩샤오핑, 「네 가지 기본원칙을 견지해야」 (1979년 3월 30일). 『덩샤오핑 문선』 제2권, 앞의 책, 179~180쪽.
136) 덩샤오핑, 「 '중국 특색의 사회주의' 를 건설해야」 (1984년 6월 30일). 『덩샤오핑 문선』 제3권, 앞의 책, 63쪽.

혁개방은 위대하고도 새로운 실천이다. 개혁은 꾸준히 새로운 사물, 새로운 경험을 창조하고 있고, 개방은 꾸준히 우리 시야와 우리 인식을 넓혀가고 있다. 그렇기 때문에 네 가지 기본원칙은 예전보다 더 정확하고 더 깊이가 있으며, 더 전면적인 일련의 내용들을 갖출 수 있는 것이다.

첫째, 우리는 과거 네 가지 기본원칙의 일부 내용에 존재하였던 그릇된 관점들을 바로잡았다.

둘째, 우리는 네 가지 기본원칙 중 많은 중요한 관점들을 심화시켰다.

셋째, 우리는 네 가지 기본원칙에 많은 새로운 관점, 새로운 이론을 보충하여 충실히 하였다.

실천의 발전에 따라 네 가지 기본원칙은 필연적으로 계속 발전할 것이다. 오늘날 우리는 기계적으로 교조주의적으로 네 가지 기본원칙을 대해서는 안 된다. 우리가 견지해야 한다고 말하는 것은 언제든 입국의 근본으로서의 네 가지 기본원칙을 흔들림 없이 견지해야 한다는 것을 뜻하며, 우리가 발전을 강조하는 것은 또한 새로운 역사 조건에서 네 가지 기본원칙을 더욱 잘 견지해야 함을 뜻한다. 오직 '견지'하는 과정에서 '발전'시키고, '발전'과정에서 '견지'해야만 네 가지 기본원칙은 진정으로 견지하는 것이며, 네 가지 기본원칙이 치국·부국·강국을 이루는 신뢰할 수 있는 정치적 보장이 될 수 있도록 하는 것이다.

제5절

치국의 방법 : 두 마리 토끼를 모두 잡아야 한다

중국은 면적이 넓고 인구가 많을 뿐 아니라 그 특이한 사회발전과정으로 인해 사회 모순이 매우 복잡하다. 마오쩌동은 『모순론』에서 모순의 보편성과 특수성 문제를 잘 인식하고 처리해야 한다고 강조하였다. 즉 중국사회에는 객관적으로 복잡한 모순이 존재한다는 것이다. 오늘날 치국·부국·강국을 이루려면 역시 사회모순을 정시해야 할 뿐만 아니라, 여러 가지 복잡한 모순을 정확하게 잘 처리해야 한다. 덩샤오핑이 제창한 "변증법에 따라 일을 처리해야 한다"는 관점이 마오쩌동의 높은 평가와 찬양을 받은 바 있다. 덩샤오핑은 제2세대 중앙지도집단의 핵심이 된 후 변증법을 활용하여 나라를 다스리는 면에서 부딪치는 여러 가지 난제를 실사구시적으로 처리하여 뛰어난 재능을 보여주었다. 그의 치국방법은 실사구시의 철학을 토대로 한 것이었으며, 결국은 실사구시의 방법이라고 말할 수 있다.

"두 마리 토끼 잡기"라는 표현은 그의 치국방법에 대한 생동적인 결론이다. 앞에서 서술했듯이 네 가지 기본원칙은 입국의 근본이다. 치국은 입국의 계속과 발전이다. 그러나 만약 나라를 잘 다스리지 못하면 나라가 일어설 수가 없다. 그런 의미에서 치국은 또한 입국의 관건이다. 그래서 덩샤오핑은 개혁개방과 네 가지 기본원칙을 견지하는 것을 경제건설을 중심으로 하는 당의 사회주의 초급단계 기본 노선 중

'두 가지 기본 점'으로 제기했던 것이다. 나라를 다스리는 과정에서 두 가지 기본 점은 서로 의존하고, 서로 보완하는 관계이며, 또한 반드시 모두 경제건설이라는 중심을 위해 봉사해야 한다.

"두 마리 토끼 잡기"라는 문제에 대해 최초로 제기한 것은 1979년 6월 28일 외국 손님과 담화하는 자리에서였다. 덩샤오핑은 "민주를 견지해야 하고 법제를 견지해야 한다. 이는 마치 두 손과 같아 어느 한쪽 손이 약해도 안 된다(두 마리의 토끼를 잡는 것과 같아 어느 한쪽을 놓쳐서도 안 된다)."고 했던 것이다.[137]

"두 마리 토끼 잡기" 사상은 실천과정에서 꾸준히 발전하고 꾸준히 보충하여 치국방법이 점차 형성되었다.

우선 경제건설이라는 중심을 둘러싸고 네 가지 기본원칙과 개혁개방이라는 두 가지 기본 점을 반드시 견지해야 한다. 그래야만 우리 현대화건설이 바른 정치방향을 갖출 수 있을 뿐만 아니라 또한 활력이 가득 찰 수가 있다.

다음 현대화 건설과 개혁개방 과정에서 법제건설을 반드시 늦추지 말고 견지하여 법으로 나라를 다스려야 한다. 이것이 바로 "네 가지 현대화를 실현함에 있어서 반드시 '두 마리 토끼'를 모두 잡아야 한다. '한 마리'만 잡아서는 안 된다. 이른 바 '두 마리의 토끼'란 바로 건설과 법제이다. 당에는 당의 기율이 있어야 하고 나라는 나라의 법이 있어야 한다."는 덩샤오핑의 말이었다.[138]

그다음 현대화 건설과 개혁개방 과정에서 네 가지 기본원칙을 견지

---

137) 덩샤오핑, 「민주와 법제 두 손 모두 약해서는 안 돼」 (1979년 6월 28일), 『덩샤오핑문선』 제2권, 앞의 책, 189쪽,
138) 『덩샤오핑문선』 제3권, 앞의 책, 154, 314, 378쪽.

하는 것과 개혁개방을 통일시켜야 한다는 요구에 따라, 또 법으로 나라를 다스려야 한다는 정신에 따라 당을 관리하고 정치를 다스리고 군대를 관리함에 있어서 반드시 "한손으로 개혁개방을 틀어쥐고 다른 한손으로는 부패를 징벌하는 것을 틀어쥐어야 한다"[139]고 했던 것이고, 사회질서를 다스림에 있어서 반드시 "한손으로 개혁개방을 틀어쥐고 다른 한손으로 여러 가지 범죄활동을 단속해야 한다"[140]고 했던 것이며, 사상문화전선에 대한 당의 영도를 강화함에 있어서는 반드시 "한손으로 개혁개방을 틀어쥐고, 다른 한손으로 자산계급자유화에 반대해야 한다"는 등의 주장을 했던 것이다. 그러면 상황을 구별할 수가 있고, 실제에서 출발하여 "두 마리 토끼 잡기"에서 문제를 효과적으로 해결할 수 있었던 것이다.

마지막으로 현대화 건설과 개혁개방에서는 물질문명과 정신문명의 '두 마리 토끼 잡는 것'을 반드시 견지해야 하며, 또한 반드시 단단히 잡아야 했다. 덩샤오핑은 현대화 건설에는 물질문명과 정신문명 두 방면의 목표와 임무가 포함된다고 줄곧 주장하여 왔다. 오직 경제건설을 중심으로 두 가지 문명의 조화로운 발전을 실현해야만 '중국 특색의 사회주의'를 실현할 수 있기 때문이었다.

이상의 "두 마리의 토끼"는 여러 가지 요소의 상호 작용으로 구성된 체계였다. "두 마리의 토끼를 모두 잡기"는 체계의 동태적 균형을 요구하는 것으로서 어느 한쪽을 강조하여 균형을 잃는 것을 방지해야 했다. 그렇기 때문에 덩샤오핑의 치국 방법은 모순의 변증법과 체

---

139) 위의 책.
140) 위의 책.

계적 방법을 결합시켜 총체적으로 치국의 방도를 강구하고자 노력하였던 것이다. "두 마리 토끼 잡기"라는 복잡한 문제를 처리할 때, 덩샤오핑은 매우 실무적인 태도와 방법을 적용하였다. 그는 교조주의적으로 출발한 것이 아니라, 실제에서 출발하여 여러 시기에 나타나는 새로운 상황과 새로운 문제를 현실적으로 대하였으며, 어느 시기 "두 마리 토끼 잡기"에서 중점을 현실적으로 확정하였다. 그러나 다른 한 방면으로 "두 마리 토끼 잡기" 문제는 객관 실제의 요구이기 때문에, 그는 중점 업무로 모든 업무를 대체하는 것을 절대 허용하지 않았으며, 또 어느 한 시기 어느 한 곳의 중점 업무로 인해 하나의 중심, 두 가지 기본 점"의 기본노선에서 벗어나는 것을 절대 허용하지 않았다. 실무적인 것은 덩샤오핑의 지도 예술과 지도 풍격이며, 그의 치국방법의 하나의 기본 특성으로서 "두 마리 토끼 잡기"의 처음부터 마지막까지 관철되었다.

총체적으로 덩샤오핑의 '치국론'은 매우 풍부한 내용을 담고 있다. 오늘날 급변하는 국제 환경에서 덩샤오핑이 제기한 '냉정한 관찰', '침착한 대응', '때를 기다리는' 등의 대책은 모두 그의 치국사상의 반짝이는 부분이었던 것이다.

제5장
발전론

　나에게 중국은 가장 의의 있고 가장 중요한 기이한 풍경이다. 앞으로 세계가 갈수록 중국을 주목하게 될 것이라고 나는 생각한다. 중국 경제발전에서의 경험은 확실히 비범하고 보기 드문 것이다. 이 큰 대국이 10년 사이에 경제가 배로 성장하였다는 것은 기적이 아닐 수 없다. 확고하고 신뢰할 수 있는 전략과 훌륭한 정책이 없다면 그런 기적은 일어날 수 없다.

– [불가리아] 알렉산더 라이로프(Alexander Lilov)

제1절
발전하는 중국의 길 : 중국식 현대화

　당대 중국은 줄기차게 발전하고 있는 경제, 활기찬 시장, 다채로운 생활로 세상의 주목을 받고 있으며 사람들의 관심을 모으고 있다. 중국이 이처럼 빠른 발전을 이룰 수 있는 비밀은 무엇일까?

　발전패턴과 발전의 길은 국가가 현대화를 실현하는 패턴과 가야 할 길이다. 제도적 토대와 문화 배경 등의 요소를 종합해 보면, 현재 세계적으로 존재하는 발전과 현대화 패턴에는 대체로 4가지 유형이 있다. 첫 번째 유형은 구미의 발달한 자본주의 국가들의 선발식 혹은 선천적인 현대화이다. 두 번째 유형은 구소련과 동유럽 국가들의 현대화로서 사회주의 계획경제를 토대로 하며 지난 50, 60년대에 빛나는 역사를 창조했었다. 세 번째 유형은 전후의 라틴아메리카 등지에 나타난 현대화로서 이는 개발도상국이 현대화로 나아가는 과정에서의 새로운 탐색이다. 이런 후발식의 현대화는 훗날 많은 어려움과 문제에 봉착하였다. 네 번째 유형은 60, 70년대 동아시아와 동남아시아 일부 국가와 지역에 나타난 신흥공업화 국가의 현대화로서 그들은 동방문화를 배경으로 현대화를 실현하였다.

　중국인들이 오매불망 갈망하였던 것도 역시 현대화이다. 그러나 중국처럼 역사가 유구하고 면적이 넓으며 인구가 많은 동방대국에서 어떻게 현대화를 실현할 것이냐는 우리에게 주어진 어려운 문제였다.

1. 어떤 '주의'와 어떤 제도로 현대화의 실현을 보장할 것인가? 이 문제를 해결하기 위하여 중국인은 100여 년의 힘든 역사 과정을 겪어야 했다. 1949년 6월 30일 인민공화국 창립을 앞두고 마오쩌둥은 중국공산당 창당 28주년을 기념하기 위하여 쓴 「인민민주주의독재를 논함」이라는 글에서 중국 인민의 탐색 과정과 결론에 대해 구체적으로 소개하였다. "1840년 아편전쟁에서 실패한 후부터 진보적인 중국인들은 서방국가로부터 진리를 찾기 위해 천신만고의 경험을 거쳤다.…… 진보적인 중국인들은 서방의 새로운 도리가 담긴 책이라면 모두 읽었다. 일본, 영국, 미국, 프랑스, 독일로 파견되는 유학생 수는 놀라울 정도에 이르렀다. 국내에서는 과거제도가 폐지되고 학교 설립이 성행했는데 학교가 우후죽순처럼 일어섰으며 서방을 본받기 위한 노력이 이어졌다.…… 그러한 서방 자산계급 민주주의 문화, 즉 신학(新學)에는 그 시기의 사회학설과 자연과학이 포함되었으며, 중국 봉건주의 문화인 구학(舊學)과 대립을 이루었다. 신학을 배운 사람들은 신학이 중국을 구할 수 있을 것이라는 믿음을 가졌다.…… 그들은 유신만이 나라를 구할 수 있고, 유신을 하려면 오로지 외국을 본받아야만 한다고 믿었다. 그 당시 서방자본주의 국가만이 선진국이었고, 그들은 자산계급 현대국가를 성공적으로 건설하였다.……

"제국주의의 침략이 서방에 대한 중국인의 헛된 꿈을 부숴버렸다. 우리의 스승격인 서방국가가 왜 자꾸 제자인 우리나라를 침략하는 걸까? 중국이 서방으로부터 배운 것은 적지 않았지만, 현실에서 실천하기가 쉽지 않았다. 신해혁명을 포함한 여러 차례의 투쟁과 전국적인 운동은 모두 실패로 돌아갔다. 국가의 상황은 날로 악화되었고, 환경의 압박으로 인해 사람들은 살아갈 수가 없었다. 그래서 서방의 이론에 대해 의심하기 시작하였다. 제1차 세계대전이 전 세계를 뒤 흔들었다. 러시아에서 10월 혁명이 일어났으며 세계에서 첫 사회주의국가가 창립되었다. 과거에 음지에 숨어 외국인들에게 보잘 것 없는 것으로 여겨졌던 위대한 러시아 무산계급과 노동인민의 혁명의 힘이 레닌과 스탈린의 지도하에서 화산처럼 폭발하였다. 중국과 전 세계 인류가 러시아를 새로운 시각으로 바라보았다. 그때서야 중국인은 사상에서 생활에 이르기까지 비로소 새로운 시기를 맞이하기 시작하였다. 중국인은 세상 어디에 갖다 놔도 정확한 보편적 진리인 마르크스-레닌주의를 찾아냈으며, 따라서 중국에 변화가 일기 시작하였다.

"중국인이 마르크스주의를 찾아낼 수 있었던 것은 러시아인의 소개를 통해서였다. 10월 혁명 전에 중국인은 레닌, 스탈린에 대해 몰랐으며, 마르크스와 엥겔스에 대해서도 모르고 있었다. 10월 혁명의 포성이 중국에 마르크스-레닌주의를 알린 것이다. 10월 혁명은 전 세계에 포진해 있는 중국의 진보적 지식인이 무산계급의 우주관을 나라의 운명을 관찰하는 수단으로 삼아 자신의 문제를 새롭게 고려할 수 있도록 도움을 주었다. '러시아인의 길을 걷자' 이것이 바로 결론이었다."[141]

여기서 말하는 "러시아인의 길을 걷자"는 형상적인 표현이다. 그 내용은 구소련의 방법을 그대로 옮겨오자는 것이 아니라 사회주의의 길을 걷자는 것을 가리킨다. 그것이 바로 「인민민주주의독재를 논함」에서 말하는 "인민공화국을 거쳐 사회주의와 공산주의에 이르고 계급의 소멸과 세계의 대동사회에 이르는 것"[142]이며, 마오쩌둥이 「인민 내

---

141) 『마오쩌둥 선집』 제4권, 앞의 책, 1469~1471쪽.
142) 위의 책, 1471쪽.

부의 모순을 정확하게 처리하는 문제에 대하여」라는 글에서 예리하게 지적한 바와 같이 "사회주의만이 중국을 구할 수 있다는 것"[143]이었다.

사회주의는 '주의'의 일종으로서 선진적인 사회화 생산력과 서로 연결되고 서로 맞물린다. 사회주의는 봉건주의보다 선진적이고 자본주의보다도 한층 위인 사회제도로서 근대 중국의 기본모순을 해결하는 데 가장 효과적인 사상 무기이다. 사회주의는 또 사회제도의 일종으로서 생산수단의 공유제 형태로 노동자와 노동대상, 노동수단을 효과적으로 결합시키고 인민대중을 최대한으로 조직함으로써 공업화와 현대화의 실현에 최상의 사회적 환경을 마련해준다는 것이었다.

2. 어떤 경로와 방법을 통해 중국의 생산력이 낙후한 상황을 빨리 변환시키고 전국 여러 민족 인민의 적극성과 자발성 및 창조성을 충분히 불러일으킬 수 있을까? 이 난제를 해결하기 위해 중국인민은 사회주의제도를 수립한 후 또 어려운 탐색의 길을 걸었다.

사회주의개조 초기에 마오쩌둥은 '공업화'와 생산수단의 사유제를 바꾸는 것을 과도 시기 당의 총체적 노선의 내용으로 정하였다. 그러나 소유제 면에서 사회주의 개조 임무를 앞당겨 완성했기 때문에 사회주의사회에 들어선 후 공업화와 현대화의 임무가 더욱 긴박해졌다. 「인민 내부의 모순을 정확하게 처리하는 문제에 대하여」(1957년 2월)에서 마오쩌둥은 다음과 같은 세 가지 중요한 관점을 제기하였다.

첫째, "우리의 근본 임무는 생산력 해방으로부터 새로운 생산관계에

---

143) 『마오쩌둥 문집』 제7권, 앞의 책, 214~218쪽.

서 생산력을 보호하고 발전시키는 데로 전환하였다."[144] 이 관점은 사회주의 조건에서도 '생산력 해방'의 필요성, 즉 개혁의 임무가 여전히 존재한다는 사실에 주의를 기울이지 못한 것이 부족한 점이라는 것을 지적한 것이었다. 그러나 사회주의 사회에서 당과 국가의 '근본임무'가 "생산력을 보호하고 발전시켜야 하는 것"임을 명확히 한 것은 분명히 정확한 지적이었다.

둘째, "독재의 목적은 전체 인민의 평화적인 노동을 보호하기 위한 것이며 중국을 현대공업과 현대농업 및 현대과학문화를 갖춘 사회주의 국가로 건설하기 위한 것이다."[145] 이 관점은 인민민주주의독재의 목적을 명확히 하였을 뿐 아니라, 우리가 생산력을 발전시키는 것은 공업, 농업, 과학문화의 현대화를 실현시키고자 하는 것이라고 제기하였다. 이는 매우 가치 있는 관점이다.

셋째, "중국 공업화의 길"[146]이라는 관점이다. 이는 그 명작의 제12장 제목이자 전 책의 내용을 총결한 것이기도 하다. 그 명작에서는 두 가지 서로 다른 성질의 사회모순을 정확하게 구분하고 처리했을 뿐만 아니라 모든 긍정적 요소를 동원하였는데, 이는 '중국공업화의 길'을 개척하기 위한 것이었다. 그 글은 중국 자체의 공업화의 길을 탐색한 마오쩌둥의 대표작이다. 마오쩌둥의 그때 당시 사고방식은 중국 현실에 부합하는 사회주의 건설의 새로운 길을 걷는 것, 즉 중국의 공업화의 길이었다.

중국의 공업화와 현대화라는 어려운 문제를 풀려면 첫째, "러시아

---

144) 위의 책.
145) 『마오쩌둥 문집』 제7권, 앞의 책, 207쪽.
146) 『마오쩌둥 문집』 제7권, 위의 책, 240쪽.

인의 길을 걸어야 한다는 것", 즉 사회주의 길을 걸어야 한다는 것, 둘째, "자신만의 길을 걸어야 한다는 것", 즉 중국 자체의 공업화와 현대화의 길을 걸어야 한다는 것이었다.

그런데 아쉽게도 마오쩌둥의 탐색은 견지해 내려가지 못했다. '좌'적 지도사상으로 인해 중국은 공업화와 현대화의 길을 찾아내지 못하였던 것이다.

중공 제11기 3중 전회에서 전 당의 업무 중점을 계급투쟁에서 경제건설로 전환한 뒤, 1979년 3월 30일 덩샤오핑은 "국가건설은 중국의 상황에 맞아야 하며, 중국식의 현대화의 길을 걸어야 한다"[147]고 정중하게 제기하였다.

혼란스러운 세상을 바로잡아 정상으로 되돌리는 과정을 겪으며 특히 진리 표준문제에 대한 토론을 통해 우리는 마오쩌둥이 제창하는 실사구시의 사상노선을 회복했으며, 마오쩌둥의 「10대 관계를 논함」과 「인민 내부의 모순을 정확하게 처리하는 문제에 대하여」에서 제기한 '중국 공업화의 길' 등의 중요한 사상을 신중하게 사고하고 계승하기 시작하였다. 덩샤오핑의 '중국식 현대화의 길'은 마오쩌둥의 '중국 공업화의 길'을 계승하고 발전시킨 것이다. 그러나 이런 대답은 사상사 각도에서의 관점일 뿐 덩샤오핑이 '왜' '중국식'을 강조하였는지에 대한 확답은 아니었다. 1979년 10월 4일 중국공산당 성, 시, 자치구위원회 제1서기 좌담회에서 덩샤오핑 자신이 가장 권위적인 설명을 내놓았다. "이른바 정치란 4가지 현대화이다. 우리는 이번 세기 말까지 4가지 현

---

147) 덩샤오핑, 「4가지 기본원칙을 견지해야」(1979년 3월 30일). 『덩샤오핑 문선』 제2권, 앞의 책, 163쪽.

대화를 실현할 것"이라고 확고하게 말했다. 그 후에는 중국식 현대화를 실현할 것이라고 말을 바꾸었는데, 이는 기준을 조금 낮춘 것이었다. 특히 "국민 총생산이 인구 당 평균치에 따르면 그리 높지 않은 수준이다.…… 중국 국민 총생산이 본세기 말까지 1인당 천 달러에 달할 수 있을까? 앞서 나는 1인당 평균 천 달러에 달할 때 우리 생활은 조금 나아질 것이고, 그러면 좀 더 힘써 제3세계의 빈곤 국가들에게 도움을 줄 수 있을 것"이라고 말했었다. 그러면서 "지금은 아직 그럴 처지가 아니다. 현재 우리나라 국민총생산은 1인당 약 300달러에도 미치지 못한다. 현재 수준의 2~3배 제고하는 것은 쉬운 일이 아니다."라고 했다[148] 덩샤오핑이 '중국식의 현대화'를 제기한 것은 '기준을 조금 낮추기' 위한 것이었다. 이는 제3기 전국인민대표대회 제1차 회의에서 현대화 임무를 발표한 후 첫째, 목표 실현기간을 본세기말로 정하고 둘째, 4가지 현대화를 막연하게 제기했기에 양적 기준이 결여했기 때문이다. '4인방'을 타도한 후 본세기 말에 4가지 현대화를 실현하는 것에 대해 인민대중은 크게 기대하고 있으며 열정도 매우 높았다. 대중의 적극성을 보호하기 위해 우리는 반드시 현대화 목표에 대해 실제에 부합되는 요구를 제기해야 했다. 우리나라 토대가 취약하고 인구가 많으며 경작지가 적은 등 상황에 비추어 덩샤오핑은 본세기 말에 가서 우리나라 국민총생산을 4배로 늘린다는 것만으로도 이미 쉽지 않은 일이라고 지적했다. 그래도 1인당 GDP는 800~1000달러 수준일 뿐으로서 이미 현대화를 실현한 국가에 비교하면 훨씬 낮은 수준이다.

---

148) 덩샤오핑, 「경제업무에 대한 몇 가지 의견」 (1979년 10월 4일), 『덩샤오핑 문선』 제2권, 앞의 책, 194~195쪽.

그래서 덩샤오핑은 그런 현대화를 '샤오캉(小康. 중등발전수준의 사회)'이라고 불렀으며 그것이 바로 '중국식 현대화'의 유래이다.

마오쩌둥에서 덩샤오핑에 이르기까지 그들은 서양의 발달한 자본주의 국가와도 다르고 구소련·동유럽국가와도 다르며 라틴아메리카와 동아시아·동남아 등 국가 및 지역과도 다른, 중국 자체만의 특색을 갖춘 제도와 체제적 특성을 띤 신형의 발전 혹은 현대화의 길을 탐색하기에 힘썼음을 알 수 있다.

제2절
경제 진흥과 문화 부흥

2위 일체의 발전과정에서 지적해야 할 바는 중국 자체만의 특색을 띤 신형의 발전의 길 혹은 현대화의 길은 중국 자체만의 문화 특성을 갖춘 발전의 길 혹은 현대화의 길이기도 하다는 점이다.

이런 문제를 제기한 것은 세계 각국의 현대화발전의 역사에서 경제와 문화의 관계 문제는 언제나 존재하여왔기 때문이다. 중국이 현대화를 실현하려면 반드시 세계 각국의 선진적 경험, 예를 들면 시장경제의 경험 등을 배워야 한다. 그러나 이런 학습은 반드시 중국의 문화전통과 문화특성을 고려해야 한다. 중국은 유교를 바탕으로 나라를 세운 국가가 아니지만 동양문화의 깊은 배경을 갖고 있는 국가임은 부정할 수 없다. 그렇지만 우리는 일본과 아시아의 '네 마리 용'의 궐기를 그대로 옮겨올 수도 없다. 이유는 5.4신문화운동 이후, 특히 새 중국이 창립된 후 우리는 마르크스주의를 지도사상으로 하고 중국 전통문화에 대한 비판적 계승을 통해 이미 신형의 중국문화, 즉해 중국의 사회주의 문화를 이미 형성하였다. 때문에 '중국식 현대화'는 이런 문화를 배경으로 하는 현대화일 수밖에 없다. 이런 문제를 제기한 것은 또 덩샤오핑의 '중국식 현대화'가 제기되는 그날부터 사상문화건설에 대한 요구가 포함되어 있기 때문이다. 우리는 덩샤오핑이 1979년 3월 말, '중국식 현대화'를 내놓을 때 당시 두 가지 문제를 제기하였음을 발견할 수 있다. 첫째는 중국이 현대화를 실현하려면 반드시 토대가 취약한 것과 인구가 많고 경작지가 적은 두 가지 중요한 특징에 주의를 기울일 것을 강조하였다. 둘째, 덩샤오핑은 "중국에서 네 가지 현대화를 실현하려면 반드시 사상정치 면에서 네 가지 기본원칙을 견지해야 한다"고 강조하였다.[149] 특히 덩샤오핑은 중국식 사회주의 현대화의 청사진을 설계할 때, 물질문명과 정신문명을 동시에 중시해야 한다는 전략적 구상을 제기하였다. 이는 덩샤오핑이 제기한 '중국식' 현대화는 중국의 낙후한 경제조건을 감안하고 사회주의 현대화를 계획해야 함을 뜻할 뿐만 아니라, 중국의 사회주의문화를 배경으로 사회주의 현대화를 설계해야 함을 강조한 말이었다.

그러나 '중국식 현대화'를 오로지 중국의 문화특성에 부합되는 현대화로만 간주할 것이 아니라, 현대화 건설과정에서 중국의 문화전통이 보완과 발전방식 전환 및 혁신의 부흥 과정을 거쳐야 한다는 사실도 보아야 한다. 덩샤오핑과 당 중앙의 대량 논술을 바탕으로 경제와 문화의 결합을 입각점으로 하여 연구한 '중국식 현대화'는 대체로 다음과 같은 특성이 있다.

첫째, 물질문명과 정신문명은 '중국식 현대화'의 통일된 분투목표이다. 1979년 10월 당 중앙은 우리의 현대화 임무를 논할 때 다음과 같이 지적하였다. "우리는 고도의 물질문명을 건설하는 동시에 전 민족의 교육과 과학문화 수준, 건강 수준을 제고해야 하며, 숭고한 혁명이상과 혁명도덕기풍을 수립하고, 고상하고 풍부하며 다양한 문화생활

---

149) 덩샤오핑의 「네 가지 기본원칙을 견지해야」 (1979년 3월 30일), 『덩샤오핑 문선』 제2권, 앞의 책, 164쪽.

을 발전시켜 고도의 사회주의 정신문명을 건설해야 한다. 이는 모두 사회주의 현대화의 중요한 목표이자 네 가지 현대화를 실현하는데 필요한 조건들이다."[150] 덩샤오핑은 두 가지 문명을 동시에 틀어쥐어야만 '중국 특색의 사회주의'라고 할 수 있으며, 두 가지 문명건설을 모두 실현해야만 중국식 현대화를 진정으로 실현하였다고 할 수 있다고 했던 것이다.

둘째, 사회주의 길과 공산주의 신념을 견지하는 것은 '중국식 현대화'의 근본적인 전제조건이다. 그때 당시 우리가 강조하였던 현대화의 주요 임무는 바로 공업현대화, 농업현대화, 과학기술현대화 및 국방현대화 등 네 가지 현대화를 실현하는 것이다. 이는 기술의 발전을 토대로 노동생산성을 꾸준히 제고하는 과정이다. 그러나 현대화는 한 가지 기술의 발전과정만은 아니다. 사회의 기본경제정치제도와 이런 제도를 반영하는 사상관념과도 서로 연결된다. 덩샤오핑은 우리가 건설하는 네 가지 현대화는 사회주의의 네 가지 현대화이지 다른 어떤 현대화가 아니라고 항상 일깨워주곤 하였다. 이런 현대화의 최종 가치목표는 공산주의의 원대한 이상을 실현하는 물질적 조건을 마련하기 위한 것이다. 이로써 자본주의 현대화, 라틴아메리카, 동아시아, 동남아의 현대화와 구별되는 것이다.

셋째, 인류사회가 창조한 모든 문명의 성과를 대담하게 받아들이고 거울로 삼는 것은 '중국식 현대화'의 중요한 특징이다. 중화민족은 역대로 여러 가지 문화와 문명을 받아들이고 겸용하는 전통을 갖추었다. 현대화 과정에서 그 전통은 우리가 민족과 제도, 의식형태의 경계

---

150) 중공중앙문헌연구실 편, 『3중 전회 후 중요 문헌 선편』 상권, 앞의 책, 233~234쪽.

를 뛰어넘어 열린 마음과 넓은 흉금으로 자본주의 국가를 포함한 세계 각국의 선진적인 과학기술, 경영관리방법 및 모든 유익한 지식과 문화를 배우고 거울로 삼으며 받아들이고 이용함으로써 우리의 것으로 만드는 데 도움이 되는 것이다.

넷째, 중화민족의 우수한 문화와 전통미덕을 적극적으로 발양하는 것은 '중국식 현대화'의 또 다른 중요한 특징이기도 하다. 현대화는 역사를 넘어서 발전해야 하지만 그렇다고 역사적 전통을 떠나서는 안 된다. 일단 역사적 전통을 이탈하면 그 민족은 발전과정에 분열이 생기게 된다. 한 민족의 역사전통에 나타나는 단열(斷熱)은 한 물체의 단열과 성질이 다르다. 이런 단열은 완전히 서로 다른 두 토막이 생기는 것이 아니다. 인류사상과 사회 질서에 생기는 단열은 혼란을 가져올 분이다. 혼란 속에서 사회는 현대화로 나아갈 수 없다. 따라서 사회혁명을 포함한 역사의 발전변화는 사회의 발전을 앞으로 떠미는 한편 관념을 갱신해야 하지만, 역사과정에서 미래사회의 성장점에 대해 반드시 꼼꼼하게 연구해야만 하는 것이다. 마오쩌둥이 이끄는 중국혁명이 승리할 수 있었던 기본경험은 바로 서양에서 도입한 마르크스주의를 중국의 실제와 결합시켜 중국식, 즉 중국에 뿌리 내린 마르크스주의를 형성케 한 것이다. 거기에는 '민족적, 과학적, 대중적' 신문화의 형성이 포함된다. 덩샤오핑은 사회주의 현대화사업을 지도할 때 중국의 실제에서 출발할 것, 이상과 도덕·문화·기율을 갖출 것, 나라를 사랑할 것을 거듭 강조하면서 우리나라를 발전시킬 것을 요구하였다. 그중에는 중화민족의 우수한 전통과 혁명 전통을 발양하는 과정에서 '중국식 현대화'를 실현해야 한다는 깊은 의미가 담겨 있다.

덩샤오핑이 제기한 '중국식 현대화'를 문화적 의미에서 연구해보면 덩샤오핑이 제기한 물질문명과 정신문명 즉 '두 마리의 토끼를 잡아야 하고' 또 '단단히 잡아야 한다'는 사상은 그의 발전이론 혹은 현대화이론의 중요한 특색임을 알 수 있다. '중국식 현대화'는 경제 진흥과 문화 부흥이라는 '2위 일체'의 위대한 과정이며, 두 문명을 조화롭게 발전시키는 참신한 방법인 것이다.

제3절
"과학기술은 제1의 생산력이다"

중국이 '중국식 현대화'를 발전시키려면 중국의 기본 국정에서 출발하여 중국의 문화전통을 고려해야 한다. 이는 맞는 말이지만 현대화는 역시 현대화인 것이다. 그래서 덩샤오핑은 과학기술, 경제체제, 정치체제 등 여러 방면에 대해 깊은 사고를 거쳐 생산력과 사회구조, 사람 등 여러 영역에서 완벽한 의미에서의 '현대화'를 구성하는데 심혈을 기울였다. 그중에서 어찌 해야 세계의 선진적인 과학기술 수준을 따라 잡고 과학기술의 현대화라는 중점을 틀어쥐고 경제의 비약과 현대화를 실현할 것인지 하는 문제가 덩샤오핑이 제일 먼저 고려한 중대한 문제였다. 경제의 발전과 현대화를 실현하려면 과학연구가 관건이라고 생각했다. 그의 사고방식을 더듬어보면 세 단계를 거쳤음을 발견할 수 있다.

첫째, 1975년에 덩샤오핑은 이미 "과학기술은 생산력이라고 부른다"라고 제기하였다. 그는 "농업을 발전시키지 못하면 공업 발전에 영향을 끼치게 된다. 만약 우리의 과학연구가 앞장서지 못하면 전반적으로 국가건설에 영향을 끼치게 된다."[151] 그 시기 '문화대혁명' 속에서 업무에 복귀한 지 얼마 되지 않은 덩샤오핑은 '4인방'의 압력을 무릅쓰

---

151) 덩샤오핑, 「과학연구가 앞장서야 한다」(1975년 9월 26일), 『덩샤오핑 문선』 제2권, 앞의 책, 32쪽.

고 사회주의 대국, 민족의 대국에서 출발하여 과학연구가 앞장서야 한다고 제기하였다. 그는 이론적으로 "생산력에는 과학도 포함된다"[152]는 마르크스의 논점을 상세히 논술하면서 네 가지 현대화를 실현하려면 반드시 과학기술이 생산력임을 인식해야 한다고 제기하였다. 그 중요한 관점은 덩샤오핑이 초안을 작성한 「중국과학원 업무보고 제강」에서 제기한 것이다. 그런데 얼마 지나지 않아 "덩샤오핑을 비판하고 우경 복권 풍조에 대한 역습운동"이 일어나면서 곧 바로 '생산력 유일론', '과학기술 결정론'이라는 오명을 쓰고 비난을 받았다. 이는 덩샤오핑의 비극이자 중화민족의 비극이었다. 바로 그 터무니없는 성토사건이 중국에서 벌어지고 있을 때 세계 여러 나라들(우리나라보다 기술적 토대가 낙후한 나라까지 포함)에서는 새로운 기술혁명의 풍조가 일어나 큰 걸음으로 앞을 향해 매진하고 있었다. 정치에서 공론은 필연적으로 나라를 망치게 된다. 이는 침통한 역사적 교훈이기도 했다.

둘째, 1978년 덩샤오핑은 한 걸음 더 나아가 "과학기술은 생산력으로 그 거대한 역할이 갈수록 드러나고 있다"고 강조하였다. '4인방'을 타도한 뒤 직위에 복귀하지 않은 상황에서 덩샤오핑은 중앙의 두 고위 간부와 담화하는 자리에서 다음과 같이 지적하였다. "현대화를 실현하는 관건은 과학기술의 발전이다. 과학기술을 발전시키려면 교육을 중시하지 않으면 안 된다. 빈 말 만으로는 현대화를 실현할 수 없다. 반드시 지식이 있어야 하고 인재가 있어야 한다. 지식이 없고 인재가 없이 어떻게 발전할 수 있겠는가? 과학기술이 이렇게 낙후해서야 되겠는가? 발달한 나라와 비해볼 때 우리의 과학기술과 교육은 거의 20년

---

152) 『마르크스·엥겔스 전집』 제46권 하권, 앞의 책, 211쪽.

은 뒤처져 있다.······ 일본은 메이지유신 때부터 과학기술을 중시하고 교육에 눈길을 돌리기 시작하여 많은 심혈을 기울여 왔다. 메이지유신은 신흥자산계급이 건설한 현대화였다. 우리는 무산계급인 만큼 그들보다 더 잘할 수 있다."[153] 덩샤오핑은 복귀 후 자진하여 과학교육 업무를 주관하였다. 그는 과학과 교육업무좌담회(1977년 8월)에서 "중국이 세계의 선진 수준을 따라 잡으려면 과학과 교육에서부터 착수해야 한다"[154]라고 명확하게 제기하였다. 1978년 3월 18일 열린 전국과학대회에서 덩샤오핑은 "네 가지 현대화의 관건은 과학기술의 현대화"라는 입론에서 출발하여 과학기술과 생산력 간의 관계, 과학기술 현대화와 사상도 건전하고 기술도 우수한 과학기술 대오의 관계 등 일련의 중대한 문제에 대해 논술하였다. 덩샤오핑은 현대 과학기술의 발전과 함께 과학과 생산 간의 관계가 갈수록 밀접해지고 있다면서 과학기술은 생산력으로서 그 거대한 역할이 갈수록 드러나고 있다고 깊이 있게 지적하였다.[155] 그 관점에 대한 체계적인 논증은 생산력에 대한 마르크스의 기본 원리를 발전시켰을 뿐만 아니라, '4인방'이 어지럽혔던 이론적 시비와 사상적 시비를 명확하게 밝혀 놓았다. 이밖에도 중국이 최종 과학과 교육을 통한 국다의 진흥전략을 확정하고, 과학기술 발전과 노동자 자질 제고에 의한 현대화를 실현을 위해 중요한 이론적 토대를 마련하였다.

셋째, 1988년 덩샤오핑은 "과학기술은 제1생산력"이라는 새로운 개

---

153) 덩샤오핑, 「지식을 존중하고 인재를 존중해야」 (1977년 5월 24일). 『덩샤오핑 문선』 제2권, 앞의 책, 40쪽.
154) 『덩샤오핑 문선』 제2권, 앞의 책, 48·87쪽.
155) 위의 책.

넘을 진행하였다. 전국 과학대회 후, 덩샤오핑은 국제형세와 시대의
특징에 대한 연구과정에서, 생산력에서 차지하는 과학기술의 지위와
역할에 대해 갈수록 깊이 인식하게 되었다. 1988년 9월 5일 후사크
(Husák) 체코슬로바키아 대통령과 회담하는 자리에서 "과학기술은
제1의 생산력"이라는 새로운 관점을 제기하였다.[156]

덩샤오핑이 직접 논술한 "과학기술은 제1의 생산력"이라는 관점은
대체로 다음과 같았다.

1) 현대 과학기술이 직접적인 물질생산력으로 전환하는 속도가 갈
수록 빨라지고 전환주기가 갈수록 짧아짐에 따라 과학기술이 생산력
발전에서 발휘하는 역할이 갈수록 뚜렷해지고 있다.

2) 현대의 과학기술은 이미 생산력 발전과 노동생산성을 제고하는
거대한 추진력이 되었다. 현대 과학기술이 직접적인 물질생산력으로
전환하는 과정에서 속도가 빠를 뿐만 아니라 능력도 크고 추진력도
뚜렷하다.

3) 현대의 과학기술은 신흥 공업발전의 방향을 결정한다. 생산력의
역사 발전과정에서 기술혁신은 중요한 추진력이다. 오늘날 그 추진력
은 생산력 규모와 수량의 증가로 나타날 뿐만 아니라 신흥 공업분야
의 개척에서도 반영된다.

덩샤오핑은 정치가이고 전략가이다. 그가 "과학기술은 제1의 생산
력"이라고 제기한 것은 물론 이론적인 혁신이다. 그러나 그의 목적은
바른 중국 발전의 길을 찾아내어 '중국식 현대화'를 실현하려는 데 있
었다. 우선 덩샤오핑이 이러한 명제를 제기한 것은 중국의 사회주의

---

156) 『덩샤오핑 문선』 제3권, 앞의 책, 274쪽.

현대화를 실현하기 위한 것이었다. 11기 3중 전회에서는 전 당의 업무 중점을 계급투쟁에서 경제건설로 전환하기로 결정하였다. 경제건설에는 두 가지 방식이 있었다. 한 가지 방식은 기존의 생산력을 바탕으로 양적 성장을 이루는 것이고, 다른 한 가지 방식은 기존의 생산력을 바탕으로 질적인 비약을 가져오는 것이었다. 당시의 목표는 4가지 현대화를 실현하여 낙후한 농업국가에서 농업, 공업, 국방 및 과학기술 제 분야에서 현대화한 사회주의 강국으로 건설하는 것이었다. 이를 위해서는 반드시 생산력의 비약적인 발전을 이루어야 했다. 그러려면 과학기술에 의지해야 했다. 그런 이유 때문에 덩샤오핑은 저우언라이가 여러 차례 언급하였던 "네 가지 현대화의 관건은 과학기술의 현대화"라는 말을 거듭 강조했던 것이다. 이는 세계 각국이 현대화를 실현하는 과정에서 얻어낸 경험이고 진리였다. 다음으로 덩샤오핑이 그 명제를 제기한 것은 '따라잡기 식' 즉 후발 식 현대화의 역사적 요구를 반영했다는 것이다. 개발도상국이 현대화를 실현하려면 '따라잡기'전략을 세우는 것은 불가피한 일이다. 중국은 개발 중인 사회주의 국가로서 서양의 발달한 자본주의국가들이 과학기술, 경제 등 면에서 우세한 위치를 차지하는 압력에 직면하여 있었기 때문에 현대화의 길에서 더욱이 '따라잡기' 전략을 취해야 했다. 마오쩌둥은 중국 사회주의 혁명 시작 초기에 세계 최강의 자본주의국가를 따라 잡고 추월하자는 목표를 제기하였다. 그러나 경제 업무 지도사상에서 급진적인 실수를 범하였다. 마오쩌둥의 실수를 바로잡는 것은 우리의 '따라잡기' 목표를 부정하려는 것이 아니라 '따라잡기' 목표를 더욱 잘 실현하기 위한 것이었다. 덩샤오핑은 혼란스러운 국면을 바로 잡는 과정에서 '따라잡기'의 의미를 긍정하였으며, 올바른 '따라잡기'의 길은 과학기술과 교육을 발전시키는 것이라고 지적하였다. 1992년 초 남방 순방 연설에서 덩샤오핑은 다음과 같이 명확히 지적했다. "빠른 경제발전을 이루려면 반드시 과학기술과 교육에 의지해야 한다. 나는 과학기술은 제1의 생산력이라고 주장한다. 최근 10~20년간 세계 과학기술의 발전은 얼마나 빠른가?······ 최근 몇 년간 우리도 과학기술을 벗어나 이처럼 빠른 성장을 가져 올수 있었겠는가? 과학을 제창하고 과학에 의지해야만 희망이 있다. 최근 10여 년간 중국은 과학기술 분야에서 적지 않은 발전을 이루었다. 90년대에는 더욱 빠른 발전을 이루기를 바란다."[157]

"과학기술은 제1생산력"이라는 과학적 논점과 중국현대화의 요구와 특징을 바탕으로 덩샤오핑은 전략적 의미를 갖춘 두 가지 조치를 내놓았다. 첫째는 도입이었다. 대외개방 정책을 통해 선진적인 기술, 선진적인 장비를 들여와 우리 발전의 기점으로 해야 한다고 했다. 후발 식 현대화 국가들이 보편적으로 실행하는 도입전략은 작은 대가로 큰 발전을 이루는 것이었다. 덩샤오핑은 독립자주의 전제를 견지하면서 외국의 선진 기술을 도입하여 이용하면 "시간을 절약할 수 있다"고 주장하였다. 그는 "무릇 도입하는 기술설비는 모두 현대적인 것이어야 한다", "선진기술 설비를 도입한 후 반드시 국제 선진적인 관리 방법, 선진적인 경영방법, 선진적인 기준에 따라 관리해야 한다. 다시 말하면 경제법칙에 따라 경제를 관리해야 한다."[158] 그래야만 우리 도입전략이 예기한 효과를 거둘 수 있다. 이밖에 그는 또 "외국의 지력(知力)을 이용해야 한다. 일부 외국인을 청해 우리의 중점 건설과 여

---

157) 『덩샤오핑 문선』 제3권, 앞의 책, 377~378쪽.
158) 『덩샤오핑 문선』 제2권, 앞의 책, 129~130쪽.

러 방면의 건설에 참여시켜야 한다."[159]라고 제기하였다. 개혁개방의 실천이 증명하다시피 이런 도입 전략은 중국의 경제발전과 현대화를 힘 있게 추진하였다. 둘째, 자주적인 창조였다. 이는 바로 과학기술체제의 개혁을 통해서 자체의 과학자대오를 결성하고, 자국의 연구수준을 제고시키며, 자주적인 과학기술의 성과를 창조하는 것이다. 1977년 5월 24일 덩샤오핑은 "과학기술과 교육은 여러 업종에서 모두 중시해야 한다. 큰 기업은 모두 과학기술연구기관을 갖춰야 하고 과학기술 연구인원을 두어야 한다."[160] 덩샤오핑은 또 첨단과학기술 영역에서 한 자리를 차지해야 하며, 첨단과학기술의 산업화를 실현해야 한다고 강조했다. 이 모든 것은 모두 자체적으로 연구제작한 과학기술성과를 이루려는 하나의 목적을 위한 것이었다. 개발도상국이 발달한 나라를 따라잡으려면 단순히 '도입'에만 의지해서는 현대화의 꿈을 이룰 수가 없다. 반드시 자체의 과학연구대오와 과학연구기관이 있어야 했다. 이에 대해 덩샤오핑은 매우 냉철한 인식을 가지고 있었다. 세 번째로 복귀한 뒤 얼마 지나지 않아 덩샤오핑은 전국과학대회를 소집하고 과학기술 발전에 대한 지도사상 등 중대한 원칙적인 문제들을 해결하였다. 1985년 3월과 5월에는 또 잇달아 「과학기술체제 개혁에 대한 결정」, 「교육체제 개혁에 대한 결정」을 제정하여 과학기술과 교육 발전 체제 문제를 해결하였다. 1986년 3월에는 과학가의 제안을 바탕으로 「첨단기술 연구발전계획 요강」을 제정하도록 지지, 추진하였다.

---

159) 『덩샤오핑 문선』 제3권, 앞의 책, 32쪽.
160) 『덩샤오핑 문선』 제2권, 앞의 책, 41쪽.

제4절
발전에 대한 전략적 구상

덩샤오핑이 제기한 '중국식 현대화'는 실천 과정에서 전략적 구상을 점차 형성하였다. 그 요점에는 다음과 같은 몇 가지 내용을 포함하고 있다.

첫째, 발전의 전략적 배치: "하나의 중심 두 가지 기본 점"

당대 중국의 발전전략에 대한 사고에서 우선 해결해야 할 근본적인 문제는 중국처럼 경제문화가 낙후한 나라에서 사회주의를 건설함에 있어서 무엇을 업무 중점으로 정해야 하느냐는 문제였다. 역사의 교훈에 비추어 덩샤오핑은 단호하게 전 당을 이끌어 업무중점의 전환을 실현하였으며 경제건설을 중심으로 한다고 명확하게 제기하였다. 아울러 그는 개혁개방의 총체적 방침과 네 가지 기본원칙을 제기하여 경제건설을 위한 동력과 보장을 마련하였고, 물질문명과 정신문명의 공동 발전을 강조하면서 우리의 근본 목표는 부강하고 민주적이며 문명적인 사회주의 현대화 국가를 건설하는 것이라고 지적하였다. 중공 제13차 전국대표대회에서 "하나의 중심 두 개의 기본 점"을 주요 내용으로 하는 기본노선을 개괄하였다. 1989년 11월 23일 덩샤오핑은 이것이 바로 우리의 '전략적 배치'라고 하면서 그 전략적 배치를 우리는 반드시 영원히 거침없이 견지해나가야 한다고 지적하였다.

둘째, 발전의 전략적 목표와 절차: 세 단계로 나누어 현대화를 기본적으로 실현하는 것.

중국의 경제문화가 낙후한 현실과 세계 현대화의 물결에 직면한 중국공산당은 사회주의에 들어서기 전과 후, 현대화를 실현하기 위해 분투할 것을 여러 차례 강조하였다. '4인방'을 타도한 후, 특히 중국공산당 제11기 3중 전회에서 업무중점을 전환하는 전략적 결정을 내린 뒤에야 현대화를 실현하는 것이 비로소 진정으로 전국 인민의 현실적인 분투목표로 확정되었다. 이는 덩샤오핑의 공헌이었다. 아울러 덩샤오핑은 어떻게 중국의 특징에서 출발하여 현대화를 실현할 것인지에 대한 사고를 거쳐 세 단계로 나누어 다음 세기 중엽에 이르러 현대화를 기본적으로 실현하여 중등발전국가의 수준에 이른다는 웅대한 목표와 실시 절차를 제기하였다. 덩샤오핑은 이렇게 말했다. "우리의 원래 목표의 첫 단계는 80년대에 이르러 국민총생산을 2배로 늘리는 것이다. 1980년을 기준으로 하여 그때 당시 국민총생산의 1인당 평균치가 겨우 250달러였으니 2배로 늘면 5백 달러가 되는 것이다. 두 번째 단계는 본세기 말에 이르러 재차 2배로 늘려 1인당 평균 국민소득이 1천 달러에 달하게 하는 것이다. 그 목표를 실현하게 되면 우리가 샤오캉(小康) 사회에 들어섰음을 의미하며, 가난한 중국에서 샤오캉 중국으로 바뀌었음을 의미한다. 세 번째 단계는 다음 세기 30~50년 동안에 걸쳐 재차 4배로 늘려 1인당 평균 4천 달러에 달하게 하는 것이다. 이 단계를 실현해야만 중국은 진정으로 중등의 발달 수준에 달했다고 말할 수 있다. 이는 우리의 웅대한 이상과 포부이다."[161] 덩샤오핑은 이

---

161) 덩샤오핑, 「역사경험을 받아들여 그릇된 경향을 방지하자」(1987년 4월 30일), 『덩샤오핑 문선』 제3권, 앞의 책, 266쪽.

목표를 우리 발전의 '전략목표'라고 불렀다.

셋째, 발전의 전략 중점 : 농업, 교통, 에너지, 교육, 과학기술.

80년대 초, 발전전략을 설계할 때 덩샤오핑은 중국 국정의 특성에서 출발하여 발전의 전략 중점을 연구하였다. 덩샤오핑은 "전략 중점은 첫째는 농업, 둘째는 에너지와 교통, 셋째는 교육과 과학이다."라고 강조하였다. 그 후 그는 또 통신과 교통도 발전의 중점에 포함시켰다.

넷째, 발전의 기점: 세계의 모든 선진기술과 선진성과를 이용하는 것.

우리의 목표는 현대화를 실현하는 것이다. 그러나 우리의 현실은 생산력이 낙후해 있다는 것이다. 이는 아주 큰 모순이다. 덩샤오핑은 이런 모순을 해결할 수 있는 출로를 제시하였는데, 바로 개방정책을 실시하여 세계 모든 선진기술과 선진성과를 이용하여 우리 발전의 기점으로 삼는 것이라고 하였다.

다섯째, 발전의 전략적 요구: 속도와 효과의 통일

발전문제에서 중국공산당의 중요한 교훈 중의 하나가 바로 급진적인 것, 발전 속도만 일방적으로 추구한 것이다. 덩샤오핑은 중국의 발전전략을 제정하면서 한편으로는 기회를 놓치지 말고 상대적으로 빠른 성장을 이룰 것을 중점적으로 강조하고, 다른 한편으로는 그런 빠른 발전이 조건적이고 구별적이어야 하며, 과장됨이 없어야 한다면서 결과적으로 인민의 생활수준에서 반영되어야 하며, 반드시 효과적이어야 한다고 강조하였다.

여섯째, 발전 전략을 실현하는 지름길: 일부 사람, 일부 지역이 먼저 부유해진 다음 점차 공동으로 부유해 지는 목표에 이르는 것.

제11기 3중 전회에서 업무 중점을 전환하는 전략적 정책을 내릴 때, 덩샤오핑은 중국 각 지역의 발전이 불균형한 실제에서 출발하여 일부 지역, 일부 기업, 일부 노동자와 농민이 부지런한 노력으로 소득이 많아져 먼저 부유해지는 것을 허용할 것을 제안하였다. 이는 전반적으로 국민경제를 이끌어 갈수 있는 '대정책'이라고 그는 주장하였다.

일곱째, 발전 전략 실현의 핵심: 인재.

'4인방'을 타도한 후, 덩샤오핑은 "지식을 존중하고 인재를 존중해야 한다"고 큰소리로 호소하였다. 덩샤오핑은 뛰어난 인재를 발견하고 선발, 양성하는 문제와 인재의 성장에 관심을 두고 격려하며 돕는 문제에 대해 많은 논술을 하였다. 그는 "지식을 존중하고, 인재를 존중해야 한다"면서 발전전략 성패의 "관건은 인재를 발견하고 인재를 활용할 수 있는지의 여부에 달렸다"고 말했다. 1992년 초 남방 순회 연설 전까지 발전전략에 대한 그의 논술에서 인재문제는 항상 특별히 중요한 지위를 차지하였다. 전국교육업무회의(1985년)에서 덩샤오핑은 "중국 국력의 강약과 경제발전의 잠재적 성장력은 갈수록 노동자의 자질과 밀접히 연결되고 있으며 지식인의 수량과 질에 의해 결정된다.

여덟째, 발전전략의 실현에서 반드시 거쳐야 할 길: 개혁개방.

발전목표를 실현하기 위해 전통적인 체제에 존재하는 폐단에 대비해 11기 3중 전회 때부터 덩샤오핑은 개혁개방이라는 정책적 결정을 내렸다. 제14차 당대회가 열린 후 우리나라의 가장 뚜렷한 특징이 바로 개혁개방이었다. 개혁개방은 낡은 체제의 속박에서 생산력을 해방시켰는데, 이는 중국의 발전에 강력한 추진력으로 작용하였다. 덩샤오핑은 "만약 개혁개방을 포기한다면 우리의 근본적 발전전략을 포기하는 것과 같다"고 강조하였다.

아홉째, 발전전략을 실현하는 조건: 국내 안정과 국제 평화.

중국은 사회주의에 들어선 후 사회주의 건설에서 많은 교훈을 얻었다. 사회주의를 건설하려면 안정적이고 단합된 정치적 국면이 필요하다는 것이 그중의 한 가지였다. 이러한 인식은 '문화대혁명'의 교훈을 통해서 얻은 것이며, 또한 새로운 시기 자산계급 자유화 사조와의 투쟁을 통해서 얻은 중요한 경험이기도 했다. 이와 동시에 또 평화로운 국제환경을 모색하여 여러 나라의 선진적인 과학기술과 경영관리 경험 및 우리에게 이로운 모든 지식과 문화를 이용하여 우리나라의 현대화를 실현해야 한다는 것이었다. 덩샤오핑은 "중국이 자국의 발전목표를 실현하려면 안정적인 국내 환경과 평화로운 국제 환경은 필수 조건이다."[162]라고 명확하게 말했다.

열째, 발전전략을 실현하는 정치적 보장과 지도핵심: 네 가지 기본원칙을 견지하는 것, 핵심은 당의 지도를 견지하는 것.

중국의 발전은 현대화를 목표로 한다. 그리고 현대화는 서양의 일부 발달한 국가에서 시작된 것이다. 따라서 중국의 발전과정에서 서양의 발달한 국가들의 경험을 맹목적으로 거부하는 '좌'적 사조와 전면적으로 서구화하는 '우'적 사조가 나타나는 것은 불가피한 일이었다. 우리의 발전방향을 정확하게 파악하기 위해 덩샤오핑은 개혁개방을 강조하는 한편 네 가지 기본원칙을 견지해야 한다고 시의 적절하게 제기하였으며 또한 거듭해서 강조하였다. 이는 중국 발전의 정치적 보장이었다. 덩샤오핑은 "네 가지 기본원칙을 견지하는 핵심은 당의 영도를 견지하는 것이다. 중국과 같은 대국에서 공산당의 영도가 없었다면 필연적으로 사분오열되어 아무 일도 성사시키지 못하였을 것이다."

162) 덩샤오핑, 「중국은 타국이 내정을 간섭하는 것을 영원히 용납하지 않을 것」 (1990년 7월 11일) 『덩샤오핑 문선』 제3권, 앞의 책, 360쪽.

아울러 덩샤오핑은 당의 영도를 견지하기 위해서는 반드시 당의 영도를 개선하기 위해 노력해야 하고, 반드시 당 건설에 심혈을 기울여야 한다면서 이 모든 것은 발전전략의 순조로운 실현을 보장하기 위한 것이라고 특별히 강조하였다.

덩샤오핑의 발전 혹은 현대화 이론은 단순히 경제성장만 추구하는 단편적인 발전이론이 아니며, 또 세계적으로 자주 논쟁이 벌어지는 경제주의, 구조주의, 인문주의 등 여러 가지 패턴과는 구별되는 현대화 이론이었다. 그의 이론은 중국의 실제에서 출발한, 과학과 인문, 경제와 정치, 기술과 사람 등 여러 가지 요소가 서로 통일된 발전전략 혹은 현대화 이론이었던 것이다.

제6장
시장경제론

    중국의 지도자들, 특히 원로 지도자들은 지혜롭고 유능하여 중국을 충분히 잘 이끌어 나갈 수가 있다. 중국의 지도자들은 사회주의 기본원칙을 자본주의의 생산력 발전과 경영관리 경험과 결합시켜 중국을 번영과 부강의 길로 이끌었다.

- [루마니아] 니·모즈고례야누

제1절

몇 세대 마르크스주의자의 탐색을 거친 난제

먼저 설명해 두어야 할 부분이 있다. 본 장의 내용은 원래 '중국식 현대화' 즉 앞 장의 한 절에 포함되었어야 했다. 필자는 덩샤오핑의 발전론에서 가장 중요한 특징은 아래와 같은 몇 가지라고 본다. 첫째, 자체의 길을 걷는 것, 둘째, 사회주의 시장경제를 수단으로 한 것, 셋째, 문화적 내용이 있는 것, 넷째, 과학기술의 역할을 중시한 것, 다섯째, 일련의 전략적 구상이 있다는 것 등이다. 마르크스주의 사상사에서든, 당대 중국의 경제 발전사에서든, 그리고 덩샤오핑의 '중국 특색의 사회주의' 건설 이론에서든지를 막론하고 시장경제 문제는 특별하고 중요한 의미가 있다. 그래서 시장경제론을 한 장절로 내와서 연구하고 서술할 필요가 있다고 생각하였다. 덩샤오핑의 사회주의 시장경제 이론은 마르크스주의의 중대한 돌파이자 중국 공산주의자들의 위대한 창조임이 틀림없다. 그리고 그것은 하늘에서 떨어진 것이 아니라 몇 세대 마르크스주의자들이 오랜 세월동안 힘겨운 탐색을 거쳐 이룬 것이다. 마르크스와 엥겔스가 과학적 사회주의 학설을 창설할 때, 자본주의사회의 기본 모순과 그 모순의 또 다른 표현 형태에 대한 깊은 연구를 거쳐 그 모순을 해결할 수 있는 최적의 방법은 사회가 생산수단을 점유하는 것, 사회주의가 자본주의를 대체하는 것이라고 주장하였다. 이와 같은 기본적이고 과학적인 결론에 따라 엥겔스는 일찍 "일단 사회가 생산수단을 점유하게 되면 상품생산이 없어지게 될 것이며, 생산자에 대한 제품의 통치도 따라서 없어질 것이다. 사회 생산 내부의 무정부상태가 계획적이고 자발적인 조직에 의해 대체될 것이다."[163]라고 예언했었다. 마르크스주의 창설자는 매우 신중한 태도를 취하였다. 이상의 예언을 제기하면서 먼저 전 사회가 생산수단을 점유하게 될 경우라는 선결조건을 제기했던 것이다. 그런 다음 상품생산이 "없어지게 될 것"이라고 강조했던 것이다. 다시 말하면 바로 없어지는 것이 아니라 앞으로 없어지게 될 것이라고 했던 것이다. 이는 그들이 미래사회의 특징에 대하여 예로부터 과학적인 태도를 취해오면서 미세하고 구체적으로 서술하는 것을 주장하지 않았기 때문이다. 개별적인 예언일지라도 단지 대체적인 윤곽만 제기할 뿐 그 예언을 절대화하는 것을 원하지 않았다. 예를 들면 마르크스는 『자본론』이라는 유명한 저작에서 이렇게 말했다. "자본주의 생산방식이 소멸된 후 사회 생산이 여전히 존재하는 상황에서 가치 결정이 여전히 아래와 같은 의미에서 지배적인 역할을 발휘할 것이다. 노동시간 조절과 서로 다른 생산유형 사이에서의 사회노동의 분배, 마지막으로 이와 관련된 장부 기록이 그 이전의 어느 때보다도 더 중요하다."[164] 마르크스의 이 부분 논술에 대해 쏜예팡(孫冶方)이라는 중국의 유명한 경제학자가 주의를 기울였다. 그는 마르크스가 사회주의 사회에 상품교환이 존재하는 사실을 전적으로 부정하지는 않았다고 주장하였다. 그러나 마르크스 이후의 마르크스주의 이론가들 가운데서는 "마르크스주의 관점에 따르

---

163) 엥겔스, 「사회주의가 공상에서 과학으로 발전」, 『마르크스·엥겔스 선집』 제3권, 1995, 인민출판사, 757쪽.
164) 『마르크스·엥겔스 선집』 제46권, 앞의 책, 965쪽.

면, 사회주의 사회에서는 계획경제가 상품생산과 상품교환을 대체하게 될 것이며, 이는 사회주의의 중요한 특징"이라는 주장이 지배적이었다.

레닌도 애초에는 그렇게 주장했었다. 그러나 그는 실천 과정에서 "자본주의 사회에서 사회주의 사회로 넘어가는 과정에 통화를 포기하거나 혹은 단기 내에 새로운 통화로 대체한다는 것은 아예 불가능한 일"[165]이라는 사실을 발견하였다. 그러나 국내 전쟁과 외국의 무장 간섭에 반대해야 했기 때문에 레닌은 어쩔 수 없이 약 3년간 '전시 공산주의' 정책을 실시해야만 했다. 그래서 '여유 식량 징집제' 형태로 농민들 손에서 식량을 거둬들여 실물로 노동자와 직원의 노동보수를 지불하였으며' 일부 서비스 수금을 폐지하는 외에도 우편, 수돗물, 생활용전기, 주택과 관련된 수금을 면제하는 등의 정책을 실행하였다. 전쟁이 끝난 후 상황이 크게 바뀌었다. 레닌은 기회를 제때에 포착하고 '신(新)경제정책'으로 '전시 공산주의 정책'을 대체할 것을 제기했다. '신경제정책'에는 식량세로 '여유 식량 징집제'를 대체하고, 자유무역을 점차 실행해 국내 상업을 활성화시키는 등의 정책이 포함되었으며, 이로써 대공업을 회복시켜 시장투쟁을 통해 사회주의로 점차 과도할 수 있도록 노력하였다. 그 시기 레닌은 『식량세를 논함』(1921년 4월) 등의 저작에서 무산계급이 상품생산과 통화교환 등의 수단을 통해 사회주의 개조 임무를 완성하고, 사회주의 제도를 수립할 수 있다고 체계적으로 논술하였다. 그렇다면 사회주의제도가 수립된 후에도 그런 상품통화 교환제도를 여전히 보존하고 발전시켜야 한다는 것일까? 레닌이

---

165) 『레닌 전집』 제34권, 앞의 책, 126쪽.

만년에 병환에서도 '신경제정책'에 대해 인정하고 사고한 것에서 미루어보면, 그가 미래 사회주의제도의 새로운 형태를 보았음을 알 수 있다. 예를 들면『합작사를 논함』(1923년 1월)에서 그는 공유제 조건에서 "문명적 합작사 종사자 제도가 바로 사회주의 제"라는 점을 논술할 때 "현재 모든 문제는, 우리가 이미 충분히 보여주고 또 완전한 성공을 거둔 혁명적 기개, 혁명 열성을…… 식견이 있고, 글을 쓸 줄 알며, 계산에 능한 상인의 재능(이런 능력을 갖추면 가히 훌륭한 합작사 종사자가 될 수 있음)과 서로 결부시켜야 하는 데 있다."라고 지적하였다.[166] 안타깝게도 레닌이 너무 일찍 세상을 떠난 바람에 그의 구상이 계속 전개되고 발휘되지 못하였다. 훗날 소련은 실천과정에서 매우 긴 시간 동안 왜곡된 길을 걸었다. 경제학자 수싱(蘇星)은『사회주의 시장경제를 논함』(1994년)이라는 저작에서 다음과 같이 썼다.

> "1925년 12월, 소련공산당(볼셰비키) 제14차 대표대회에서 국가 공업화 실현 임무를 제기하였다. 공업화 과정에서 중공업을 우선적으로 발전시킬 것을 일방적으로 강조함으로써 국민경제 비율의 심각한 불균형을 초래하였으며, 농업 집중화로 인한 농업생산량의 감소가 초래되는 바람에 도시와 농촌 간의 상품유통과 기업경제 정산에 어려움을 겪게 되었다. 그래서 농촌에서 농산물 의무 매도, 기계 트랙터 관리참의 노동보수를 실물로 지불하는 조치를 실행하고, 기업에 대한 물자기술 공급 면에서는 시장을 통하지 않

---

166) 『레닌 선집』제4권, 앞의 책, 770-771쪽.

고 국가에서 집중 분배하거나 혹은 기업 간의 물물교환 방법을 취하였으며, 또 도시 주민의 소비품 공급은 배급제를 실행하였다. 이런 경제적 연결의 실물화 추세로 인해 사회주의제도 아래 상품통화에 대한 사람들의 인식이 또다시 흔들리기 시작하였다. 1920년대 말과 30년대 초에 소련경제는 상품통화 관계가 계속 사라져가는 단계에 들어섰고, 가치법칙이 더 이상은 소련경제에 대해 역할을 발휘하지 못한다는 설이 유행이었으며, 게다가 이런 설은 경제문헌에서도 우위를 점했다. 그러나 그때 당시의 경제 형세가 '전시 공산주의'시기와는 달랐다. 국영무역, 합작사무역 및 집단농장무역이 크게 발전한 상황에서 기업은 가격으로 정산해야만 했기 때문에 가격의 존재를 전면 부정할 수는 없는 일이었다. 그래서 가격은 가치의 표현형태가 아니라 계획 영도의 수단이라는 해석이 생겨났다. 40년대 초 소련공산당(볼셰비키) 중앙은 사회주의경제에 가치법칙이 존재한다는 것을 부정하는 관점을 비판하였다. 레옹제프를 비롯한 10명의 학자가 『마르크스주의 기치 아래』란 잡지에 「정치경제학의 몇 가지 문제에 대한 강의에 대하여」(1943년)라는 제목의 글을 발표해서 사회주의 경제에서 가치법칙의 지위와 역할에 대해 긍정하였다. 그러나 그 글도 전통 관념의 속박에서 온전히 벗어나지는 못하였다. 가장 뚜렷한 표현이 바로 글에서 개조된 가치법칙이라는 설을 제기한 것이다. 그 설은 소련에서 1952년까지 줄곧 유행하였다. 1952년 스탈린의 저작 『소련 사회주의 경제문제』가 출판되었다. 그 저작은 소련 30

여 년의 사회주의 건설 경험에 대한 총결이며, 오랜 세월 지속된 사회주의 경제 이론 관련 논쟁에 대한 종합이기도 했다. 스탈린의 공헌은 사회주의제도에서 상품생산이 여전히 존재하며 그 상품생산은 특별한 상품생산으로서 자본주의를 초래하지 않을 것임을 긍정한 것, 가치법칙이 상품 유통에 대해 조절작용을 하고 생산에 영향을 주며 기업에서 경제 정산과 영리, 원가, 가격 등의 문제에서 여전히 현실적 의미가 있음을 긍정한 것, 개조를 거친 가치법칙에 대한 관점을 부정한 것 등이다. 그러나 스탈린이 오랜 세월을 거쳐 형성된 이론 관점의 영향을 받아 특히 소련의 현실적 경제 생활의 속박을 받아 그의 저작에도 일부 그릇된 관점이 포함되었다. 생산 수단이 상품임을 인정하지 않고 생산에 대한 가치법칙의 조절작용을 인정하지 않은 등이 그릇된 부분이다.……"[167]

사실상 소련뿐 아니라 50년대 중기부터 계획경제의 폐단을 감안한 동유럽의 일부 사회주의국가들은 잇달아 정도가 다르게 시장과 가치법칙을 활용해 경제를 발전시켰다. 특히 유고슬라비아의 영향이 더욱 컸다. 중국공산당이 이 분야에서 진행한 탐색은 더 순탄하지 않았다고 할 수 있으며, 더 대표적이라고 할 수 있다. 흥미로운 것은 중국공산당이 사회주의 개조를 지도하고 사회주의 건설을 시작했을 때 상품·통화의 개념을 취소한다고 제기하지 않았다는 점이다. 우리는 국

---

167) 쑤싱(蘇星), 『사회주의 시장경제를 논함』, 1994, 중공중앙당학교출판사, 15~16쪽.

민경제를 회복하고 사회주의 개조를 지도하는 과정에서 가치법칙을 활용해 불법 자본가와 투쟁을 벌여 큰 승리를 거두기까지 하였다. 그러나 소련 사회주의 패턴의 영향을 받았기 때문에 우리는 사회주의 개조 과정에 고도로 집중되고, 통일된 계획경제 체제를 수립하였다.

그래서 사회주의제도를 수립한 후 중국공산당은 "상품생산과 통화교환의 운명을 어떻게 결정한 것인가?"라는 이론적 난제에 직면하게 되었던 것이다. 전반적으로 볼 때, 우리는 사회주의경제가 계획경제라고 주장하면서 심지어 상품생산과 통화교환을 3차례나 비판하였다. 제일 처음에는 1958년 인민공사화 운동의 고조시기에 천보다(陳伯達)가 상품통화를 폐지하자는 주장을 제기한 것으로서 실천과정에서 파괴적인 역할을 하였다. 두 번째는 60년대에 의식형태 영역에서 수정주의에 반대하는 투쟁을 전개할 때 경제학계에서 쑨예팡(孫冶方)의 이른바 '수정주의'를 주로 비판한 것으로서 실제로는 사회주의제도에서의 상품생산과 가치법칙을 부정한 것이었다. 세 번째는 1974년 마오쩌둥이 통화교환은 "낡은 사회와 별로 차이가 없다", 상품제도에 대해서는 "무산계급독재 하에 제한해야 한다'고 제기한 것이다. 그 후 '4인방'이 상품 통화제도, 자산계급 권리를 신(新)자산계급 이 생겨날 수 있는 경제적 기반으로 여겨 엄히 비판하였다.

반드시 지적해야 할 것은 '대약진' 및 '인민공사화운동'의 교훈을 종합하는 과정에서 마오쩌둥이 큰 심혈을 기울여 스탈린의『소련 사회주의 경제문제』, 소련『정치경제학 교과서』(제3판) 등의 저작을 읽고 연구하였으며, 사회주의제도에서의 상품생산과 상품교환의 '운명'문제에 대해 성실하게 탐구하고 많은 훌륭한 사상을 제기하였다는 사실이다. 그중 일부 관점은 스탈린을 뛰어넘는 훌륭한 사상이었으며, 이 문제에서 마르크스주의 인식을 앞으로 크게 한 걸음 발전시켰다. 졸저『마오쩌동과 당대 중국』에서「상품경제의 곤혹」이라는 제목으로 마오쩌동의 사상에 대해 특별히 연구하였으며, 그가 제기한 5가지 중요한 관점이 중국 80년대 경제체제 개혁을 위해 심층 차원에서 사상준비를 한 것이라고 강조하였다. 그 5가지 중요한 관점은 아래와 같다.

첫째, 중국은 오랜 세월 동안 상품생산의 역사적 발전단계를 거쳐야 한다.

둘째, 상품생산을 발전시키는 것은 노동자와 농민의 연맹을 공고히 하기 위한 필요이다.

셋째, 우리가 발전시키려는 상품생산은 사회주의 상품생산이다.

넷째, 사회주의 상품생산은 계획적인 상품생산이다.

다섯째, 상품생산에 따르는 소극적인 역할을 규제해야 한다.

이상의 탐색은 비록 "사회주의도 시장경제를 발전시킬 수 있다"는 깊이 있는 사상을 형성하지는 못하였지만, 우리는 마르크스·엥겔스에서 레닌에 이르고, 또 스탈린과 소련학자, 동유럽 국가를 거쳐 마오쩌동의 이론과 실천을 거친 탐색과정에서 중요한 단서를 발견할 수가 있다. 즉, 한 세대 또 한 세대의 마르크스주의자들은 사회주의에서 상품생산을 발전시켜야 할지에 대한 문제에서 한편으로는 늘 실천의 도전에 부딪치고, 다른 한편으로는 매번 탐색을 거쳐 얻은 성과가 모두 상품생산의 역할을 인정하는 방향으로 한 걸음씩 크게 나아갔다는 사실이다. 마오쩌동이 이끄는 탐색에 참가하였던 경력자로서의 덩샤오핑은 마르크스주의 선배들의 탐색 방향에 따라 앞으로 한 걸음 더 밀고 나갈 수 있는 조건을 갖추었던 것이다.

제2절
덩샤오핑의 공헌 : '사회주의도 시장경제를 발전시킬 수 있다'

'4인방'을 무너뜨린 후 특히 진리의 기준에 대한 토론을 거쳐 마오쩌 동 만년의 실수를 바로잡기 시작하였다. 그렇게 되자 사람들은 매우 자연스럽게 사회주의제도 하의 상품, 통화 등 문제에서의 이론적 시비를 분명히 밝힐 것을 제기했다. 11기 3중 전회에서 전 당의 업무 중점을 경제건설로 전환하면서 실천은 그 중대한 이론문제를 명확히 할 것을 더욱 절박하게 요구하였다. 1979년 4월 16일부터 29일까지 우시 (无錫)에서 389명이 참가한 가운데 열린 사회주의 경제에서 가치법칙 문제 관련 토론회에서 그 중대한 문제를 둘러싸고 치열한 논쟁이 벌어졌다. 다양한 의견들이 많았지만 당시 사회주의는 계획경제라는 관점이 여전히 지배적이었다. 덩샤오핑은 이는 중국 경제발전 전망과 관계되는 중대한 문제임을 의식하였다. 그는 전략적 높이에서 그 문제에 대해 깊이 생각하기 시작하였다. 1979년 11월 26일, 덩샤오핑은 기브니 미국 브리튼백과전서출판회사 편집위원회 부주석 등과의 담화에서 처음으로 "사회주의도 시장경제를 발전시킬 수 있다"고 명확히 제기했다. 그는 "물론 우리는 자본주의를 원하지 않는다. 그러나 우리는 발달하고 생산력이 발전하고 나라를 부강하게 이끌 수 있는 사회주의를 원한다. 경영관리 방법을 포함한 자본주의의 일부 훌륭한 부분을 배울 수 있다. 그러나 이는 결코 자본주의를 실행하려는 것은 아니다.

이는 사회주의가 사회 생산력을 발전시키는 방법이다."라고 말했다. 이러한 구상에 따라 그는 다음과 같이 지적하였다.

> "시장경제가 자본주의사회에만 존재하고 자본주의 시장경제만 존재한다고 말하는 것은 분명 잘못된 견해이다. 사회주의에서 왜 시장경제를 발전시킬 수 없겠는가? 그러나 이를 자본주의라고 할 수는 없다. 우리는 계획경제를 위주로 하고 시장경제를 결부시키는 것이다. 분명한 건 이는 사회주의의 시장경제라는 것이다. 방법 면에서 자본주의 사회의 것과 비슷하겠지만 다른 점도 있다. 전국민 소유제 간의 관계이지만 집단 소유제와의 관계도 존재하고 외국 자본주의와의 관계도 존재한다. 그러나 결국은 사회주의 사회의 것이다. 시장경제를 자본주의의 것 만이라고는 할 수 없다. 시장경제는 봉건사회에 이미 싹트기 시작하였다. 사회주의도 시장경제를 발전시킬 수 있다."[168]

그 후에 덩샤오핑은 그 문제에 대해 여러 차례 제기하였으며 내용이 갈수록 깊어졌다. 덩샤오핑의 논단은 장기간 사람들을 곤혹스럽게 하고 논쟁이 끊이지 않았으며, 우리 발전에 걸림돌이 되어온 "시장경제는 반드시 '자본주의의 것'이냐?"하는 문제와 이와 연결된 "사회주의에서 시장경제를 발전시킬 수 있느냐?"하는 문제에 대해 명확하고 투철하게 대답함으로써 중공 제14차 전국대표대회에서 사회주의 시장경

---

168) 『덩샤오핑 문선』 제2권, 앞의 책, 236~247쪽.

제 목표를 확립할 수 있는 이론적 토대를 마련하였다. 덩샤오핑의 지도와 이론종사자의 꾸준한 연구 덕분에 당 중앙과 국무원은 경제체제 개혁을 추진하는 과정에서 사회주의 시장경제 체제를 수립하는 것이 개혁의 방향과 목표임을 점차 명확히 할 수 있었다. 여기서 '점차'라고 함은 실제로 세 개의 큰 단계가 포함된다.

첫 번째 단계: 계획경제의 단점을 미봉하기 위해 "계획경제를 위주로 하고 시장조절을 보조적 수단으로 한다"는 원칙과 방향을 제시하였다. 1980년 9월 국무원 경제체제 개혁 판공실은 「경제체제 개혁에 관한 초보적인 의견」에서 "현 단계 중국 사회주의 경제는 생산수단 공유제가 우세를 차지하고 다종의 경제요소가 공존하는 상품경제로, 반드시 이에 어울리는 경제체제를 수립해야 한다", "중국 경제체제 개혁의 원칙과 방향은 마땅히 생산수단 공유제가 우세를 차지하는 조건에서 상품경제의 발전과 사회화 대생산의 추진 요구에 따라 자발적으로 경제법칙을 적용하는 것", "단일한 계획조절을 계획적인 지도하에 시장의 조절 역할을 충분히 발휘하는 데로 바꾸는 것"이라고 제기하였다.[169]

중국공산당 제11기 6중 전회와 중공 제12차 전국대표대회에서는 그 원칙을 확인하고 1982년 헌법에 기입하였다. 시장의 조정역할을 전면 배척하는 계획경제 관념에 비추어볼 때 "시장조절을 보조적 수단으로 하는 것"을 확인한 것은 인식 면에서의 발전이라고 할 수 있다.

두 번째 단계: 계획경제와 상품경제를 대립시키는 전통관념을 극복하고 계획경제에 대한 재해석을 거쳐, 개혁의 목표는 '사회주의 상품경제' 즉 "공유제를 기반으로 하는 계획적인 상품경제"를 수립하는 것

---

169) 「'사회주의 시장경제 이론' 문제 토론 종술」, 『가격이론과 실천』, 1992년 제10호.

이라고 제기했다. 이는 마르크스주의 상품통화이론에 대한 새로운 발견이었다. 덩샤오핑은 그 결정에 대해 "마르크스주의 기본원리와 중국 사회주의 실천이 결합된 정치경제학"[170]이라는, 우리 선조들이 한 번도 한 적이 없는 말을 하였다. 사회주의 상품경제의 새 관념을 확인함으로써 중국공산당의 인식이 앞으로 크게 한 걸음 내디뎠으며, 실제로는 사회주의 시장경제로의 진일보적인 전환이었던 것이다.

세 번째 단계: 사회주의 시장경제의 새로운 관념을 확립하고, 사회주의 시장경제의 새로운 체제를 수립하는 것이었다. 이는 중공 제14차 전국대표대회의 중요한 공헌으로서 수정을 거친 헌법 조항에 기입되었다. 중공 제14차 전국대표대회에서 통과된 보고에서는 "실천의 발전과 인식의 심화는 사회주의 시장경제 체제를 수립하여 생산력을 더 한층 해방시키고 발전시키는데 이로울 수 있도록 하는 중국 경제체제 개혁의 목표를 명확히 제기할 것을 우리에게 요구하고 있다."라고 명확하게 제기하였다. 중국공산당의 인식이 또 앞으로 결정적인 한 걸음을 크게 내디딤으로써 사회주의 시장경제로의 전환이 목표가 명확하고 되돌릴 수 없는 새로운 단계로 들어섰던 것이다.

총체적으로 몇 세대 마르크스주의자들의 장기적인 탐색을 기반으로 덩샤오핑과 당 중앙 그리고 당의 이론종사자들의 10여 년의 꾸준히 모색을 거쳐 마침내 사회주의 시장경제 이론을 형성하였다. 역사는 우리에게 덩샤오핑은 사회주의 시장경제 이론의 주요한 창설자이며, 장쩌민(江澤民)을 핵심으로 하는 중앙 지도집단이 사회주의 시장경제 체제를 구축하였다는 사실을 알려주고 있다.

---

170) 『덩샤오핑 문선』 제3권, 앞의 책, 83쪽.

제3절
시장경제와 사회주의 기본제도의 결합

사회주의가 세계에서 생생한 현실로 된 그 날부터 '계획경제'는 사회주의 기본 경제제도의 뚜렷한 특징의 하나로 간주되었다. 이는 장기간 사람들의 인상 속에 자리 잡은 사회주의 관념이라고 할 수 있다.

아울러 시장경제는 사회주의 기본제도와 근본적으로 대립되는 것으로서 자본주의 경제제도의 범주에 속하는 것이라고 사람들은 여겨왔다. 덩샤오핑이 최초로 그 중대한 이론문제를 제기한 것은 1992년이 아니라 1979년이었다. 그런데 관념의 장벽 때문에 이러한 새로운 사고방식과 새로운 관념은 12년 후에야 전 당에 받아들여졌다. 뿐만 아니라 중국이 개혁개방을 추진하여 90년대 초에 이르렀을 때까지도 적잖은 사람들은 이른바 시장경제란 바로 사유제를 토대로 하고, 모든 경제활동은 시장을 거쳐야 하며, 가치법칙에 따라 자발적으로 조절이 이루어지는 경제인 줄로 여겨왔었다. 그런 현상이 나타나는 것도 기실 전혀 이상할 것이 없었다. 오랜 세월동안 우리 인식이나 이론이 그러한 것이었기 때문이었다.

이런 관념의 차이가 생긴 이유를 오로지 관념에서만 찾으려고 해서는 안 된다. 객관적으로 볼 때, 시장경제가 자본주의 사유제를 기반으로 발전해 세인의 주목을 받게 된 것은 사실이다. 시장에는 자체의 단점과 약점이 있는데 그 단점과 약점이 사유제와 결합된 후 더 두드러졌을 뿐만 아니라, 마르크스주의 대표 작가들의 비판을 받았다. 그렇기 때문에 사람들이 관념적으로(경험적인 것과 이론적인 것 포함) 이를 자본주의 경제제도 범주에 속하는 것을 간주하는 것은 우연한 일이 아니었다.

사실 계획이든, 시장이든 모두 사회주의 대 생산을 토대로 수립된 자원배치 방식이었다. 계획경제 체제는 사회화 대 생산의 발전, 특히 자본주의사회에서 생산수단에 대한 개인 점유와 사회생산의 모순이 발전함에 따라 자본주의 사유제 조건에서 생산 주기성에 대한 파괴와 생산 수단에 대한 대규모 낭비를 줄이기 위하여, 즉 기업 내부 생산의 계획성과 전 사회생산의 맹목성 간의 모순을 해결하기 위하여 국가가 나서서 전 사회의 경제발전을 계획하고, 계획적으로 사회생산을 발전시킬 것을 사회주의 사상가들이 제기했던 것이다. 시장경제도 사회주의 생산이 생겨남에 따라 생겨나고 발전에 따라 발전한다. 사회화 생산은 분업을 기반으로 협력을 진행하는 생산과정이다.

사실상 계획경제 체제가 소련·중국에서 수립된 후 전 사회의 생산 요소를 합리적으로 조직하여 사회화 대 생산을 실현할 수 있었던 것이다. 그러나 계획경제 체제는 사람들의 소비 수요에 대해 반응이 민감하지 않고 활력도 떨어졌다. 시장경제 체제는 계획경제의 단점을 보완해 사람들의 소비 수요에 대한 변화 그리고 생산 분야와 규모에서의 자아조절을 민감하게 반영할 수가 있다. 이것이 바로 시장경제가 오래동안 존재할 수 있고 또 꾸준히 발전할 수 있었던 원인이었다.

덩샤오핑은 실천을 기준으로 우리 이론과 인식에 대한 검증을 거쳐 철저히 유물주의 입장에 서서 시장경제의 적극적인 역할을 인정하였던 것이다.

덩샤오핑은 시장경제가 자본주의와 다르며 사회주의에 활용될 수 있다고 주장하였다. 1979년 11월 덩샤오핑이 처음으로 시장경제 문제를 제기하면서 두 가지 중요한 관점에 대해 언급하였다. 첫째, 시장경제는 자본주의 것만 있다고 할 수 없다. 그는 "시장경제가 자본주의 사회에서만 존재한다고 말하고, 자본주의 시장경제만 존재한다고 말하는 것은 분명히 옳지 않다."라고 명확히 제기했다. 둘째, 시장경제는 방법의 일종으로서, 사회주의에서 사회생산력 발전의 수단으로 활용할 수 있다. 그는 "그것을 방법으로 삼는다 하여 사회주의에 영향을 미치지는 않을 것이며, 자본주의로 되돌아가지도 않을 것이다."라고 말했다.[171]

1985년, 1987년, 1991년, 1992년, 그는 계획경제를 사회주의와, 시장경제를 자본주의와 동일시해서는 안 되며, 계획과 시장은 모두 경제적 수단에 불과하다면서 생산력 발전에 유리하다면 모두 활용할 수 있다고 거듭 강조하였으며, 그것이 사회주의를 위해 봉사하면 사회주의에 속하는 것이라고 말했다. 이러한 논단의 중요한 의미는 바로 사람들의 사상을 "시장경제는 곧 자본주의"라는 사상적 속박에서 해방시켜 시장경제의 위치를 '방법'과 '수단'으로 정립시킨 것이다. 시장경제를 방법이나 수단의 일종으로 간주한 것은 정확한 처사였다. 이로써 시장경제와 사회주의 기본제도의 결합문제를 해결하는 데 사상의 장벽을 허물었고, 새로운 사고방향을 개척하였던 것이다. 그러나 실천과정에서 이를 실현시키기란 결코 쉬운 일이 아니었다.

---

171) 덩샤오핑, 「사회주의도 시장경제를 발전시킬 수 있어」(1979년 11월 26일). 『덩샤오핑 문선』 제2권, 앞의 책, 236쪽.

우선 양자 간에 공동의 토대가 있어 결합이 가능하다는 사실을 볼 수 있어야 했다. 그 공동의 토대란 무엇일까? 바로 양자 모두 사회화 생산이라는 물질적 토대 위에 세워진 것이라는 점이었다. 바로 이런 의미에서 덩샤오핑은 "사회주의와 시장경제 간에는 근본적인 모순이 존재하지 않는다"고 말했던 것이다. 사회주의는 공유제를 기반으로 하는 생산관계로서 자본주의사회에서 생산수단의 개인 점유와 사회화 생산 간의 모순을 해결하는 과정에서 사회화 생산의 요구에 따라 생겨난 것이었다. 시장경제도 분공도 있고 협력도 있는 사회화 생산의 요구에 따라 시장을 통한 자원의 합리적인 배치를 거쳐 각자 분공이 있는 사회생산을 효과적인 하나의 총체로 만든 것이다. 1992년 초 남방 시찰 때, 덩샤오핑은 "사회주의가 자본주의와 비교할 수 있는 우세를 갖추려면 인류사회가 창조한 모든 문명의 성과를 대담하게 받아들이고 참고로 삼아야 하며, 당면의 자본주의가 발달한 국가를 포함한 세계 각국의 현대 사회화 생산법칙을 반영하는 모든 선진 경영방식과 관리방법을 받아들이고 참고해야 한다."[172]고 말했다. 그는 '현대 사회화 생산법칙'을 반영하는 모든 훌륭한 것을 배우고 활용할 수 있다고 강조하였다. 이를 종합적인 전제로 하여 그는 "시장경제는 자본주의와 동일시할 수 없으며, 사회주의에도 시장이 있다"는 중요한 관점을 제기하였던 것이다.

아울러 이미 수립한 사회주의 기본 경제제도의 실현형태와 시장경제 간의 일부 불화합성도 보아야 한다.

첫째, 사회주의 기본 경제제도는 주로 전국민소유제와 집단소유제

---

172) 『덩샤오핑문선』 제3권, 앞의 책, 373쪽.

두 가지 종류의 경제로 구성되었다. 전국민소유제 경제든 집단소유제 경제든 재산권이 분명하지 않고, 권리와 책임이 명확하지 않으며, 행정과 기업이 분리되지 않은 등의 문제가 존재한다. 시장경제는 분업을 기반으로 생산경영자가 독립적인 법인이 될 것을 요구한다. 즉 재산권이 분명해야 하고 권리와 책임이 명확해야 하며, 행정과 기업을 분리되어야 하고, 관리가 과학적일 것을 요구한다. 이는 사회주의 기본제도가 시장경제와 결합할 수 있을지의 여부와 관계되는 중요한 기초적 문제이다.

둘째, 사회주의 기본경제제도 하의 생산업체의 모든 생산경영 활동은 모두 국가계획에 따라, 심지어 명령식 계획에 따라 진행되고 있다. 생산할 제품에서부터 그에 필요한 자금, 원자재, 에너지, 설비 심지어 노동자 노임 등에 이르기까지 모두 정부 계획부서의 배치에 따라야 한다. 그러나 시장경제는 생산업체가 시장의 수요에 따라 영민하게 경영하고 자주적으로 생산하며 시장경쟁에서 최대의 효과와 수익을 올릴 것을 요구한다. 이런 상황에 따라 만약 사회주의 기본제도를 기반으로 시장경제를 발전시키려면, 반드시 사회주의 기본 경제제도의 실현형태에 대한 개혁을 진행해야 한다는 결정을 내리게 된다.

그럼 과연 사회주의 사회에서 이를 실행할 수 있을까? 이론적으로 매우 어려운 문제에 대해서는 실천이 확답을 줄 수가 있다. 개혁개방 후 농촌에서 가구도급책임제를 실행하여 농민 생산의 자주권을 돌파구로 해서 농민과 시장을 점차 연결시킴으로써 농업생산의 발전을 추진하였다. 이어 향진기업이 갑자기 흥기하면서 자금과 원자재 해결 등 면에서 시장의 뛰어난 우세가 더욱 뚜렷하게 드러났다. 국유경제에서 기업 자주권의 점차적인 확대와 경영체제의 전환에 따라 여러 가지 경제요소가 어우러진 유통체제가 점차 형성되었으며. 도시와 농촌시장에서 물자, 노동력, 자금, 기술, 정보의 유동을 추진함으로써 시장의 역할과 활력을 초보적으로 과시하였다. 경제특구가 설립된 후 중국경제와 국제시장의 연결을 유력하게 추진하였으며, 시장경제의 요구에 따라 특구경제의 활기찬 발전을 추진하였다. 사실이 증명하다시피 시장의 역할이 충분히 발휘된 곳일수록 경제 활력이 넘치고 발전세가 양호하며, 또 사회주의 경제체제에 대한 근본적인 변혁을 거치게 되면 사회주의 기본 경제제도는 완전히 시장경제와 서로 결합시킬 수 있다는 것이었다.

따라서 관건적인 문제는 사회주의 기본 경제제도를 시장경제와 결합시킬 수 있는지의 여부에 있는 것이 아니라, 사회주의 사회에서 체제개혁을 거쳐 사회주의 기본 경제제도를 보완하고 발전시킬 수 있는지의 여부에 달려있는 것이다.

1985년 9월 23일 덩샤오핑은 중국공산당 전국대표대회에서 "개혁은 사회주의제도의 자아 보완으로서, 일정한 범위에서 일부 혁명적인 변혁을 가져왔다. 이는 큰 사건으로서 우리가 '중국 특색의 사회주의' 건설 방법을 이미 찾았음을 의미한다."라고 지적하였다.[173]

사회주의 기본 경제제도는 어떻게 자아 보완과 발전을 실현할 것인가? 덩샤오핑의 사상에 따르면 최소한 세 가지 기본적인 부분을 틀어쥐어야 한다.

첫째, 생산관계 면에서 개혁을 통해 사회주의 공유제와 노동에 따른 분배도 유지할 수 있고, 또 시장경제의 요구를 만족시킬 수 있는

---

173) 『덩샤오핑 문선』 제3권, 앞의 책, 142~192쪽.

생산관계의 실현형태, 혹은 훌륭한 체제를 찾아내야 한다. 농촌의 가구도급책임제가 바로 합작경제를 실현한 형태이다. 1979년 7월 29일 덩샤오핑은 국유경제개혁에 대해 "기업 개혁은 주로 국영 대 중형 기업의 활성화 문제를 해결하기 위한 것이다." "다양한 형태로 소유권과 경영권을 분리시키고 기업의 적극성을 동원하는 것은 개혁에서 매우 중요한 부분이다."라고 지적하였다.[174]

덩샤오핑의 구상에 따라 당 중앙은 현대 기업제도 형성 방안을 제기하였다. 바로 국유 자산권의 국가소유를 보장하는 전제에서 기업이 진정으로 법인재산권을 가진 경영실체가 되도록 함으로써 기업의 사회주의 공유제 성질도 유지하면서 또 시장경제가 기업에 제기한 요구, 즉 자주적으로 경영하고 경제책임을 독립적으로 감당하는 주체가 될 것을 요구하는 것인데, 그런 요구에 부응하여 국유기업의 주도적 역할을 더욱 효과적으로 발휘하도록 하는 방안이었다. 아울러 덩샤오핑은 원칙성과 융통성을 결부시켜 "공유제를 주체로 해야 한다"는 새로운 개념을 제기한 것 외에 일부 비공유제 경제를 발전시키고, 신형의 생산관계 구조를 형성케 하였다.

둘째, 경제에 대한 국가의 거시적 관리차원에서 개혁을 통해 경제에 대한 사회주의 국가의 거시적 조정권도 보장하고, 시장경제 요구에도 부응하는 경제 관리 패턴을 모색해야 한다. 덩샤오핑은 시장을 주도로 하는 경제체제 개혁을 지도하는 한편 "중앙은 권위가 있어야 한다"고 거듭 강조하였다.

덩샤오핑의 제안에 따라 당 중앙은 사회주의 시장경제체제에서 거시

---

174) 위의 책.

적 조정체계를 구축할 구상을 점차 확정지었다. 그 구상은 객관법칙의 요구에 따라 경제정책, 경제 법규, 계획적 지도 그리고 필요한 행정관리를 효과적으로 활용하여 과학적인 거시적 관리체제와 방법을 보완함으로써 시장의 건전한 발전을 이끄는 것이다.

셋째, 이익관계 조정에서 개혁을 통해 경쟁체제를 형성하여 광범위한 인민대중의 적극성을 불러일으키며 사회주의경제를 활성화시키는 한편 인민대중의 주인공 지위를 수호하고 보장해야 한다. 공유제를 기반으로 하는 사회주의 생산관계의 가장 뚜렷한 특징이 바로 인민대중의 주인공 지위를 반영하고 보장하는 것이다. 그러나 오랜 세월 동안 농민 소생산자의 평균주의 사상으로 사회주의를 이해하면서 모든 사람이 '철밥통을 안고', '큰 솥 밥을 먹는 것'이 인민대중이 나라의 주인이 되는 것이라고 생각하였다. 그런 상황은 사회주의 시장경제 구축 과정에서 노동력시장과 경쟁체제를 반드시 수립해야 하고, 또 소득격차를 확대해야 한다는 시장경제의 요구와 모순되는 것이었다. 출로는 어디에 있는 것일까? 덩샤오핑은 오래 전인 1978년 9월 18일 "선진기술과 설비를 도입한 후, 국제 선진적인 관리방법, 선진적인 경영방법, 선진적인 표준에 따라 관리해야 하며, 다시 말해 경제법 규칙에 따라 경제를 관리해야 한다."라고 제기했다.[175]

비록 그때 당시는 사회주의 시장경제를 구축할 구상을 제기하지는 못했지만, 그는 외국의 선진 기술설비를 도입해야 한다는 생각을 하면서 국제 선진적인 관리경험에 따라 중국의 사회주의 경제를 관리해야 한다는 것을 생각하게 되었던 것이다. 이는 창조적인 사상이었다.

---

175) 『덩샤오핑 문선』 제2권, 앞의 책, 129~130쪽.

개혁이 깊이 있게 추진됨에 따라 우리는 '큰 솥 밥'을 먹고 '철밥통'을 고수하는 방법을 점차 버리기 시작하였다. 농촌에서 가구도급 책임제의 실행을 시작으로 기업의 경영체제 전환에 이르기까지 그리고 노동력시장이 점차 형성되고, 종업원의 취업 경쟁, 상벌제도가 형성됨으로써 광범위한 대중의 생산 적극성을 뚜렷하게 불러일으켰다. 그러나 새로운 문제도 뒤따랐다. 이러면 대중이 여전히 나라의 주인이 맞는지 하는 의문이었다. 대답은 당연히 긍정적이었다. 사회주의 시장경제 체제에서 노동력 시장의 등장, 경쟁체제의 형성은 인민대중의 국가 주인의 지위를 바꿔놓지 않았다.

　국유기업, 집체기업 그리고 공유재산권이 주도적 지위를 차지하는 기업 직원, 향진기업의 직원, 여러 유형의 합작경제의 농민은 모두 나라의 주인이자 기업과 업체의 주인이기도 하다. 비공유제 경제 기업의 직원은 더 이상 기업의 주인이 아닐지라도 국가 주인으로서 그들의 정치적 지위는 변함이 없다. 반대로 노동력 시장의 등장과, 경영체제의 형성은 노동자들이 자체 노동력의 자주권을 장악하게 되었음을 표명하며, 그런 자주권은 국가 법률의 보호를 받게 됨을 표명하였다. 따라서 사회주의 시장경제 체제에서 인민대중의 국가 주인공으로서의 지위 문제를 잘 해결하기 위해서는 반드시 다음의 두 가지 부분으로부터 착수해야 한다. 한편으로는 국가에서 노동자 권익을 보호하는 입법을 하루 빨리 완성하고 엄하게 집법하는 것 외에, 정치, 경제, 여론, 행정 등 여러 방면에서 인민대중의 주인공으로서의 지위를 수호해야 한다. 다른 한편으로는 인민대중도 법제 관념을 증강해 법률로 자체의 합법적인 권익을 수호함과 아울러 실제 행동으로 주인공다운 책임감을 보여주어야 한다.

시장경제의 요구에 부합되는 사회주의 공유제 생산관계의 실현형태를 탐색하고, 사회주의 거시적 조정 체계를 구축하며, 경제 경쟁에 유리하고 대중의 적극성을 불러일으킬 수 있으며, 또 대중의 주인공으로서의 지위를 수호할 수 있는 방법을 형성하는 것이 체제에 있어서는 심각한 혁명이고, 사회주의 기본제도에 있어서는 보완이자 발전이라고 할 수 있다. 오직 이러한 사회주의의 자아 보완과 자아 발전을 거쳐야만 사회주의 기본제도와 시장경제 제도의 유기적인 결합을 실현할 수 있는 것이다.

제4절
부유와 번영으로 통하는 길

1985년 10월 23일 덩샤오핑은 '사회주의와 시장경제 간에는 근본적인 모순이 존재하지 않는다'는 관점에 대해 논술하면서 다음과 같이 중요한 말을 하였다. "현재 중국에서 가장 중요한 임무가 바로 네 가지 현대화 건설이다. 우리는 사회주의 고유의 특성을 발휘하고 자본주의의 일부 방법(방법으로 활용)도 받아들였다. 그 목적은 바로 생산력의 발전을 가속하기 위한 것이다. 그 과정에서 일부 소극적인 부분이 나타나기도 했지만, 더욱 중요한 것은 그런 개혁을 추진하고 그런 길을 걷는 과정에서 우리에게 좋은 결과를 가져다주었다는 점이다. 중국은 그 길을 걷지 않으면 달리 선택할 길이 없다. 오로지 그 길만이 부유와 번영으로 통하는 길이다."[176]

여기서 그는 개혁의 목표와 방법을 제시하고, 시장경제 방법의 활용에 따른 긍정적인 효과와 부정적인 효과에 대해 언급하였다. 결론은 그 길이 중국의 발전을 이루는 유일한 길이라는 것이었다. 그는 그 길을 '부유와 번영으로 통하는 길'이라 불렀다. 이는 시장경제와 발전을 서로 연결시킨 것이다.

덩샤오핑은 발전에 대해 논하면서 "발전이야말로 확실한 도리"라고

---

176) 『덩샤오핑 문선』 제3권, 앞의 책, 149-150쪽.

강조하였다. 그 목적은 국가와 인민의 부강을 이루기 위한 것이었다. 그런 의미에서 볼 때 발전론은 곧 부국론이고 부강론이며, 이는 발전의 목표론이다. 발전 목표론에 대한 덩샤오핑의 논술에는 우리가 중요시해야 할 몇 가지 특징이 있다.

첫째, 부유해지는 것은 죄가 아니라고 강조하였다. 수천 년의 착취제도 하에서 부유한 것은 늘 착취계급과 연결되어 있었다. 부유할 '부(富)'자는 겉으로는 눈부셔 보였지만, 실은 늘 꺼리는 대상이었다. 이는 착취제도 하에서 사회현상에 대한 사람들의 기본태도였다. 무산계급이 정권을 장악한 후 특히 사회주의 사회에 들어선 후 부유를 주제로 제기할 수 있었을까? 국제 공산주의 운동 중에서 공동으로 부유해질 것을 격려한 부하린의 구호가 비판을 받았었다. 중국에서는 '나라의 부강'은 제창하지만, '인민의 부유'는 입 밖에 내기 어려운 말이었다. '문화대혁명' 때는 '부유가 바로 수정주의'였으며, 심지어 그때 사람들에 의해 마르크스주의의 정당한 도리로 간주되었다. 그래서 '4인방'의 "차라리 가난한 사회주의를 원한다"는 설까지 나타났던 것이다. 이에 대해 덩샤오핑은 "극좌의 모습으로 나타난, 보편적인 가난을 주장하는 가짜 사회주의"라고 예리하게 꼬집었다.[177] 역사적 유물주의와 과학적 사회주의는 사회 진보가 궁극적으로는 생산력 발전에서 반영되고, 생산력 발전은 사회 재부의 증가를 의미한다고 주장했다. 덩샤오핑은 '4인방'의 극좌 언론을 비판하면서 "가난은 사회주의가 아니다"라는 과학적인 논단을 분명하게 제기했으며, 그에 따라 "치부하는 일은

---

177) 『덩샤오핑 문선』 제2권, 앞의 책, 165쪽.

죄가 아니다"라고 강조하였다.[178] 이 말의 중요한 의미는 사회주의제도 하에서도 '부유'에 대한 명분을 바로잡았다는 점이었다.

둘째, 사회주의 목표가 공동으로 부유해지는 것이라는 점을 강조하였다. 덩샤오핑의 "치부는 죄가 아니다"라는 발언은 마르크 월리스 미국 기자의 질문에 대답할 때 한 말이었다. 그 뒤에 이어지는 말은 "그러나 우리가 말하는 부유해지는 것이란 그대들이 말하는 치부와는 다르다. 사회주의 재부는 인민에게 속하며, 사회주의 치부는 전 국민이 공동으로 부유해지는 것이다."라는 것이었다.[179] 덩샤오핑은 공동으로 부유해지는 것은 "사회주의 특징"이고, "사회주의의 근본 원칙"이며, "사회주의 목표"라고 주장하였으며, 이를 사회주의 본질 범주에 귀결시켰다. 때문에 덩샤오핑은 '치부'에 대해 단순히 제창한 것이 아니라, 사회주의의 내재적 요구에서 출발하여 '치부'를 논하였던 것이다. 그런 치부가 바로 "공동으로 부유해지는 것"이었다.

셋째, 공동으로 부유해지는 것은 나라의 부강과 인민의 부유, 집단 치부와 개인 치부의 통일이라고 강조하였다. 여기서는 나라와 집단 및 개인 3자의 이익 문제와 관련되며, 다라서 매우 복잡했다. 마오쩌동은 50년대에 소련이 위의 3자간의 관계를 제대로 처리하지 못한 교훈에 큰 중시를 돌리면서 "골고루 돌보야 하는 원칙"을 제기했다. 덩샤오핑은 그 원칙을 견지하였다. 그는 한편으로는 매개인의 적극성을 동원할 것을 강조하였다. 일부 사람들이 먼저 부유해지는 것을 허용하는 동시에 국가에서 거시적 관리를 강화해 점차 공동으로 부유해지는 목표

---

178) 『덩샤오핑 문선』 제3권, 앞의 책, 172쪽.
179) 위의 책.

에 이른다는 것이다. 다른 한편으로는 나라의 부강을 강조하는 한편, 나라의 부강과 인민의 부유를 서로 통일시킬 것을 강조하였다.

이쯤에서 우리는 사회주의 시장경제와 부유·부강의 관계에 대해 탐구할 필요성을 느낀다. 이에 대해서는 앞에서 이미 결론을 얻었다. 즉 덩샤오핑이 말한 "사회주의에서 시장경제를 발전시키는 것은 부유와 번영으로 통하는 길"이라는 것이었다.

그러나 일부 사람들은 이 결론에 문제가 있다고 여겼다. 어떤 사람들은 사회현상을 종합하는 과정에서 사회주의에서 시장경제를 발전시키게 되면 생산력의 발전을 추진해 가난에서 벗어나 치부의 목표를 이룰 수는 있겠지만, 공동으로 부유해지는 목표를 실현하기는 어렵다고 주장하였다. 우리가 사회주의 시장경제를 실행한 지 몇 년 되지 않은 사이에 이미 사회 구성원 간에 뚜렷한 수입격차가 나타났다는 것이 그들의 이유였다. 또 어떤 사람들은 이론적인 추리 과정에서 시장경제가 요구하는 평등은 평등한 기회를 말하는 것이지, 평등한 결과는 아니라면서 사회주의에서 시장경제를 실행하게 되면 필연적으로 사회 구성원 간의 뚜렷한 빈부 격차가 생길 것이며, 심지어 양극 분화를 초래할 수 있다고 주장하였다.

덩샤오핑은 이 문제를 어떻게 보았을까?

우선 덩샤오핑은 일부 지역, 일부 사람들이 먼저 부유해지게 하려면 평균주의를 실시해서는 안 된다고 주장하였다.

다음에 덩샤오핑은 일부 지역, 일부 사람들이 먼저 부유해져야만 궁극적으로 공동으로 부유해지는 목표에 이를 수 있다고 주장하였다.

마지막으로 덩샤오핑은 새로운 자산계급이 나타나는 것을 절대 용납하지 않을 것이기 때문에 양극 분화를 막을 수 있다고 지적하였다.

총체적으로 사회주의 기본제도와 시장경제를 결합시키는 면에서 사회주의 시장경제를 잘 추진한다면 반드시 생산력을 해방시키고 발전시킬 수 있으며, 착취를 없애고 양극 분화를 없앨 수 있어 공동으로 부유해지는 최종 목표를 실현하여 사회주의 본질을 점차 반영할 수 있을 것이라는 생각이었다.

제7장
민주정치론

　중국은 이미 시장경제를 실행하기 시작하였지만 여전히 사회주의 국가이다. 경제에 비해 정치구조야말로 관건적인 요소이기 때문이다. 전통적인 사회주의 체제를 보면 정치구조상에서 공산당 일당 집권에서 반영되고, 의식형태상에서는 마르크스주의를 견지하는 것에서 반영된다.

― [헝가리] 코르나이 야노시

제1절
민주가 없으면 사회주의도 없다

민주는 예로부터 중국공산당이 추구해온 목표이다.

중국공산당이 이끈 혁명의 제1단계는 신민주주의 혁명이었고, 제2단계는 민주를 진일보 확대한 사회주의 혁명이었다.

중국공산당이 세운 나라는 인민민주주의 독재의 국가로서 공화제를 실행하며, 국호는 '중화인민공화국'이다.

중국공산당의 사전에서 가장 기본적인 단어는 '인민'이고 근본적인 취지는 '인민을 위해 봉사하는 것'이다.

마오쩌둥 후의 당대 중국에 들어선 뒤 공산당이 직면한 시련 중의 하나는 여전히 민주였다. 게다가 중국공산당이 이미 집권당이 된 후 민주에 대한 인민의 갈망으로 인해 집권 후 민주 실행에서의 성과와 교훈을 총결할 것과 집권의 각도에서 자체의 민주사상에 대해 반성할 것을 중국공산당에게 촉구하게 되었다. 그런 총결과 반성을 거치지 않았다면, 민주를 위해 오랜 세월 동안 투쟁해온 중국공산당일지라도 민주의 반면으로 나아갈 수 있는 것이다. 덩샤오핑은 당이 직면한 시련을 명확히 보아내고 민주문제에서 존재하는 위험을 의식하였다. 그가 마오쩌둥 후의 당대 중국을 위해 설계한 '중국 특색의 사회주의' 길의 총체적 목표가 사회주의 현대화를 실현하는 것이었다. 그 목표에서 경제적으로는 사회주의 시장경제를 통한 발전과 부강을 추구하는 것이고, 정치적으로는 사회주의 민주정치를 수립하고 발전시키는 것이었다. 그는 민주가 없으면 사회주의도 없고, 사회주의 현대화도 있을 수 없다고 명확히 말했다.[180]

중국공산당이 집권한 후 특히 사회주의 건설을 이끄는 과정에서의 민주 실행에서 두 가지 실수를 범했기 때문이었다. 하나의 실수는 민주 실천 과정에서 사회주의 민주이론을 시종일관 관철시키지 못하여 당과 국가의 일부 구체적인 제도의 민주원칙에 어긋나는 이런저런 폐단이 존재할 수밖에 없었다. '문화대혁명' 시기에 린뱌오·'4인방'의 파괴로 인해 심지어 인민을 상대로 봉건 파시스트 독재를 실행하는 심각한 문제까지 나타나 당과 사회주의의 이미지를 크게 실추시켰다. 이에 대해 덩샤오핑은 매우 투철하게 지적하였다. 그는 「네 가지 기본원칙을 견지해야」(1979년 3월 30일)라는 유명한 연설에서 이렇게 말했다. "우리는 이미 대대적인 선전을 통해 무산계급독재가 인민에게는 곧 사회주의민주이고, 노동자·농민·지식인과 기타 노동자가 공동으로 누릴 수 있는 민주이며, 역사상 가장 광범위한 민주라고 설명하였다. 민주 실천에서 과거에 우리는 제대로 실행하지 못하였으며 실수도 범했었다."[181] 여기서 말하는 '민주 실천'을 단지 민주를 충분히 실행하지 못한 것으로만 이해해서는 안 된다. 덩샤오핑은 「당과 국가 영도제도 개혁」(1980년 8월 18일)이라는 지도 원칙과 같은 글에서 "우리 민주의 부족한 점은 주로 당과 국가의 일부 현행제도에 상당한 폐단이 존재하는 데서 나타난다. 그 폐단에는 관료주의, 권력의 지나친 집중, 가부

---

180) 『덩샤오핑 문선』 제2권, 앞의 책, 168쪽.
181) 위의 책.

장제, 간부영도직무 종신제 등이 포함된다. 이것이 바로 문제의 심각성이다.”라고 깊이 있고 분명하게 지적하였다. 그는 “만약 현행 제도에 존재하는 폐단을 단호히 개혁하지 않는다면 과거에 나타났던 일부 심각한 문제가 앞으로 또 다시 나타날 가능성이 있다. 그 폐단들에 대해 계획적으로 질서 있게 철저하게 개혁해야만 인민은 우리의 영도를 신뢰할 것이며 당과 사회주의를 굳게 믿을 것이며 그래야만 우리 사업이 무한한 희망이 있는 것이다.”라고 말했다.[182]

다른 하나의 실수는 사상관념상에서 사회주의 민주에 대한 우리의 인식에도 오해와 오류가 존재한다는 것이었다. 심지어 민주를 무정부주의와 동일시했던 것이다. 우리처럼 민주전통이 결핍한 나라에서 사람들은 민주를 갈망하면서도 또 민주란 어떤 것인지를 알지도 못하였다. 이런 피할 수 없는 모순현상이 우리 당에게 큰 어려움을 가져다주었던 것이다. 그 어려움은 우리가 제창하였던 ‘대 민주’ 구호와 ‘대명(大鳴, 크게 의견을 내놓음), 대방(大放, 크게 의논함), 대자보(大字報, 크게 의견 따위를 벽보로 내붙임), 대변론(大辯論, 대토론을 벌임)’의 ‘4대 권리’ 형태에서 두드러지게 드러났다. 과거 우리는 민주 실천의 뜻인 즉 국가의 헌법과 법률에 의지해 나라를 다스리고 모순을 해결하는 것이 아니라, 인민대중을 동원해 뜻하는 ‘4대 권리’ 형태로 간부와 각급 조직의 어두운 일면을 폭로하는 것이라고 인식하였다. 그런 ‘대 민주’의 결과는 전혀 반대로 사회주의 민주를 파괴하고, 무정부주의가 범람하는 현상을 초래함으로써 인민대중이 헌법과 법률이 부여한 공민의 권리를 상실하는 후과를 낳았다. 뿐만 아니라 우리는 그런 민주

---

182) 『덩샤오핑 문선』 제2권, 앞의 책, 333쪽.

를 사회주의 건설 요구에 부합되지 않는 계급투쟁을 중점으로 하는 지도사상에 포함시켜 우리의 '대 민주'가 계급 대 계급의 투쟁이라고 강조하였다. 그러나 실제로 이는 일부 인민대중과 다른 일부 인민대중과의 투쟁이었다. 결국 인민대중에 대한 '전면 독재'를 실시하기에 이르렀다. 그 때문에 린뱌오 '4인방'에게 이용당해 국가의 주인공인 인민대중 간의 '전면 내전'이라는 비극이 빚어지고 잔혹한 봉건 파시스트 독재가 초래되었던 것이다. 덩샤오핑은 이 방면의 경험과 교훈을 총결하여 「당면한 형세와 임무」(1980년 1월 16일)에서 다음과 같이 지적하였다.

"민주와 법제의 발전을 견지하는 것은 우리 당의 확고한 방침이다. 그러나 민주와 법제를 실현함에 있어서 네 가지 현대화 실현과 마찬가지로 대약진의 방법을 써서는 안 되며, '대명·대방'의 방법을 써서도 안 된다. 반드시 절차가 있고 지도방침이 있어야 한다. 그렇지 않으면 동란만 조장할 뿐이고, 네 가지 현대화에 걸림돌이 될 뿐이며, 민주와 법제에 걸림돌이 될 뿐이다. '4대 권리'는 헌법을 토대로 해야 한다. 역사의 경험을 총결하면 '4대 권리'는 단 한 번도 적극적인 역할을 하였던 적이 없음을 인정해야만 한다.…… 그렇기 때문에 헌법의 '4대 권리' 관련 조항은 오랜 실천을 거쳐 대다수 간부와 대중의 의견에 따라 당 중앙은 인민대표대회 상무위원회와 전국인민대표대회에 제출해 심의를 거친 뒤

삭제할 예정이다."[183]

중공 11기 5중 전회에서는 전국인민대표대회에 제안해 헌법 제45조에 대한 수정을 거쳐 '4대 권리' 관련 규정을 폐지할 것을 정식 제기하였다. 실천과 인식에서의 두 가지 실수로 인해 중국의 사회주의 민주는 많은 부족한 점이 존재했다. 이들 부족한 점이 사회주의 이미지를 실추시켰을 뿐만 아니라, 전국의 여러 민족 인민의 적극성을 불러일으키는데 불리하고, 사회주의 현대화를 실현하는데 불리한 영향을 끼쳤다. 이 또한 덩샤오핑이 마오쩌둥 후의 당대 중국에서 민주정치의 목표를 예리하게 제기한 주요한 이유이기도 했다.

동시에 개혁개방과 사회주의 현대화 건설의 새로운 시기, 사회적으로 심지어 당내에 서양 자산계급 의회민주를 치켜세우는 사조까지 나타났다.

우리가 혼란한 세상을 바로잡아 정상으로 되돌리고 린뱌오 '4인방'의 봉건 파시스트 독재를 비판하고, 마오쩌둥의 '개인숭배'를 바로잡고, 억울한 사건, 날조된 사건, 잘못된 사건을 바로잡으려는 본의는 사회주의 민주를 회복시키고 발전시키기 위해서였다. 그런데 11기 3중 전회가 열린 지 얼마 지나지 않아 어떤 사람들이 이른바 '민주'를 핑계로 사람들의 이목을 현혹시키고 린뱌오 '4인방'의 역행을 무산계급독재의 잘못으로 돌렸으며, 심지어 여러 가지 비밀조직 혹은 반 공개조직을 결성해 네 가지 기본원칙에 반대하였다. 그들이 치켜세우는 '민주'의 실질은 모두 자산계급 민주였다. 덩샤오핑에 의해 '자산계급 자

183) 위의 책, 256~257, 276쪽.

유화'로 불린 그 사조의 목적은 중국공산당의 영도에 반대하고 중국의 사회주의 길에 반대하기 위하는 데 있었다. 그러나 그 사조가 머리를 쳐들자마자 덩샤오핑은 예리한 안목으로 보았다. 「네 가지 기본원칙을 견지해야」(1979년 3월)라는 연설에서 그는 전 당에 다음과 같은 요구를 제기하였다. "우리는 인민과 청년을 상대로 민주문제를 중점적으로 명확히 설명해야 한다. 사회주의 길, 무산계급독재, 공산당의 영도, 마르크스–레닌주의·마오쩌동 사상은 모두 민주와 연관이 있다. 오늘날 중국 인민에게 필요한 민주는 오로지 사회주의 민주 혹은 인민민주여야 하지 자산계급의 개인주의 민주여서는 안 된다."[184]

민주에 대한 선전과정에서는 사회주의 민주를 자산계급 민주나 개인주의 민주와 엄격히 구별해야 한다. 반드시 인민에 대한 민주와 적에 대한 독재를 결합시켜야 하며, 민주와 집중, 민주와 법제, 민주와 기율, 민주와 당의 영도를 서로 결합시켜야 한다. 덩샤오핑 사상에 따라 우리는 첫째, 자신의 부족한 점을 당당하게 인정한 후, 정치체제 개혁을 거쳐 사회주의 민주를 보완하고 사회주의 법제를 건전히 해야 한다. 둘째, 사회주의 민주를 확고하게 견지하고 자산계급 자유화를 반대하며, 자산계급 민주와 원칙적인 분계선을 분명히 해야 한다. 이것이 바로 그가 말한 "사회주의 민주를 계속해서 발전시키고 사회주의 법제를 건전히 해야 한다는 것"이었다. 이는 3중 전회 후 중앙의 확고한 기본방침으로서 앞으로도 절대 흔들려서는 안 되는 것이었다. 우리의 민주제도에는 여전히 미흡한 부분이 있기 때문에 일련의 법률, 법령과 조례를 제정해 민주의 제도화와 법률화를 실현해야 한다.

---

184) 위의 책, 175, 176쪽.

사회주의 민주와 사회주의 법제는 갈라놓을 수 없는 존재이다. 사회주의 법제를 떠난 민주, 당이 영도에서 벗어난 민주, 기율과 질서가 없는 민주는 절대 사회주의 민주라 할 수 없다. 이는 우리나라를 또다시 무정부 상태에 빠뜨려 민주화 실현을 더 어렵게 하고, 국민경제 발전을 더욱 어렵게 하며, 인민의 생활개선이 더욱 어려워지게 할 것이다.[185]

185) 위의 책, 359~360쪽.

제2절
특수한 형태의 계급투쟁을 정확히 처리해야 한다

사회주의 민주처럼 가장 대다수인의 가장 광범위한 민주가 예기한 효과를 거두지 못한 것은 사회주의 국가의 정치 실행과정에서 여러 번 발생한 계급투쟁의 확대와 직접적인 연관이 있다는 점을 사회주의 실천이 우리에게 거듭 알려주고 있다. 사회주의 민주를 견지하고 발전 시키려면 실제적이고 효과적인 조치를 참답게 연구하고 취해 사회주의 조건에서의 계급투쟁 문제를 잘 해결해야 한다. 이 또한 마오쩌동 후의 당대 중국에서 절박하게 해결해야 할 중대한 과제이기도 했다.

마오쩌동은 실천과정에서 사회주의 사회의 계급투쟁 문제를 발견하고 마르크스주의 교과서에는 없는 그 새로운 문제를 예리하게 제시하였다. 그런데 바로 그런 마오쩌동이 그 문제에서 가슴 아픈 실수를 범하였던 것이다.

마오쩌동은 사회주의 개조가 기본적으로 끝난 후 "우리의 근본적인 임무가 생산력 해방에서 새로운 생산관계에서 생산력을 보호하고 발전시키는 쪽으로 전환되었다"고 정확하게 주장했었다.[186] 그는 또 "많은 사람들이 중국 인민 내부에 여전히 모순이 존재한다는 사실을 감히 공개적으로 인정하지 못하고 있다. 바로 그 모순들이 중국사회의

---

186) 『마오쩌동 문집』 제7권, 앞의 책, 218, 213쪽.

발전을 앞으로 떠밀고 있는 것"[187]이라고 말했다. 이는 그가 「인민 내부의 모순을 정확하게 처리하는 문제에 대하여」(1957년 2월)에서 제기한 두 가지 극히 중요한 논단이었다. 두 논단이 전하려는 의미가 완전히 일치한 것은 아니지만, 내재적 연계는 여전히 매우 뚜렷하다. 두 논단 중 후자에 따르면 사회주의 사회의 직접적인 동력은 인민 내부 모순으로서 근본 임무는 인민 내부의 모순을 정확하게 처리하는 것이어야 한다는 것이었다. 그러나 전자는 근본 임무가 생산력을 보호하고 발전하는 것이라고 주장하였다. 이것이 두 논단의 일치하지 않는 부분이다. 그런데 새로운 생산관계 속에서는 생산력을 보호하고 발전시키는 것도 인민 내부의 모순으로 반영되고 있어, 양자는 또 서로 연결되어 있는 것이다. 이러한 사고방향대로 발전한다면 사회주의 변증법적 운동법칙 탐색에서 새로운 성과를 거둘 수도 있었을 것이다.

그런데 1957년 반 우파투쟁이 확대된 후 마오쩌둥의 사고방향이 바뀌었다. 항저우(杭州)회의에서 두 가지 유형의 모순에 대해 논한 그의 연설 요점(1958년 1월)을 보면 마오쩌둥이 서로 다른 성질의 두 가지 유형의 사회모순을 구별할 것을 주장한 정확한 이론에서 출발했다가 나중에는 어찌된 일인지 계급투쟁을 확대하는 실수를 범하기에 이르게 되었는지를 볼 수가 있다. 연설 요점에서 언급한 '두 가지 유형의 모순'에 대한 분석은 정확하였다. '인민 내부'에 '계급모순'과 '선진과 낙후된 모순'이 존재한다는 것도 정확하게 제기했던 것이다. 인민 내부에 존재하는 선진과 낙후의 모순은 일반적으로 사상인식상의 모순에 속하며, 그 모순은 앞으로도 장기적으로 존재할 것이다. 인민 내부에

---

187) 위의 책.

는 사상인식상의 모순 이외에도 이익상의 모순이 대량으로 존재한다. 그중 일부는 정치상의 모순과 극소수의 계급모순으로 나타난다. 마오쩌둥의 이론적 실수는 소량으로 존재하는 계급모순을 주요 모순으로 간주했다는 것이다. 이는 사실 근거가 결여된 주관주의적인 추측에서 비롯된 것이었다. 그 추측은 필연적으로 계급투쟁의 확대화로 이어지게 되었다. 그 결과 인민 내부에서 계급투쟁에 속하지 않는 계급모순이나 심지어 당내 업무에 나타난 서로 다른 인식을 계급투쟁으로 간주하였으며, 나아가 계급모순을 적아모순과 동일시하면서 '대중 독재'의 방법을 통해 해결하고자 했던 것이다. 그 대표적인 사례가 바로 사회주의 교육운동과 '문화대혁명'이었다. 그래서 인민 내부의 민주 즉 인민에 대한 민주가 계급투쟁의 확대 과정에서 '독재'에 의해 대체되면서 사회주의 민주도 불가피하게 파괴당했던 것이다.

그런 파괴는 주로 아래와 같은 3가지 부분에서 나타났다. 첫째, 헌법과 법률이 유린당하였기 때문에 국가주석, 인민대표가 '대중 독재'의 중상모략을 당하고 적발당해 비판과 투쟁을 당했는데, 이처럼 당하지 않도록 법률로써 보호하지 못한 것, 둘째, 대규모의 국가 간부, 지식인, 노동 모범자와 인민대중이 '대중 독재'의 대상이 된 것, 셋째, 대중의 언론자유 등 공민의 기본권리가 박탈당하고 민주가 끝없는 '대비판'에 의해 대체된 것 등이었다.

그래서 사회주의 사회에 계급투쟁이 여전히 존재한다는 점을 제기한 것은 마르크스주의에 대한 마오쩌둥의 공헌이었지만, 반면에 계급투쟁이 사회주의 사회의 주요 모순이라고 주장하고, 심지어 당내 자산계급이 사회주의 혁명과 무산계급 독재의 주요 대상이라고까지 주장한 것 또한 이론과 실천에서 마오쩌둥이 범한 심각한 후과를 부른 큰 실수였다. 마오쩌동 후의 당대 중국에서 혼란스러운 국면을 바로 잡아 정상으로 되돌리는 과정에서 가장 중대한 논쟁을 불러온 이론 문제 중의 하나가 바로 마오쩌동의 사회주의 사회 계급투쟁이론 즉 "무산계급 독재 하에서 계속 혁명해야 한다"는 이론이었다.

오랜 세월 동안 '좌'적 이론의 영향을 받은 탓에 이처럼 어지러운 국 면을 바로잡는 것은 결코 쉬운 일이 아니었다. 풍부한 정치경험을 쌓 은 오랜 세대 혁명가들은 사실에서 착수해, 그리고 원죄·날조·오심사 건 등으로부터 시작하여 계급투쟁 문제에서 잘못을 바로잡는 서막을 열었다. 특히 1978년 11월 12일 천원(陳云) 동지가 중앙업무회의 동북 팀에서 한 발언을 통해 "영향이 크거나 혹은 연루 범위가 넓은 6가지 문제"에 대해 중앙은 결정을 내려야 한다고 예리하게 제기하였다.

6가지 문제는 다음과 같다.

1. 보이보(薄一波) 동지 등 61명 동지의 이른바 반역도당사건. 그들이 반성원(反省院)에서 풀려난 것은 당 조직과 중앙의 결정으로서 그들은 반역도당이 아니다.

2. 1937년 7월 7일 이른바 자수한 이들에 대한 중앙조직부의 결정 은 내가 옌안(延安)에서 중앙조직부 부장(1937년 11월)직을 맡기 전 에 내린 것으로, 보이보 동지 등의 문제를 처리하는 것과 같은 맥락이 다. 그때 당시 나는 그런 결정이 있는 줄도 몰랐다. 다만 그때 당시 간 부 심사에서 부딪친 문제에 따라 1940년에도 반성원에서 풀려나 출옥 수속을 밟았으나 계속 혁명에 종사하는 동지들에 대해서 심사를 거 친 뒤 그들의 당적을 회복해주기로 결정하였다. 그 결정은 '7.7'결정과

같은 맥락이었다. 나는 중앙이 '7.7'결정과 1940년 중앙 조직부의 결정이 당의 결정임을 마땅히 인정해야 한다고 생각한다. 문화혁명에서 억울하게 반역죄로 몰린 동지들에 대해서는 심사를 거쳐 반역도당의 실제 증거가 발견되지 않았을 경우에는 마땅히 그들의 당적을 회복시켜주어야 한다. 이밖에 항일전쟁시기와 해방전쟁시기에 적아 경계지대에 이른바 '양면 정권'문제가 존재하였던 것으로 알고 있다. 당시 당 조직은 일부 당원이 괴뢰정권에서 직무를 맡고 있으면서 우리 당과 우리 군의 업무를 엄호하라는 결정을 내렸었다. 그들 당원들은 문화대혁명에서 대체로 반역으로 몰렸다. 이는 더 많은 당원의 정치생명과 관계되는 문제인 만큼 당 조직에서 마땅히 심사를 거친 후 반역행위가 없는 동지에 대해서는 당적을 회복해주어야 했다.

총체적으로 '7.7'결정에서는 1940년 중앙 조직부의 결정과 관련된 동지와 '양면 정권'에서 혁명에 종사한 동지들에 대해서는 역사의 점검을 이겨낼 만한 실사구시적인 결론을 내려야 했다. 이는 당 내외에 극히 중요한 영향을 미치는 사안이기 때문이었다. 따라서 이들 동지의 문제를 해결하지 않는 한은 민심을 얻을 수 없는 것이다. 이들 동지들은 거의가 60·70세가 되었다. 그러니 현재 이 문제를 해결해야 할 때가 되었다고 보는 것이다.

3. 타오주(陶鑄) 동지, 왕허서우(王鶴壽) 동지 등은 난징(南京) 육군감옥에서 버티면서 반성원으로 들어가지 않다가 7.7항일전쟁 이후 우리 당이 국민당과 교섭해 풀려난 당원들이다. 그들은 7.7항일전쟁 후에도 여전히 감옥에서 단식투쟁을 견지하였다. 이들 동지는 현재 혹자는 반역도당으로 판정 받았거나 혹자는 조직생활은 회복했으나 여

전히 심각한 정치적 착오를 범했다는 등의 꼬리표가 붙어 있는 동지들이다. 이들 동지들 중 다수는 성급, 부장급 간부들이다. 타오주사건 관련 자료는 모두 중앙사건전담팀 제1사무실에 보관되어 있다. 중앙사건전담팀은 문화혁명시기에 설립되었는데, 그간 많은 조사업무를 진행하였다. 그런데 처리과정에서 부족한 점과 실수도 있었다. 따라서 사건전담팀 관할 범위이면서 당 내 부분에 속하는 일부 문제는 중앙조직부로 이전하여 중앙조직부의 재조사를 거친 뒤 실사구시적인 결론을 내려야 한다고 생각한다. 그런 결론은 또 마땅히 모두 그때 당시의 역사 상황과 결부시켜 구체적으로 고찰해야 한다고 본다. 현재처럼 중앙조직부도 있고 사건전담팀도 두는 비정상적인 상황은 마땅히 끝내야 한다.

4. 펑더화이(彭德怀)는 당과 군대의 중요한 업무를 맡았던 공산당원으로서 당에 대한 공헌이 컸다. 그러나 지금은 세상을 떠났다. 과거에 그가 잘못을 범했다고들 하지만, 그를 당적에서 제명했다는 결정은 듣지 못했다. 당적에서 제명되지 않은 만큼 유골을 마땅히 바바오산(八宝山) 혁명공동묘지에 안치해야 한다고 생각한다.

5. 톈안먼(天安門)사건에 대하여 현재 베이징에서 누군가가 제기하였다. 그리고 연극 '소리 없는 곳에서(于无聲處)'가 창작되고, 라디오방송에서도 톈안먼의 혁명시가 방송되었다. 이는 베이징의 수백 만 명에 달하는 사람들이 저우 총리를 추모하고 '4인방'을 반대하며 덩샤오핑 동지에 대한 비판에 반대해 일으킨 위대한 대중운동이었으며, 게다가 전국 많은 대도시들에서도 같은 운동이 일어났다. 중앙은 마땅히 이

번 운동을 인정해주어야 한다.

6. 문화대혁명 초기, 캉성(康生) 동지는 중앙 문화대혁명의 고문 중한 사람이었다. 그 당시 캉성 동지가 제멋대로 아무나 지명할 수가 있었다. 그래서 중앙 여러 부와 전국 여러 지역에서 당정기관이 마비되는 상태가 초래되었는데, 그에게는 회피할 수 없는 큰 책임이 있다. 캉성 동지가 범한 실수는 심각한 것으로 중앙은 적절한 회의에서 캉성 동지의 잘못에 대해 상응한 비판을 해야 한다.[188] 천윈 동지가 여기서 제기한 6가지 문제 중 원죄·날조·오심사건에 대해서는 재조사를 거쳐 훗날 일일이 바로잡았다. 캉성도 마땅한 처벌을 받았다. 그러나 우리는 왜 이런 심각한 잘못이 발생하였는지에 대해서는 묻지 않을 수 없다. 당·정·군 원로가 연루된 이토록 심각한 원죄·날조·오심사건이 일어난 것은 절대 우연이 아니며 그럴 만한 심각한 이유가 있었다. 사람들은 자연히 마오쩌둥의 사회주의 사회 계급투쟁 이론을 떠올리게 된다. 그러나 이와 관련된 마오쩌둥의 이론이 '문화대혁명' 속에서는 마르크스−레닌주의에 대한 새로운 기여로 간주되었기 때문에, 그 영향을 완전히 없앨 수 없었으며 바로 바로잡는 것도 쉬운 일이 아니었다. 지금에 이르러 다시 돌이켜보면 11기 3중 전회에서 전 당의 업무 중점을 전환한다는 결정을 내렸을 때, 실제로는 이에 대한 사람들의 인식이 일치하지 않았던 것이다. 적어도 아래와 같은 3가지 견해가 존재하였다고 본다.

첫째, 사회주의사회의 주요 모순은 여전히 무산계급과 자산계급 간

---

188) 중공중앙문헌연구실 편찬, 『3중 전회 후 중요한 문헌 선집』 상권, 앞의 책, 16~18쪽.

의 모순이라는 견해다. 당의 업무중점의 전환은 오로지 '4인방'을 비판하던 데서 현대화 건설로 전환한 것일 뿐이며 이는 계급투쟁의 필요성에 의한 것이라고 생각한다.

둘째, 이 같은 업무 중점의 전환은 계급투쟁을 중점으로 하는 것과 모순되지 않는다고 주장하는 것이다. 그렇게 하면 생산투쟁과 계급투쟁 및 과학실험의 3대 혁명을 함께 장악할 수 있다고 생각하였다.

셋째, 업무 중점의 전환은 실제로 "계급투쟁을 중점으로 하던 데서" "경제건설을 중심으로 하는 데"로 바꾼 것이라는 견해였다.

이상의 서로 다른 생각들이 그때 당시에는 공개적으로 발표되지 않았기 때문에, 업무 중점의 전환을 방해하지 않았다. 그러나 그 문제들을 오랫동안 해결하지 않고 인식을 장기간 통일시키지 못한다면, 현대화 건설을 꾸준히 그리고 확고하게 추진하는데 영향을 미치게 될 것이었다.

1979년 3월 30일 당의 이론업무 학습토론회에서 덩샤오핑이 「네 가지 기본원칙을 견지해야」라는 제목으로 연설을 했다. 연설 마지막 부분에서 그는 "최근 수 개월간 이론 종사자들이 토론과정에서 많은 문제들을 제기하였다"면서 "그중에서 비교적 절박하다고 생각되는 문제에 대한 일부 견해를 얘기하고자 한다"라고 말했다.

(1) 사회주의 사회의 기본모순과 현 시기의 주요 모순에 대하여

기본 모순에 대해서 마오쩌둥 동지가 「인민 내부의 모순을 정확하게 처리하는 것에 대한 문제」란 글에서 제기한 관점에 따르는 것이 좋다고 생각한다. 마오쩌둥은 "사회주의 사회에서 기본 모순은 여전히 생산관계와 생산력 간의 모순이고, 상부구조와 경제적 토대 간의 모순

이다."라고 말했다. 물론 이들 기본 모순을 제기하였다고 해서 문제를 완전히 해결한 것은 아니기 때문에 이에 대한 깊이 있는 구체적인 연구가 여전히 필요하다. 현 시기의 주요 모순, 다시 말하면 현 시기 전 당과 전국인민이 반드시 해결해야 할 주요 문제 혹은 중심 임무에 대해서는 3중 전회에서 업무 중점을 사회주의 현대화 건설로 전환하기로 결정함에 따라 사실상 이미 해결한 것이나 다름없다. 우리의 생산력 발전 수준이 너무 낮아 인민과 국가의 수요를 만족시키기에는 턱없이 부족하다. 이것이 바로 현 시기 우리의 주요 모순이고, 그 주요 모순을 해결하는 것이 바로 우리의 중심임무인 것이다.

(2) 사회주의사회의 계급투쟁에 대하여

사회주의사회의 계급투쟁은 객관적인 존재로서 확대하거나 축소해서는 안 된다. 실천이 증명하다시피, 축소하든 확대하든 모두 큰 실수를 범하게 된다. 전반적인 사회주의 사회 역사시기에 이론적 실천적으로 많은 복잡하고 어려운 문제를 비롯해 모종의 계급투쟁이 줄곧 존재할지 여부에 대해서는 단지 예전 사람들의 서책을 인용하는 것만으로는 문제를 해결할 수 없기 때문에 지속적인 연구가 필요하다. 총체적으로 사회주의 사회의 현재와 향후의 계급투쟁이 과거 역사적으로 존재하였던 계급사회의 계급투쟁과는 분명히 다르다. 이 또한 객관적인 사실이니만큼 부정할 수 없는 부분이다. 이를 부정해도 결국 큰 실수를 범하게 되는 것이다.

(3) "무산계급독재에서 계속 혁명하자"는 제기법에 대하여

이 제기법에 대한 그때 당시의 해석대로라면 이른바 "주자파(자본주

의 노선을 걷는 실권파)에게서 정권을 빼앗는 것"이란, 즉 당위원회를 따돌리고 혁명하면서 모든 것을 뒤엎는다는 것이었다. 따라서 그 제기법은 실천을 거쳐 잘못된 것임을 이미 입증하였다.[189] 여기에는 사실상 두 가지 유형의 문제에 대해 언급하였다. 한 가지 유형은 이론과 인식문제, 즉 "사회주의사회의 계급모순을 어떻게 볼 것이냐?" 하는 문제이고, 다른 한 가지 유형은 실천과 방법 문제, 즉 "사회주의 사회의 계급모순을 어떻게 정확하게 처리할 것이냐?"하는 문제였다. 덩샤오핑은 이에 대해 연구와 분석을 거쳐 과학적인 답안을 내놓았다.

1. 마오쩌동이 가장 먼저 제기했으나 중대한 실수를 범한 사회주의 사회의 계급, 계급모순, 계급투쟁과 관련해 덩샤오핑은 스스로의 판단을 내렸다.

첫째, 사회주의 사회에 들어선 후 중국의 계급상황에 근본적인 변화가 나타났기 때문에 계급으로서의 착취계급이 더 이상 존재하지 않는다고 했다. 그때 당시 이론 계에서는 계급과 계급투쟁에 관한 이론에 대해 논의하는 과정에서 캉성 등 이들이 제기한 정치사상 면에서 계급을 가르자는 그릇된 관점을 비판 및 부정한 후 마르크스주의 사상으로 볼 때, 계급은 우선 경제 범주에 속하며 생산발전의 일정한 역사 단계와 서로 연관된다고 지적했다. 레닌은 "이른바 계급이란 바로 이런 일부 집단이다. 그들은 일정한 사회경제구조 중에서 처한 지위가 다르기 때문에 그중 한 집단이 다른 한 집단의 노동을 점유할 수 있

---

189) 『덩샤오핑문선』 제2권, 앞의 책, 181~183쪽.

다."라고 말했다.[190]

이런 관점에 따르면 우리나라는 생산 수단 사유제에 대한 사회주의 개조를 기본상 완성한 후 사유제와 연관되는 완전한 의미에서의 착취계급이 더 이상 존재하지 않게 되었다. 특히 20여 년간의 사회주의 건설을 거쳐 기존의 착취계급 구성원의 절대다수가 이미 자력갱생하는 노동자로 되었으며, 기존에 고정이자를 받던 민족자산계급도 더 이상 고정이자를 받지 못하게 되었다. 때문에 전 사회의 주요 구성원은 노동자, 농민, 지식인으로 구성되었으며, 지식인도 노동자계급의 일부가 되었다. 그렇게 되어 사회주의 사회에 여전히 존재하는 2대 노동계급은 노동자계급과 농민계급이다. 이들 사이에는 여전히 계급 차별이 존재하며 그 차별은 노동인민 내부의 계급 차별인 것이다. 이에 대해 덩샤오핑은 "우리나라의 자본가계급이 원래 점유하였던 생산수단은 오래 전에 이미 나라에 귀환하였다.⋯⋯ 그들 중 노동능력이 있는 절대다수가 이미 사회주의 사회의 자력갱생하는 노동자로 개조되었다. ⋯⋯ 현재 그들은 노동자로서 사회주의 현대화 건설에 공헌하고 있다."라고 말했다.[191]

총체적으로 그들(지식인)의 절대다수가 이미 노동자계급과 노동인민 자체의 지식인으로 되었기 때문에, 이미 노동자계급의 일부가 되었다고 말할 수 있다. 그들과 육체노동자의 차이점은 단지 사회 분공이 다른 것뿐이었다.[192]

지난 30년간, 중국의 사회 계급 상황에 근본적인 변화가 나타났다.

---

190) 『레닌 선집』 제4권, 앞의 책, 11쪽.
191) 『덩샤오핑 문선』 제2권, 앞의 책, 186, 89, 185~186, 133쪽
192) 위의 책.

중국 노동자계급의 지위가 크게 강화되었고, 중국 농민도 이미 20여 년의 역사를 가진 집단 농민으로 되었다. 노동자와 농민의 연맹이 사회주의 현대화 건설이라는 새로운 토대 위에서 더욱 공고해지고 발전할 것이다.[193]

둘째, 개혁개방 또한 새로운 자산계급이 나타나는 것을 용납하지 않을 것이라고 했다. 착취계급이 계급으로서는 더 이상 존재하지 않게 되었다는 덩샤오핑의 논단은 70년대에 대해서 말한 것이다. 우리나라가 개혁개방을 실행해서부터 특히 공유제를 주체로 하여 여러 가지 경제요소를 발전시키기 시작한 후, 우리나라 계급 상황에 대해 또 서로 다른 새로운 견해가 나타났다. 이는 확실히 우리가 자세히 연구해야 할 새로운 상황이요, 새로운 문제이다.

우선 덩샤오핑은 개혁개방 초기와 전반덕인 발전과정에서 시종일관 "새로운 자산계급이 생겨나는 것을 용납하지 않을 것"이라고 강조하였다. 덩샤오핑이 이 문제에 대해 논술하고, 이런 논단을 내린 것은 단지 태도 표시인 것만이 아니라, 과학적인 근거를 바탕으로 내린 판단이었다. 그 근거가 바로 개혁개방 과정에서 공유제를 주체로 하고 노동에 따른 분배를 주요 분배방식으로 삼아 줄곧 견지해 왔다는 것이다. 우리 목표는 빈부격차가 아닌 공동으로 부유해지는 것이다. 우리는 어떻게 개혁하고 어떻게 개방하든지간에 항상 명확한 분투목표가 있었다. 그 목표가 바로 "생산력을 해방시키고 발전시키며, 착취를 없애고, 빈부격차를 없애고, 최종적으로는 공동으로 부유해지는 목표를 실현하는 사회주의의 본질"을 반영하고 실현하는 것이었다.

---

193) 위의 책.

다음으로 덩샤오핑은 사회주의 본질의 반영과 실현은 하나의 과정인 만큼 그 과정에서 복잡한 상황이 나타나게 될 것이지만, 우리의 목표인 공동 부유의 목표를 실현함으로써 새로운 자산계급이 나타나는 것을 막는 것이라고 주장하였다. 덩샤오핑은 빈부격차를 피할 수 있다고 주장하였다. 일부 사람과 일부 지역이 먼저 부유해지도록 하는 것은 "최종적으로는 공동으로 부유해지는 것"을 목표로 하는 것인 만큼, 그 과정에서 나타나는 사회 구성원과 지역 간의 격차를 계급분화 혹은 빈부격차로 간주해서는 안 된다는 것이었다. 이는 단지 "먼저 부유해지는 것"과 "후에 부유해지는 것" 간의 차이일 뿐 계급 간의 차별이 아니며, 마지막에는 역시 '공동 부유'의 길로 나아갈 수 있다는 것이었다.

마지막으로, 덩샤오핑은 최종적으로 공동 부유를 실현하기 전에, 개별적인 자산계급분자나 착취분자가 나타날 수도 있지만, 새로운 자산계급이 형성될 수는 없을 것이라고 주장하였다. 주관적으로 볼 때 우리는 새로운 자산계급이 나타나는 것을 용납하지 않는다. 그러나 객관적으로 볼 때, 경제문화가 낙후한 국가에서 사회주의를 건설하려면, 오직 일부 사람씩, 일부 지역씩 먼저 발전하고 부유해져야만 점차 공동 부유에 이를 수 있는 것이다. 그 '종점'에 도착하기 전에는 먼저 부유해지고, 후에 부유해지는 상황 혹은 부유와 가난이 공존하는 등 복잡한 상황이 나타날 수가 있다.

셋째, 사회주의 사회에서 계급으로서의 착취계급이 더는 존재하지 않을 것이라고 했다. 그러나 계급투쟁은 여전히 특수한 형태로 존재하며, 일정한 범위에서는 장기간 존재할 것이며, 특정된 조건에서는 격화될 가능성도 있었다.

덩샤오핑은 「네 가지 기본원칙을 견지해야」라는 제목의 연설에서 투철하고도 깊이 있게 밝혔다. 그는 이렇게 말했다. "우리는 계급투쟁의 극대화에 반대한다. 당 내에 자산계급이 존재한다고는 생각하지 않는다. 또한 사회주의 제도에서 착취계급과 착취조건이 확실히 이미 사라진 뒤 또 새로운 자산계급 혹은 기타 착취계급이 나타날 것이라고 여기지 않는다. 그러나 우리는 사회주의 사회에 여전히 반혁명분자가 존재하고, 적의 스파이가 존재하며, 사회주의 질서를 파괴하는 여러 가지 형사범죄자와 기타 나쁜 분자, 그리고 탐오, 절도, 투기를 하는 새로운 착취자들이 존재할 뿐만 아니라, 그런 현상이 오랜 시간 동안 완전히 사라질 수 없다는 사실도 보아야 한다. 그들과의 투쟁은 과거 역사적으로 존재했던 계급 대 계급의 투쟁과는 다르지만, 여전히 특수한 형태의 계급투쟁에 속한다. 혹은 역사상의 계급투쟁이 사회주의 조건에서 특수한 형태로 남아 내려온 것이라고 할 수 있다."[194]

2. 사회주의 사회 계급투쟁에 대한 처리와 세계에 대한 인식은 세계를 개조하기 위한 것이다. 사회주의 사회의 계급상황과 계급투쟁에 대해 인식하는 것은 그런 특수형태의 계급투쟁을 정확하게 처리하기 위한 것이었다.

사회주의 사회의 계급 모순과 계급투쟁을 어떻게 정확하게 처리해야 할 것인가?

근본적으로 말하면 인민민주주의독재를 견지해야 한다. 개혁개방 초기에 덩샤오핑은 이미 모든 적대분자에 대해서는 반드시 독재를 실

---

194) 『덩샤오핑 문선』 제2권, 위의 책, 168~169쪽.

시해야 한다고 제기했었다. 그런 독재는 인민에 대한 민주와 같은 맥락이었다. 인민민주주의독재에는 언제나 인민에 대한 민주와 적에 대한 독재라는 서로 떼어놓을 수 없는 두 개의 부분이 포함된다. 개혁개방이 전면적으로 전개됨에 따라 덩샤오핑은 "당에는 당의 기율이 있고, 나라에는 나라 법이 있다. 네 가지 기본원칙 중에 왜 인민민주주의독재를 견지해야 한다는 조항이 있어야 하는 걸까? 인민 내부의 민주만 있고 파괴분자에 대한 독재가 없다면, 사회는 안정되고 단합된 정치 국면을 유지할 수 없으며, 현대화 건설도 성공할 수 없다."[195]라고 거듭 강조하였다.

유명한 남방 순회 연설에서 덩샤오핑은 무산계급독재에 의지해 사회주의제도를 보위하는 것은 마르크스주의의 가장 근본적이고, 기초적인 것이라고 거듭 강조하였다. 역사적 경험이 입증하다시피 "이제막 정권을 장악한 신흥계급은 일반적으로 흔히 적대계급보다 세력이 약하기 때문에 독재의 수단으로 정권을 공고히 해야 한다. 인민에 대해 민주를 실시하고 적에 대해 독재를 실시하는 것이 바로 인민민주주의독재이다. 인민민주주의독재의 힘을 이용하여 인민의 정권을 공고히 하는 것은 정의로운 일로서 이치에 어긋나지 않는다."[196] 이와 관련된 덩샤오핑의 논술에는 두 가지 특징이 있다.

첫째, 인민민주주의독재를 견지하고 독재와 민주를 통일시켜 인민정권을 공고히 하는 것은 마르크스주의의 가장 근본적이고, 기초적인 것이라고 강조한 것이다.

---

195) 『덩샤오핑 문선』 제3권, 앞의 책, 154, 379~380쪽.
196) 위의 책.

둘째, 이제 막 정권을 장악한 신흥계급은 흔히 적대계급보다 세력이 약하기 때문에, 민주와 독재를 서로 결합한 인민민주주의독재로 자신의 정권을 공고히 해야 한다고 강조했다는 것이다.

자세히 음미해보면 덩샤오핑이 내린 논단의 깊은 뜻을 깨달을 수 있을 것이다.

먼저 사회주의는 자본주의 상품경제, 시장경제가 세계 각국을 한데 연결시킨 배경에서 생겨난 것이다. 무산계급 사회주의 혁명의 승리를 거둔 신흥계급이 직면한 압력은 국내외로 서로 연결된 적대세력에서 비롯된 것이지, 국내의 적대자와 사회주의 파괴자들로부터 오는 것이 아니다. 이런 의미에서 볼 때 정권을 장악한 노동자계급은 확실히 적대계급보다 세력이 약하다는 것이었다.

다음으로 세력의 강약 문제는 전체 실력의 비교 문제이며, 그중 경제실력이 바탕이 되어야 한다. 정권을 장악한 노동자계급이 경제적으로 우위를 점하기 전에 경제·과학기술에서 이미 우위를 점한 국제 자산계급과 비교할 때 확실히 약세인 것이 압력으로 작용하고 있다. 그런 압력은 경제에서 비롯된 것이지만, 정치에서 심지어 의식형태에서 반영된다. 이로부터 "이제 막 정권을 장악한 신흥계급은 흔히 적대계급보다 세력이 약하다"라는 덩샤오핑의 논단은 아주 깊이가 있음을 알 수 있다.

마오쩌동 후의 당대 중국에서 일부 사람들은 마오쩌동 만년에 계급투쟁 문제에서 실수를 범한 사실을 감안해 인민민주주의독재와 같은 화제에 대해 거의 거론하지 않고 있다. 그러나 덩샤오핑은 그 부분에 대해 거듭 강조하였다. 이는 무산계급 혁명가의 확고한 입장과 탁월한 식견을 보여주고 있다. 그 자체가 공헌의 일종인 것이다. 그 뿐만 아니라 덩샤오핑은 과거 인민민주주의독재를 견지하는 과정에서 나타났던 경험교훈을 총결하고, 극히 중요한 두 가지 사상을 제기하였다.

첫째, 법률수단을 이용해 사회주의 사회의 계급투쟁 문제를 처리하고, 인민민주주의독재를 공고히 할 것을 강조한 것이다. 무산계급이 나라의 정권을 장악하기 전에 법률은 착취계급의 의지를 집중적으로 반영하는 수단이었으며, 반동 통치계급이 인민을 압박하고 진압하는 수단이었다. 따라서 무산계급혁명 혹은 무산계급이 이끄는 민주혁명은 그런 전통 혹은 법제의 제약을 완전히 무시할 수 있었으며, 반란을 일으키는 것이야말로 이치에 맞는 일이었다. 그러나 무산계급이 나라의 정권을 장악한 후에는 상황이 근본적으로 달라졌다. 국가의 헌법과 법률은 인민이 제정한 것으로 인민의 의지를 집중시킨 것인 만큼 무산계급과 광범위한 인민의 호신부가 되었다. 그런 상황에서 반란을 일으키는 것은 전혀 도리가 없는 일이다. 사회주의를 반대하고, 적대시하고, 파괴하는 활동이든, 아니면 인민들 가운데서 일부 사람들의 활동이든 어느 것이 나를 막론하고 그 누구든 법률을 어겼을 시에는 모두 법적 책임을 추궁해야 한다. 우리는 철저히 법률 수단을 이용하여 그런 '나쁜 분자'들과 투쟁할 수 있다. 그는 「당면한 정세와 임무」(1980년 1월)라는 글에서 "법률 무기를 사용하는 것을 배울 것과 잘 활용할 것"을 전 당에 요구하였다.[197]

둘째, 상시적으로 설득 교육을 전개할 것과 장기적인 투쟁을 진행할 것을 강조한 것이다. 사회주의시기 계급투쟁과 비 계급투쟁 간의 사회 모순, 적아 성질의 계급투쟁과 인민 내부의 계급투쟁이 늘 한데 뒤엉

197) 『덩샤오핑 문선』 제2권, 앞의 책, 253, 371쪽.

켜 있었으며, 일부 중대한 사건 혹은 정치풍파 참여자의 수가 많고 상황이 복잡한데다 참여자의 대다수가 청년 학생을 비롯한 인민대중들이다. 따라서 그런 유형의 사건, 그리고 그 가운데 포함된 계급투쟁을 처리하는 데서 반드시 신중에 신중을 기해야 한다. 덩샤오핑은 관련 사건을 획책하고 조직한 자에 대해 법에 따라 책임을 물어야 할 뿐만 아니라, 더욱이 광범위한 대중 특히 참여자에 대한 사상교육을 진행해야 한다고 강조하였다. 우리나라에서 혼란스러운 국면을 바로잡아 정상으로 되돌리는 과정과 개혁개방을 추진하는 과정에서 자산계급 자유화 관점이 나타났었다. 그 관점의 지지자들은 한편으로는 공산당의 영도와 사회주의제도를 반대하고, 다른 한편으로는 전면적인 서구화를 주장하였다. 이런 관점 혹은 사상과의 투쟁은 계급투쟁임이 틀림없다. 그러나 그런 관점의 영향을 받은 사람들의 상황은 아주 복잡한 만큼 일률적으로 적대분자로 간주해서는 안 된다. 그중 다수가 인민대중이기 때문에 반드시 그들에 대한 설득 교육을 잘해야 한다. 게다가 이런 사상정치 분야의 투쟁은 단시기 내에 해결할 수 없으므로 반드시 오랜 시간의 투쟁을 거쳐야 한다. 1987년 2월 18일 외국 손님을 회견하는 자리에서 그는 "대학생이 문제를 일으킨 것은 주요한 책임이 학생에게 있는 것이 아니라 딴 속셈을 품은 일부 선동자들에게 있다. 그들 중에는 당내 소수 고급 지식인들이 있는데, 바로 그들의 책임이다. 우리는 그러한 사건을 엄히 처리하였다. 그러나 자산계급 자유화에 반대하는 투쟁은 아직 끝나지 않았다.…… 투쟁이 장기적인 것인 만큼 우리는 운동 대신 주로 교육을 진행하고 있다. 투쟁의 과정이자 설득 교육의 과정이기도 하다. 그러나 사회주의를 믿지 않는 이들을 설득시키려면 결국 우리의 발전에 의존해야 한다."[198] 덩샤오핑의 논술을 통해 알 수 있는 것처럼 자산계급 자유화에 반대하는 것과 같은 투쟁은 첫째, 소수의 딴 속셈을 품은 이들과 절대다수의 사건 참여자들을 구분해야 하고, 둘째, 이는 장기적인 투쟁, 즉 네 가지 현대화와 늘 함께 할 국가 경제실력의 발전과 연결된 장기적인 투쟁이라는 사실을 인식해야 한다. 따라서 정확한 투쟁방식은 운동을 일으키는 것이 아니라 교육을 진행하는 것, 즉 "상시적인 설득 교육이 필요하며, 필요시에는 일부 행정적인 수단과 법률적 수단을 취하는 것"이다.

총체적으로, 인민민주주의독재를 견지하고 민주와 법률을 활용해 사회주의 조건에서 특수한 형태로 나타나는 계급투쟁을 정확히 처리해야 한다는 것이었다. 이것이 바로 마오쩌둥 후의 당대 중국에서 덩샤오핑이 옛 사람의 경험 교훈을 받아들여 제기한 계급투쟁 문제에서, 그리고 사회주의 민주를 발전시키는 문제에서 해결해야 할 중대한 이론과 실천문제였다.

---

198) 『덩샤오핑 문선』 제3권, 앞의 책, 204·208쪽.

제3절
정치체제의 개혁과 민주의 제도화·법률화

마오쩌동 동지가 만년에 계급투쟁과 당내 투쟁 등 문제에서 범한 심각한 실수에 대해 덩샤오핑은 경박한 태도로 단순하게 부정한 것이 아니라 시종일관 이를 진귀한 재부로 삼고 열심히 연구해왔다. 그는 "역사적으로 성공한 경험이 소중한 재부이지만 그릇된 경험과 실패한 경험도 소중한 재부이다."라고 말했다.[199] "우리는 '문화대혁명'을 근본적으로 부정하고 있다. 그러나 '문화대혁명'도 '공로'가 있다. 우리에게 반면적인 교훈을 준 것이다."[200] 그 교훈 중의 하나가 바로 사회주의 민주를 발전시켜야 한다는 것이었다.

사회주의 민주를 어떻게 발전시킬 것인가? 덩샤오핑의 사고방향을 연구해보면 대체로 아래와 같이 서로 연결되면서 점진적인 세 단계를 거쳤음을 알 수 있다.

첫 번째 단계: 민주의 제도화와 법률화를 강조한 단계.

'문화대혁명'을 겪은 중국 인민은 린뱌오 '4인방' 봉건 파시스트독재주의 박해를 받을 대로 받아 사회주의 민주가 얼마나 소중한 것인지를 뼈저리게 깨달았다. 또한 진리 기준 문제에 대한 토론이 처음부터

---

199) 위의 책, 234~235, 272쪽.
200) 위의 책.

억제를 받은 탓에 중국 인민은 사회주의 민주를 수호하는 것이 얼마나 힘든 일인지를 직접 체험하였다. 「사상을 해방시키고 실사구시하며 단합해 일제히 앞으로」(1978년 12월)라는 제목의, 사실상 11기 3중 전회 주제 보고 격인 중요한 연설에서 덩샤오핑은 다음과 같은 네 가지 문제에 대해 역설하였다. (1) 사상해방은 당면의 가장 중요한 정치 문제이다. (2) 민주는 사상해방의 중요한 조건이다. (3) 역사적으로 남아 내려온 문제를 해결하는 것은 앞날을 지향하기 위한 것이다. (4) 새로운 상황을 연구하고 새로운 문제를 해결해야 한다. 새 시기 새로운 국면을 개척하자는 내용의 연설에서 민주가 특별히 중요한 지위를 차지하였음을 분명히 볼 수가 있다.

그는 사상을 해방시키고 머리를 씀에 있어 아주 중요한 조건이 바로 진정으로 무산계급 민주집중제를 실시하는 것이라고 주장하였다. 우리는 집중되고 통일된 영도를 필요로 하지만 충분한 민주도 보장되어야만 정확한 집중을 실현할 수 있다. 그는 한 혁명 정당에게 두려운 것은 인민의 목소리를 들을 수 없는 것이며, 그중에서도 가장 두려운 것은 쥐죽은 듯 조용한 국면이 형성되는 것이라고 말했다. 마오쩌둥 동지가 제창한 것처럼 집중적이면서도 민주적이고, 기율이 있으면서도 자유로우며, 통일된 의지가 있으면서도 사람마다 마음이 즐겁고 생동적이고 활발한 정치국면을 형성하기 위해 노력해야 한다. 그래야만 네 가지 현대화 건설의 실현을 보장할 수 있는 것이다.

그렇다면 어떻게 해야 사회주의 민주가 확실하게 보장받을 수 있을까? 덩샤오핑은 통찰력이 있는 탁월한 구상을 내놓았다. 즉, 인민민주를 보장하려면 반드시 법제를 강화해야 한다는 것이다. 반드시 민주의 제도화, 법률화를 실현해 그런 제도와 법률이 지도자가 바뀌어도 변하지 않고 지도자의 견해와 주의력이 변해도 바뀌지 않도록 해야 한다. 현재의 문제는 법률이 완벽하지 않다는 것이다. 미처 제정하지 못한 법률이 아직도 너무 많다. 지도자가 한 말이 왕왕 '법'으로 간주되는 경우가 많고, 지도자가 한 말에 찬성하지 않으면 '법에 어긋나는 것'으로 간주하며, 지도자의 말이 바뀌면 '법'도 따라서 바뀌었다. 그렇기 때문에 형법, 민법, 소송법과 기타 여러 가지 필요한 법률을 제정하는 데 주력해야 한다. 예를 들면 공장법, 인민공사법, 삼림법, 초원법, 환경보호법, 노동법, 외국인 투자법 등 법률에 대해 일정한 민주적인 절차를 통한 논의를 거쳐 통과된 후, 검찰기관과 사법기관의 업무를 강화해 따를 법이 있고, 법을 반드시 따르며, 법을 엄하게 집행하고, 법을 어기면 반드시 추궁해야 한다.[201]

이러한 구상의 의의는 법치국가 건설의 설계도를 그려낸 것이었다. 오랜 세월 동안 중국은 '인치(人治. 사람에 의해 나라를 다스리는 것)' 사회였다. 사회의 발전이 영명한 군주, 현명한 임금, 청렴한 관리, 충신의 등장에 의지하였으며, 사회질서는 장관의 기호에 의지하였다. 사회주의제도의 수립이 이런 상황을 근본적으로 바꾸어놓았다. 그러나 사회주의 민주제도가 건전하지 않았기 때문 에 여전히 지도자의 '말'에 따라 문제를 해결하곤 하였다. 따라서 덩샤오핑이 말한 것처럼 "지도자가 한 말을 '법'으로 간주하는 상황이 왕왕 나타난 것"이다. 사회주의를 발전시키고 공고히 하고 발전시키며 현대화를 실현하려면 이런 상황이 계속 이어져서는 안 된다. 그렇다면 출로는 어디에 있는 것일

---

201) 덩샤오핑, 「사상을 해방하고 실사구시하며 단합해 일제히 앞으로 (1978년 12월 13일).
『덩샤오핑 문선』 제2권, 앞의 책, 146~147쪽.

까? 바로 '인치'국가에서 법치국가로 바뀌는 것이다. 그러려면 민주적인 절차를 거쳐 형성된 헌법과 일련의 법률·법규가 있어야 할 뿐만 아니라, 따를 법이 있고, 반드시 법에 따라야 하며, 법을 반드시 엄하게 집행하고, 법을 어기면 반드시 추궁하는 것 외에도 법률 앞에서는 모든 사람이 평등해야 한다. 그래야만 진정으로 사회주의 민주의 실현을 보장할 수 있는 것이다.

이로부터 덩샤오핑이 설계한 '중국 특색의 사회주의'의 웅대한 설계도를 엿볼 수가 있다.

즉 "계급투쟁을 중점으로 하는 것"에서 "경제건설을 중심으로 하는 것"으로 전환해 부강한 중국을 건설한다는 것과 '인치'에서 '의법치국'으로 전환해 민주적인 중국을 건설한다는 것이었다.

두 번째 단계: 당과 국가의 영도제도 개혁을 강조한 단계.

'민주의 제도화·법률화'를 강조한 데는 제도 건설 문제도 포함되어 있었다. 덩샤오핑은 민주를 실현하려면 민주원칙을 민주제도로 전환시켜야 할 뿐만 아니라, 민주제도를 추호의 흔들림도 없이 견지하고 발전시켜야 한다고 주장하였다. 또 민주제도 건설을 강화하기 위해 1980년 8월 18일, 덩샤오핑은 중공중앙 정치국 확대회의에서 "당과 국가 영도제도의 개혁"이란 제목의 유명한 연설을 하였다. 『덩샤오핑문선』 제2권 320쪽을 보면 제목의 주석에 "1980년 8월 31일 정치국의 토론을 거쳐 통과됨"이란 글귀가 적혀 있다. 이는 그 연설이 당의 의지와 인민의 염원을 반영한 것이며 아주 높은 지위와 큰 비중을 차지하고 있음을 말해준다.

덩샤오핑은 그 연설에서 당과 국가 기존의 일부 구체적인 제도에 존재하는 폐단에 대해 깊이 있게 분석하면서 착실하게 개혁하지 않는다면 현대화 건설의 절박한 수요에 적응하기 어렵고 광범위한 대중을 이탈하는 심각한 상황이 나타날 것이라고 지적하였다. 그는 당과 국가의 영도제도, 간부제도를 볼 때 주요한 폐단은 관료주의 현상이라면서 권력이 지나치게 집중된 현상, 가부장제 현상, 간부 영도직무의 종신제 현상과 형형색색의 특권 현상이라고 말했다.[202] 그는 이러한 다섯 가지 현상의 표현 형태와 그런 현상이 나타나게 된 원인을 구체적으로 분석한 뒤, 즉 우리 당과 국가 영도제도의 주요한 폐단을 분명하게 드러내 보인 뒤 그는 다음과 같이 매우 예리하고 깊이 있게 말했다.

"과거에 나타난 여러 가지 실수는 물론 일부 지도자의 사상·기풍과 연관이 있지만, 조직제도, 업무제도 방면에서의 문제가 더 중요하다고 본다. 그 방면의 제도가 건전하다면 나쁜 사람이 제멋대로 행패를 부릴 수 없을 것이고, 제도가 건전하지 않으면 좋은 사람도 훌륭한 일을 제대로 할 수 없을 것이며, 심지어 반대로 나아갈 수 있다. 마오쩌동과 같이 위대한 인물도 일부 나쁜 제도의 심각한 영향을 받아 당과 국가 심지어 자신에게도 큰 불행을 가져다주었던 것이다. 오늘날에 이르러서까지도 사회주의제도를 건전히 하지 않는다면 사람들은 '왜 자본주의제도가 해결할 수 있는 일부 문제를 사회주의제도는 오히려 해결할 수 없는 것일까?'라고 물을 것이다. 이렇게 비교하는 것은 전면적이라고 할 수 없지만 그렇다고 우리는 중요시하지 않으면 안 된다. 스

---

202) 『덩샤오핑 문선』 제2권, 앞의 책, 327쪽.

탈린이 사회주의 법제를 심각하게 파괴한 것에 대해 마오쩌
둥은 그런 사건이 영국·프랑스·미국과 같은 서양 국가들에
서는 일어날 수 없는 일이라고 말했다. 그는 비록 그 점을
깨달았지만 영도제도 문제를 실제로 해결하지 못한 것과
또 다른 일부 원인으로 인해 여전히 '문화대혁명'의 10년 재
난을 초래하였던 것이다. 이는 너무나도 심각한 교훈이다.
개인에게 책임이 없다는 얘기가 아니라 영도제도와 조직제
도 문제에 근본성·전반성·안정성·장기성이 존재한다는 사
실을 얘기하는 것이다. 그런 제도문제는 당과 국가의 성질
이 바뀔지의 여부와 관계되는 문제로서 반드시 전 당의 높
은 중시를 불러일으켜야 한다."[203]

이 말에서 나타난 뚜렷한 특징은 당과 국가의 영도제도에 존재하는
폐단 문제와 제도개혁 문제에 대해 제기했다는 점이다.
　세 번째 단계: 정치체제 개혁을 의사일정에 끌어올릴 것을 강조한
단계.
　경제체제 개혁의 추진과 경제의 활성화에 따라 정치체제와의 마찰
도 갈수록 불거졌다. 1986년 6월 10일 경제 관련 상황에 대한 보고를
듣는 자리에서 덩샤오핑은 정치체제 개혁문제를 제기하였다. 그가 말
했다. "현재 상황으로 보아 정치체제 개혁을 진행하지 않으면 정세에
적응할 수 없다. 개혁에는 정치체제 개혁이 포함되어야 하며, 또 정치
체제 개혁을 개혁추진의 상징으로 간주해야 한다.…… 1980년에 정치

---

203) 앞의 책, 333쪽.

체제 개혁을 제기하였지만 구체화하지 못하였다. 이제는 의사일정에 올려야 한다. 그렇지 않으면 기구가 방대하고 사람이 많은 반면에 일이 적으며 관료주의가 성행하고 일을 미루고 서로에게 책임을 전가하는 등의 현상이 나타나 필연적으로 경제체제 개혁을 저애하고 경제발전에 걸림돌이 될 것이다."[204]

1986년에 이르러 덩샤오핑은 불거진 문제를 더 이상 해결하지 않는다면 경제체제 개혁에 걸림돌이 될 것이라는 점을 보았으며, 비로소 정치체제 개혁을 의사일정에 올려놓기로 결정하였으며, 그 부분의 개혁을 통틀어 '정치체제 개혁'이라고 칭하였다.

1986년 6월 28일 중공중앙정치국 상무위원회의에서 덩샤오핑은 "우리가 당의 영도를 견지함에 있어서 관건은 당이 영도에 능한지의 여부에 달려있다. 당은 영도에 능해야 하고 지나치게 간섭하지 말아야 한다. 마땅히 중앙에서부터 시작해야 한다. 이는 당의 영도를 약화시키려는 것이 아니다. 간섭이 지나치면 오히려 당의 영도를 약화시킬 수 있다. 지난 몇 번에 걸쳐 여러 동지들과 경제업무를 논의할 때 당정의 분리, 권력의 하급기관 이양을 포함한 정치체제 개혁에 주의할 것을 제기했었다.…… 정치체제 개혁은 정치체제 개혁과 서로 의존하고 서로 협조하는 관계여야 한다. 경제체제 개혁만 진행하고 정치체제 개혁을 진행하지 않는다면 경제체제 개혁도 실행될 수 없다.…… 우리 모든 개혁의 최종 성공 여부는 정치체제 개혁에 달려있다."고 말했다.[205]

1986년 9월부터 1987년 3월까지 덩샤오핑은 정치체제 개혁에 대해

---

204) 『덩샤오핑문선』 제3권, 앞의 책, 160쪽.
205) 위의 책, 164·177쪽.

여러 차례 언급하였다. 그는 그처럼 어려운 개혁의 목적, 내용, 총체적 목표, 방법 및 평가 등 문제에 대해 깊이 있고도 투철하게 논술하였다. 그 내용을 개술하면 다음과 같이 몇 가지 내용으로 개략할 수가 있다.

1) 정치체제 개혁의 목적에 대해 그는 1986년 9월 3일 "정치체제 개혁을 진행하는 목적은 총체적으로 말해서 관료주의를 없애고 사회주의민주를 발전시킴으로써 인민과 기층 기관의 적극성을 불러일으키려는 데 있다."라고 말했다. 9월 13일에는 한 걸음 더 나아가 "정치체제 개혁의 목적은 대중의 적극성을 불러일으켜 효율을 향상시키고 관료주의를 극복하려는 것이다."라고 말했다.[206] 그는 "우리는 갈수록 정치체제 개혁의 필요성과 긴박성을 느끼고 있지만, 아직까지도 제대로 정리가 되지 않고 있다. 최근 나는 세 가지 목표를 향해 나아갈 구상을 하고 있다. 첫 번째 목표는, 당과 국가의 활력을 계속 유지하는 것이다. 여기서 말하는 활력은 주로 지도층 간부의 저령화를 가리킨다.…… 두 번째 목표는, 관료주의를 극복하고 업무효율을 높이는 것이다.…… 세 번째 목표는, 기층과 노동자, 농민, 지식인의 적극성을 불러일으키는 것이다.…… 지도층이 활력으로 넘치고 관료주의를 극복하고, 효율을 높이고 기층과 인민의 적극성을 불러일으켜야 네 가지 현대화 건설이 진정으로 희망이 있는 것이다."[207]

---

206) 위의 책.
207) 위의 책, 176~180쪽.

2) 정치체제 개혁의 내용에 대해 그는 1986년 9월 3일 이렇게 말했다. "정치체제 개혁의 내용에 대해서는 현재도 논의 중이다. 어려운 문제로서 개혁조치마다 관련된 사람이나 일이 많고 많은 사람의 이익과도 연결되어 있어 많은 장애에 부딪치게 되는 만큼 신중을 기해야 한다." 9월 13일에는 또 "정치체제 개혁의 내용에 대해서는 함께 논의하여 정리해야 한다." "개혁 내용의 첫 번째는 당과 정부를 분리하여 당이 영도에 능해야 하는 문제를 해결하는 것이다. 이것은 관건적인 내용으로서 반드시 우선 자리에 놓아야 한다. 두 번째 내용은 권력을 하급기관에 이양해 중앙과 지방의 관계를 해결해야 한다는 것과 지방의 각급 정부도 권력을 하급기관에 이양해야 한다는 문제이다. 세 번째 내용은 기구를 간소화하는 것인데 이는 권력의 하급기관 이양과 연관이 있다.[208] 그리고 또 "개혁과정에서 서양 국가의 경험을 그대로 본받아서는 안 되며 자유화를 실행해서도 안 된다."[209]라고 지적하였다. 이로부터 정치체제 개혁 내용에 대해 덩샤오핑은 실제로 존재하는 문제에서 출발해 일부 구상을 제기했을 뿐만 아니라, 절대로 서양 국가의 체제를 그대로 본받지 말 것을 전 당에 요구했다는 점, 그러나 총체적으로 볼 때, 그는 그 문제가 너무 복잡해 반드시 신중을 기할 것을 주장하였음을 알 수 있다.

그 후 제13차 당 대회 보고에서 제기한 정치체제 개혁의 내용에 대한 방안에는 다음과 같은 내용이 포함되었다. 당정 분리의 실행과 진일보적으로 하급기관으로의 권력 이양, 정부 업무기관의 개혁, 간부인

---

208) 위의 책, 179~180, 176, 177, 178쪽.
209) 위의 책.

사제도의 개혁, 사회 협상대화제도의 구축, 일부 사회주의 민주정치제도의 보완, 사회주의 법제의 건설 강화 등이다. 아울러 이는 어렵고도 복잡한 임무로서 반드시 단호하고도 신중한 방침을 취해야 하며, 지도적 절차적으로 점차 전개하며, 가급적 평온하게 추진해야 한다는 것, 여러 지역의 조건과 상황이 다른 만큼 개혁도 "일률적으로 처리할 수 없다"는 등의 요구를 제기하였다.

3) 정치체제 개혁의 총체적 목표 즉 최종 분투목표에 대해 그는 이렇게 말했다. 우리의 정치체제 개혁 목표에는 세 가지가 있다. 첫째, 사회주의제도를 공고히 하는 것, 둘째, 사회주의사회의 생산력을 발전시키는 것, 셋째, 사회주의 민주를 발양해 광범위한 인민의 적극성을 불러일으키는 것이다. 인민의 적극성을 불러일으킴에 있어서 가장 핵심적인 부분은 역시 생산력을 발전시켜 인민의 생활수준을 향상시키는 것이다. 생산력이 발전하면 인민의 적극성을 불러일으킬 수 있고 사회주의국가의 세력을 증강할 수 있으며 사회주의제도도 공고히 할 수 있다.[210]

4) 정치체제 개혁의 방법에 대해 그는 모든 것을 실제에서 출발하는 원칙을 견지할 것을 강조하였다. 그는 "현재 우리가 제기한 정치체제 개혁은 중국의 실제 상황에 따라 내린 결정"이라고 지적하였다. 아울러 우리나라 기존의 정치체제에 대해서 변증법적으로 분석해야 한다고 지적하였다. 그는 "과거에 우리 영도체제도 문제를 빨리 결정하

---

210) 위의 책, 178, 178, 192, 213쪽.

는 일부 장점이 있었다. 서로 제약하는 체제를 지나치게 강조하는 것도 문제가 될 수 있다."[211] 그 후 그는 또 중국 정치체제 개혁에서 서양의 다당제나 의회민주제를 실행하는 것은 안 된다고 거듭 거론하였다.

이는 아주 중대한 정치원칙 문제이자 과학적인 방법론 문제이기도 했다.

5) 정치체제 개혁에 대한 평가문제에서도 그는 일련의 중요한 사상을 제기하였다. 특히 1987년 3월 27일 외국 손님과의 담화에서 그는 이렇게 말했다. "한 나라의 정치체제, 정치구조와 정책의 정확 여부를 가늠함에 있어서 주로 세 가지 중요한 기준이 있다. 첫째, 국가 정국의 안정 여부를 보아야 하고, 둘째, 인민의 단합을 증강할 수 있는지의 여부와 인민의 생활수준을 개선할 수 있는지의 여부를 보아야 하며, 셋째, 생산력의 지속적인 발전 여부를 보아야 한다."[212] 정치체제 개혁에 대한 덩샤오핑의 논술을 서로 연결시키고, 덩샤오핑이 세 단계에서 제기한 문제를 서로 연결시켜 구체적으로 연구한다면, 그가 그처럼 중요하고도 복잡하며 심지어 지극히 민감하다고 할 수 있는 문제를 제기한 것은 결국 '중국 특색의 사회주의' 민주정치를 건설하기 위한 것임을 엿볼 수 있다. '중국 특색의 사회주의' 민주정치를 건설한다고 하여 기존의 국가체제, 정치체제와 정당제도 등 일련의 근본적이거나 기본적인 제도를 바꾸려는 것이 아니라 오히려 그 제도들을 보완하기 위한 것이었다.

---

211) 위의 책,
212) 위의 책,

우선, 중국의 국가 체제인 인민민주주의독재는 원래부터 '중국 특색의 사회주의' 민주제도였다. 인민민주주의독재를 수립한 것은 마오쩌둥이 무산계급독재 학설을 성공적으로 활용하여 신민주주의 혁명의 승리를 거둔 후의 중국 정권문제를 해결함으로써 그것을 사회주의 혁명과 연결시킨 위대한 창조적인 시도였다.

'인민민주주의독재'라는 개념의 의미에 대해 마오쩌둥은 다음과 같이 명확하게 서술하였다. "인민 내부에서 민주를 실행하고 반동파에 대해서 독재를 실행하는 두 방면을 서로 결부시킨 것이 바로 인민민주주의독재이다."[213] 노동자계급의 영도를 실행하고 노동자와 농민의 연맹을 토대로 하는 문제에서 인민민주주의독재는 마르크스·레닌의 무산계급독재 학설과 전적으로 일치한다. 독재의 대상에 있어서 인민민주주의독재는 전 자산계급에 대해 독재를 진행하는 것이 아니라, 매판 자산계급 그리고 그와 연관이 있는 제국주의·봉건주의 등 '반동파'에 대해 독재를 실행하는 것으로서 이 부분에서는 또 무산계급독재 학설과 다소 다르다. 이는 마오쩌둥이 중국의 실제에서 출발해 제기한 정권구상으로서 창조적인 구상이었다.

사회주의 개조를 기본상 완성한 뒤 계급으로서의 착취계급이 더 이상 존재하지 않는 사회주의 조건에서 국가체제의 성질을 어떻게 정해야 할 것인가? 일찍이 소련은 이런 성질의 국가를 '전민국가'라고 불렀다. 마오쩌둥은 계급관념이 전혀 없는 이 같은 판단은 무산계급독재 학설에 어긋나는 것이라면서 이런 성질의 나라는 여전히 '무산계급

---

213) 마오쩌둥, 「인민민주주의독재를 논함」 (1949년 6월 30일). 『마오쩌둥선집』 제4권, 앞의 책, 1475쪽.

독재'의 국가임을 강조하였다. 이런 나라의 영도세력이 여전히 노동자계급이라는 각도에서 보면 마오쩌동의 이러한 판단은 정확한 것이었다. 그러나 마오쩌동이 이러한 판단을 내릴 때 독재의 대상은 여전히 자산계급이라고 주장하였다. 만년에 그는 심지어 당내 일부 지도자를 '당내 자산계급'으로 간주하면서 이처럼 주관적으로 설정한 자산계급을 '혁명의 대상', '독재의 대상'에 포함시켰다. 이로써 그는 진리에서 오류의 길로 접어들었던 것이다.

이상의 두 가지 방면의 경험교훈을 얻은 덩샤오핑은 11기 3중 전회 이후 무산계급독재를 견지해야 한다고 서슴없이 제기하였으며, 이를 네 가지 기본원칙에 포함시켜 '전민 국가' 등의 오류와 구별하였다. 그 후 또 '인민민주주의독재'라는 마오쩌동의 제기법을 다시 회복하고 '인민민주주의독재 즉 무산계급독재'에 대해 설명함과 아울러 이는 신형의 인민민주주의독재임을 분명히 밝혔다. 다시 말하면 독재의 대상이 이제 더 이상은 착취계급만이 아니라 여러 유형의 '분자'라면서 민주를 마땅히 제도화·법률화해야 한다고 분명히 밝혔다. 이런 의미에서 인민민주주의독재는 마르크스주의 무산계급독재 학설과 마오쩌동의 인민민주주의독재 이론을 계승하고 발전시킨 것임이 분명하다. 이러한 인민민주주의독재에 대해 덩샤오핑은 마땅히 이론적으로 구체적으로 논술해야 한다고 주장하였다.

다음으로 중국의 정치제도 즉 인민대표대회제도 또한 '중국 특색의 사회주의' 민주제도라고 하였다. 새 중국이 창립되었을 때, 중국공산당은 마오쩌동의 영도 하에 인민민주주의독재의 중국에서 인민대표대회제도라는 정치제도 실행하기로 확정지었다. 이런 정치제도는 광범위한 민주적 기반을 갖추었다. 전국인민대표대회를 최고의 국가권력기구로 규정하여 국가의 권력을 통일적으로 행사하도록 하고, 그리고 민주협상과 다수결을 서로 결합시키는 민주집중제를 실시토록 한다. 정치체제개혁을 이끄는 과정에서 덩샤오핑은 이런 정치제도가 뚜렷한 우월성을 갖추었다면서 바꿀 수 없다고 주장하였다.

1987년 4월 16일 홍콩특별행정구 기본법 초안 작성위원회 위원을 회견하는 자리에서 그는 "민주와 관련하여 대륙에서는 '사회주의 민주'를 실행한다. 이런 민주는 '자산계급 민주'의 개념과는 다르다. 서양의 민주는 삼권분립, 다 당 경선 등으로 나타난다. 우리는 서양 국가의 이런 방식을 반대하지는 않지만 '중국 대륙에서는 다 당 경선이나 삼권분립·양원제를 실시하지 않을 것이다. 우리는 전국인민대표대회 단원제를 실행할 것이다. 이 정치제도가 중국의 실제에 가장 부합되는 것이다. 정책과 방향이 정확하다면 이런 체제가 많이 이롭고 국가의 흥성과 발달에 도움이 되며' 많은 골칫거리를 피할 수 있다. 물론 잘못된 정책을 실행하게 되면 단원제든 양원제든 그 어느 것도 소용이 없다."[214] 11기 3중 전회 이후 당은 인민을 이끌어 각급 국가 정권 건설을 강화함으로써 각급 인민대표대회 및 그 상설기구가 권위적인 국가 권력기관으로 될 수 있었다. 인민대표대회제도를 보완하고 발전시킨 것도 정치체제 개혁의 범주에 속하는 것이 분명했다. 개혁개방 후의 실천이 증명하다시피, 개혁 과정에서 국가 민주생활에서 인민대표대회의 지위와 역할이 크게 강화되었던 것이다.

셋째, 중국의 정당제도 즉 중국공산당이 이끄는 다 당 합작 및 정치협상제도는 더욱이 '중국 특색의 사회주의' 민주제도이다.

---

214) 『덩샤오핑 문선』 제3권, 앞의 책, 220, 240~241쪽.

신민주주의혁명 과정에서 중국 사회 여러 계급의 특징은 자본주의 사회와 많이 달랐다. 그중에서 무산계급이 비록 인수는 적지만 선진적인 생산력을 대표하였으며, 또 일찍 독립적인 정치 세력으로 역사 무대에 등장함과 아울러 마르크스—레닌주의를 받아들여 철저한 혁명성 등 뚜렷한 장점을 갖추었다. 반면에 자산계급은 둘로 나뉘어 매판 자산계급은 혁명의 대상이 되었고, 민족자산계급은 자체의 연약성으로 인해 혁명의 영도계급이 되기에는 무기력하였으며, 혁명과정에서 입장이 확고하지 못하고 자꾸 흔들렸다. 그래서 마오쩌동은 '통일전선' 책략을 제기하였던 것이다. 그 책략에 따르면 무산계급이 광범위한 농민과 도시 소자산계급을 이끌어 반제·반봉건 혁명투쟁을 전개하는 과정에서 민족자산계급을 연합 대상으로 간주하는 것 외에 때로는 매판 자산계급의 일부도 연합의 상대로 간주했다(예를 들면 항일전쟁시기, 친영파, 친미파 대자산계급과 연합해 일본 제국주의에 반대함). 이런 '통일전선'은 중국혁명이 승리할 수 있었던 3대 보배 중의 하나였다.

중화인민공화국의 창립을 상징으로 신민주주의 혁명이 사회주의 혁명으로 점차 전환하고 있을 때, 신민주주의 혁명과정에서 중대한 역할을 일으켰던 통일전선이 새로운 발전을 이루었다. 전국인민대표대회가 열리기 전에는 인민정치협상회의가 인민대표대회의 직권을 대행하였다. 1949년 9월 21일부터 30일까지 열린 중국 인민정치협상회의 제1차 전체회의에서는 새 중국의 개국 대업을 완성하였다. 인민정협이라는 새로운 통일전선조직 속에서 중국공산당이 이끄는 다 당 합작 및 정치협상제도에 민주 권리를 행사할 수 있는 조직기구가 생겨나게 되었다. 이런 정당제도는 유럽 일부 나라의 다당제나 미국의 양당제와도 다르고 그리고 소련의 일당제와도 다른 중국의 실제에 부합되는 독특한 정당제도이다. 1978년 중국 사회주의 건설이 새로운 역사시기에 들어섰다. 덩샤오핑이 직면한 수많은 임무 중의 하나가 바로 "정당제도를 어떻게 대할 것인지? 인민정협이라는 통일전선조직을 어떻게 대할 것인지" 하는 문제였다. 왜냐하면 '문화대혁명'으로 인해 중국공산당이 심각한 피해를 입었을 뿐만 아니라 민주당파와 인민정협의 업무도 심각한 차질을 빚었기 때문이다. 그리고 당이 혼란스러운 국면을 바로잡아 정상으로 되돌리는 과정에서 계급으로서의 착취계급이 이제는 존재하지 않는다고 선포한 가운데 기존의 민족자산계급 혹은 도시소자산계급의 정당인 민주당파의 존재의 필요성과 정치기반이 연구해야 할 문제로 되었기 때문이다. 덩샤오핑은 마오쩌둥의 정치 유산을 계승하고 발전시키는 과정에서 그 문제에 대한 세 가지 중요한 사상을 제기하였다.

첫째, 새로운 역사조건에서 계급의 상황과 민주당파의 성질에 변화가 생겼지만 중국공산당이 이끄는 다 당 합작과 정치협상제도는 여전히 견지하고 발전시켜야 한다는 것이었다.

둘째, 새로운 역사조건에서 비록 계급상황에 근본적인 변화가 생겼다고는 하지만 통일전선은 여전히 견지하고 확대해야 한다는 것이다.

셋째, 새로운 역사조건에서 '중국 특색의 사회주의' 정치조직인 인민정협을 반드시 강화하고 발전시켜야 한다는 것이었다.

새로운 시기에 덩샤오핑의 이러한 사상의 지도하에 우리는 정협에 참가하는 여러 민주당파의 참정당 지위를 명확히 하였다. 즉 그들은 집권당도, 반대당도 아니라 중국공산당과 '중국 특색의 사회주의' 건설에 최선을 다하는 참정당이라는 것이었다. 또 중국공산당과 여러 민주당파는 '장기적으로 공존하고 서로 감독하며 서로 진심으로 터놓고 대하고 영광과 치욕을 함께 나누는 사이'라는 방침을 명확히 하였다. 그리고 또 인민정협의 역할은 '정치 협상, 민주 감독, 참정의정'이라는 사실을 명확히 하였으며, 중국공산당은 민주당파와 무당파 인사가 국가기구에서 영도직무를 맡는 걸 지지하는 한편, 공산당이 이끄는 다당 합작과 정치협상제도를 한층 보완하고, 우리 당과 당 외 인사와의 연맹을 공고히 할 것을 제기하였다. 아울러 중국공산당이 정협에서 지도적 역할을 발휘해야 함을 명확히 하고, 정협은 서양 국가 양원제의 상원이나 하원이 아니라는 것과 우리는 양원제를 실시하지 않을 것, 인민대표대회가 최고 권력기구라는 점도 명확히 하였다. 정치체제개혁을 추진하고 사회주의민주를 보완하는 과정에서 인민정협 업무가 효과적으로 강화되었으며 중요한 역할을 발휘하였덩 것이다.

총체적으로, 정치체제 개혁을 추진하는 것은 개혁을 위한 개혁이 아니라 '중국 특색의 사회주의' 민주정치를 건설하기 위한 개혁이었고, 사회주의 경제 토대를 발전 및 공고히 하기 위한 개혁이었으며, 사회생산력을 해방 및 발전시키고 사회주의 현대화 서비스를 실현하기 위한 개혁이었던 것이다.

제8장
정신문명론

    베이징 구룡벽(九龍壁) 위에 누워있던 거대한 용이 잠에서 깨어나 눈을 끔벅이기 시작하였다. 나는 깨어난 용이 영원히 구룡벽에 누워 있는 장식품으로 되어 그저 아름다운 외관만으로 세인들의 칭찬을 받을 것이 아니라, 그 거대한 용이 위대한 문화를 일으켜 정신을 북돋아 주고 사람들이 괄목하는 대상이 되길 바란다.

                                                       − [싱가포르] 바이전화(白振華)

제1절
사회주의 정신문명 : 개념의 제기

　학자들이 고증한 바에 따르면 '정신문명'이라는 개념은 청대 말기에 나타난 것으로 알려졌다. '사회주의 정신문명'이라는 개념은 덩샤오핑을 핵심으로 하는 제2세대 중앙지도집단이 제기한 것이다.

　사회주의 정신문명 건설 문제를 제기하게 된 원인은 십여 년이나 지속된 '문화대혁명'이 교육·과학·문화와 사상·도덕·기풍·인간관계 등에 대해 심각한 파괴를 조성하였기 때문이며, 사회주의 현대화를 실현하고 사회주의 사업을 공고히 하고 발전시키려면 막강한 정신적 원동력이 필요했기 때문이었다.

　1977년 중국공산당 제10기 3중 전회에서 덩샤오핑은 제3차 복귀를 전후해서, 역사경험에 대해 총결하면서 사상건설과 교육·과학·문화건설을 사회주의 현대화 건설의 중요한 위치에 올려놓았다. 『덩샤오핑 문선』 제2권에 수록된 1977년 5월 24일의 「두 가지 무릇' 관점은 마르크스주의에 부합되지 않는다」는 글을 시작으로 1978면 12월 13일의 「사상을 해방시키고 실사구시하며 단합하여 일제히 앞으로」라는 실제상 제11기 3중 전회 주제보고의 중요한 연설문에 이르기까지 총 17편의 글이 수록되었다. 그 글들은 '네 가지 현대화 실현'이라는 중심문제를 둘러싸고 네 가지 문제를 거듭 강조하였다.

　첫째, 당의 실사구시의 원칙을 회복하고, 사상해방 실사구시의 사상노선을 재확립해야 한다고 강조하였다. '문화대혁명'시기에 성행한 교조주의와 개인숭배주의 기풍, 그리고 '4인방'을 타도한 후 나타난 '두 가지 무릇' 관점을 겨냥하여, 덩샤오핑은 "실사구시는 마오쩌둥 사상의 출발점이자 근본점이다. 이것은 유물주의이다"[215]라고 깊이 있게 지적하였다. "마오쩌둥 사상의 정수가 바로 '실사구시' 네 글자이다."[216] 아울러 그는 또 다음과 같이 지적하였다. "사상을 해방시키고, 생각을 깊이하며, 실사구시하고, 단합하여 일제히 앞을 내다보자는 관점 중에서 사상해방이 그 첫 자리를 차지한다."[217] "하나의 당, 하나의 국가, 하나의 민족이 만약 모든 것을 교조주의에서 출발하고 사상이 경직되고 개인숭배주의가 성행한다면, 앞으로 나아갈 수 없고 생기가 없으며 당과 국가는 망하게 된다. 이는 마오쩌둥 동지가 정풍운동 과정에서 거듭 강조한 것이다." "오직 사상을 해방시키고 실사구시의 원칙을 견지하며 모든 것은 실제에서 출발하고 이론과 실제를 결합시켜야만, 우리 사회주의 현대화 건설이 순조롭게 진행되고 우리 당의 마르크스—레닌주의와 마오쩌둥 사상 이론이 순조롭게 발전할 수 있다."[218]

둘째, 마오쩌둥 사상의 과학체계를 완벽하고 정확하게 이해할 것을 강조했다는 것이다.

덩샤오핑은 이렇게 지적했다. 마르크스—레닌주의, 마오쩌둥 사상은 우리 당의 지도사상이다. 린뱌오가 마오쩌둥 사상을 부정하면서 '세 편의 옛글'(老三篇, 마오쩌둥이 쓴 『노먼 베순을 기념하다』『인민을

---

215) 『덩샤오핑문선』 제2권, 앞의 책, 114, 126, 141쪽.
216) 위의 책.
217) 위의 책.
218) 위의 책, 143, 46, 54, 124, 41쪽.

위해 봉사하다』『우공이산』 −역자 주)이 마오쩌동 사상을 대표할 수 있다고 말했으며, 또 마오쩌동 사상을 마르크스—레닌주의와 분리시켰다. 이는 마오쩌동 사상에 대한 심각한 왜곡으로 우리 당의 사회주의 사업에 지극히 불리하고 국제공산주의 운동에 지극히 불리하다. 덩샤오핑이 복귀를 전후해서 강조한 중점이 바로 정확하고 완벽한 마오쩌동 사상으로 우리 전 당·전 군·전 인민을 이끌어야 한다는 것이다. 그는 그것이야말로 마오쩌동 사상의 기치를 높이 추켜드는 것이라고 주장하였다.

셋째, 우리 당의 기풍 군대의 기풍 민중의 기풍을 바로세우는 관건은 당의 기풍을 바로세우는 것이라고 강조한 것이다. '문화대혁명'의 심각한 후과 중의 하나가 바로 사회기풍이 파괴된 것이다. '4인방'을 타도한 후 덩샤오핑은 중국공산당 제10기 3중 전회에서 이렇게 예리하게 지적하였다. "우리 당의 기풍 군대의 기풍 민중의 기풍을 바로잡아야 하며 관건은 당의 기풍을 바로잡는 것이다."[219] 그는 부정기풍이 매우 뚜렷하다면서 먼저 지도간부부터 바로잡아야 한다고 강조하면서 "지도 간부, 특히 고급 간부가 솔선수범하는 것이 매우 중요하다"[220]고 말했다.

넷째, 지식을 존중하고 인재를 존중하며 교육과 과학을 발전시킬 것을 강조했다는 것이다. 교육·과학·문화사업에 대한 '문화대혁명'의 심각한 파괴를 보면서 덩샤오핑은 매우 마음을 아파하였다. 1975년 정돈을 강화하면서, 그는 문예정책을 조정하고 교육과 과학을 발전시키는

---

219) 위의 책.
220) 위의 책.

것을 매우 중요한 문제로 제기하였다. '4인방'을 무너뜨린 후 얼마 지나지 않아, 그는 "당 내에서 지식을 존중하고 인재를 존중하는 그런 분위기를 반드시 만들어야 한다. 지식인을 존중하지 않는 그릇된 사상을 반대해야 한다. 정신노동이든 육체노동이든 모두 노동이다. 정신노동에 종사하는 사람도 노동자이다."[221] 라고 제기하였다. 세 번째로 복귀한 후 그는 자진하여 과학교육 방면의 업무를 나누어 관장하였다. 그는 다음과 같이 주장하였다. "우리가 현대화를 실현하려면 관건은 과학기술 수준을 향상시키는 것이다. 과학기술을 발전시키려면 교육을 확고하게 실시해야 한다. 공언만으로는 현대화를 실현할 수 없다. 반드시 지식이 있고 인재가 있어야 한다. 그렇기 때문에 그는 교육전선과 과학기술전선에서 과감하게 혼란스러운 국면을 바로잡았으며, 「지식을 존중하고 인재를 존중해야 한다」(1977년 5월 24일), 「과학과 교육업무에 관한 몇 가지 의견」(1977년 8월 8일), 「교육전선에서 혼란스러운 국면을 바로잡는 문제」(1977년 9월 19일), 「전국과학대회 개막식에서의 연설」(1978년 3월 18일), 「전국교육업무회의에서의 연설」 등 일련의 담화와 연설에서, 교육과 과학을 발전시키는 방침과 원칙을 체계적으로 논술하였다.

이상의 네 가지 방면의 문제는 모두 정신분야의 문제에 대해 논한 것이었다. 11기 3중 전회 이후, 덩샤오핑은 또 혼란스러운 국면을 바로잡는 과정에서 나타난 그릇된 사조를 겨냥해서 네 가지 기본원칙을 견지해야 한다고 제기하였다. 이를 토대로 덩샤오핑을 핵심으로 하는 당 중앙은 이 방면 업무의 임무를 '사회주의 정신문명'이라는 개념

---

221) 위의 책.

에 귀결시켰다. 중공 제11기 4중 전회에서 통과된 예젠잉(葉劍英) 동지의 국경 30주년 기념 연설에서 최초로 다음과 같이 제기하였다. "우리가 말하는 네 가지 현대화란 현대화 사업이 이 네 가지 방면에만 국한된다는 말이 아니라, 현대화를 실현하는 데서 이 네 가지가 주요 방면임을 가리키는 것이다. 우리는 사회주의 경제제도를 개혁하고 보완하는 한편 사회주의 정치제도를 개혁하고 보완해야 하며 고도로 발전한 사회주의 민주와 완벽한 사회주의 법제를 발전시켜야 한다. 우리는 고도로 발전한 물질문명을 건설하는 한편 전 민족의 교육·과학·문화수준과 건강수준을 높여야 하며, 숭고한 혁명 이상과 혁명 도덕 기풍을 수립하고, 고상하고 풍부하며 다채로운 문화생활을 발전시킴으로써 고도로 발전한 사회주의 정신문명을 건설해야 한다. 이 모든 것이 우리 사회주의 현대화의 중요한 목표이며, 또한 네 가지 현대화를 실현하는 필요한 조건이기도 하다."[222]

이어서 1979년 10월 30일 덩샤오핑은 제4차 전국문학예술종사자대표대회에서 다음과 같이 지적하였다. "우리나라는 사회주의 현대화 건설의 새로운 시기에 이미 들어섰다. 우리는 사회생산력을 대폭적으로 제고하는 한편 사회주의 경제제도와 정치제도를 개혁하고 보완해야 하며, 고도로 발전한 사회주의 민주와 완벽한 사회주의 법제를 발전시켜야 한다. 우리는 고도로 발전한 물질문명을 건설하는 한편 전 민족의 교육·과학·문화수준과 건강수준을 높여야 하며, 고상하고 풍부하며 다채로운 문화생활을 발전시킴으로써 고도로 발전한 사회주

---

222) 중공 중앙 문헌연기실 편찬, 『3중 전회 후 중요 문헌 선편』 상권, 1982, 인민출판사, 233~234쪽.

의 정신문명을 건설해야 한다.["223] 이상의 내용을 종합하면 다음과 같은 세 가지 사실을 볼 수 있다. 첫째, '사회주의 정신문명' 이라는 개념은 사상노선·지도 사상·사회기풍·과학·교육·문화·도덕 기풍과 정치원칙 등 정신생활 여러 분야의 요구에 대한 총체적인 개괄로서 지극히 풍부한 내용을 포함하고 있다. 외국어에는 이에 대응되는 개념이 아직 나타나지 않았다. 현재 대외 번역에서 '정신문명'을 흔히 'high ethical and cultural level' 혹은 'high cultural and ethical standards'('도덕과 문화의 높은 수준' 혹은 '문화와 도덕의 높은 수준')이라고 번역하고 있다. 이는 중국의 독창적인 언어이다. 둘째, 사회주의 정신문명 건설문제를 제기하게 된 데는 두 가지 큰 역사적 배경이 있다. 하나는 '문화대혁명'에 대한 깊은 반성이고, 다른 하나는 사회주의 현대화에 대한 깊은 사고이다. 셋째, 사회주의 정신문명 문제제기 초기부터, '사회 생산력의 대폭 향상' 즉 '고도로 발전한 물질문명의 건설', '사회주의 경제제도와 정치제도의 개혁과 보완', 그리고 '고도로 발전한 사회주의 민주와 완벽한 사회주의 법제의 발전'과 함께 사회주의 현대화의 목표를 구성하였다. 다시 말하면, 정신문명은 물질문명 민주법제와 함께 사회주의 현대화 건설의 통일적인 분투 목표로 제기된 것이었다. 그리고 정신문명은 또 물질문명 건설의 필수 조건 혹은 중요한 보장이기도 하다. 이로부터 '사회주의 정신문명'이라는 중대한 문제의 제기는 마오쩌둥 후의 근대중국이 이론적인 면에서 마오쩌둥 사상에 대한 창조적 기여임을 충분히 보여주고 있다.

---

223) 『덩샤오핑 문선』 제2권, 앞의 책, 208쪽.

제2절

사회주의 정신문명 : 사상의 발전 맥락과 이론의 풍부한 내용

중공 11기 3중 전회 후 사회주의 정신문명 건설에 대한 덩샤오핑의 사상은 모두 네 단계의 발전을 거쳐 왔다.

첫 번째 단계는 11기 3중 전회에서 제12차 당 대회까지의 기간이다.

'문화대혁명'으로 빚어진 심각한 파괴를 겨냥하여 덩샤오핑은 현대화 건설과정에서 나타난 여러 가지 문제를 포함한 사회주의 현대화 건설의 요구에 따라 '고도로 발전한 사회주의 정신문명을 건설하자'는 전략적 임무를 제기하였다. 그 뒤로 그 임무와 목표에 대해 이론적으로 탐구하기 시작하였다. 1980년 12월 25일 덩샤오핑은 대회 연설에서 정신문명건설의 중요성에 대해 강조하였으며, 최초로 사회주의 정신문명 건설의 내용에 대해 논술하였다. "우리가 건설하고자 하는 사회주의 국가는 고도로 발전한 물질문명을 갖추어야 할 뿐 아니라 고도로 발전한 정신문명도 갖추어야 한다. 이른바 정신문명이란 교육, 과학, 문화(이는 전적으로 필요한 것)를 가리킬 뿐 아니라, 공산주의사상, 이상, 신념, 도덕, 기율, 그리고 혁명 입장과 원칙, 사람 사이의 동지적인 관계 등을 가리킨다."[224]

아울러 그는 "우리 청소년들이 이상을 갖추고, 도덕을 갖추고, 지식

---

224) 위의 책, 367, 369, 408쪽.

을 갖추고, 체력을 갖춘 사람으로 자라날 수 있도록 힘써야 하며, 그들이 인민을 위해, 조국을 위해, 인류를 위해 기여하려는 뜻을 세우도록 하며, 그들이 어려서부터 기율을 지키고 예절이 바르며 공공이익을 수호하는 좋은 습관을 키우도록 노력해야 한다."라고 제기했다.[225] 여기서 청소년에게 제기한 '네 가지를 갖춘'이라는 요구가 최종 "이상을 갖추고 도덕을 갖추고 문화를 갖추고 기율을 갖춘" 즉 "네 가지를 갖춘" 신인으로 규범화되었다. 이는 사회주의 정신문명 건설의 근본적인 목표였다. 중공 제12차 전국대표대회에서는 사회주의 정신문명 건설문제에 대해 이론적으로 초보적이면서도 체계적으로 논술하였다.

첫째, 물질문명과 정신문명 두 개념의 의미를 명시하였다. 제12차 당 대회에서는 다음과 같이 깊이 있게 분석하였다. 사회주의 건설과정에서 정신문명과 물질문명의 관계는 매우 밀접한 것이다. 마르크스는 이렇게 말한 바 있다. 세계를 개조하는 생산 활동 과정에서 "생산자도 변화하고 있다. 새로운 자질이 양성되는 것이다. 생산을 통해 자신을 발전시키고 개조함으로써, 새로운 힘과 새로운 관념을 형성하고, 새로운 교류방식과 새로운 수요, 새로운 언어를 만들어낸다." 마오쩌동 동지도 다음과 같이 지적하였다. 무산계급과 혁명인민이 세계를 개조하는 투쟁에는 두 가지 방면의 임무가 있다. 즉 "객관세계를 개조하는 것과 자신의 주관세계도 개조하는 것이다." 객관세계에는 자연계와 사회가 포함된다. 사회를 개조해 얻은 성과는 새로운 생산관계와 새로운 사회정치제도를 수립하고 발전시키는 것이다. 자연계를 개조해 얻은 물질적 성과는 물질문명으로서 사람들의 물질생산의 진보와 물질

---

225) 위의 책.

생활의 개선으로 반영된다. 객관세계를 개조하는 과정에서 사람들의 주관세계도 따라서 개조되고 사회의 정신 생산과 정신생활이 발전한다. 그 방면에서 얻은 성과가 바로 정신문명이다. 정신문명은 교육·과학·문화지식의 발달과 사람들의 사상·정치·도덕수준의 향상에서 반영된다. 사회의 개조와 사회제도의 진보는, 결국 물질문명과 정신문명의 발전에서 반영된다.[226]

둘째, 사회주의 정신문명은 사회주의의 중요한 특징이고 사회주의 제도의 우월성의 중요한 반영이라고 제기하였다. 제12차 당 대회 보고에서는 다음과 같이 지적하였다. 과거 사회주의제도의 특징에 대해 논할 때 사람들은 늘 착취제도의 소멸과 생산수단의 공유제 노동에 따른 분배 국민경제의 계획적이고 비례에 따른 발전 및 노동자계급과 노동인민의 정권 등에 대해 강조해 왔다. 이밖에도 고도로 발달한 생산력과 자본주의보다 더 높은 노동생산율을 사회주의 발전의 필연적 요구와 최종 결과로 간주한다는 것도 그 특징이라고 사람들은 강조하였다. 이런 내용들이 모두 올바르다는 것은 의심할 나위 없다. 그러나 이 내용들이 사회주의 특징을 완벽하게 다 포함할 수는 없다. 사회주의는 또 하나의 특징을 갖추어야 하는데, 바로 공산주의 사상을 핵심으로 하는 사회주의 정신문명이라는 것이다. 그 정신문명을 갖추지 못한다면 사회주의를 건설할 수가 없다.[227]

제12차 당 대회 보고에서 사회주의 특징에 대한 이러한 논술이 빈틈이 없는 것은 아니지만, 사회주의 정신문명을 사회주의의 중요한

---

226) 『중국공산당 제12차 전국대표대회 문서 집성』, 1982, 인민출판사, 28~29쪽.
227) 위의 책, 29~30, 32쪽.

특징 중의 하나라고 확정지은 것은 매우 정확하고도 깊이 있는 견해였다.

셋째, 또 "사회주의 정신문명 건설은 대체적으로 문화건설과 사상건설 두 방면으로 나눌 수 있다. 이 두 방면은 또 서로 침투하고 서로 추진한다."라고 지적하였다. 제12차 당 대회 보고에서 덩샤오핑의 정신문명 건설사상에 대한 설명은 이론적으로 중요한 기여를 하였다.

두 번째 단계는 12차 당 대회에서 12기 6중 전회까지의 기간이다.

제12차 당 대회 후, 한편으로 물질문명이 발전함과 동시에 정신문명 건설도 많은 방면에서 큰 진전을 가져왔다. 그러나 다른 한편으로 당의 기풍과 사회 기풍이 여전히 근본적으로 호전되지 못하였다. 일부 지방에서는 심지어 오랫동안 자취를 감추었던 추악한 현상이 다시 나타나 대중들의 불만을 자아냈다.

이 문제를 해결하기 위하여 당 중앙은 12기 6중 전회를 열어 「사회주의 정신문명 건설의 지도 방침에 관한 결의」를 토론하여 통과시켰다. 그 결의에서는 "우리나라 사회주의 현대화 건설의 총체적 배치는, 경제건설을 중심으로 하고, 경제체제 개혁을 확고부동하게 진행하며, 정치체제 개혁을 확고부동하게 진행하고, 정신문명 건설을 확고부동하게 강화하며, 그리고 이 몇 개 방면이 서로 협력하고 서로 추진하도록 하는 것이다."라고 지적하였다.[228] 전회에서 통과된 결의에서는 사회주의 정신문명 건설의 기본 지도방침 근본 임무에 대해 논술하였고, 공동의 이상으로 전국 여러 민족 인민을 동원하고 단합시켜 사회주의 도덕기풍을 세우고 발양케 하며, 사회주의 민주법제 기율교육을 강화

---

228) 『덩샤오핑문선』 제3권, 앞의 책, 144, 182쪽.

하고, 교육·과학·문화를 보급하고 향상시킬 것을 강조하였으며, 동시에 정신문명 건설 과정에서 마르크스주의의 지도적 지위와 정신문명 건설 과정에서 당 조직과 당원의 책임에 대해 논술하였다. 그 결의의 통과는 덩샤오핑의 사회주의 정신문명 건설이론의 과학적 체계가 이미 형성되었음을 상징한다.

세 번째 단계는 12기 6중 전회에서 1992년 덩샤오핑 남방 순회 연설까지의 기간이다.

12기 6중 전회 후, 여러 가지 복잡한 원인으로 전회에서 통과된 결의가 제대로 관철 실시되지 못하였다. 반대로, 10년 동안 두 가지 문명문제에 있어서 "한 가지만 중시하고 다른 한 가지는 경시하는" 뚜렷한 단점이 존재하여, 사상정치교육 방면에서 실수를 저질렀다. 1986년 말에 학생들이 소란을 일으키는 사건이 있었고, 1989년 봄과 여름 사이에는 또 정치풍파가 있었다. 덩샤오핑은 이런 사건의 성질 및 그 발생 원인에 대해 깊이 분석한 뒤 정신을 집중하여 당의 건설을 강화하고, '두 가지 문명 건설을 병행'하는 전략적 방침을 확고부동하게 관철할 것을 전 당에 요구하였다. 13기 4중 전회 이후 장쩌민을 핵심으로 하는 당 중앙은 일련의 중대한 조치를 취하여 덩샤오핑이 인계한 정치 업무를 착실히 관철시키고 이행함으로써 정신문명 건설에 변화가 나타나기 시작하였다.

반드시 지적해야 할 것은 정신문명 건설을 지도하는 과정에 존재하는 문제에 대해 덩샤오핑은 오래 전부터 감지하였으며, 아울러 당 중앙 지도 동지들에게 주의를 기울일 것을 귀띔하고 전 당에 중시할 것을 요구하였다.

네 번째 단계는 1992년 초 덩샤오핑이 남방 시찰시 중요한 연설을 한 후부터이다. 덩샤오핑은 1992년 초 남방 시찰시 담화에서 개혁개방의 경험을 총결하면서 현실생활 에서 존재하는 문제에 대해 두 가지 문명을 모두 잘 건설해야만 '중국 특색의 사회주의'라고 할 수 있다고 더욱 깊이 있게 제기하였으며, 두 가지 문명건설을 동시에 병행하고 확고하게 실천할 것을 강조하였다. 중공 제14차 전국대표대회에서는 '중국 특색의 사회주의'를 건설하는 과정에서, 사회주의 시장경제 체제를 구축하는 역사적 조건에서, 정신문명 건설을 새로운 수준으로 끌어올릴 것을 요구하였다. 남방 시찰 담화와 중공 제14차 전국대표대회는 중국의 개혁개방과 현대화 건설이 새로운 단계에 들어섰음을 상징한다. 그리고 중국의 사회주의 정신문명 건설에 새로운 요구를 제기하였다. 이상의 내용으로 볼 때, 덩샤오핑의 사회주의 정신문명 건설 이론은 실천 속에서 검증을 거쳤고 또 실천 과정에서 꾸준히 발전하여, 정신문명 건설의 전략적 지위·근본 목표·방침과 원칙·주요 임무·조직 지도 등 일련의 중요한 방면의 기본 관점으로 구성된 과학적 체계를 점차 형성하였음을 알 수 있다.

정신문명 건설의 전략적 지위 문제에 있어서 덩샤오핑은 정신문명과 사회주의관, 정신문명과 현대화의 관계, 정신문명과 물질문명의 관계에서 출발하여 정신문명이 사회주의 사회의 중요한 특징 중의 하나이고, 사회주의 현대화의 중요한 목표이며, 또 네 가지 현대화를 실현하는 중요한 보장이라고 명확하게 논술하였다. 따라서 두 가지 문명을 모두 잘 건설해야만 '중국 특색의 사회주의'라고 할 수가 있다.

정신문명 건설의 근본 목표 문제에서, 덩샤오핑은 사람의 사상도덕 자질과 교육·과학·문화 자질의 두 방면의 근본 문제를 둘러싸고 "우리의 목표는 '네 가지를 갖추는 것'"[229] 즉 "이상을 갖추고 도덕을 갖추고 문화를 갖추고 기율을 갖춘 것"이라고 명확하게 제기하였다. 그는 "인민은 '네 가지를 갖춘' 인민으로 교육시키고, 간부는 '네 가지를 갖춘' 간부로 교육시켜야 한다."[230]라고 강조하였으며, 특히 청년을 훌륭하게 교육하고 후대를 훌륭하게 교육해야 한다고 강조하였다. 그는 우리나라 국력과 경제발전의 추진력은 노동자의 자질에 달렸다면서 왜냐하면 "사람은 생산력 중 가장 활약적인 요소이기 때문"이라고 주장하였다. 정신문명 건설의 방침과 원칙문제에 있어서, 덩샤오핑은 중국이 사회주의 초급단계에 처해있는 실제에서 출발하여, 정신문명 건설을 강화할 일련의 중요한 지도사상 방침정책과 원칙을 제기하였다. 그는 반드시 마르크스주의를 견지해야 한다면서 마르크스주의 신앙은 우리의 정신적 원동력이라면서 사상해방 실사구시는 마르크스―레닌주의 마오쩌동 사상의 정수이고, 우리가 견지해야 하는 마르크스주의는 중국의 실제와 서로 결합된 마르크스주의여야 하며, 사상해방 개혁개방을 사회주의 현대화 건설의 전반과정에 관철시켜야 하고, 네 가지 기본원칙을 견지하고 자산계급의 자유화를 반대하는 것도 사회주의 현대화 건설의 전반과정에 관철시켜야 한다고 강조함으로써, 정신문명 건설의 지도사상을 명확히 하였다. 그는 또 정신문명 건설도 다른 사업과 마찬가지로 경제건설을 중심으로 해야 하고, 네 가지 기본원칙과 개혁개방을 견지하는데 이로워야 한다고 강조하였다. 즉 당의 기본노선을 견지해야 한다고 강조하였다. 그는 개혁개방의 위험을 충

---

229) 위의 책, 318, 205쪽.
230) 위의 책.

분히 예측하였으며, 아울러 교육과 법률 두 가지 방법으로 문제를 풀어나가야 한다고 제기하였다. 이는 실제로 정신문명 건설을 중시해야 한다는 방침을 제기한 것이다. 그는 민족의 우수한 문화전통과 당의 우량한 전통을 계승하고 발양해야 하며, 인류사회가 창조한 모든 문명의 성과를 받아들이고 거울로 삼아야 하며, 봉건주의 잔여 영향을 반대하고, 자본주의 부패한 사상의 침식을 막아내야 한다고 지적하였다. 그는 또 지식을 존중하고 인재를 존중할 것을 특별히 강조하면서, 지식인의 대다수가 이미 노동자계급의 일부로 되었다고 지적하였으며, 중국에 30·40대의 우수한 과학자·교육가·문학예술가 그리고 기타 여러 전문가들이 대량으로 나타나기를 희망하면서 사상문화와 교육전선의 동지들이 인류 영혼의 엔지니어 역할을 할 것을 요구하였다. 이와 같은 방침과 원칙은 올바른 것이며 마땅히 확고부동하게 견지해야 하는 것임은 11기 3중 전회 후의 실천을 통해 증명되었다.

정신문명 건설의 주요 임무문제에 있어서, 덩샤오핑은 정신문명 건설의 근본 목표에 따라, 각각 사상 건설·도덕 건설·교육·과학·문화 건설과 민주법제 기율교육 등 방면에 대해 대량의 확실하고도 구체적인 논술을 진행하였다. 사상 건설방면에서 그는 마르크스주의 이론을 애써 배워 사회주의 공산주의 이상을 세우도록 인민을 교육할 것, 애국주의정신을 발양할 것, 분투하는 정신에 대한 교육을 강화할 것, 공동의 이상과 확고한 신념으로 인민을 단합시킬 것을 강조하였다. 도덕 건설 면에서, 그는 인생관 교육과 도덕 교육을 강화해야 한다면서 공산당원은 공산주의 도덕을 몸소 체험하고 힘써 실천할 것, 개인의 이익은 국가와 집단의 이익에 따르도록 해 양호한 사회기풍을 조성할 것을 제창하였으며, 사회주의 도덕기풍을 대대적으로 제창하였다.

교육·과학·문화 건설 면에서, 인민을 위해 봉사하고 사회주의를 위해 봉사하는 방향과 백화제방·백가쟁명의 방침을 견지해야 한다면서, 사상·문화·교육·위생 관련 부서는 모두 사회적 효과와 이익을 우선 자리에 놓을 것, 과학과 교육은 세계 선진수준을 따라잡을 수 있도록 애쓸 것, 문학예술사업을 번영시키고 문학예술수준을 향상시킬 것, 신문출판은 중심 임무와 밀접히 결합시켜 당의 주장을 선전할 것, 중화민족의 과학·문화 수준을 전반적으로 향상시킬 것을 강조하였다. 민주·법제·기율·교육면에서, 그는 민주문제에 대해 인민에게 분명하게 설명할 것, 법제를 강화하여 모든 사람이 진정으로 법률을 알도록 할 것, 조직 기율성을 강화하여 이상이 실현될 수 있도록 보장할 것을 강조하였다.

정신문명 건설에 대한 당의 지도를 강화하고, 개선하는 문제에 있어서 덩샤오핑은 중공 12기 2중 전회에서 "우리 당을 전투력을 갖춘 마르크스주의 정당으로 건설하여 전국 인민을 이끌어 사회주의 물질문명과 정신문명을 건설하는 든든한 핵심으로 부상하도록 해야 한다"[231]고 제기하였다.

덩샤오핑의 사회주의 정신문명 건설 이론은, 중국 사회주의 현대화 건설과 개혁개방에 있어서, 중화민족의 진흥과 종합 국력을 강화하는 데 있어서, 과학적 사회주의 이론의 발전과 '중국 특색의 사회주의' 건설 실천에 있어서 중대하면서도 현실적인 의의가 있었다.

첫째, 덩샤오핑의 사회주의 정신문명 건설 이론은 사상문화 건설에 관한 마르크스—레닌주의·마오쩌동 사상의 기본 원리를 계승하고 발

---

231) 위의 책.

전시켰으며, 중국 사회주의 정신문명 건설에서 일련의 기본적인 문제를 체계적이고 초보적으로 대답하였다. 그 이론은 당대 중국이 사회주의 시장경제와 대외개방을 토대로 정신문명 건설을 강화하는 과학적 지침이 되었다.

사회존재와 사회의식에 대한 유물주의 관점과 변증법적 관계는 마르크스 이론에서 이미 투철하고 명확하게 논술하였다. 그 기본원리에 따라 마오쩌동은 "일정한 문화(관념형태로서의 문화)는 일정한 정치와 경제에 대한 반영이고, 또 일정한 정치와 경제에 위대한 영향과 작용을 일으킨다. 그리고 경제는 기반이고 정치는 경제의 집중적인 표현이다"라고 강조하였다. '중국 특색의 사회주의' 건설의 길을 탐색하는 과정에서, 덩샤오핑은 역사적 유물론을 근거로 하여, 당과 국가의 여러 사업은 경제건설을 중심으로 해야 한다고 강조하였으며, 동시에 네 가지 기본원칙을 견지하는 것과 개혁개방을 견지하는 것을 중심 임무의 실현을 확보할 수 있는 두 개의 기본 점으로 삼았다. 유물론과 변증법으로 일관된 현대화 전략 배치의 형성과정에서 그는 거의 동시에 두 가지 창조적인 과학적 명제를 제기하였다. 하나는 "사회주의도 시장경제를 실행할 수 있다는 것"(1979년 11월 26일)이고, 다른 하나는 "고도로 발전한 사회주의 정신문명을 건설한다는 것"(1979년 10월 30일)이었다. 그 후부터 그는 사회주의 현대화의 전반적인 국면과 밀접히 관계되는 이 두 가지 중대한 문제에 대해 꾸준히 탐구함으로써 이론적으로 내실화하고 보완하여 성숙에 이르는 과정을 거쳐 1992년 남방시찰 담화에서 두 가지 결론을 내리기에 이르렀던 것이다.

그 결론은 (1) "계획적인 요소가 많은가, 시장의 요소 많은가 하는 것은 사회주의와 자본주의의 본질적인 구별이 아니다.

계획경제가 곧 사회주의인 것은 아니며 자본주의에도 계획이 있다. 그리고 시장경제가 곧 자본주의인 것이 아니며 사회주의에도 시장이 있다."[232] (2) "두 가지 문명 건설에서 모두 그들을(아시아의 '네 마리 용'을 가리킴) 초월해야만 '중국 특색의 사회주의'라고 할 수 있다."[233]

둘째, 덩샤오핑의 사회주의 정신문명 건설 이론은, 중국식의 현대화가 물질문명과 정신문명이 서로를 공동 발전케 하는 촉진작용을 하도록 하는 과정이라는 것을 명시하였다. 이는 사회주의 현대화 이론에 대한 큰 공헌이었다.

현대화는 하나의 세계적인 진보의 물결이다. 동시에 다채로운 세계에는 또 다양한 현대화의 이론 모델과 실천 패턴이 공존하고 있다. 발전 과정별로 분류하면 선발적인 현대화가 있는가 하면 후발적인 현대화도 있다. 경제와 문화배경의 특징에 따라 분류하면, 서양의 발달한 국가의 현대화가 있는가 하면 라틴아메리카의 '의존 이론' 배경에서의 현대화도 있고, 또 동아시아 신흥 공업화 국가와 지역의 현대화도 있다. 사회제도별로 분류하면, 자본주의 현대화가 있는가 하면, 사회주의 현대화도 있다. 중국은 동아시아에 위치해 있고, 동양 문화의 큰 발원지이며, 현대화를 건설하고 있으나 후발국이며, 게다가 사회주의 국가이다. 우리가 어떤 현대화를 건설해야 할지에 대해 덩샤오핑은 중국 발전의 길을 설계하면서 다음과 같이 명확하게 제기하였다. "지난 시기 민주혁명을 진행할 때, 중국 상황에 맞춰 마오쩌동 동지가 개척한 농촌에서 도시를 포위하는 길을 걸었다. 현재 건설시기에도 중국

---

232) 위의 책, 373, 378쪽.
233) 위의 책.

상황에 맞춰 중국식 현대화의 길을 걸어야 한다."[234]

중국식 현대화에는 경제건설을 중심으로 하여 '3단계에 걸쳐' 현대화를 실현한다는 내용이 포함되고, 또 네 가지 기본원칙을 견지하고, 자산계급 자유화를 반대해야 한다는 내용도 포함되며, 또 개혁을 통해 사회주의 시장경제체제를 수립하여 생산력을 해방시키고 발전시키며, 개방을 통해 외국의 지력과 자금, 선진적인 기술과 관리경험을 도입하여 우리 발전의 기점으로 삼아야 한다는 내용도 포함되고, 농업과 교통, 에너지, 교육과 과학을 발전의 중점으로 삼아야 한다는 등의 내용이 포함된다. 그중에서 매우 중요한 내용이 바로 물질문명과 정신문명의 상호 추진과 공동 발전을 통해 중국의 사회주의 현대화를 실현한다는 것이다.

우리는 두 가지 문명을 "동시에 병행하고 확실하게 실천"하는 것에 대한 덩샤오핑의 이론을 체계적으로 배우고 장악해야지 편파적 혹은 띄엄띄엄 배우고 장악해서는 안 되며, 사회주의 정신문명 건설 이론에 관한 덩샤오핑의 과학적 체계를 체계적으로 배우고 장악해야지 편파적 혹은 띄엄띄엄 배우고 장악해서는 안 된다. 경제건설이라는 중심을 떠나면 물질문명을 발전시킬 수 없고, 그러면 이른바 중국식 현대화도 없다. 정신문명을 떠나면 심지어 정신문명을 희생시키는 것을 대가로 경제의 일시적인 발전을 이룬다 해도 중국식 현대화를 실현할 수가 없다. 사회주의 정신문명 건설에 관한 덩샤오핑의 이론을 전면적으로 터득하고 관철하는 것이 아니라, 정신문명 건설의 어느 한 방면

---

234) 「네 가지 기본원칙을 견지해야」 (1979년 3월 30일), 『덩샤오핑 문선』 제2권, 앞의 책, 163쪽.

만 중시해도 마찬가지로 중국식 현대화의 전면적 실현을 방해하게 될 것이다.

셋째, 덩샤오핑의 사회주의 정신문명 건설 이론은 세계적인 종합 국력 경쟁에서 중국이 확실한 위치를 차지할 수 있는 큰 대책을 제시함으로써, 중화민족의 진흥과 강성에 있어서 당대에 유익하고 천추에 길이 빛날 공적을 쌓은 것이다.

민족 이익, 국가 이익은 줄곧 덩샤오핑이 중국문제를 고려하고 연구하는 하나의 출발점이었다. 중국은 사회주의 사업을 공고히 하고 발전시킴에 있어서 세계적 범위에서 종합국력의 경쟁과 여러 가지 사상문화와 서로 부딪치며 복잡하게 얽혀 있다. 중화민족의 진흥과 국가의 종합 국력의 증강은 가장 먼저 강대한 경제실력이 바탕이 되어야 한다는 사실은 의심할 나위가 없다. 그러나 장기간 후퇴하는 국면을 이어오면서 경제문화가 낙후된 데다가 인구가 많은 대국에 있어서 상당히 긴 시기 동안 경제실력이 줄곧 상대적 약세에 처해 있었기 때문이었다. 패권주의와 강권정치가 세계를 지배하려고 하는 환경 속에서 생존하고 발전하려면, 반드시 힘을 모아 경제건설에 매진해야 하는 동시에 종합 국력에서의 과학기술력·문화실력·정치력 등 여러 가지 요소를 충분히 동원하여 그것이 경제력을 지탱해주고 경제력과 서로 융합된 국가의 전반 실력을 이루도록 해야 한다. 이것이 바로 덩샤오핑이 얘기한 바와 같이 "10억 인구를 가진 대국에서 교육이 발전하게 되면 인력자원의 거대한 장점은 그 어느 나라도 비할 수 없게 된다. 인재 우세에 선진적인 사회주의제도까지 더하면 우리는 목표를 이룰 자신이 있다."[235]라는 것이었다. 이것이 바로 그가 말한 "개혁과 현대화 과학기술에 정치적인 중시가 합치게 되면 그 위력은 훨씬 커질 것이다."[236]라는 것이었다. 그렇기 때문에 물질문명을 더 잘 건설하는 동시에 정신문명건설을 더 중요한 위치에 올려놓는 것은, 우리와 같은 개발도상의 사회주의국가에서 종합 국력을 증강할 수 있는 큰 대책이고 큰 조치로서, 이는 필연적으로 국제무대에서 우리의 무게를 확대시킬 것이며, 국제적으로 우리의 지위를 끌어올려줄 것이다.

넷째, 덩샤오핑의 사회주의 정신문명 건설 이론은, 과학적 사회주의에 대한 큰 기여이고 큰 추진이기도 했다.

세계 사회주의 운동의 파란만장한 발전 역사과정에서, 일부 사회주의 국가가 처음에는 장기적인 정체기에 처하였다가 후에는 또 자유주의 사조가 범람하는 것을 방임한 바람에 결국 국가제도가 뒤바뀌는 교훈을 겪은 사실이 눈앞에 선하다. 그리고 중국에서 60~70년대에 발생한 10년 동안 지속된 '문화대혁명' 속에서 문화가 크게 파괴되고 도덕이 크게 흐트러진 교훈과 80년대 말에 발생한 정치풍파의 교훈도 잊을 수 없다. 그중의 문제점에는, 우리가 "사회주의란 무엇인가, 사회주의를 어떻게 건설해야 하는가?"라는 가장 중요한 기본적 이론문제를 확실하게 파악하지 못한 것이 포함된다. 사회주의 건설에는 물질문명 건설과 정신문명 건설이 포함되고 민주법제 건설이 포함된다. 그들 사이의 관계를 어떻게 처리해야 할지, 정신문명 자체는 또 어떻게 건설해야 할지, 정신문명 건설 내부의 사상 건설, 도덕 건설, 교육 과학

---

235) 위의 책, 120, 166쪽.
236) 위의 책.

문화 건설 및 민주·법제·기율교육의 관계는 어떻게 조율하고 재통합할지 등 일련의 문제에 대한 사고와 해결은 사회주의 전망과 운명과도 연결되며, '중국 특색의 사회주의' 건설 대국과 연결되는 중대한 문제이다. 그런 각도에서 덩샤오핑의 사회주의 정신문명 건설 이론을 배우고 연구하면, 그것이 과학적 사회주의 발전에 큰 의의가 있는 문제라는 것을 더욱 명확히 인식할 수가 있다. 덩샤오핑의 사회주의 정신문명 건설 구상은 우리에게 '중국 특색의 사회주의' 사회의 청사진과 사회주의 정신문명을 강화하는 기본 수단을 설계해 주었던 것이다.

제3절
사회주의 시장경제와 사회주의 정신문명

　개혁개방과 사회주의 시장경제를 발전시키는 과정에서, 마오쩌둥 후의 당대 중국은 큰 난제에 부딪쳤다. 즉 정신생활 분야에서 배금주의 향락주의 개인주의와 여러 가지 부패현상이 퍼져 전 당과 전 사회의 관심과 우려, 많은 사람들의 곤혹을 불러일으켰던 것이다. 결국 1986년 1월 17일 중공 중앙정치국 상무위원회의에서 덩샤오핑이 "기풍이 계속 어지러워진다면 경제건설이 성공을 거둔들 무슨 의미가 있겠는가?"[237]라고 분개하여 질책하는 정도에까지 이르렀다. 이 난제를 풀기 위하여, 덩샤오핑은 감정적인 의분과 도덕적 질책에 그친 것이 아니라 그 역겨운 부패현상이 나타나고 퍼지게 된 원인을 깊이 있게 분석하였다.

　첫째, '문화대혁명'이란 오랜 시간 동안 지속된 전국적인 심각한 오류가 사회기풍을 어지럽혔고 일부 사람들의 사회주의 신념에 상처를 입혔다. 1977년에 그는 세 번째로 업무에 복귀할 무렵 다음과 같이 명확하게 제기하였다. "우리 당의 기풍·군대의 기풍·민중의 기풍을 바로잡아야 한다. 그 중에서 관건은 당의 기풍을 바로잡는 것이다. 현재 '4인방'이 확실히 우리의 기풍을 파괴하였다. '4인방'이 파괴한 시간은

---

237) 『덩샤오핑문선』 제3권, 앞의 책, 154쪽.

실제로 10년, 혹은 10년 이상이라고 말할 수 있다. 처음에는 린뱌오와 한데 얽혀 있었다. 그들로 인해 우리 당 내 동지들이 말을 감히 하지 못하였으며, 특히 솔직한 말을 못하고 허위 날조하였다."[238] 여기에서 언급한 '당의 기풍' '군대의 기풍' '민중의 기풍' 이 세 가지 기풍은 전반적인 사회기풍이 '문화대혁명'으로 인해 이미 어지럽혀졌음을 의미한다. 얼마나 심각한 문제인가!

덩샤오핑은 "우리가 사회주의 혁명과 사회주의 건설을 진행하는 역사과정에서 잘못을 저지른 적이 있다고 하여 사회주의에 대한 신심을 잃어버리고 사회주의가 자본주의보다 못하다고 생각하는데 그런 사상은 완전히 그릇된 것이다."[239]라고 날카롭게 지적한 바 있다. '문화대혁명'이 끝난 초기에 혼란스러운 국면을 바로잡아 정상으로 돌려세우기 시작하였을 때, 일부 유지인사들이 '문화대혁명'이란 재난으로 인한 '내상'이 '외상'보다 더 심각하다고 말한 바 있다. '외상'으로 말하면 경제생활과 정권기관, 당의 조직이 파괴되었으나 복구하면 되고, 원죄·날조·오심 사건은 바로잡고 누명을 벗겨주면 되지만, '내상'은 마음속 깊은 곳, 사상의 깊은 곳에 난 상처인 것만큼 일부 사람들의 신념에 영향을 주었으며, 심지어 그들이 교육해낸 자녀들의 신념에까지 영향을 주었다. 당면한 사회의 여러 가지 부패현상에 대해 냉정하게 관찰하고 현실생활 속의 여러 가지 소란과 비난에 귀를 기울이며, 또 '문화대혁명' 이전 사람들의 정신상태와 사상풍모를 연상해 보면, 우리는 '문화대혁명'이라는 이 내란과 재난의 훼손이 얼마나 심각한지를 점점

---

238) 『덩샤오핑문선』 제2권, 앞의 책, 46쪽.
239) 위의 책, 337쪽.

더 깊이 인식할 수 있다. 때문에 덩샤오핑은 "'문화대혁명'이 한 세대 사람들을 망쳐 놓았다."[240]라고 말했던 것이다.

둘째, 대외개방으로 일부 소극적인 요소가 나타나는 것은 피할 수가 없는 일이다. 중국의 현대화는 하나의 지극히 복잡한 모순에 직면해 있다. 그 모순은 한편으로는 우리나라 사회생산력 수준이 낮기 때문에 오로지 대외개방을 통해 선진적인 과학기술과 관리경험을 유치하여 그것을 우리 발전의 기점으로 삼아야만 현대화를 점차 실현할 수 있고, 다른 한편으로는 개방정책의 실행으로 필연적으로 부정적인 일부 요소가 유입되어 우리 인민에게 영향을 주게 된다. 이는 대외개방의 최대 리스크이다. 개방하지 않으면 현대화를 빨리 실현하기 어렵고, 일단 개방하게 되면 일부 자본주의 요소들이 유입되는 것과 중국에서 이미 사라져 없어진 지 오랜 추악한 현상들이 기회를 틈타 부활하는 것도 또한 피할 수 없는 것이다. 겉으로만 봐서는 이러지도 저러지도 못하는 문제인 것 같았다. 덩샤오핑은 "이와 같은 점을 인식해야 한다. 그러나 극복하기 어려운 것은 아니다. 극복할 방법이 있다."[241]라고 여러 번 지적하였다.

셋째, 상품경제와 시장경제의 발전은 통화가 사라지지 않았을 뿐 아니라 계속하여 그 '일반 등가물'로서의 기능과 역할을 발휘할 것임을 의미한다. 이는 객관적으로 배금주의의 존재와 발전에 조건을 마련해 준 것이다. 「당과 국가의 지도제도에 관한 개혁」(1980년 8월)이라는 제목의 연설에서 덩샤오핑은 일부 청년 간부 자녀, 심지어 일부 간부 본

---

240) 『덩샤오핑문선』 제3권, 앞의 책, 205쪽.
241) 위의 책, 90쪽.

인까지 법을 어기고 사회의 기강을 어지럽히며 밀수와 뇌물수수, 투기 매매 등의 행위를 하며, 인격을 상실하고 국가의 존엄을 상실하며 민족의 자존심을 상실하는 것조차 아랑곳하지 않는다면서 그 원인 중의 하나가 바로 "돈을 벌기 위한 것"이라고 지적하였다.[242] 그 후에도 덩샤오핑은 '돈'에 대해 거듭 언급하면서 "모든 것을 돈을 위하여"라는 경향을 경계할 것을 거듭 강조하였다. 시장경제를 지도방향으로 하는 개혁개방 과정에서 나타난 횡령 절도·뇌물 수수·마약 밀수·매음 매춘 등 추악한 현상들, 그 어느 것 하나 '돈'과 연결되지 않은 것이 없었다. 그러나 현재 우리는 상품경제와 시장경제를 제한할 수 없으며 통화를 없앨 수도 없다. 이것이 바로 우리가 부딪친 문제가 복잡하고 어려운 원인 중의 하나였다.

넷째, 신구 체제 전환시기의 특수한 복잡성도 개혁개방을 실행하는 일정한 시기 내에 일부 부패현상이 쉽게 발생하고 확산하게 됨을 결정하였다. 중국처럼 국토 면적이 넓고 인구가 많은 국가에서 사회주의 시장경제체제의 구축을 목표로 하는 개혁개방을 실행하는 것은 새로운 사업일 뿐 아니라 또한 거창한 사업이기도 하다. 개혁개방의 목표는 단번에 이룰 수 없으며 일부 방법은 시행과정을 거쳐 단계적으로 추진해야 한다. 역사의 발전 과정으로 볼 때 중국의 개혁개방은 필연적으로 두 가지 체제가 공존하면서 동시에 역할을 발휘하는 단계를 거치게 될 것이다. 개혁개방이 전면적으로 추진되고 있을 때, 덩샤오핑은 "국내 경제업무에서 기존의 경제정책을 왜곡하고 경제관리 업무의 약점을 이용하여 여러 가지 불법활동에 종사하는 개인 소집단 심

---

242) 『덩샤오핑 문선』 제2권, 앞의 책, 337~369쪽.

지어 기업 기관도 다소 늘어나고 있다."[243]라고 지적하였다. 그는 "일부 당정기관에서는 많은 회사를 설립하여 국가에서 조달하는 경비로 장사를 하여 권리를 이용해 사욕을 도모하고 공공재물을 개인 소유로 만들고 있다. 그 외에도 여러 가지 부정기풍이 존재한다. 이에 대해 대중들은 매우 불만이 많다. 우리는 사람들에게, 특히 공산당원들에게 그렇게 해서는 안 된다는 것을 일깨워 주어야 한다."[244] 물론 체제개혁의 심화에 따라 사회주의 시장경제체제가 구축되고 점차 보완되면서, 그런 틈새가 점점 줄어들고 있다. 신구 체제 전환시기 즉 이원화 시기의 특수한 복잡성은 확실히 한 동안 부패현상이 쉽게 발생하고 확산하게 되는 중요한 조건이 될 수 있다.

다섯째, 업무상에서의 실수, 사상정치업무의 약화도 마찬가지로 부패현상이 발생하고 확산하게 되는 하나의 중요한 요소이다. 덩샤오핑이 1979년에 네 가지 기본원칙을 견지해야 하고 정신문명 건설을 강화해야 한다고 잇따라 제기한 것은 절대 우연이 아니다. 그는 이런 문제를 해결하지 않으면 개혁개방과 현대화 건설 대업을 위험에 빠뜨리게 할 수 있다는 것을 예민하게 느꼈으며, 몇 번이나 경계하는 강한 어투로 전 당에 이 방면의 사업을 중시할 것을 요구하였다. 그는 심지서 "이런 위험한 신호는 마땅히 전 당·전 국민과 전국 청년들의 충분한 경계를 불러일으켜야 한다!"[245]라고 말한 바 있다. 그는 또 취약한 사상정치업무는 약 10년 동안 개혁개방을 실행하면서 저지른 가장 큰 실수라고 여러 번 지적하였다. 이러한 실패와 실수의 후과는 바로 사회

243) 위의 책, 338쪽.
244) 『덩샤오핑 문선』 제3권, 앞의 책, 112쪽.
245) 『덩샤오핑 문선』 제2권, 앞의 책, 365쪽.

주의 신념이 흔들리고 자산계급 자유화 사상이 범람하는 것, 사회기풍이 악화되고 자산계급의 가치관과 문란한 생활방식이 성행하는 것, 당 조직이 부패하고 당의 기풍이 올바르지 못하며 부패현상이 확산하는 것이다.

만약 '문화대혁명'으로 인한 사회기풍의 파괴가 부패현상의 발생과 확산의 역사적 원인이고, 대외개방이 가져다준 소극적인 요소가 외적 원인이며, 상품경제와 시장경제의 발전이 초래한 배금주의 등 사조가 심층 원인이고, 새로운 체제의 전환이 만들어낸 틈새가 특수 원인이라면, 그 원인들을 통틀어 부패현상 발생과 확산의 객관조건이라고 할 수 있다. 그리고 취약한 사상정치는 우리가 피할 수 있었지만 피하지 못한 주된 원인인 것이다. 주관적인 오류와 업무상의 실수는 문제의 첨예성과 복잡성을 증가시킴으로써 애초에 완화시켜야 했거나 혹은 사전에 예방했어야 하는 문제를 심각하게 격화시켜 광범위한 인민대중의 불만을 자아냈다.

그럼, 그 문제를 어떻게 해결할 것인가?

덩샤오핑은 이에 대해 깊이 사고하였으며 문제를 풀어나갈 기본 사고방향을 제기하였다.

1985년 10월 23일 미국 '타임'지의 그룬왈드 편집장이 그에게 물었다. "중국공산당은 줄곧 인민들에게 공평무사 해야 하고 인민을 위해 봉사해야 한다고 교육해 왔다. 지금은 경제개혁을 진행하면서 인민들에게 부를 이루라고 교육하고 있다. 지금 소수의 사람들이 탐오 부패하고 권리를 남용하는 현상이 나타났다. 당신들은 무슨 방법으로 그 문제들을 해결하려고 하는가?"

이에 덩샤오핑은 이렇게 대답하였다. "우리는 주로 두 가지 방법을 통해 해결할 것이다. 하나는 교육이고, 다른 하나는 법률이다. 그 문제들은 하루아침에 해결할 수 없고, 또 몇몇 사람들의 몇 마디 말로 효과를 볼 수 없다. 그러나 우리는 우리 당 우리나라가 그런 소극적인 현상을 점차 극복하고 최종 없앨 수 있는 능력이 있다고 자신한다."

이어서 그룬왈드는 또 "그런 현상은 잠재적이고 해결하기 매우 어려운 모순, 즉 시장경제와 사회주의제도 간의 모순을 반영한 것이 아닌가?"라고 물었다. 질문자는 개혁개방 과정에 나타난 부패현상을 시장경제와 사회주의제도 사이에 존재하는 근본적으로 대립되는 모순의 표현으로 생각하고 있는 것이 틀림없었다.

이에 덩샤오핑은 "사회주의와 시장경제 사이에는 근본적인 모순이 존재하지 않는다."라고 명확하게 대답하였다. 그는 또 "경제발전, 과학문화와 교육수준의 제고, 민주와 법제 건설의 강화에 따라, 사회에 현존하는 그런 소극적인 현상들은 필연적으로 점차 줄어들 것이며 최종적으로는 없어질 것이라고 믿는다."라고 말했다. 그는 "우리가 사회주의 고유의 특성을 발휘하고, 또 자본주의의 일부 방법(방법으로 간주하여 사용함)도 취하는 목적은 생산력 발전을 가속화하려는 것이다. 그 과정에서 일부 소극적인 현상들이 나타났지만, 더욱 중요한 것은 그런 개혁을 실행하고 그 길을 걷는 과정에서 우리는 이미 만족스러운 성과를 거두었다는 것이다. 중국이 그 길을 걷지 않으면 다른 갈 길이 없다. 오직 그 길만이 부유와 번영으로 통하는 길이다."[246] 라고 강조했다.

덩샤오핑의 구상은, 경제·정치·문화 관계에 관한 역사적 유물주의

---

246) 『덩샤오핑 문선』 제3권, 앞의 책, 148~150쪽.

과학원리에 따라, 사회주의 시장경제 전제하의 사회구조 및 그 기능에 대한 일종의 설계였다. 그런 사회의 일반 구조가 사회주의 시장경제 전제하에서 어떤 특징을 나타냈을까? 그런 사회의 일반 구조는 사회화 현대화한 사회 생산력을 토대로 건전한 민주와 법제를 형성함으로써 경제의 발전을 보장할 것이고, 또 그런 현대경제와 현대정치를 토대로 그에 어울리는 사상도덕과 교육과학문화를 형성함으로써 경제와 정치의 발전을 보장할 것이다. 그런 사회구조의 건전한 운행은 시장경제와 사회주의 기본제도의 결합에 도움이 될 뿐 아니라 부패현상을 없애는 데도 도움이 되었다. 이러한 특징을 종합하면 다음과 같다.

1) 덩샤오핑의 구상에 따라, 부패현상을 없애려면 우선 먼저 경제를 발전시켜야 한다.

2) 덩샤오핑의 구상에 따라, 부패현상을 극복하려면 민주와 법제 건설을 강화해야 한다.

3) 덩샤오핑의 구상에 따라, 부패현상을 극복하려면 사상도덕교육과 과학문화교육도 강화해야 한다.

다시 말하면 사회주의 시장경제를 발전시키려면 그런 경제체제를 사회주의 기본 경제제도·정치제도와 결합시켜야 할 뿐 아니라 사회주의 정신문명과도 결합시켜야 한다는 것을 설명한것이다.

그렇다면 덩샤오핑이 구상한 것처럼 시장경제와 사회주의 정신문명을 유기적으로 결합시킬 수 있는 것일까? 결론은 결합할 수 있다는 것이다. 왜냐하면 깊이 있는 이론 연구를 통해 우리는 이런 세 가지 내용을 알 수 있다.

첫째, 사회주의 시장경제체제는 사회주의 정신문명 건설을 강화할 것을 내재적으로 요구한다.

시장경제는 사회화 대 생산이 일정한 단계까지 발전하여 생겨난 산물이다. 사회화 대 생산은 계획경제를 통해 조직하고 조율할 수 있을 뿐 아니라 시장경제를 통해서 조직하고 조율할 수도 있다. 사회화 대 생산이 정부의 계획부서에서 사회의 수요에 따라 주도면밀하게 배치하기 어렵고, 높은 노동생산율과 경제적 효과를 확보하기 어려운 정도까지 발전하였을 때, 사회화 대 생산을 조직할 수 있는 가장 효과적인 수단은 바로 시장경제이다. 계획경제의 실행은 조직 규율성에 대한 요구가 높고, 시장경제는 법률과 도덕의 지지를 요구한다.

사회주의 시장경제는 사회주의 국가가 거시적 조정 하에 성실한 노동, 합법적인 경영, 평등한 경쟁, 대중을 위한 서비스를 통해 사회 생산력을 해방시키고 발전시키는 것이며, 더욱이는 민주 법제건설의 강화에 대한 내재적 요구이고, 사회주의 정신문명 건설의 강화에 대한 내재적 요구이며, 건전하고 질서 있는 경제와 사회생활 규범을 구축하는 것이다.

물론 시장은 그 자체의 약점과 소극적인 부분이 있다. 자발성 맹목성 등의 단점으로 인해 일부 무질서한 현상을 야기하고, 정신생활 생산에 불량한 영향을 끼치게 된다. 이런 문제도 마찬가지로 사회주의 시장경제체제를 보완하는 과정에서 법률과 교육(도덕교육과 문화교육) 두 가지 수단을 통해 점차 극복하고 최종 소멸할 수 있다.

실제 생활에서 개혁개방에 앞서가는 성 시는 사회주의 시장경제가 발전함에 따라 정신문명 건설에서도 뚜렷한 발전을 가져왔다. 이는 모두가 볼 수 있는 사실이다. 중국에서 최초로 시장경제방법으로 경제발전의 전면적 추진을 시행한 선전 등 경제특구는 비록 아직 여러 가지 문제가 존재는 하지만, 총체적으로 말하면 낙후한 경제면모를 빨리 변환시켰을 뿐만 아니라 정신면모도 변환시켜 광범위한 인민대중의 사회주의 신념을 유력하게 증강시켰다.

전국 범위에서의 대량의 생생한 사례를 통해, 사회주의 시장경제가 사회주의사회의 생산력을 해방시키고 발전시키며, 사회주의 국가의 종합국력을 강화하고, 인민의 생활수준을 향상시킴으로써 정신문명 건설을 위한 튼튼한 기반을 마련해주었다는 사실을 거듭 설명해주었으며, 사회주의 시장경제가 또 사람들의 자립의식·경쟁의식·효율의식·민주법제의식과 개척혁신정신을 강화하는데 유익하다는 것을 설명해주었으며, 또 사회주의 시장경제를 발전시키는 것은 결국은 물질생산과 정신생활 두 방면에서 사회주의를 활성화시키는 것임을 설명하고 있다. 한 마디로 말해서 사회주의 시장경제는 정신문명과 결합할 수 있다는 것이다.

둘째, 사회주의 시장경제는 의(義)와 이(利)가 통일된 가치관을 형성할 것을 요구한다.

사회주의 시장경제 발전과정에서 나타난 여러 가지 문제는 언제나 이익문제였다. 이익문제에는 개인 이익과 집단 이익, 개인 이익과 국가 이익, 집단 이익과 국가 이익 간의 문제가 포함된다. 이들 이익관계 문제는 경제적 문제이기도 하고, 또 윤리적 문제이기도 하다. 윤리학적으로 이들 관계문제를 귀납한다면 바로 '이로움'(利)와 '의로움'(義)의 관계이다.

'이로움'과 '의로움'을 분별하는 것은 중국 윤리역사에서의 기본 문제이며, 또한 장기적으로 논쟁이 그치지 않았던 문제이다. 우리나라 고대 사상가들이 이 방면에서 풍부한 문화유산을 남겼고, 중화민족과 인류문명에 크게 기여하였다는 사실에 대해서는 마땅히 인정해야 한다. 그들은 여러 가지 개인의 사사로운 이익을 넘어선 도의적 이상을 제기하여 역대로 정의로운 쪽에 서서 역사의 발전을 추진해온 중화민족의 훌륭한 인물들을 격려하는 역할을 하였으며, 중화민족의 유구한 '정의로운 기운'을 형성하였다. 이에 대해 우리는 반드시 역사적 유물주의를 토대로 종합하고 계승 발양시켜야 한다. 그러나 총체적으로 역사적·계급적 국한성으로 인해 유가·묵가·도가·법가를 막론하고 모두 그 의로움과 이로움의 관계에 대해 진정으로 과학적으로 인식하고 해결할 수는 없었다.

마르크스주의가 중국에 전파되어 중국의 실제와 결합된 후에야 '의'와 '이'의 관계 문제를 비로소 올바르게 인식할 수 있는 과학적 기반이 마련되었다. 그 기반이 바로 역사적 유물주의가 강조하는 '인민의 이익'이었다. 마오쩌동은 신민주주의 혁명을 이끄는 과정에서 변증법적 유물주의와 역사적 유물주의를 토대로 역사문화 유산에 대해 과학적으로 분석하고 비판하면서 물질적 이익과 사회주의 도의 간의 관계문제를 올바르게 인식하고 처리할 것을 강조하였다.

인민의 이익을 우선 자리에 놓고 장기적인 이익과 눈앞의 이익을 결합시키고, 집단이익과 개인이익을 결합시킴으로써 위대한 혁명과 건설사업을 추진하는 것이 바로 마오쩌동을 대표로 하는 중국공산주의자가 장기적인 투쟁을 거쳐 형성된 역사적 유물주의의 의리통일관이라고 말할 수 있다.

'의로움'와 '이로움'의 관계문제에서 덩샤오핑의 기본 관점은 무엇이었을까? 첫째, 그는 물질적 이익의 바탕 역할을 인정해야 한다고 지적하였다. 둘째, 그는 이상과 신념이 있어야 한다면서 우리의 이상과 신념은 바로 "인민 자체의 이익을 인식하고 그것을 위해 분투하는"[247] 신념을 가리킨다고 강조하였다. 셋째, 그는 사욕에 눈이 어두워 정의를 저버리는 것, 이익만 도모하는 것에 반대할 것을 강조하였다. 넷째, 그는 "사회주의 사회에서 국가 집단과 개인의 이익은 근본적으로 일치하며, 만약 모순이 생기면 개인이익이 국가와 집단의 이익에 복종해야한다."[248]라고 강조하였다.

중공 제14기 6중 전회에서는 덩샤오핑의 이러한 중요한 사상에 따라 사회주의 역사경험과 교훈, 11기 3중 전회 후의 실천발전에 비추어 "국가와 인민의 이익을 우선 자리에 놓고 공민 개인의 합법적인 이익을 충분히 존중하는 사회주의 의리관을 형성할 것"을 제기하였다. 이는 중국공산당 문서에서 최초로 분명한 언어로 개괄한 사회주의 초급단계에서 사회주의 시장경제를 발전시키는 과정에서 전 사회에 대해 창도한 가치 방향이었다.

셋째, 사회주의 시장경제는 '인민을 위해 봉사하는 것'을 핵심으로 하는 사회주의 도덕을 형성할 것을 요구한다.

인민을 위해 봉사하는 것은 중국공산당의 근본 취지일 뿐 아니라 또한 새로운 윤리 도덕관의 핵심이기도 하다. 이는 신민주주의 혁명시기에 형성된 것으로서 그때 당시에는 주로 공산당원에 대한 요구였다. 그러나 바로 그때 마오쩌둥은 이미 혁명대오의 매 한 사람, 나아가서 근거지의 광범위한 인민들에게 그런 고상한 도덕을 널리 보급시키기 시작하였던 것이다. 건국 초기 중국 공산주의자들과 당이 이끄는 인

---

247) 위의 책, 190쪽.
248) 『덩샤오핑 문선』 제2권, 앞의 책, 337쪽.

민군대는 인민을 위해 봉사하는 고상한 도덕 풍모를 도시로, 전국으로 확산시켰으며, 전국의 여러 민족 인민들 속에서 아주 큰 영향력과 흡인력을 일으켰다. 사회주의제도의 수립은 더욱이 그 도덕이 전 사회 공동의 도덕으로 부상할 수 있는 조건을 마련해주었다. 즉 사회주의 시장경제 조건에서도 인민을 위해 봉사하는 도덕적 요구를 계속하여 견지해야 하고, 공산당원이 몸소 그런 요구를 실천해야 할 뿐 아니라 전 사회적으로도 마땅히 그런 요구를 제창해야 한다는 것이었다.

사회주의 정신문명에 대한 사회주의 시장경제의 요구, 특히 가치관과 도덕관에 대한 요구로부터 우리는 사회주의 정신문명에서 벗어난다면, 사회주의 의리관에서 벗어난다면, 인민을 위해 봉사하는 것을 핵심으로 하는 사회주의 도덕에서 벗어난다면, 그런 시장경제는 완벽한 시장경제가 아니며 사회주의 시장경제가 아니라는 것을 분명히 볼 수가 있다. 오직 사회주의 정신문명과 내재적으로 결합된 시장경제만이 사회주의 시장경제이다. 반대로 사회주의 정신문명 건설도 반드시 사회주의 시장경제를 발전시키는 과정을 통해야 비로소 새로운 수준으로 향상될 수 있다는 것을 설명하고 있다. 한마디로 말하자면 사회주의 시장경제는 정신문명 건설과 결합된 것이다. 이는 과학적 사회주의에 대한 덩샤오핑의 창조적인 기여였던 것이다.

제9장
정수론

　현 세계에는 성스러운 것으로 간주되는 사물이 너무 많다. 그러나 그런 것을 비판적으로 감별하고 영리하게 활용할 수 있는 사람은 너무나 적다. 중국은 사회주의 세계에서 우상 숭배주의에 반대한 가장 위대한 국가이다. 이로 볼 때 중국이 현재 실행하고 있는 방침은 지극히 효과적이라 할 수 있다.

－ [미] 마크·브레체

제1절
사상노선 : 당과 국가의 전망과 운명에 관계되는 문제

이제는 마오쩌동 후의 당대 중국에서 역사적인 큰 전환이 나타나고 사업에서 대 발전을 이룰 수 있었던 비결에 대해 연구할 차제이다. 그 비결이 바로 마오쩌동이 창도하고 또 덩샤오핑이 되살리고 발전시킨 '사상개방 실사구시'라는 변증법적 유물주의와 역사적 유물주의 사상노선이다. 사상노선 문제는 철학에서 연구하는 문제이다. 주지하다시 피 마오쩌동은 마르크스주의 철학 면에서 깊은 조예가 있을 뿐 아니 라 독특한 공헌도 하였다. 「교조주의에 반대한다」「실천론」「모순론」「인 간의 올바른 사상은 어디서 오는 것인가?」등의 명작들은 그의 중요한 철학 저작이다. 『중국혁명전쟁의 전략적 문제』『지구전을 논함』『신민 주주의론』『우리를 개조시키는 공부』『당의 기풍을 정돈해야』『10대 관 계를 논함』『인민 내부 모순을 정확하게 처리하는 문제에 대하여』등 의 저작은 더욱 그의 철학사상과 활용 논리를 더욱 생생하게 반영한 주요 대표작들이다. '마오쩌동의 철학사상'은 이미 하나의 학명으로 되 었으며, 그의 철학사상의 전용 범주로 간주되어 근대와 당대 중국의 많은 철학 연구자들이 주목하고 탐색하며 연구하는 전문적 학문으로 되었다. 거의 모든 연구자들은 마오쩌동이 철학을 중요시하고 연구한 것은 본인이 말한 바와 같이 "호기심을 만족시키기 위한 것이 아니라

세계를 개조하기 위한 것"[249]임을 발견하였다. '마오쩌둥의 철학사상'
은 중국과 세계를 바꾸는 중임을 떠멘 중국공산당을 위한 바른 사상
노선을 제시해주었다. 따라서 사상노선 문제는 마오쩌둥 철학사상 중
에서 중요하고 뚜렷한 지위를 차지할 뿐 아니라 풍부하고 훌륭한 체계
를 갖춘 논술이다. 덩샤오핑은 마오쩌둥을 대표로 하는 오랜 세대 무
산계급 혁명가 중의 일원으로서 마오쩌둥이 중앙소비에트지역을 창건
할 때부터 마오쩌둥의 주장에 동조하였으며 긴 세월동안 마오쩌둥 사
상의 영향을 받아온, 마오쩌둥의 학생이라고 할 수 있다. 철학사상 면
에서 그는 더욱이 마오쩌둥의 철학사상의 정수를 잘 알고 있다.

철학의 형태는 다양하다. 변증법의 본뜻은 담화 혹은 대화를 통
해 진리를 명시하는 것이다. 일부 정치가·군사가 등 대가들에게 있어
서 그들의 철학사상은 그들의 정치·군사 등 저작에서 더 많이 반영되
곤 하며, 정치·군사 등 문제에 대한 그들의 이성적인 사고 분별에서
반영되곤 한다. 덩샤오핑의 저술에는 다음과 같은 3가지 뚜렷한 특징
이 있다. 첫 번째 특징은 문제를 담론함에 있어서 뚜렷한 시대적 정신
을 갖추었다는 것이다. 예를 들면 그는 발전에 대해 언급하면서 "발전
문제는 마땅히 전 인류적인 높은 차원에 올려놓고 인식해야 하며, 그
높이에 서서 문제를 관찰하고 풀어나가야 한다."[250]라고 강조하였고,
개방에 대해 언급하면서 "현 세계는 개방적인 세계"[251]라고 강조하였으
며, 또 개혁에 대해 언급하면서 "이번 개혁은 중국에 영향을 줄 뿐만

---

249) 중공 중앙 문헌연구실 편,『마오쩌둥의 철학 평어와 주해집』, 1997, 인민출판사, 152 쪽.
250) 『덩샤오핑 문선』 제3권, 앞의 책, 282, 64, 118, 282쪽.
251) 위의 책, 64, 118, 282쪽.

아니라 세계에도 영향을 주게 될 것"[252]이라고 강조하였다.

두 번째 특징은 문제를 분석함에 있어서 뛰어난 변증법적 특징을 갖추었다는 것이다. 예를 들면 그는 언제나 사물 발전의 과정성에 대해 강조하면서 사회주의의 본질은 하나의 동적인 발전과정이고, 사회주의 초급단계도 하나의 동적인 발전과정이며, 경제문화가 낙후한 국정에서 출발하여 현대화 실현에서 '세 단계로 나누는' 발전전략도 하나의 동적인 발전과정이라고 강조하였다. 그는 언제나 변증법적 분석과 종합을 견지하였다. 그런 종합적인 분석은 인류사회의 모든 문명성과를 거울로 삼고 사회주의 건설에 활용할 수 있는 바른 사고방향을 개척하였다. 그리고 그의 사상은 언제나 사물의 본질을 겨냥하곤 하였다. 그는 마르크스주의를 견지해야 하고, 사회주의 길을 견지해야 한다고 분명하게 지적하면서도 마르크스주의는 반드시 중국의 실제와 결합된 마르크스주의여야 하고, 사회주의는 반드시 중국의 실제에 어울리는 '중국 특색의 사회주의'여야 한다고 강조하였으며, 특히 사회주의 본질을 깊이 명시하였다. 그는 또 언제나 '양점론(兩點論, 사물을 파악하려면 두 가지 측면을 모두 보아야 한다는 주장. 변증법적 사유 방법을 마오쩌동이 통속화한 것)'과 중점론(重點論)을 유기적으로 통일시켜 두 가지 문명을 모두 발전시켜야만 '중국 특색의 사회주의'임을 강조하는 한편 경제건설은 중심업무로서 반드시 실행해야 한다고 지적하였다. 그는 또 공유제를 주체로 할 것을 강조하는 한편 여러 가지 경제 요소가 공존하며 공동으로 발전하는 것을 허용해야 한다고 지적하였으며, '한 나라 두 가지 제도'를 실행하여 조국의 평화적 통일을

---

252) 위의 책.

강조하는 한편 주체는 대륙의 사회주의제도라고 강조하였다.

세 번째 특징은 문제를 해결함에 있어서 과학적인 방법론을 갖춘 것이다. 예를 들면 개혁과정에서 나타난 문제에 대해 그는 늘 대담하게 시도해 보고 대담하게 부딪쳐 보라고 사람들을 고무 격려하였으며, 실천이 진리를 검증하는 유일한 기준이라는 원칙을 견지하면서 옳은 것은 견지하고 옳지 않은 것은 빨리 고치며, 새로운 문제가 나타나면 서둘러 해결할 것을 요구하였다. 그는 실천의 지도자에 대해서는 언제나 마르크스주의 이론을 잘 배울 것을 요구하였으며, 특히 "현재 우리 간부 중의 많은 사람들이 철학을 모르고 있는데, 사상방법·업무방법에서 제고시킬 필요가 있다."[253] 라고 강조하였으며, 이론과 실천을 결합시킬 것을 강조하였다. 이상의 뚜렷한 특징은 적어도 두 가지 사실을 설명하고 있다. 첫째, 덩샤오핑의 저술에는 풍부한 철학사상이 포함되어 있다는 사실을 설명해 준다. 둘째, 덩샤오핑의 철학사상은 본질적인 속성에서 말하면 마르크스주의 철학에 속하고, 마오쩌동의 철학사상에 뿌리를 박았으며, 사상해방과 실사구시의 사상노선에서 집중적으로 반영되었음을 설명한다. 게다가 '철학 면에서의 공헌'은 늘 역사적 과제를 풀어나가는 것과 연결되어 있으므로 추상적인 것이 아니라는 점이다. 덩샤오핑이 직면한 역사적 과제는 '문화대혁명'으로 빚어진 재난이라는 배경에서, 혼란스러운 국면을 수습하여 정상으로 되돌리고, 당의 올바른 사상노선을 재확립하거나 혹은 회복하며 사회주의 현대화 건설의 새로운 국면을 열어나가는 것이다. 이로써 마르크스주의 철학과 당의 사상노선에 대한 덩샤오핑의 공헌이 결정되었다. 그의

---

253) 『덩샤오핑 문선』 제2권, 앞의 책, 303쪽.

공헌은 주로 세 가지 방면에서 나타난다.

첫째, 덩샤오핑은 사상해방 실사구시의 기풍이 마르크스주의 정수이고, 마오쩌동 사상의 정수이며, 당과 국가의 전망과 운명에 관계되는 문제임을 깊이 있게 명시하였다.

마오쩌동 사상에 대하여, 그중의 철학사상을 포함해서, 장기간 선전해설 석은 많았지만 깊이 있는 연구는 부족하였다. 11기 3중 전회에 이르러서야 비로소 마오쩌동 사상을 진정으로 과학연구의 대상으로 간주하여 연구하기 시작하였다. 그래서 과거에는 마오쩌동 철학 사상의 많은 중요한 문제 및 마오쩌동 사상의 전반적인 과학체계에서 차지하는 지위와 역할에 대한 인식이 충분하지 않았다.

진정으로 마오쩌동 사상 및 그의 철학 사상에 대해 깊이 인식한 사람은 덩샤오핑이었다.

'4인방'을 타도한 후 중국공산당은 혼란스러운 국면을 바로잡아 정상으로 되돌리기 시작하였다. 그런데 그 당시 당 중앙의 지도자였던 화궈펑(華國鋒)이 '두 가지 무릇'이라는 그릇된 관점을 제기하여 실제로 '문화대혁명' 시기에 성행하였던 교조주의와 개인숭배주의를 수호하였다. 덩샤오핑은 이는 중요한 이론문제이며 역사적 유물주의를 견지하느냐의 여부와 관계되는 문제라고 주장하면서 '두 가지 무릇'은 마르크스주의에 부합되지 않으며, 마오쩌동 사상을 완전하고 정확하게 이해해야 한다고 지적하였으며, 마오쩌동 사상이 하나의 과학체계라고 강조하였다. 그럼, 어떻게 해야 마오쩌동 사상의 과학체계를 '완전'하고 '정확'하게 이해하고 장악할 수 있는 것일까? 덩샤오핑·천원 등 오랜 세대 무산계급 혁명가들은 "실천은 진리를 검증하는 유일한 기준"이라는 마르크스주의 관점을 확고하게 지지하였으며, "사상해방, 실사구시"는 마오쩌동 사상의 정수라고 지적하였다.

1977년 7월 21일 중공 10기 3중 전회에서 덩샤오핑은 "나는 마오쩌동 동지가 제창하는 기풍에서, 대중노선과 실사구시의 두 가지 기풍이 가장 근본적인 것이라고 생각한다."[254]라고 지적하였다.

같은 해 9월 19일 교육부 주요 책임자와의 담화에서 덩샤오핑은 또 "마오쩌동 동지가 옌안에서 중앙 당학교를 위해 '실사구시'라는 4자를 제사하였다. 이는 마오쩌동 철학사상의 정수이다."[255]라고 말했다. 여기서 최초로 마오쩌동의 철학사상에서 실사구시 기풍의 '정수'라는 지위를 확정시켰던 것이다. 1978년 진리의 기준문제에 대한 대 토론이 전개된 후, 6월 2일 전군 정치업무회의에서 덩샤오핑은 실사구시가 당의 우량한 전통이라는 관점에 대해 체계적으로 논술하였다. 그는 "우리는 마땅히 린뱌오 4인방의 해독을 깨끗이 제거해야 하고 혼란스러운 국면을 바로잡아 정상으로 되돌리고, 정신적 속박에서 벗어남으로써 우리 사상을 대대적으로 해방시켜야 한다."라고 지적하였다. 그는 다음과 같이 지적하였다. "우리는 어느 때건 마르크스주의 마오쩌동 사상의 기본원칙을 어겨서는 안 된다. 이는 추호도 의심할 여지가 없다. 그러나 마땅히 실제와 결합시켜야 하며, 실제 상황을 분석하고 연구한 다음 실제문제를 풀어나가야 한다. 실제 상황에 근거하여 업무방침을 세우는 것, 이것은 모든 공산당원이 반드시 명심해야 할 가장 기본적인 사상방법이고 업무방법이다. 실사구시 기풍은 마오쩌동 사상의 출발점이고 근본 점이다. 이것은 유물주의이다."[256]

---

254) 위의 책, 45, 67쪽.
255) 위의 책.
256) 위의 책, 114, 126쪽.

7월 21일 덩샤오핑은 그 당시의 중앙선전 부장을 찾아 담화하는 자리에서 토론에 금지구역을 설치하지 말고 금지령을 내리지 말 것을 요구하였다. 그 이튿날 그는 또 중앙 당학교의 업무 주관 부교장을 불러 담화하면서 「실천은 진리를 검증하는 유일한 기준」이라는 글과 진리 기준문제에 대한 토론을 긍정적으로 평가하였다.

특히 9월 16일 조선 방문을 마치고 돌아오는 길에 지린(吉林)에서 담화를 발표하면서, 덩샤오핑은 "마오쩌동 사상의 기본 점은 바로 실사구시 하는 것으로서, 바로 마르크스주의의 보편적 원리와 중국혁명의 구체적인 실제를 서로 결합시키는 것이다. 마오쩌동 동지가 옌안에서 중앙 당학교를 위해 '실사구시'라는 네 글자를 제사(題詞)하였는데, 마오쩌동 사상의 정수는 바로 이 네 글자이다."[257]라고 재차 강조하였다.

여기서 덩샤오핑은 1977년에 실사구시가 "마오쩌동 철학사상의 정수"라고 말하던 데서부터 "마오쩌동 사상의 정수"라고 한 차원 끌어올렸던 것이다. 같은 해 12월 13일 중공 중앙 업무회의 폐막식에서 「사상을 해방시키고 실사구시하며 단합하여 일제히 앞으로」라는 유명한 연설을 통해 덩샤오핑은 다음과 같이 진일보적으로 지적했다. "하나의 당, 한 나라, 한 민족이 만약 모든 것을 교조주의에서 출발하고, 사상이 경직되고, 개인숭배주의가 성행한다면, 앞으로 나아갈 수 없고, 생기를 잃게 되며, 그리 되면 당과 국가는 망하게 된다. 이는 마오쩌동 동지가 정풍운동에서 거듭 강조하였던 말이다. 오직 사상을 해방시키고 실사구시의 기풍을 견지하며 모든 것을 실제에서 출발하고 이론과 실제를 결합시켜야 만이 우리 사회주의 현대화 건설이 순조롭게 진행

---

257) 위의 책, 114, 126쪽.

될 수 있으며, 우리 당의 마르크스주의 마오쩌동 사상 이론이 순조롭게 발전할 수 있다. 이런 의미에서 볼 때 진리의 기준문제에 대한 논쟁은 확실히 사상노선 문제이고, 정치 문제이며, 당과 국가의 전망과 운명에 관계되는 문제인 것이다."[258]

이상의 상황과 인용문을 통해 우리는 덩샤오핑이 처음으로 실사구시의 기풍이 "마오쩌동 철학사상의 정수"이고 "마오쩌동 사상의 정수"라고 깊이 있게 지적하였고, 후에 1992년 초 남방 시찰 담화에서 또 그것은 "마르크스주의 정수"라고 말하였음을 알 수 있다.[259] 또한 덩샤오핑이 마오쩌동의 이론과 실천 과정에서 새시기에 직면한 복잡한 모순 속에서, 실사구시와 사상해방의 관계를 분명하게 강조하였음을 알 수 있다. 그 후에 덩샤오핑은 또 "사상해방이란 바로 사상과 실제를 서로 결합시키는 것이고, 주관과 객관을 서로 결합시키는 것이며, 실사구시하는 것"[260]이라고 특별히 논술한 바 있다.

이를 통해 우리는 덩샤오핑이 사상해방 실사구시의 사상노선을 회복하고 발전시킨 것은 철학적 의의가 있을 뿐 아니라, 특히 정치적 의의가 있다는 사실을 알 수 있다. 그 후에도 덩샤오핑은 그 사상노선을 재확립하는 중대한 의의를 거듭 논술하였다. 이로부터 그 사상노선은 확실히 당과 국가의 전망과 운명과 연결되는 정치문제임을 알 수 있다.

둘째, 덩샤오핑은 사회주의를 건설하고 현대화를 실현하는 사상노선을 투철하게 천명하였으며, '중국 특색의 사회주의' 건설과 발전을 위한 과학적인 세계관과 방법론을 제공하였다.

---

258) 위의 책, 143쪽.
259) 『덩샤오핑 문선』 제3권, 앞의 책, 382쪽.
260) 『덩샤오핑 문선』 제2권, 앞의 책, 364쪽.

사회주의 현대화 건설의 역사적 사명이 중국공산당의 어깨에 위에 떨어졌을 때, 당의 지도자가 반드시 고려해야 할 기본적 문제 중의 하나가 바로 "어떤 철학적 세계관과 방법론을 취할 것이냐"하는 것, 즉 "어떠한 사상노선을 취해 노선·방침·정책을 제정하는 지침으로 삼을 것이냐?" 하는 문제였다.

덩샤오핑은 그 문제를 어떻게 사고하였을까?

실제로 11기 3중 전회의 「사상을 해방시키고 실사구시하며 단합하여 일제히 앞으로」라는 제목의 주제보고에서 그는 이렇게 말했다. "사상을 해방시키고 생각을 통해 실사구시하고 단합하여 일제히 앞을 내다봐야 한다는 관점에서 첫 자리를 차지하는 것은 사상을 해방시키는 것이다. 오직 사상을 해방시켜야만이 우리는 마르크스-레닌주의 마오쩌동 사상을 지도사상으로 삼아 과거에서 남아 내려온 문제를 해결하고 새로 나타난 일련의 문제를 해결하며, 생산력의 빠른 발전에 적응하지 못하는 생산관계와 상부구조를 바르게 개혁하며, 중국의 실제 상황에 근거하여 네 가지 현대화를 실현하는 구체적인 길 방침 방법과 조치를 확정할 수 있는 것이다."[261]

그는 또 이렇게 말했다. "실사구시 기풍은 무산계급 세계관의 토대이고 마르크스주의 사상적 토대이다. 지난 시기 우리가 혁명에서 거둔 모든 승리는 실사구시의 기풍에 힘입은 것이며, 현재 우리가 네 가지 현대화를 실현하려면 마찬가지로 실사구시의 기풍에 의지해야 한다."[262] 이는 새로운 시기에 들어서서부터 덩샤오핑은 중국에서 사회주

---

261) 위의 책, 141, 143, 163쪽.
262) 위의 책.

의 현대화를 건설하고 개혁개방을 실행하려면 반드시 사상해방 실사구시의 사상노선, 즉 마오쩌둥이 창도하는 변증법적 유물주의와 역사적 유물주의 사상노선을 취해야 한다고 주장하였다는 사실을 설명한다. 주목할 것은 덩샤오핑이 "현재 우리가 네 가지 현대화를 실현하려면 마찬가지로 실사구시의 기풍에 의지해야 한다"라고 거듭 강조하였다는 사실이다. 덩샤오핑이 "사상해방, 실사구시"를 강조한 것은 사회주의 현대화 건설의 사상노선을 강조한 것이다. 이렇게 강조한 것은 중대한 지도적 의의가 있다.

(1) 사상해방과 실사구시의 사상노선에 따라 사회주의 현대화를 건설하려면 반드시 중국의 국정에서 출발해야 하고, 반드시 사회주의 초급단계에 처해 있는 중국의 실제에서 출발해야 한다. 이전 사회주의 발전의 고유 패턴에 구애받지도 말고 현대화를 서구화와 동일시하여 자본주의 현대화 패턴을 그대로 베끼지도 말아야 하며, 성급하게 성사시키려고 서두르지도 말고 정체되지도 말아야 한다. '중국 특색의 사회주의' 건설을 견지하고 자국의 능력에 맞게 사회주의 경제를 적극 발전시켜야 한다.

(2) 사상해방과 실사구시의 사상노선에 따라 반드시 생산력 발전을 첫 자리에 놓고 사회주의 경제발전의 객관적 법칙을 힘써 탐색해 중국 사회주의 현대화 건설의 바른 길을 찾아내야 한다.

(3) 사상해방과 실사구시적인 사상노선에 따라 반드시 사회주의 현대화 건설과정에서의 객관적 모순을 올바르게 인식해야 하며, 네 가지 기본원칙을 견지하는 한편 체제개혁을 통해 이런 모순을 적극적으로 해결함으로써 사회주의가 자기보완 과정에서 발전하도록 해야 한다.

(4) 사상해방과 실사구시의 사상노선에 따라 반드시 실천을 기준으

로 하여 과거 우리의 사상 인식과 방침   정책을 검증하고 세계 경제 발전의 여러 가지 방법과 수단을 검증해야 하며, 국내와 국제의 경험을 총결하고, 국내와 국제 두 가지 자원을 이용하여 개혁과 개방 과정에서 사회주의 경제발전을 가속함으로써 사회주의 현대화를 실현해야 한다.

(5) 사상해방과 실사구시의 사상노선에 따라 우리는 개혁개방과 사회주의 현대화 건설 과정에서 나타나는 여러 가지 새로운 상황, 새로운 모순, 새로운 문제를 자각적으로 그리고 바르게 인식할 수 있으며, 여러 방침과 정책을 제때에 조정하고, 개혁과 발전·안정 간의 변증관계를 올바르게 처리하여 경제가 지속적으로 빠르게, 건전하게 발전하도록 보장할 수 있다. 이 사상노선은 우리 당이 줄기차게 발전할 수 있는 생기와 활력소를 영원히 간직할 수 있는 비법이다.

그래서 사상해방과 실사구시의 사상노선은 덩샤오핑이 창설한 '중국 특색의 사회주의'이론의 철학적 바탕이며, 당대 중국 마르크스주의의 정수라는 것이다.

세 번째, 사회주의 현대화 건설과 개혁개방 과정에서 이해득실을 판별하는 근본적인 기준에 대해 정확하게 논술하였으며, 사회주의를 견지하고 공고히 하며, 발전시킬 수 있는 새로운 국면을 타개하였다.

사회주의는 인류가 지금에 이르기까지 나타난 새로운 사회제도이고, 사회주의 현대화와 사회주의 시장경제체제의 건설을 목표로 하는 개혁개방은 인류 역사상에서 최초의 위대한 창조로서, 탐구적인 실천 과정에서 흔히 의심과 우려, 곤혹스러운 상황이 나타날 때가 많다. 때문에 사상해방과 실사구시의 사상노선을 견지함에 있어서 실천이 진리를 검증하는 유일한 기준이라는 원칙을 견지해야 할 뿐 아니라, 실천에서의 이해득실을 평판하는 근본적 기준도 진일보 풀어나가야 했다. 덩샤오핑은 역사적 유물론의 기본 원리에 근거하여, 1978년 9월 16일 중공 지린성위 상무위원회의 업무보고를 청취할 때 이렇게 지적했다. "우리나라는 사회주의 국가이다. 사회주의제도 우월성의 근본적인 표현이 바로 사회 생산력이 구 사회에는 있어본 적이 없는 속도로 빠르게 발전하는 것을 허용함으로써 인민의 끊임없이 늘어나는 물질문화 생활수요를 점차 만족시키는 것이다."[263] 그래서 그는 1992년 초 남방 시찰시 담화에서 유명한 '생산력 기준'을 제기하였으며, 더 나아가 '세 방면에 도움이 되는' 기준을 명확히 하였다. 즉 "판단 기준은 마땅히 사회주의 사회의 생산력 발전에 도움이 되는지, 사회주의 국가의 종합적 국력을 강화하는데 도움이 되는지, 인민들의 생활수준을 향상시키는데 도움이 되는지를 보아야 한다는 것"이었다.[264]

---

263) 위의 책, 128쪽.
264) 『덩샤오핑문선』 제3권, 앞의 책, 372쪽.

제2절
'세 방면에 도움이 되는 것'과 인민의 이익 기준

　'실천은 진리를 검증하는 유일한 기준'이라는 것에 대한 대 토론은 '좌'경 교조주의의 경직된 사상의 속박을 깨버리고, 사상해방과 실사구시의 사상노선을 다시 확립하였다. 대대적인 사상해방은 대폭적인 사회발전을 가져와 중국의 개혁개방과 사회주의 현대화 건설의 큰 발전을 이루었다. 그런데 워낙 뿌리가 깊은 '좌'적인 사상의 영향으로 개혁개방 과정에 나타난 신생사물에 대해 "자본주의인가? 사회주의인가?"하는 힐난을 받게 되었다. 이런 상황에 비추어 덩샤오핑은 이해득실을 판단하는 "세 방면에 도움이 되는 기준"을 제기함으로써, 새로운 경직된 사상을 깨버리고 사상해방을 새로운 차원으로 끌어올렸으며, 개혁개방과 사회주의 현대화 건설의 가속화를 위해 또 한 번 '좌'적인 사상의 걸림돌을 깨끗이 쓸어냈다. 중국에서 사회주의시기에 나타난 '좌'적인 실수는 모두 사회주의 혹은 공산주의를 견지하는 명분 아래에 발생한 것임을 발견할 수 있다. 특히 계급투쟁을 확대화한 실수는 무산계급과 자산계급, 사회주의 길과 자본주의 길 간의 모순을 전 사회주의 역사단계의 주요 모순이라는 끔찍한 높이까지 끌어올렸다. 그 부분에서 그릇된 관점이 오랫 동안 많은 사람들의 머릿속에 주입되어 깊은 흔적을 남겼으며, 막강한 전통적 관념과 습관적 세력으로 굳어져버렸다. 중공 11기 3중 전회에서 업무 중점을 계급투쟁에서 경제건설로의 역사적인 전환을 실현하고, 경제체제개혁과 대외개방 등 중대한 문제에 대한 탐색을 시작할 무렵, 많은 사람들은 전통관념의 속박에 얽매여 일련의 혼란을 겪었다. 일부 사람들은 '좌'적인 입장에 서서 개혁개방의 조치가 "사회주인가? 자본주의인가?"하고 끊임없이 질의를 제기하였다. 이는 덩샤오핑이 '두 가지 무릇' 관점 문제를 해결한 후 또 하나의 중대한 사상적 걸림돌에 부딪친 것이었다. 중공 11기 3중 전회에서 제14차 당 대회에 이르기까지 우리는 꾸준히 "사회주인가? 자본주의인가?"하는 질의에 부딪쳤다. 그중에서 4차례의 뚜렷한 질의 과정이 있었다.

첫째, 농촌의 가구도급책임제가 "사회주인가? 자본주의인가?"

둘째, 경제특구가 "사회주인가? 자본주의인가?"

셋째, 상품경제가 "사회주인가? 자본주의인가?"

넷째, 시장경제가 "사회주인가? 자본주의인가?"

"사회주인가? 자본주의인가?"하는 일련의 질의에 대해 덩샤오핑은 꾸준히 의문을 풀어 나갔고,꾸쑤준히 궁금증을 해소해 줌으로써 개혁개방이 한 걸음 또 한걸음 깊이 있게 추진되도록 추진하였다. 그는 그런 의문과 곤혹을 어떻게 풀어 나갔을까?

덩샤오핑에게는 여러 가지 사상적 걸림돌을 제거하는 두 가지 무기가 있었음을 알 수 있다.

첫째는 실천은 진리를 검증하는 유일한 기준이라는 것이었다.

둘째는 '세 방면에 도움이 되게'라는 기준은 개혁개방과 여러 가지 업무의 성패를 판단하는 근본적인 기준이라는 것이었다. 즉 "실천은 사람들이 능동적으로 세계를 개조하는 물질적인 활동이고, 그것은 주관과 객관 두 방면을 연결시켜 인식의 정확 여부를 판단하는 객관적인 척도"라는 것이었다. 그렇기 때문에 그것은 형형색색의 주관주의에 대응하는 가장 유력한 무기가 되었던 것이다. 덩샤오핑은 바로 이러한 예리한 무기를 이용하여 '두 가지 무릇' 관점의 주관적 유심주의 본질을 폭로하였고, 혼란스러운 국면을 바로잡아 정상으로 되돌리는 업무의 전개를 추진하였으며, 전 당의 업무 중점의 전환을 실현하였던 것이다. 그러나 사회주의 현대화 건설과 개혁개방이 추진됨에 따라 많은 사람들은 전통적인 관념에 얽매여 개혁개방의 일련의 중대한 실천에 대해 "사회주인가? 자본주의인가?"하는 질의를 제기하였으며, 때로는 심지어 개혁개방의 순조로운 진행을 저애하기까지 하였다. 그래서 우리는 이런 난제에 부딪치게 되었던 것이다. 인식의 정확 여부는 실천으로 검증할 수 있지만, 실천의 옳고 그름은 무엇에 의거하여 판단해야 하는가? 덩샤오핑은 역사적 유물주의 관점으로 볼 때 올바른 정치적 지도로 이룬 성과는 결국 사회 생산력의 발전에서 반영되고, 인민의 물질문화생활의 개선에서 반영된다고 주장하였다. 따라서 사회주의 국가에서 여러 업무의 이해득실을 판단하는 근본적인 기준은, 마땅히 그것이 사회주의 생산력 발전에 도움이 되는지, 인민의 생활수준의 향상에 도움이 되는지를 보아야 한다고 그는 주장하였다. 1992년 초 남방 시찰시 담화에서, 덩샤오핑은 실천의 옳고 그름, 이득과 폐단의 근본적인 기준문제에 대해 총괄적으로 대답하였다. 그는 이렇게 말했다. "개혁개방이 발걸음을 떼지 못하고 감히 돌진하지 못하는 것은 털어놓고 말해서 자본주의 요소가 많아져 자본주의 길을 걸을까 두려워서이다. 관건은 "사회주인가? 자본주의인가?"하는 문제이다. 판단하는 기준은 주로 사회주의 사회의 생산력 발전에 도움이 되는지, 사회주의 국가의 종합 국력의 증강에 도움이 되는지, 인민의 생활수준 향상에 도움이 되는지를 보아야 한다.”[265] 이것이 바로 유명한 “세 방면에 도움이 되는 기준”이었다. 이것은 생산력 기준을 한층 더 전개하고 발휘케 한 것이다. 일부 사람들은 ‘세 방면에 도움이 되게’ 기준과 생산력 기준을 대립시켜, ‘종합 국력’에는 경제적 능력이 포함될 뿐 아니라, 정치적 능력 군사적 위력과 정신의 힘 등이 포함되기 때문에, 종합 국력을 기준으로 생산력 기준의 ‘편파성’을 바로잡았다고 생각했다. 이런 견해는 기계적인 것이다. 확실히 종합 국력은 한 나라의 경제·정치·군사·문화·과학기술 등 여러 가지 세력의 종합적인 지표이다. 그러나 그 토대는 다른 것이 아니라 여전히 경제적 능력이었다. 때문에 ‘세 방면에 도움이 되는’ 기준과 생산력 기준을 대립시킬 것이 아니라 반대로 생산력 기준의 전개와 발휘로 보아야 한다. ‘세 방면에 도움이 되는’ 기준은 확실히 개혁개방 과정에서 끊임없이 나타나는 “사회주인가? 자본주의인가?”라는 질의와 곤혹에 대비해 제기했던 것이다. ‘세 방면에 도움이 되는’ 기준은 사상적 걸림돌을 치워버리는 가장 유력한 무기였다. 그것은 우리에게 다음과 같은 것을 알려주었다. ‘세 방면에 도움이 되는’ 기준에 어울리는, 원래부터 사회주의 것인 사물을 자본주의로 잘못 판정하고 배척하지 말아야 하고, ‘세 방면에 도움이 되는’ 기준에 어울리며 원래부터 “사회주인가? 자본주의인가?”하는 문제가 되지 않는 자본주의에서도 적용되고 사회주의에서도 적용되는 것을 자본주의로 잘못 판정하고 배척하지 말아야 하며, 자본주의 것이 확실하나 일정한 조건과 일정한 범위 내에서 ‘세 방면에 도움이 되는’ 기준에 어울리는 사회주의에 적용되는 것(예를 들면

---

265) 위의 책, 372쪽.

중국의 법률이 허용하는 범위 안에서 합법적으로 경영되고 있는 외국자본과 개인자본)이라면, 여전히 그 존재와 발전을 허용해야 한다는 것이었다. 이로써 '세 방면에 도움이 되는' 기준은 "사회주인가? 자본주의인가?"를 판단하는 기준이 아니라 그것이 사회주의 사회에 적용되는지를 판단하는 기준이라는 것을 알려주었다. '세 방면에 도움이 되는' 기준은 또 모든 업무를 평가하는 근본 기준이었다. 정치·법률·도덕 등 여러 분야의 구체적인 기준은 사회생활 여러 분야에서 사람들의 행위 규범으로서 모두 필요한 것이며 없어서는 안 되는 것이었다. 그러나 생산력의 발전을 떠나서 추상적으로 그 기준들을 언급해서는 안 된다. 사회주의 조건에서의 그런 구체적인 기준은 결국 '세 방면에 도움이 되는' 근본적인 기준에 어긋나서는 안 된다. 이로부터 실천의 기준과 서로 연결되는 '세 방면에 도움이 되는' 기준은 사상해방과 개혁 심화를 촉진시키는 유력한 무기라는 것을 알 수가 있다. 이와 동시에 실천의 기준이든, '세 방면에 도움이 되는' 기준이든 모두 인민의 이익 기준이라는 점을 반드시 알아야 한다. 덩샤오핑은 마오쩌둥의 전우와 학생으로서, 인민대중이 역사의 창조자이고, 공산당의 근본 취지는 인민을 위해 봉사하는 것이라는 사실을 잘 알고 있었다. 그래서 당의 모든 언론과 행동은 반드시 인민의 이익을 출발점과 귀속점으로 해야 하고, 인민의 이익에 부합되느냐 하는 여부를 평판 기준으로 해야 한다는 것을 잘 알고 있었다. 실천은 인민대중이 역사를 창조하는 과정이기 때문에, 실천을 진리를 검증하는 유일한 기준으로 간주하는 것은 바로 대중을 존중하고 대중을 믿으며 대중에 의지하고 인민의 이익 기준을 견지하는 것이다. 농촌에서 가구도급책임제를 실시한 것은 농민들이 창조해낸 것이다. 이러한 실천은 많은 사람들의 관념과 모순되었다. "실천을 기준으로 관념을 검증해야 하느냐?" 아니면 "관념을 기준으로 실천을 검증해야 하는가?"에 대해 덩샤오핑은 농민들의 실천을 지지하였으며, 실천을 기준으로 관념을 검증하는 것을 견지하였다. 그 관념과 실천의 충돌은 대체적으로 일부 지도자와 농민대중 간의 모순으로 반영되었다. 덩샤오핑이 실천의 기준을 견지한 것은 농민대중을 지지한 것이며, 실제적으로는 인민의 이익을 시비 평판의 근본 기준으로 삼은 것이었다. 생산력 기준과 '세 방면에 도움이 되는' 기준을 강조하는 것은, 생산력이 자연계를 개조하는 인민대중의 능력이고 '세 방면에 도움이 되는' 기준은 결국 인민대중에 이로운 것이기 때문이다. 그 가치 판단의 기준은 본질적으로 인민의 이익 기준이다. 1980년 5월 덩샤오핑은 "사회주의 경제정책이 바른 정책인지, 그른 정책인지는 결국 생산력의 발전 여부를 보아야 하며 국민소득의 증대 여부를 보아야 한다. 이것이야말로 최고의 기준이다. 사회주의에 대해 공론만 해서는 안 된다. 인민들이 믿지 않을 것이다."[266] 라고 말했다. 그렇다면 인민들은 무엇을 믿고 무엇을 옹호하는가? "3중 전회에서 업무 중점을 계급투쟁을 중점으로 삼던 데서 생산력을 발전시키고 네 가지 현대화 건설을 중심으로 하는 것으로 전환할 것을 확정지음으로써 전 당과 전국 인민의 옹호를 받았다."[267] "짧은 십여 년 사이에 우리나라의 이처럼 빠른 발전에 인민이 기뻐하고 세계가 주목하고 있다. 이는 3중 전회 이후의 노선 방침 정책의 정확성을 충분히 증명하고 있으며, 누가 바꾸려 해도 바꿀 수 없다." "오직 이 노선

---

266) 『덩샤오핑문선』 제2권, 앞의 책, 314쪽.
267) 『덩샤오핑문선』 제3권, 앞의 책, 272, 371쪽.

을 견지해야만 인민이 믿고 따를 것이다.

누구든 3중 전회 이후의 노선 방침 정책을 바꾸려 한다면, 인민이 용납하지 않을 것이다."²⁶⁸ 그렇기 때문에 생산력 기준 '세 방면에 도움이 되는' 기준이 바로 인민의 이익으로 이해득실을 판단하는 기준이 되었던 것이다.

268) 위의 책.

제3절
국가 자체의 전략적 이익에서 출발하다

사상해방과 실사구시의 사상노선은 덩샤오핑의 '중국 특색의 사회주의' 건설 이론의 정수로서, 그 의의는 덩샤오핑이 당내와 국내의 대사를 처리하는 데서 생생하게 반영되었을 뿐만 아니라, 그가 국제사무를 처리하는 데서도 생생하게 반영되었으며, 조국의 통일대업을 계획하는 데서도 반영되었다.

1. 국가 간의 관계를 처리하는 주요 출발점과 사고 방향
독립자주와 자력갱생은 오랜 세월동안 중국공산당이 대외관계를 처리하는 입각점과 기본원칙이었다.

그 원칙은 중국혁명의 복잡한 실천을 통해 얻은 것이다. 농촌혁명근거지를 창립할 때, 인명수가 우리의 몇 배에 이르는 적의 포위와 토벌 속에서 인민전쟁의 승리를 거둘 수 있었던 것은 독립자주와 자력갱생에 의지하였기 때문이고, 항일유격전쟁을 전개하는 과정에서 적의 소탕과 토벌을 박살낼 수 있었던 것은 독립자주와 자력갱생에 의지하였기 때문이며, 통일전선을 형성하고 통일전선의 정치적 지도권을 무산계급의 손에 넣을 수 있었던 것도 여전히 독립자주와 자력갱생에 의지하였기 때문이다. 때문에 마오쩌둥은 항일전쟁의 승리를 앞둔 시점에서, 항일전쟁의 승리를 거둔 뒤 국민당과 공산당 양 당의 관계와 국내

정치투쟁의 형세에 대해 분석하면서 "우리 방침의 중점은 어디에 두어야 하는가? 자체 세력의 중심에 두어야 한다. 그것은 바로 자력갱생이다."[269]라고 깊이 있게 총결하였다. 그 원칙은 중국 사회주의 건설의 실천과정에서 심화되었다. 사회주의제도가 형성됨에 따라 중국은 이데올로기에서 뿐만 아니라 국제관계에서도 사회주의 진영에 들어서게 되었다. 그러나 사회주의의 위대한 실천이 시작되자마자 마오쩌동은 사회주의 건설에서 소련과 다른 사회주의 국가의 경험을 그대로 옮겨와서는 안 된다는 것을 알아차렸으며, 「10대 관계를 논함」(1956년 4월)에서 '중국과 외국의 관계'에 대해 전적으로 거론하였다. 중공 11기 6중 전회에서 통과된 「건국 후 당의 일부 역사문제에 대한 결의」에서는 독립자주·자력갱생은 실사구시·대중노선과 마찬가지로 모두 마오쩌동 사상의 살아 있는 영혼이라고 강조하였다. 다른 한편으로 우리는 또 사회주의 건설 과정에서 '좌'적 지도사상의 발전으로 인해 독립자주 자력갱생의 올바른 방침이 폐쇄적인 방침으로 곡해되었던 적이 있다는 사실을 발견하였다. 중공 제12차 전국대표대회에서 '중국 특색의 사회주의' 건설이라는 새로운 명제와 구상을 제기할 때 덩샤오핑은 다음과 같이 엄숙하게 선포하였다. "중국의 일은 중국의 상황에 따라 처리해야 하며, 중국인 스스로의 힘으로 해야 한다. 독립자주와 자력갱생은 과거와 현재, 그리고 미래를 막론하고 모두 우리의 입각점이다. 중국인민은 다른 나라 및 국민과의 친선과 협력을 소중히 여기며, 더욱이 자신이 장기적인 분투를 통해 얻어낸 독립자주의 권리를 소중히 여긴다. 그 어느 국가든 중국이 그들의 부속국이 될 것이라는 기대를

---

269) 『마오쩌동선집』 제4권, 앞의 책, 132쪽.

하지 말고, 중국이 자국의 이익을 손상시키는 쓴 맛을 볼 것이라는 기대를 하지 말아야 한다."[270] 그럼 독립자주와 대외개방의 관계를 어떻게 잘 처리해야 하는가? 우리는 독립자주의 실행으로 인해 스스로 폐쇄해서는 안 되며, 또 대외개방의 실행으로 인해 주권을 상실해서도 안 된다. 그러자면 양자 사이에서 서로 연결되는 출발점을 찾아내야 한다. 그 출발점이 바로 우리의 국가 이익이다. 정확히 말하자면 바로 우리 국가 자체의 전략적 이익이다. 다시 말하면 첫째, 국가 간의 관계를 처리함에 있어서 역사상의 원한을 출발점으로 정해서는 안 되며, 감정으로 이성을 대체해 국가의 전략적 이익을 손상시키지 말아야 한다. 둘째, 국가 간의 관계를 처리함에 있어서 사회주의제도와 이데올로기의 다른 점과 같은 점을 출발점으로 삼아서도 안 되며, 이 방면에서 서로 다르다는 이유로 경솔하게 적대시해서도 안 되고, 또 이 방면에서 서로 비슷하다는 이유로 주권에 대한 요구를 포기해 국가의 전략적 이익을 손상시켜서도 안 된다. 셋째, 마찬가지로 국가의 대소와 강약의 차이를 출발점으로 삼지 말아야 하며, 대국이라는 이유로 작은 나라를 억압하고, 자신의 강대함을 믿고 약소국을 괴롭혀 국가의 전략적 이익을 손상시키지 말아야 한다. 모든 것은 중국 자체의 전략적 이익을 주요 출발점으로 삼아 국가와 국가 간의 관계를 처리해야 한다. 이른바 '국가의 전략적 이익'이란 국가의 눈앞의 이익과 장기적인 이익이 서로 통일되고, 국가의 정치적 이익과 경제적 이익이 서로 통일되며, 국가안보와 주권이 서로 통일된 국가의 이익을 말한다. 이는 사회주의와 애국주의를 하나로 융합시킨 국가 간의 관계를 처리할 때 반

---

270) 『덩사오핑문선』 제3권, 앞의 책, 3쪽.

드시 따라야 하는 원칙이다. 그래서 1989년 10월 31일 덩샤오핑은 닉슨 미국 전 대통령을 회견할 때 이렇게 지적했다. "…… 국가 간의 관계를 고려할 때는 국가 자체의 전략적 이익에서 출발해야 한다. 자체의 장기적인 전략적 이익에 착안하는 동시에 상대방의 이익도 존중해야 하며, 역사적인 원한을 따지지 말고, 사회제도와 이데올로기의 차이를 따지지 말아야 한다. 그리고 국가는 대소과 강약을 불문하고 모두 서로 존중하고 평등하게 대해야 한다. 그러면 어떤 문제든지 모두 타당하게 해결할 수 있다. 그런 사상으로 국가관계를 처리하려면 전략적 용기가 없어서는 안 된다."[271] 개혁개방 후 우리는 덩샤오핑의 책략적인 지도하에서 평화공존 5항 원칙을 견지하면서 미국·소련(해체된 후의 러시아를 포함)과의 관계를 개선하고, 유럽·일본 등 자본주의 국가와의 관계를 개선하며, 제3세계 국가와의 관계를 발전시킴에 있어서 모두 중국 자체의 전략적 이익에 도움이 되는지의 여부를 주요 출발점으로 삼았다. 사회주의 초급단계에 처한 중국의 국정에서 출발하여 국내문제를 처리하고 '중국 특색의 사회주의'를 건설하는 것, 중국 자체의 전략적 이익에서 출발하여 국제관계 문제를 처리하고, 독립자주와 평화적 외교정책을 견지하며, 패권주의와 강권정치에 반대하는 것, 이것이 바로 사상해방과 실사구시의 사상노선을 구체적으로 반영하고 생생하게 전개한 것이며, '세 방면에 도움이 되는' 기준과 인민의 이익기준의 구체적인 적용과 직접적인 결과인 것이다.

---

271) 위의 책, 330, 291쪽.

2. 당과 당 사이의 관계를 처리하는 중요한 원칙

사상해방과 실사구시의 사상노선에 따라 국가 자체의 전략적 이익에서 출발하여 국가 간의 관계를 처리하는 문제에 있어서 덩샤오핑은 또 당과 당 사이의 관계를 올바르게 처리하는 원칙을 제기하였다. 국제공산주의운동 발전사에서 당과 당 사이의 관계를 어떻게 처리하느냐 하는 것은 중대하면서도 또 심각한 교훈을 얻은 문제였다. 마오쩌둥은 일찍 그 문제를 발견하고 제기하였으며, 소련의 이른바 '아버지 당'으로서의 지배를 단호히 이겨냈다. 아울러 중·소 양 당 사이에서 이데올로기를 둘러싼 논전을 벌였다. 덩샤오핑의 말을 빈다면 그 치열한 논전에서 "쌍방은 모두 쓸데없는 말을 많이 했으며,"[272] 당과 당 사이의 관계문제를 잘 풀어나가지 못하였다. 덩샤오핑은 역사 경험에 대한 총결을 거쳐 1980년 5월에 다음과 같이 제기하였다. "한 당이 외국 형제당의 시비를 평론할 때는 흔히 기존의 공식 혹은 일부 정해진 방안을 근거로 삼는데 사실이 증명하다시피 그것은 올바른 방법이 아니다." "여러 나라 당의 국내방침 노선이 옳은지 그른지는 마땅히 본국의 당과 본국 국민이 판단해야 한다." "우리는 남이 우리에게 명령하는 것에 반대하며, 우리도 절대 남을 명령해서는 안 된다. 이는 중요한 원칙이 되어야 한다."[273] 1986년 11월 한 차례 담화에서 그는 한 걸음 더 나아가 다음과 같이 지적하였다. "우리는 예로부터 세계 각국의 공산당이 자체의 특징에 따라 마르크스주의를 계승하고 발전시킬 것을 주장해 왔다. 자기 국가의 실제를 떠나 마르크스주의를 언급하는 것

---

272) 위의 책.
273) 『덩샤오핑문선』 제2권, 앞의 책, 318쪽~319쪽.

은 의미가 없다. 그래서 우리는 국제공산주의운동에는 중심이 없으며 중심이 있을 수도 없다고 주장한다. 우리는 '대 가정' 따위를 만드는 것도 찬성하지 않는다. 독립자주만이 진정으로 마르크스주의를 반영할 수 있다."[274] 1987년 6월 12일, 그는 이런 원칙은 지난 경험과 교훈에 대한 총결에서 얻은 것이며, 그 목적은 당과 당 사이에 "신형의 관계를 수립"[275]하기 위한 것이라고 지적했다. 덩샤오핑이 이런 원칙을 제기한 것은 철저한 유물주의 정신의 반영이었다. 우리는 사상해방과 실사구시를 강조함에 있어서 마땅히 "모든 것은 실제에서 출발하는 원칙", "이론과 실제를 결합시키는 원칙", "실천을 진리를 검증하는 유일한 기준으로 삼는 원칙"을 확고부동하게 견지해야 한다. 우리 자신에게 그렇게 요구할 뿐 아니라 형제 당에게도 마땅히 그렇게 해야 한다. 그러려면 여러 나라의 당과 여러 나라 국민이 스스로 실천 과정에서 길을 찾고 선택하는 것을 존중해야 한다. 규모가 큰 당이든 중등 규모의 당이든, 소규모의 당이든 모두 상대방의 선택과 경험을 서로 존중해야 하며, 다른 당과 다른 나라의 일에 함부로 간섭하거나 명령해서는 절대 안 된다. 만약 국내 사무를 처리할 때만 실사구시의 원칙을 견지하고, 당과 당 사이의 관계를 처리할 때는 남을 강요하는 원칙을 따른다면 그것은 철저한 유물주의가 아니다.

덩샤오핑이 상기의 원칙을 제기한 데는 명확한 범위가 있음을 지적할 필요가 있다. 그것은 여러 나라 당의 국내 방침　노선에 관한 평판에 대해 다른 나라의 당은 함부로 간섭하거나 평론해서는 안 된다

---

274) 『덩샤오핑문선』 제3권, 앞의 책, 191~237쪽.
275) 위의 책.

는 것이었다. "한 당과 그 당이 이끄는 국가의 대외정책이 만약 다른 나라의 내정을 간섭하였고, 다른 나라를 침범하였거나 무너뜨렸다면, 그 어떤 당이든 모두 의견을 발표해 질책할 수 있다."[276] 바로 이러한 변증법적인 분석에서 실사구시의 정신과 철저한 유물주의 정신이 반영되는 것이다.

3. 조국통일문제 처리에 대한 구상과 원칙

조국통일문제 해결에 대한 덩샤오핑의 구상은 사상해방과 실사구시의 사상노선을 적용하여 복잡한 문제를 처리한 지극히 훌륭한 사례였다. 우선 반드시 지적해야 할 것은 마오쩌동에서 덩샤오핑에 이르기까지 조국통일문제, 특히 대만문제에 대한 구상은 발전의 과정을 거쳤다. 50년대 중기에 국제형세의 변화에 따라 마오쩌동은 평화적으로 대만을 해방시키려는 구상을 제기하였다. 60년대 초에 저우언라이가 마오쩌동의 여러 차례 지시에 따라, 또 마오쩌동의 심의와 결정을 거쳐 대만에 대한 '일강사목'(一綱四目)정책을 제정하였다.

대만이 조국으로 돌아올 수만 있다면 다른 모든 문제는 대만 지도자의 의견을 존중하여 선처할 것이다. 그 요점은 다음과 같다.

(1) 대만이 조국으로 돌아온 후, 외교 분야에서 반드시 중앙에 통일시키는 것을 제외하고 모든 군정대권과 인사 배치 등은 모두 대만 지도자가 전권으로 처리하도록 한다.

(2) 군정 및 건설 관련 모든 비용의 부족한 부분은 중앙에서 조달한다.

---

276) 『덩샤오핑문선』 제2권, 앞의 책, 318쪽~319쪽.

(3) 대만의 사회개혁은 조건이 성숙될 때까지 천천히 추진하며 대만 지도자의 의견을 존중하여 협상 결정한 다음 실행하도록 한다.

(4) 쌍방은 사람을 파견하여 단결을 파괴하는 그런 일을 하지 않을 것을 서로 약속한다.[277]

그러나 그 후 국제 국내 형세가 바뀌면서 대만문제의 평화적 해결과 조국통일 실현의 구상은 현실로 실현되지 못하였으며, 마오쩌동 후 당대 중국의 중대한 역사적 과제로 되었다. 덩샤오핑은 마오쩌동 저우언라이의 뜻을 이어, '한 나라, 두 가지 제도'를 통해 조국의 평화적 통일을 실현하려는 구상을 제기하였다. '한 나라, 두 가지 제도'의 기본 내용은 다음과 같다. "하나의 중국을 전제로 국가의 주체는 사회주의 제도를 견지한다는 것, 홍콩·마카오·대만은 중화인민공화국에서 떼어놓을 수 없는 부분이며, 이들 지역은 특별행정구로 삼아 기존의 자본주의제도를 유지한다는 것이다. 국제적으로 중국을 대표할 수 있는 것은 오로지 중화인민공화국뿐이다." 덩샤오핑은 「한 나라, 두 가지 제도」(1984년 6월)라는 담화에서 상기의 구상을 제기하게 된 사고방향에 대해 명확하게 서술한 바 있다.

"중국에는 홍콩문제, 대만문제가 있다. 이런 문제의 해법은 무엇일까? 사회주의가 대만을 집어삼키는 것일까? 아니면 대만이 선양하는 '삼민주의'가 대륙을 삼켜버리는 것일까? 아무도 상대방을 쉽게 삼킬 수 없다. 평화적으로 해결하지 못한다면 무력으로 해결할 수밖에 없다. 그것은 양측에 모두 불리한 일이다. 국가통일을 실현하는 것은 민족의 바람으로서 백년 안에 통일시키지 못하면 천년이 걸리더라도 반

---

277) 『저우언라이 연보(1949~1976)』 중권, 1997, 중앙문헌출판사, 524쪽.

드시 통일시켜야 한다. 그 문제를 어떻게 풀어나가야 할 것인가? '한 나라, 두 가지 제도'를 실행하는 것만이 유일한 방법이라고 본다. 세계적으로 일련의 분쟁을 모두 평화적인 방법으로 해결할 것인지? 아니면 평화적이지 않은 방법으로 해결할 것인지 하는 문제에 직면해 있다. 어쨌든 방법을 찾아내야 한다. 새로운 문제는 반드시 새로운 방법으로 해결해야 한다."[278]

이러한 사고 방향의 핵심이 바로 실사구시였다. 1984년 12월 19일 마가릿 대처 영국총리를 회견할 때 덩샤오핑은 이렇게 말했다. "만약 '한 나라 두 가지 제도'의 구상이 국제적으로 의미가 있는 구상이라면, 그 공로는 마르크스주의 변증법적 유물주의와 역사적 유물주의에게 돌려야 한다. 마오쩌둥 주석의 말을 빈다면 그것은 실사구시이다."[279] 구체적으로 말하면 다음과 같다. 첫째, 그 구상은 실제에서 출발하여 제기한 것으로 마르크스주의 국가학설과 중국의 구체적 현실이 서로 결합된 산물이다. 둘째, 그 구상은 중국 인민의 민족 감정과 민족의 바람에도 부합한다. 셋째, 그 구상은 또 중국의 전략적 이익에서 제기한 것으로 중국의 현대화 건설과 개혁개방에 유익하고 국가의 장기적인 안정에도 유익하다. '한 나라 두 가지 제도'는 확실히 현실에 직면해서 문제를 풀어나가는 좋은 방법이며, 역사의 흐름에 순응하는 것으로서 민족에 공로가 있고 인민에 유익함으로 사상해방과 실사구시의 사상노선을 생생하게 활용한 것이다.

한편, 덩샤오핑이 '한 나라 두 가지 제도' 구상을 제기할 때 두 가지

---

278) 『덩샤오핑문선』 제3권, 앞의 책, 59~87, 101쪽.
279) 위의 책.

를 특별히 강조하였다는 점을 반드시 지적해야 한다. 한 가지는 대만 문제를 해결함에 있어서 우리는 무력 사용을 포기한다는 약속을 하지 않았다는 것이고, 다른 한 가지는 홍콩문제를 해결함에 있어서 일부 영국인이 문제를 일으킬 것을 예견하였다는 것이다.

이상의 내용을 종합하면, 사상해방과 실사구시의 노선('세 방면에 도움이 되는' 기준과 인민의 이익기준을 견지하는 것을 포함)을 견지하는 것, 국가 자체의 전략적 이익에서 출발하는 원칙을 견지하는 것은, 덩샤오핑이 '중국 특색의 사회주의' 건설 이론을 창설하고 '하나의 중심, 두 개의 기본 점'의 기본 노선과 여러 가지 대내외정책을 제정하는 철학적 근거이며, 덩샤오핑이 마오쩌둥 사상을 계승하고 발전시키는 법보였다. 마오쩌둥 후의 당대 중국이 이룬 모든 이론적 실천적인 성과는 모두 여기에서 비롯된 것이었다.